决策认识论

JUECE
RENSHILUN

韩云平 ◎ 著

人民出版社

智与爱的创造（代序）

中国社会科学院学部委员

中国社会科学院哲学研究所所长

李景源

在当今这个知识爆炸的时代，管涌般的知识使人应接不暇，有时让徜徉在新知识海洋的人们感到茫然。这种茫然有时令人痛苦，但也会激起人寻觅的渴望。作为社会现实中的研究者难免不受到这种场的影响。青年学者韩云平的《决策认识论》带着稚的灵光唤起了吾欲近之的渴望。读罢甚是欣然，亦多感慨。

目前，国内外关于决策认识的理论研究尚属初级阶段。《决策认识论》作为我国第一部关于决策认识理论研究的学术专著必将引起广泛的社会关注，或许有人认为它还比较幼稚。但是，幼稚正是其可爱的特质。解读其稚，吾欲四点为之。

其一，智之张力。该书从选题到立意都透着作者独有的智慧。他不囿于成规，独辟蹊径，大胆探索，用智慧的伽马刀把决策认识活动这个具体问题进行切片，以哲学的观点审视，以哲学的思维认知，以哲学的方式思考，探求其本质，分析其特征，研究其规律，再以其他学科的理论知识加以统合，形成了体系完备、逻辑严密、论证充分有力、且有很强的实践指导意义的《决策认识论》。该书充分体现了智慧的张力、智慧的力量，是智慧的结晶、智慧的硕果。

其二，视之宽广。《决策认识论》可谓视阈宽广，从人的思维活动到社会发展，从宏大的社会实践到微观的具体管理，从日常的社会生活到重大突发事件处理，从抽象的基础理论研究到具体的典型案例分析，张弛有度、统合有序。充分地运用马克思主义理论为指导，有效地吸收和把握了其他学科的理论知识，多角度地剖析了决策认识及其相关问题，为探究构建科学的决策认识路径夯实了基础。把决策和认识论、管理学和哲学、社会科学和自然科学的相关理论有机地结合起来就是创新。"创新是一个民族的灵魂，是一个国家兴旺发达的不竭动力"。我们正处在一个发展的时代、一个创新的时代，需要太多太多的创新，特别是这种理论的创新。

其三，行之果敢。《决策认识论》的推出充分体现了作者作为青年人特有的品格。多少年来，人们经历了太多的"滞后"所带来的教训。与其坐而论道，孰若起而行之。马克思主义特别强调"实践"，在实践中学习、在实践中总结、在实践中创新、在实践中发展，这是一条科学而实际的道路。《决策认识论》或许存在诚如有人所言的幼稚，但仿佛稚童刚刚学走步一样，且不看他走得如何，走得多远，仅仅就迈出的这一步而言，其意义就非常重大，特别是对于一位从事行政工作的青年人来说。

其四，爱之宏大。大爱有大为。一个人的位格品格反映了其学识水平和价值取向，年轻人志存高远，方能思远行前。作者云平从基层工作始即注意总结研究，注意理论与实践相结合，发表多篇有见地的理论文章，这种心历可谓成此书之基础。时下倡导建立学习型政府，必须始于学习型干部。作者云平不仅学习，且能深入研究，将工作之爱与国家之爱紧密结合。《决策认识论》由点及面，关乎民生、关乎国家、关乎人类社会之发展，若无大爱之心，不存天地之境界，何以为之？

至此，无须赘言。感作者云平之为，品《决策认识论》之味，我唯有一言：后生可畏，《决策认识论》实乃智与爱的创造。

目　录

智与爱的创造（代序） ……………………………………… 李景源　*1*

前　言 …………………………………………………………………… *1*

第一章　决策认识的基本理论 ……………………………………… 1

　第一节　决策及其理论探源 …………………………………… 2

　第二节　认识及其理论探源 …………………………………… 9

　第三节　决策与认识的辩证关系 ……………………………… 29

　第四节　决策认识的科学内涵 ………………………………… 36

　第五节　决策认识的显著特征 ………………………………… 50

　第六节　决策认识理论研究现状及意义 ……………………… 55

第二章　决策认识的主要程序 ……………………………………… 63

　第一节　决策认识的情报阶段 ………………………………… 64

　第二节　决策认识的建构阶段 ………………………………… 71

　第三节　决策认识的抉择阶段 ………………………………… 79

　第四节　决策认识的审查阶段 ………………………………… 85

第三章　决策认识的影响因素 ……………………………………… 91

　第一节　影响决策认识的主体因素 …………………………… 92

　第二节　影响决策认识的制度因素 …………………………… 101

　第三节　影响决策认识的方法因素 …………………………… 112

第四节　影响决策认识的信息因素 ……………………………… 122

第五节　影响决策认识的环境因素 ……………………………… 129

第四章　决策认识的博弈规则 …………………………………… 142

第一节　决策认识的心理认知博弈 ……………………………… 143

第二节　决策认识的信息认知博弈 ……………………………… 170

第三节　决策认识的抉择行为博弈 ……………………………… 191

第四节　决策认识的主客体博弈 ………………………………… 221

第五章　决策认识的机制构建 …………………………………… 238

第一节　完善决策认识的认识机制 ……………………………… 239

第二节　规范决策认识的程序机制 ……………………………… 250

第三节　构建决策认识的评判机制 ……………………………… 258

第四节　强化决策认识的监督机制 ……………………………… 263

第五节　建立决策认识的责任机制 ……………………………… 267

第六章　决策认识的典型案例 …………………………………… 274

第一节　新中国外交决策认识案例研究 ………………………… 274

第二节　一号文件"三农"问题决策认识案例分析 …………… 290

第三节　决策认识的七个具体案例 ……………………………… 307

核心概念要览 ……………………………………………………… 367

主要参考文献 ……………………………………………………… 378

后　记 ……………………………………………………………… 385

前　言

　　当今世界已经进入了特殊发展的历史时期，物理世界已经突破了分子的禁区，思维世界以网络为载体构建了新的时空，人类社会经过了陆地文明、海洋文明，已经进入了空间能量整合超常规发展时期。当下"发展"的内涵已经远远地超出了传统意义的发展，仅仅依靠经验难以把握当下的发展，必须站在时代发展的前面，深度反思、理性思考、全面把握、科学整合人类文明的精华，构建新的理论体系，才能为时代的发展提供有力的智力支持。发展不只是一个概念，而是一种"态"，是以各种实践活动总和的方式存在。这里的实践活动是以发展为向度的，这种有向度的实践活动不仅规定着其所蕴涵的决策认识、决策等内容，同时也为它们提出了相应的标准和要求。在这样的前提背景下，研究对决策具有决定意义的决策认识问题不仅是学科内在的要求和需要，更是时代的使命和历史的责任。

　　中国的改革开放已走过了三十多年的艰辛历程，当前中国的经济和政治体制改革已进入"深水区"。从目前我国各种组织的决策实践状况来看，决策主体在各自的认识领域都面临着空前复杂的问题，需要对许多行动路线和解决问题的方案做出艰难的抉择。在这经济和社会改革的拐点，每一次重大决策认识的成功都意味着改革开放新局面的展开；同样，只要发生较大的决策认识失误，就会给我国的改革开放带来全局性的、结构性的、影响深刻长远的不良后果。当前，我们正在深入贯彻落实科学发展观和努力构建社会主义和谐社会，各级政府组织、企事业单位以及各种社会组织的决策主体所面临的决策认识活动更加复杂。要最大限度地确保决策认识的正确无误，就必须深刻地总结和汲取正、反两方面的经验和教训，把"决策认识"真正提高到马克思主义认识论的高度来看待、来理解、来执行，自觉地运用决策认识的科学理论指导决策认识活动，使决策认识活动建立在符合决策认识规律的基础之上。

笔者在多年从事行政工作积累的决策认识经验和潜心研读各种经典著作的基础上，从浩如烟海的古今中外决策理论经典和哲学认识论思想宝库中汲取营养，结合当前中国政治和经济体制改革深入推进的大趋势，尝试为我国经济建设和改革开放提供一种能够准确地把握和分析局势的科学理论和实用性工具，为形成科学的决策认识提供有效的理论指导。

本书的主要内容为：第一章，决策认识的基本理论。笔者在扬弃其他学者所提出的决策认识定义的基础上，提出了自己所研究的决策认识的定义，并深入分析了决策认识的特殊本质和主要特征。第二章，决策认识的主要程序。根据对现实中决策认识进程的认知，把决策认识的整体进程分为情报、建构、抉择、审查四个阶段，并详细论述了各个阶段的每一个环节。第三章，决策认识的影响因素。通过分类、举例和运用生态学的研究方法，具体分析了影响决策认识的主体因素、客体因素、制度因素、方法因素、信息因素和环境因素。第四章，决策认识的博弈规则。笔者创新性地运用博弈论的分析方法和理论模型来阐释决策认识过程中的各种博弈及规则，为决策认识由理念走向实践提供了可资借鉴的模型。第五章，决策认识的机制构建。本书开创性地构建了决策认识的评判、监督和问责等机制，形成了相对完善的决策认识制度体系，为决策认识由理念走向实践铺平了道路。第六章，决策认识的典型案例。对新中国成立以来外交决策认识、有关"三农"问题"一号文件"的决策认识形成过程、三鹿奶粉事件、"非典"和汶川地震事件、康师傅"水源门"事件、美国雷曼兄弟公司破产等重大决策认识问题进行了细致的案例分析，从实践上对决策认识理论做了进一步验证。

目前，国内外学术界对决策认识论的理论研究还处于初级阶段，本书中的一些观点还有待进一步商榷，特别是有些地方鉴于目前国内外学术界尚无涉猎，只能借鉴诸如决策管理、行政管理等相近或相似理论研究领域的经验和做法，对决策认识提出一种理论假设、理论探讨和理论发展方向。希望学术界同人多提宝贵意见。本书撰写的过程中得到了许多同志的帮助，参考和引用了部分国内外有关的研究成果和文献，在此一并向所有帮助过本书编写和出版的朋友们表示诚挚的感谢！

第一章　决策认识的基本理论

人类社会已经进入了大发展的时代。在这个大背景下，"发展"这个概念凸显了时代的特征，内涵更加丰富，关联度更大，与之相伴的决策行为出现的几率相应地倍增。那么，发展究竟需要什么样的决策？什么样的决策才能真正地促进发展？一系列的问题不能不引起人们的思考。要做好决策首先要对决策的对象以及决策行为本身有一个比较充分的认识。历史经验表明，我们以往决策时比较注重决策"改造世界"的功能，实践的结果告诉人们，许多决策合目的性但不合规律性，由此所招致的报复极大地刺激着人类的神经，人们开始了理性的思考。这种反思是时代的特征，也是发展的必然，特别是在我们实践科学发展观、构建社会主义和谐社会的今天更具有特殊的意义。思考是必要的，实践更为重要。建构科学的决策认识理论是实现科学发展的必然要求。

决策认识理论是关于决策认识的本质和规律的学说，是与决策实践活动联系最为紧密、带有总体性和关联性的崭新理论。决策认识理论的提出和创新，是以马克思主义理论为指导，综合运用其他学科的理论知识对决策认识进行的哲学反思和理论探讨。为使读者对决策认识这一新的概念有较为清晰的认识，借助国内著名的管理实践家根据多年的管理经验，总结提出的"屋顶理论"对决策认识理论做一形象的描述。所谓"屋顶理论"就是管理是分层次的，如一座房子可分为屋顶、墙体和地基三部分。房顶的部分属于组织管理的日常经营运转，如采购、生产、研发、销售等。墙体指的是流程层面的管理，如物流、资金流、信息流等。① 地基是基础，如体制机制问题，包

---

① 门睿主编：《劳心者定律》，经济日报出版社 2005 年版，第 276 页。

括管理理念、企业文化等。诚如"屋顶理论"所释,在本书力图构建的决策认识理论大厦中,决策认识的博弈规则、机制构建是"屋顶";决策认识的主要程序、影响因素是"墙体";决策认识的基本理论则是"地基"。本章的主旨即在研究和确立决策认识的基本理论,从而为决策认识理论夯实基础。

第一节　决策及其理论探源

一、决策的含义

什么是决策?决策是指人们在改造客观世界的过程中,以对事物发展规律及客观条件的认识为依据,寻求并决定某种优化目标和行动方案的活动。决策的本质就是决策者根据其所面临的条件和环境以及所要达到的预期目标,在多个可能的方案中做出相对满意的抉择。决策的内涵可以从三个方面来理解。即:决策是为组织的发展设定一个预期的目标,并围绕目标开展活动;目标解决组织做什么和不做什么的问题。决策最明显的特征在于做正确的事,而不是做事正确,决策是一个价值判断与选择的过程,是一个永无止境的动态循环过程。在组织管理过程中,并不是只做一次重大决策就可以一劳永逸;而是充斥着各种各样的决策,正如西蒙所说的"管理就是决策"。

根据决策的不同特征特性,决策可以划分为四种类型。一是按照决策性质,可分为规范性决策和非规范性决策。规范性决策是指为解决组织管理过程中经常或重复出现的例行问题所做的决策。对于这一类决策问题,决策主体在以往的管理中已经积累了很多经验,并形成了相对完善的制度体系和方式方法,可以按照例行的原则或比较确定的程式去加以解决。人们通常又把解决这类问题的决策叫做程序化决策。非规范性决策是指为解决组织管理中偶然发生的、无例可循的和对组织发展产生巨大影响的问题所做的决策。非规范性决策也可称为非程序化决策。二是按照决策主体,可分为集体决策和个人决策。集体决策是由组织领导集体(特殊情况下由一定数量的组织领导成员)共同做出的决策。个人决策则是由组织的某个领导者做出的决策。三是按照决策目标,可分为单目标决策和多目标决策。单目标决策是指组织领导者及其成员为了达到同一目标而在两种以上备选方案中选定一个最令人满意的方案。多目标决策是指决策主体在决策过程中，不是为了实现单一的目标，而是为实现若干个目标在多种方案中进行合适方案的选择。四是按照决策环境的可控性程度，可分为确定型决策、风险型决策和不确定型决策。确定型决策是指在可控性环境下做出的决策，即决策主体能相对全面地把握决策过程中可能发生的各种情况，每个决策方案都只有一个确定的结果，最终选择哪个方案取决于对各个方案结果的直接比较。风险型决策是指在决策过程中决策主体面对的环境因素比较复杂，决策主体不知道在决策过程中哪种因素会起作用，但能知道有多少种影响因素以及每种影响因素发生的概率。因此，决策主体有相对明确的决策目标，但是实现决策目标必须冒一定风险。不确定型决策是指决策主体在不可控环境中进行的决策。在这种情形下，决策主体不能确定有多少种因素影响决策，也不知道每一种环境因素发生的概率。

二、中国古代决策思想

中华民族历史悠久，其中大一统的封建集权统治就达两千余年。在漫长的历史过程中，对如何实施统治决策，历代统治者、政治家、思想家多有论述。但是在古代，研究决策的著作都不是对决策的专门论述，其中决策理论只是零碎地散见于书中某些章节。换言之，系统化的决策理论还没出现。尽管这样，这其中也不乏许多引发后人深思的内容。中国古代的决策思想在战国时期体现得比较充分。了解中国古代历史人物的决策思想，从中汲取有益成分，有利于现在的领导者增强对当前决策活动中遇到的实际问题的深刻认识，有助于借鉴历史经验改善和促进科学决策活动。

（一）《鬼谷子》的决策思想

在先秦诸子中，首先对决策进行总结论述的当推鬼谷子。据《史记》等著作记载，鬼谷子是战国时期的人物，传说是苏秦、张仪、孙膑、庞涓的老师。《鬼谷子·决篇》可以说是我国古代决策思想史上最早专门论述决策的文章。强调决策主体在做出决策之前，首先要在思想认识上实现创新。即：

决策者要突破原有思维关系结构的旧模式，用哲学特有的"问题意识"去发现新矛盾，建立新关系，培养发现问题的意识和能力，在反思和批判中"引爆"智慧潜能。①

首先，鬼谷子认为作为决策者要做出正确的决策，必须根据现实条件的变化审时度势。"故变生事，事生谋，谋生计，计生议，议生说，说生进，进生退，退生制，因以制于事。故百事一道，而百度一数也。"② 其次，决策者应具备良好的个人素质和修养。"非至圣达奥，不能御世；非劳心苦思，不能原事；不悉心见情，不能成名；材质不惠，不能用兵；忠实无实，不能知人。"③ 决策者要不断提高认识事物、分析问题、预见和决断的能力，并增强相应的气质、度量等。再次，决策者做出决策之前必须充分掌握各方面的情况信息，否则"得情不明定基不审"④。决策时要善于"度之往事，验之来事，参之平素，可则决之"⑤。"反以观往，覆以验来；反以知古，覆以知今；反以知彼，覆以知己。"⑥ "计国事者，则当审权量；说人主，则当审揣情。"⑦ 最后，除一般决策法外，鬼谷子还提出了一种模糊决策法，"未见形，圆以道之；既见形，方以事之。进退左右，以是司之"⑧。即在碰到特殊情况或突发事件，情况不明就要立即做出决策的时候，初始决策就要注意"圆"，要具有较大的可塑性和可变性，以便为后边最终决策的"方"留下余地，避免前后矛盾，自己束缚住自己的手脚。

（二）《孙子兵法》的决策思想

《孙子兵法》是我国古代关于战争决策的最全面和最权威的著作。孙武认为决策是一种具有前瞻性和高度理性的认识活动。科学决策的前提"庙算"必须建立在正确的认识基础之上，科学认识的形成则依赖于决策主体对

---

① 刘洋：《"鬼谷子"情报决策论的现象解释学分析》，《东疆学刊》2005 年第 2 期。
② 陈蒲清：《鬼谷子详解》，岳麓书社 2005 年版，第 80 页。
③ 陈蒲清：《鬼谷子详解》，岳麓书社 2005 年版，第 50 页。
④ 陈蒲清：《鬼谷子详解》，岳麓书社 2005 年版，第 16 页。
⑤ 陈蒲清：《鬼谷子详解》，岳麓书社 2005 年版，第 93 页。
⑥ 陈蒲清：《鬼谷子详解》，岳麓书社 2005 年版，第 14 页。
⑦ 陈蒲清：《鬼谷子详解》，岳麓书社 2005 年版，第 58 页。
⑧ 陈蒲清：《鬼谷子详解》，岳麓书社 2005 年版，第 18 页。

客观情况的熟悉和了解。

一是强调决策的易动性。"知己知彼"是《孙子兵法》的基本思想之一。孙武在《谋攻篇》中指出："知己知彼，百战不殆；不知彼而知己，一胜一负；不知彼不知己，每战必败。"① 就是强调对敌我双方的优势和劣势都要有一个辩证的认识。认识的易性决定了决策的动性。孙武在《九变篇》中更强调说："塗有所不由，军有所不击，城有所不攻，地有所不争，君命有所不受。故将通于九变之利者，知用兵矣；将不通于九变之利者，虽知地形，不能得地之利矣。治兵不知九变之术，虽知五利，不能得人之用矣。"② 由此可见，决策者要想了解对方的情况即"知彼"，就必须对其各个方面进行动态的跟踪。同时，也必须对己方已经变化的情况和即将变化的情况有清醒的认识。

二是强调客体的全面性。孙武就战前决策指出：故经之以五事，校之以计而索其情：一曰道，二曰天，三曰地，四曰将，五曰法。道者，令民与上同意也，故可以与之死，可与之生，而不畏危。天者，阴阳、寒暑、时制也。地者，远近、险易、广狭，死生也。将者，智、信、仁、勇、严也。法者，曲制、官道，主用也。凡此五者，将莫不闻，知之者胜，不知者不胜。他认为战前决策必须从五个方面对战争的发展趋势进行考察，比较敌我双方的情况，探求战争胜负的情形：一是道，指治国之道，包括国家政治上的人和，即君主的威望和民心的向背等内容。二是天，指天时，指昼夜、晴雨、寒冷、炎热、四季更替。三是地，指地理上各种因素和条件，如路程的远近，地势的险阻或平坦，作战地域的宽广或狭窄，地形是否有利于攻守进退等。四是将，指将帅的智谋才能，赏罚有信，爱护士卒，勇敢果断，军纪严明等。五是法，指军队的组织编制，各级将吏的统辖管理和职责分工，军队的后勤给养和管理等制度。以上五个方面，涉及了政治、经济、自然环境、领导者素质、组织管理制度等问题。这些因素构成了一个闭合的系统，是将帅在决策

---

① 《孙子兵法新注》，中华书局1977年版，第28页。
② 《孙子兵法新注》，中华书局1977年版，第75页。

过程中对客观环境进行正确认知所必须了解的，只有深知这些道理，并在具体的决策中合理应用才有可能打胜仗，否则只能在战争中败北。孙武在《地形篇》提出："知吾卒之可以击，而不知敌之不可击，胜之半也；知敌之可击，而不知吾卒之不可以击，胜之半也；知敌之可击，知吾卒之可以击，而不知地形之不可以战，胜之半也。故知兵者，动而不迷，举而不穷。故曰：知彼知己，胜乃不殆；知天知地，胜乃可全。"①

三是强调认识的客观性。孙武在《用间篇》里说："故明君贤将所以动而胜人，成功出于众者，先知也。先知者，不可取于鬼神，不可象于事，不可验于度，必取于人，知敌之情者也。"② 即明智的国君和贤能的将帅，之所以一出兵就能战胜敌人，成功超出众人，就在于事先就能察知敌情。而预知敌情，则不可从鬼神祈祷那里去获取，也不可从求签问卜那里去推知，也不可从对数度的简单验算中去求得，而必须从人那里、从了解敌情的间谍那里去获得。

（三）《隆中对》的决策思想

三顾茅庐故事的核心不在于"顾"之诚，而在于"对"之精。诸葛亮在茅庐之中做出"天下三分"的战略决策——《隆中对》，所体现的一些决策原则和方法对当今的决策实践仍具有指导意义。

一是决策目标明确原则。决策是一种追求并力争实现目标的活动，因此科学决策的第一步就是制定相对明确的决策目标。《隆中对》不仅为刘备设定了明确的宏观战略目标，而且各个层次的决策目标之间相互制约、相互促进，形成了一个有机的决策系统。不仅有宏观战略目标即"光汉室，成霸业"，而且还有针对不同时期、不同情况和不同对手的相当明确而具体的微观上的策略目标。"西和诸戎，南抚夷越，外结好孙权，内修政理"；"天下有变，则命一上将将荆州之军以向宛、洛，将军身率益州之众出于秦川"，以争霸中原；对曹操是暂不与之争锋，待"天下有变"再采取行动；对孙权

---

① 《孙子兵法新注》，中华书局 1977 年版，第 104 页。
② 《孙子兵法新注》，中华书局 1977 年版，第 134 页。

则"可以为援而不可图",暂时结成联盟以对付曹操。如"西和诸戎,南抚夷越,外结好孙权,内修政理"是为了确保荆、益二州以图发展;而确保了荆、益,就可以在"天下有变"之时,从荆益二州出军争霸中原;而从荆益出军争霸中原,则是为了"成霸业,兴汉室"。

二是决策信息充足原则。充足就是要体现出全面性、准确性、及时性。决策目标确立后,决策者的任务就是广泛地搜集有利于决策目标实现的各种信息。准确、及时的信息供应,是科学决策的坚实基础。诸葛亮隆中决策的主要依据是其深入了解和研究了当时的天文、地理、军事、政治、经济、人才诸方面的信息,并对这些信息进行实事求是的分析。如他站在刘备的角度准确分析了当时的战略情形:"曹操比于袁绍,则名微而众寡。然操遂能克绍,以弱为强者,非惟天时,抑亦人谋也。今操已拥百万之众,挟天子而令诸侯,此诚不可与争锋。孙权据有江东,已历三世,国险而民附,贤能为之用,此可以为援而不可图也。荆州北据汉、沔,利尽南海,东连吴会,西通巴蜀,此用武之国,而其主不能守,此殆天所以资将军,将军岂有意乎?益州险塞,沃野千里,天府之土,高祖因之以成帝业。刘璋暗弱,张鲁在北,民殷国富而不知存恤,智能之士思得明君。"① 由此可见,正是由于诸葛亮身居草庐,而心系天下,时刻关注政局的发展变化,并广泛收集各方有关信息,才作出了千古流传的名篇《隆中对》。

三、西方现代决策思想

随着人类社会生产力的不断向前发展,决策思想作为人类日常组织和个人生产生活中必不可少的一部分,得到进一步的发展和完善。人们把决策思想应用于日常的管理当中,以"管理就是决策"的提出者、美国著名管理学家赫伯特·西蒙的有限理性决策为标志,现代决策理论总体上经过了两个大的发展阶段,即传统的客观理性决策阶段和赫伯特·西蒙的有限理性决策阶段。决策理论的这两个发展阶段,分别是以人对自身本质和行为的不同认识

① 孟艾芳主编:《中国古代著名决策案例》,山西人民出版社 2002 年版,第 199 页。

为基础构建起来的。决策理论发展的不同阶段的差异，具体体现为两种不同的决策模式。每一种决策模式都有其追求的目标、其得以确立的人性假设以及构成要素。

一般来说，理性决策模式包括以下几个要素和特点：首先拥有一整套偏好的价值目标体系，决策者在决策前从全局的角度来看待各备选行动方案，考虑每个决策所导致的全部结果，以使用价值为准则从所有备选方案中选出一个最佳的决策方案。① 由此可见，理性决策模式以追求最佳决策作为决策的最终目标，这种决策模式的人性基础是"理性经济人"。理性经济人理论的来源可以追溯到经济学鼻祖、英国学者亚当·斯密在《国富论》中所阐述的观点，之后经济学家不断完善和充实，并逐渐将其作为西方经济学的一个基本假设。该理论认为，人们所有行为的出发点都是实现个人利益的最大化，人们知道全部可能的行动并且知道哪种行动能实现最大化的个人利益。人总是能合理地行动，能从所有可能的行动中选择最好的一种。这一理想型的理性决策模式在 20 世纪 40 年代末遭到了以赫伯特·西蒙为首的一些行政学家和组织学家的反对。赫伯特·西蒙认为按照理性决策的要求，决策行为主体必须完全理解并预期每项决策产生的结果，而实际上人们对决策结果的了解总是零零碎碎的、不完整的；由于决策产生的结果未来才发生，所以在给它们赋值时就必须用想象力来弥补缺乏真实体验的不足，但是要实现完整的预期价值还是不可能的；按照理性决策的要求，决策行为主体需要在所有可能的备选行为中做出选择，而在真实情况下，决策主体只能想到和设计出有限的几个方案而已。导致以上情况出现的根本原因，在于知识的不完备性、完整预期的难题和行为可行性的范围难以确定。②

在此基础上，赫伯特·西蒙提出了有限理性决策模式。包括以下几个要素和特点：首先，在对决策目标达到一致意见之后，决策者第一步所要选择的标准是满意标准而不是最优标准，即对各种替代方案进行选择时，决策者

---

① ［美］赫伯特·西蒙著，詹正茂译：《管理行为》，机械工业出版社 2004 年版，第 87 页。
② ［美］赫伯特·西蒙著，詹正茂译：《管理行为》，机械工业出版社 2004 年版，第 87 页。

需要考虑在某种程度上达到满意要求，而不是最佳的理想的目标。其次，一旦希望提高或达到的标准确定，第一个满足或超过决策者期望或需求的行动方案就会被选择，这就是说决策者在所搜寻的决策方案达到满意标准时，就会停止继续搜寻和进一步选择。最后，有限理性决策模式并非同时对所有决策方案进行选择，而是按照顺序对决策方案进行排序，进行两两比较。这样可以减少对于决策者的知识要求和理性要求。有限理性决策的人性基础是"行政人"。"行政人"是理性经济人和心理人的结合，他把人看成是生物的、感情的、行为的、社会的综合，他具有有限的认识能力，但他也拥有按照自己的利益行动、解决问题的能力。"行政人"不仅有个人的目标和理性，同时也知道组织的目标和组织的理性；不仅如此，他还知道个人利益是同组织利益结合在一起的，对组织来说是好的东西对个人来说并不一定就好。"行政人"在决策时很少能看到所有的选择，也不能完全预料他们的后果。他宁愿"满意"，而不去追求"最佳"。他会简化他的决策分析，能立即看到有限选择的决定就满足了。

第二节　认识及其理论探源

一、认识的含义

认识是指人脑在实践的基础上，对外部现实的能动反映，是从生动的直观到抽象的思维，并从抽象的思维到实践的辩证发展过程。认识包括感性认识和理性认识。感性认识是认识的初级阶段和初级形式，是人在实践中通过眼、耳、舌、身等感官直接同外界事物接触获得的，有感觉、知觉、表象三种基本形式。理性认识是认识的高级阶段和高级形式，是对客观事物的本质和规律性的认识，有概念、判断、推理三种基本形式。认识的前提是世界的客观性和可知性。认识发生和发展的基础是社会实践；与此同时，社会实践还是认识的目的，是检验认识正确与否的唯一标准。认识是在实践的基础上，即在主体和客体相互作用的过程中发生和发展起来的，是主体对客体的积极的能动的反映。

　　认识论是研究认识活动的本质及其发展过程的哲学理论。它对认识进行定义，区分认识的主要变体，识别认识的主要来源，确定认识的主要界限。人的认识本身是一个发生发展的过程，它同人类本身的存在有同样长久的历史。人类伊始，就在同外部现实世界发生实际的相互作用，即在实践的基础上发生了对外部现实世界的认识关系。在人类历史发展的不同阶段和同一阶段的不同地域，由于生产力发展水平不同及所进行的生产实践不同，决定了在此基础上形成的人类认识世界的范围和认识方法也各不相同、千差万别。认识不是一种孤立的思维现象或活动，它跟政治、经济、文化、社会乃至人们的生活习惯和思维方式紧密相连。因此，不同类型的社会，不同的文化传统，必定影响着认识论，从而使认识论具有不同的倾向和特点。

二、中国认识论思想

　　中国传统哲学中认识论的发展，经过了两千多年的艰辛历程，不断丰富、深刻。朴素是中国传统哲学认识论的特质，但其哲学思考水平特别是中国先秦时期的哲学认识论，完全可以同古希腊罗马哲学认识论相媲美。与以探寻世界本体为己任的西方哲学认识论不同，中国传统哲学认识论是围绕天人关系展开讨论，研究人世现实的社会政治、伦理道德以及人世沧桑变迁，注重人生的修养和意义。基于中国哲学"天人合一"的传统和文化精神，中国传统哲学认识论实质上是一种道德认识论，这种道德化的认识论主张"主客合一"，注重直觉、直观、感悟和体验的认识方法和道德教化的认识功能。

　　（一）中国古代认识论思想

　　中国古代的认识论思想可谓浩如烟海。从儒家学派的孔子开始，认识论问题逐渐地成为历代哲学家们所关注和研究的对象，人类对自身认识进行哲学反思的范围越来越大、越来越广。如认识的可能性、认识的来源、认识的主体、认识的途径、认识的真理性标准、知和行的关系等问题，都成了哲学家们思考的内容。其中具有代表性的认识论思想，主要包括春秋战国时期的儒、墨、道、法各大学派的认识论思想以及西汉的董仲舒和南宋的朱熹的认识论思想。

1. 儒家学派的认识论思想

在中国古代认识论思想史上，儒家思想具有举足轻重的作用。孔子则是儒家思想的创始人和集大成者。他的思想不仅对我国哲学发展具有深刻影响，而且对我国古代思想文化的发展做出了重要贡献。从认识论的角度看，孔子是中国认识论思想史上第一个对人的认识进行反思的哲学家。他曾就认识问题提出一种看法："生而知之者，上也；学而知之者，次也；困而学之又其次也；困而不学，民斯为下矣。"① 在这段话中，孔子论述了认识的来源、主体和途径。孔子认为，认识的来源有三种，"生而知之"、"学而知之"和"困而学之"，通过这三种来源或途径获得认识的人都是"圣人"、"贤人"或"君子"。但受等级观念的影响，孔子认为"困而不学"的普通劳动人民不能成为认识的主体，于是他说"民可使由之，不可使知之"。至于认识的来源，孔子有"生而知之"的说法，但在他看来"生而知之"是只有少数具有先天智慧的人才能做到的。他强调的是"学而知之"，并且鼓励"困而学之"，肯定知识来源于后天的"学"。关于认识的对象和内容，孔子视野中的认识对象为夏、殷、周三代的典章制度。除了学习这些以外，还要从自己和别人的经验中学。所以他主张"多闻择其善者而从之，多见而识之"②。在"学而知之"的认识过程中，孔子强调"学"和"思"应该结合起来，提出了"学而不思则罔，思而不学则殆"③ 的论断，涉及了认识过程中感性因素和理性因素的关系。孔子十分重视言行一致，反对言而不行或言过其行。在中国哲学史上，孔子是最早建立起认识论雏形的哲学家。

在孔子之后，儒家学派的又一个重要的代表人物孟子继承和发展了他的"生而知之"的观点，提出了以"良能"、"良知"为基础的先验主义认识论。"人之所不学而能者，其良能也；所不虑而知者，其良知也。孩提之童，无不知爱其亲也；及其长也，无不知敬其兄也。亲亲，仁也；敬长，义也。

---

① 王滋源：《论语新译评述》，黑龙江人民出版社 1987 年版，第 335 页。
② 王滋源：《论语新译评述》，黑龙江人民出版社 1987 年版，第 143 页。
③ 王滋源：《论语新译评述》，黑龙江人民出版社 1987 年版，第 30 页。

无他，达之天下也。"① 获得"学问"、知识的途径是"反求诸己"，向自己的内心世界探求，扩充自己内心固有的"良能"、"良知"。在孟子看来，人们都有"良能"、"良知"，即"人皆可以为尧舜"，这至少在形式上承认了人人都是平等的认识主体。这就打破了孔子根据他所规定的认识的来源和途径的不同而主观规定的关于认识主体的等级界限。孟子认为，"耳目之官不思"，"心之官则思"，区分了感觉器官和思维器官的功能。但又认为"耳目之官"蔽于物，实际上是否定了感觉器官在认识中的作用，也就是否定了理性思维对感性经验的依赖关系。孟子的思想，表现出对认识主体的认识能力和自我意识的重视，这是通过反思对人的自觉自为的本性的一种反映，其合理的意义是应该肯定的。

2. 墨家学派的认识论思想

墨家学派的创始人墨子反对"生而知之"的先验主义认识论，主张感觉经验是认识的来源和检验认识的真理性标准的感觉经验论。墨子以感觉经验作为认识的出发点，强调"天下之所以察知省有与无之道者，必以众之耳目之实知有与亡为仪者也"②。在关于认识主体的论述上，墨子的观点与孔子截然相反。他没有从所谓"上智"、"下愚"的先天差别和所谓"君子"、"小人"的社会等级来界定认识主体的范围，相反他充分肯定了"众人"、"百姓"在认识中的主体地位。在他看来"耳目之情"、"耳目之实"，是认识的真正可靠的来源和基础。他强调一种认识是否可靠、是否有根据，必须"以众之耳目之实""为仪"，必须通过考察普通百姓的看法和观点。这是一种朴素的唯物主义经验论。墨子强调普通百姓的感觉和经验在认识中的重要作用，把众人的感觉经验看做是认识的根本源泉，这是一种把认识论建立在唯物主义基础之上的表现。但同时他也没有超越时代的局限，把认识完全归结为人们的经验，陷入了狭隘经验论的泥淖。

墨子在认识论方面的另一个重要的贡献，是他第一个明确提出检验认识

① 杨伯峻：《孟子译注》，中华书局1984年版，第307页。
② 墨翟：《墨子全书》，长安出版社2009年版，第152页。

的真理性标准。墨子所提出的统一标准为"三表"，即"故言必有三表"。何谓三表？墨子言曰："有本之者，有原之者，有用之者。于何本之？上本之于古者圣王之事。于何原之？下察百姓耳目之实。于何用之？废以为刑政，观其中国家百姓人民之利。此所谓言有三表也。"即墨子认为任何一种科学的言论必须以权威性的历史事实为依据，必须采纳普通群众的实践经验，必须符合整个国家和百姓的切身利益。这是一种对人类认识进行反思的表现。

3. 道家学派的认识论思想

道家学派的主要代表老子主张"道法自然"、"无为而治"。《老子》一书指出，"道生一，一生二，二生三，三生万物"，"道"乃"夫莫之命而常自然"，因而"人法地，地法天，天法道，道法自然"。认为人类认识的对象是"道"，是宇宙万物的演变，是"独立不改，周而不殆"的客观规律；认为人类认识的方法和手段是"无为"，只要坚持"无为自守之义"，就能实现所想达到的"合于道"的理想境界，实现无所不能、不无为的最终目的。"无为为之而合于道"，"不出户，知天下；不窥牖，见天道。其出弥远，其知弥少。是以圣人不行而知，不见而名，不为而成。"老子的这一认识论思想，对中国古代哲学发展具有深刻影响。尽管如此，需要指出的是老子的认识论思想还存在一种虚无主义倾向。他提出："致虚极。守静笃。万物并作，吾以观复。夫物芸芸，各归其根；归根曰静，是谓复命；复命曰常，知常曰明。不知常，妄作凶。如常容，容乃公，公乃王，王乃天，天乃道，道乃久，没身不殆。"① 即达到虚无的极端境界，固守宁静达到厚重忠实。在万物的生长发展中，用虚静之境界去观察万物发展变化的规律。万物都向其初始状态回归，回复到初始状态叫做静，静叫做天道所归的命。回复其生命历程是宇宙永恒的法则，明了宇宙永恒的法则叫做明智，不明了宇宙永恒的法则，轻举妄动就会招来祸害。认识宇宙永恒法则就能包容一切，包容一切就能大公无私，大公无私就可为天下君王，天下君王应合天理法则，天理法则必须符合"道"，符合"道"就能长久，终身没有危险。这就是说尽管万物纷繁复

---

① 马恒君：《老子正宗》，华夏出版社 2007 年版，第 51 页。

杂、变化无常，只要是保持着心灵的"虚寂"、"静驾"状态，坚守心灵的清静笃实，守着"道"这个根本，像常道那样自然无为、自在朴素，自然也就"同于道"了。这是一种神秘的直觉主义，实际上也是一种虚无主义的认识论。

　　道家学派的另一个代表庄子，对认识的反思达到了比较深刻的程度。如《秋水篇》中他借北海若之口发表了一些议论："计人之所知，不若其所不知。其生之时，不若未生之时。以其至小，求穷其至大之域，是故迷乱而不能自得也。由此观之，又何以知毫末之足以定至细之倪？又何以知天地之足以穷至大之域？"① 由此可见，庄子从主体和客体、主观和客观的矛盾出发，揭示了认识的有限性和无限性的矛盾，触及了认识发展的辩证法。但是庄子学派揭示矛盾，并不是为了找出解决矛盾的途径，恰恰相反他们是要利用这个矛盾来取消一切有限的具体的认识。他们认为有限的生命只能孜孜追求到有限的认识，永远也不可能追求到无限的认识，这样做只能使自己陷入危困之中。因此庄子只好说："吾生也有涯，而知也无涯，以有涯随无涯，殆已。已而为知者，殆而已矣。"② 因而，解决矛盾的方法只能是放弃认识活动。庄子考察认识所遵循的途径是从绝对主义经过相对主义再回到绝对主义。他从绝对的同一性出发，否定外部事物质的规定性和差别性，也否定认识是非的确定性和界限。他看到了当时各个学派各有自身判断是非的标准，都"以是其所非，而非其所是"的矛盾，但他自己也找不到一个确定是非的标准，于是主张"和之以是非"、"不谴是非"。由此可见，庄子发现了认识内部的矛盾，这本来是对认识反思走向深入的一个标志，但庄子未能进一步找到解决矛盾的途径，并急匆匆地从矛盾中退出来，企图消除矛盾的干扰，以无知无为的绝对"混沌"境界作为逃避矛盾的避难所。庄子没能打破自身的认识局限，但他所提出的认识中的辩证思想，不仅标志着当时的认识论研究达到了一个新的水平，而且对于现代认识论的发展具有很大的借鉴意义。

---

① 王磊：《庄子》，云南大学出版社 2007 年版，第 205 页。
② 王磊：《庄子》，云南大学出版社 2007 年版，第 33 页。

4. 法家学派的认识论思想

法家学派是战国时期兴起的新兴地主阶级的思想代表，韩非是法家思想的集大成者。韩非认为，事物的"道理"是客观的，是人类展开实践活动的客观依据。他认为人应该在认识事物"道理"的前提下"缘道理以从事"。他坚决反对"先物行，先理动"等没有根据的所谓"前识"。他说："先物行，先理动之谓前识。前识者，无缘而妄意度也……前识者，道之华也，而愚之首也。"① 这就表明了韩非反对"前识"的态度。在韩非看来，对事物及其"道理"事先没有进行实际的观察和体验，就说有了认识，这就是所谓"前识"。其实，所谓"前识"，只不过是一种没有根据的任意猜测。韩非认为，认识事物的"道理"，并根据事物的"道理"而从事实践活动，是人的活动之所以能够取得成功的客观根据。韩非写道："夫缘道理以从事者，无不能成……夫弃道理而妄举动者，虽上有天子诸侯之势尊，而下有绮顿、陶朱、卜祝之富，犹失其民人而亡其财资也。众人之轻弃道理而易妄举动者，不知其祸福之深大而道阔远若是也。"② 即根据事物的"道理"而从事活动，没有不能成功的；如果背弃事物的"道理"而轻举妄动，即使是有势有财的人也会招致失败。而人们之所以轻易背弃道理而轻举妄动，就是因为不知道祸福之间关系的"深大"和事物"道理"的"阔远"。

在此基础上，韩非进一步认为事物的"道理"是可以被认识的。他说："凡物之有形者，易裁也，易割也。何以论之？有形则有短长，有短长则有小大，有小大则有方圆，有方圆则有坚脆，有坚脆则有轻重，有轻重则有白黑。短长、大小、方圆、坚脆、轻重、白黑之谓理。理定而物易割也。故议于大庭而后言则立，权议之士知之矣。"③ 即一切有形的具体事物，都有长短、大小、方圆、粗细、坚脆、轻重、白黑等特性。这些特性也就是事物的一定的理。有了这些特性或一定的理，具体事物便易于区分，并为人们认识这些具体事物提供了可能性。韩非强调"理定而后物可得道也"，说明人们

---

① 马银琴：《韩非子正宗》，华夏出版社 2008 年版，第 125 页。
② 马银琴：《韩非子正宗》，华夏出版社 2008 年版，第 127 页。
③ 刘建生：《韩非子精解》，海潮出版社 2012 年版，第 172 页。

认识了一定的理，不仅易于区分事物，而且经过大庭广众的议论然后做出断言，就可以确立理论，对事物加以论说。

5. 董仲舒的认识论思想

董仲舒是西汉时期最著名的儒学家。他认为，君主受命于天，是按照上天的旨意来治理人民的。同时人的行为失误会引起天的反应，天的反应表现为灾害，灾害就是其显示权威的方式。董仲舒的这种"天人感应"的观点是一种神秘主义的天人合一论。他的认识论就是建立在这种天人合一论的基础之上。在董仲舒的认识论体系中，"天意"决定和主宰一切。世界上所有事物及其变化，都是出自"天意"的安排，因而也都是"天意"的体现。人是天的最高创造物，最全面地体现了"天意"，因而"天人合一"。从认识论的角度来看，"天意"就是人的认识的对象，认识"天意"也是人类认识的最终目标。通过人来认识"天意"，这本身就是"天意"的体现，因而人认识"天意"，也可以说是"天意"的自我认识、自我实现。由于"人副天数"，天人可以感应，天人本来是合的，因而人认识"天意"的可能性就内在地包含于其前提之中。董仲舒的认识论，就其自身的内在逻辑来看，是一种关于"天意"的神秘主义的唯心主义可知论。

董仲舒承认感觉经验在认识中的作用，认为人们要观察外部事物必须运用自己的感觉器官，通过仔细观察的途径来认识"天意"。但是感觉器官只有用于观察事物，才能产生关于事物的感知；感觉器官有观察的功能，但如果不用于观察事物，只是一种观察的"性质"，而没有产生观察的效果，因此观察是感觉器官与事物接触所产生的效应。从外部事物的角度来看，如果不被观察，也不能被人所感知。在董仲舒的认识论思想中，感觉经验虽然是事物作用于感觉器官所引起的感知效应，或者说是人以自己的感觉器官观察事物的结果；但在他看来事物本身并不是认识的对象，观察事物也不是人们认识的目的。观察事物以及对事物的感知，并不是为了认识事物本身，而是借此达到对"天意"的认知，因而观察事物只是认识"天意"的中介、手段或途径。

6. 朱熹的认识论思想

朱熹是我国南宋时期的一位博学的百科全书式的学者，他在研究和著述儒家经典的基础上，构建了自己的唯心主义道学体系。朱熹的认识论思想是建立在他的以理为本的本体论基础之上的。他的本体论是论证天地万物以理为本，而他的认识论则是以"知本"即认识理这个绝对本体为目的及阐明达到这个目的的方法、途径，也就是他所谓的"致知在格物者"，"在即物而穷其理也"。格物致知、即物穷理的认识论，在朱熹的哲学体系中占有十分重要的地位。朱熹在《补〈大学〉格物致知传》中，提出了一个格物致知、即物穷理的认识论纲要。他写道："所谓致知在格物者，言欲致吾之知，在即物而穷其理也。盖人心之灵莫不有知，而天下之物莫不有理。惟于理有未穷，故其知有不尽也。是以大学始教，必使学者即凡天下之物，莫不因其已知之理而益穷之，以求至乎其极。至于用力之久而一旦豁然贯通焉，则众物之表里精粗无不到，而吾心之全体大用无不明矣。此谓物格，此谓知之至也。"① 即朱熹认为获得知识的途径在于认识、研究万事万物，要想获得知识就必须接触事物而彻底研究它的"道理"。人的心灵都具有认识能力，而天下万事万物都总有一定的"道理"，只不过因为这些"道理"还没有被彻底认识，所以使知识显得很有局限。因此，《大学》一开始就教学习者接触天下万事万物，用自己已有的知识去进一步探究，以彻底认识万事万物的原理。经过长期用功，总有一天会豁然贯通，到那时万事万物的里外巨细都被认识得清清楚楚，而自己内心的一切认识能力都得到淋漓尽致的发挥，再也没有蔽塞。这就叫万事万物被认识、研究了，这就叫知识达到顶点了。由此可见，在朱熹的认识论思想中格物致知是联结认识主体与认识客体的方法。他认为"格物"就是穷尽事物之理，"致知"就是推致其知以至其极，并认为"致知格物只是一事"，是认识的两个方面。

朱熹把认识论归结为道德修养论。他认为心本有知，但由于为人欲所蔽而不明，不能致其知。"人皆有是知，而不能极尽其知者，人欲害之也。故

---

① 郭兰芳：《大学浅解》，中国社会科学出版社 2003 年版，第 28～29 页。

学者必须先克人欲以致其知，则无不明矣。"① 即人心本来有知，人之所以不能致其知，是人欲害的。所以要致知，必须先克人欲。这样，克人欲就成了致知的先决条件。"致知乃本心之知。如一面镜子，本全体通明，只被昏翳了，而今逐旋磨去，使四边皆照见，其明无所不到。"② 即要致知，首先要存养本心之知；存养本心之知，也就是要减少乃至去掉人欲，就像磨镜子一样，"逐旋磨去"其昏翳，恢复本心全体通明的本性，使本心之明无所不到，从而"推致其知识而至于尽"。然而，从某种程度上来说，朱熹的认识论是唯心主义的认识论。他夸大了理性的作用，使理性认识脱离了感性认识的基础。例如，他说"理便在心之中"③，"心包万理，万理具于一心。不能存得心，不能穷得理；不能穷得理，不能尽得心"④。如此等等。

（二）中国近代认识论思想

中国近代资产阶级由于其自身的软弱性，受到历史环境和思维限域的影响，在认识论方面缺乏独创性的研究，但与他们以前的时代相比还是做了一些新的尝试，并使认识论的研究带有近代本身的色彩。

1. 魏源的认识论思想

魏源是一个富有革新思想的政论家，是近代中国历史上最早开眼看世界的思想先驱之一。他生活在社会危机和民族危机日益加深的大动荡时期。资本主义列强的入侵，清王朝的衰败，使得具有爱国主义精神的魏源以高度的历史责任感和时代使命感，注重研究关系国家存亡、民族兴衰的重大社会现实问题。他极力主张革新，提倡学习西方，以图富国强兵。他极力反对脱离现实的无用的旧学，而大力提倡注重现实的经世致用的实学。魏源虽然没有提出系统的哲学理论，在认识论方面也没有进行过专门的系统研究，但在他的革新思想中，包含了他在哲学方面的一些基本观点，特别是包含了一些颇有价值的认识论思想。他的认识论把继承中国传统文化与学习西方先进文化

---

① （宋）黎靖德编：《朱子语类》，中华书局1986年版，第291页。
② （宋）黎靖德编：《朱子语类》，中华书局1986年版，第283页。
③ （宋）黎靖德编：《朱子语类》，中华书局1986年版，第85页。
④ （宋）黎靖德编：《朱子语类》，中华书局1986年版，第155页。

紧密地结合起来，表现了近代启蒙思想特色。

在认识的起源方面，魏源强调认识同社会实践的密切关系，并坚持"及之而后知"的认识路线。他指出："'及之而后知，履之而后艰'，乌有不行而能知者乎？……披五岳之图，以为知山，不如樵夫之一足；谈沧溟之广，以为知海，不如估客之一瞥；疏八珍之谱，以为知味，不如庖丁之一啜。"①在他看来，践行而后能知，不行不知，只有接触并变革客观对象，才能获得认识。由此可见，魏源的认识论思想包括两个极其重要的命题：其一，只有参与某一方面的实践活动，才能获得某一方面的知识。如樵夫对山的知识，厨师对烹饪的知识等，就是从其自身的实践活动中获得的。其二，书本和口头的空谈阔论，不如个人的直接经验。如樵夫之一足，估客之一瞥，庖丁之一啜，就远胜于披五岳之图者，谈沧海之广者，疏八珍之谱者。当然，魏源强调的"行"主要是指个人的直接经验。这决定了他非常重视感性认识。美中不足的是，魏源对理性认识没有给予应有的重视，表现出轻视理性认识的倾向，他的认识论把复杂的认识过程简化，没有探讨认识活动是如何实现的，没有探讨一个较完整的认识过程包含了几个环节。

魏源还认为，世界上的事物是充满矛盾的。他在论述事物的矛盾时写道："天下物无独必有对，而又谓两高不可重，两大不可容，两贵不可双，两势不可同，重、容、双、同公争其功。何耶？有对之中必一主一辅，则对而不失为独。"② 所谓"对"，是指事物都分为相互对立的两部分；"独"是指事物的孤立存在。他认为"天下物无独必有对"，就是指事物处于普遍对立而又相互联系之中，没有绝对孤立的事物。在他看来，自然界中有阴阳、天地、生死、险易、上下、右左、难易、清浊的对立；人的性格也有刚柔、厚薄、粗审、宽隘的对立，世界上没有绝对孤立的事物。天下的事物都不是单一的，必然包含着矛盾的对立面。矛盾的对立面必然有斗争，因为对立的双方不可能是均衡的，必有主次之分。但次要的一方又统一于主要的一方，所以说

① 《儒家经典》（上、中、下册），团结出版社1997年版，第2721页。
② 《儒家经典》（上、中、下册），团结出版社1997年版，第2737页。

"对而不失为独"。

2. 严复的认识论思想

严复的认识论思想基本上是以唯物主义经验论为基本出发点的，但严复在认识论方面的唯物主义倾向并不彻底，还包含有唯心主义经验论和不可知论的成分。严复认为，认识的产生必须首先有认识的主体和认识的客体，而且认识的主体和客体之间一定要有相互的联系或碰撞。他转述认为："世间两物，曰我、非我。非我名物，我者此心。心物之接，由官觉相。而所觉相，是意非物。"① "非我"相当于客体，是客观事物。"我"相当于主体，包括主体的认识器官和意识、思维。对于认识的过程，严复做过这样的表述："官与物尘相接，由涅伏以达脑成觉，即觉成思，因思起欲，由欲命动。"② 人体的感觉器官与外部事物接触，将接受到的刺激通过神经系统传输到脑而形成感知，在感知的基础上产生思维，思维又引起欲望的意向，由欲望的意向而促使人展开行动，也是严复所描述的一个完整的认识过程。严复接受了英国唯物主义经验论的影响，运用西方的实验科学和逻辑的归纳方法，揭露封建主义独断哲学的先验论实质，对于以近代科学方法批判宋、明唯心主义理学具有重要意义。

3. 孙中山的认识论思想

孙中山是中国资产阶级革命领袖，同时也是著名的唯物主义哲学家。他通过对丰富的革命经验教训的理论总结和概括，汲取近代西方自然科学的最新成果和近代西方哲学的积极成果，对中国的传统哲学特别是其中的知行学说进行了分析批判，形成了自己的具有时代特点的哲学学说。孙中山哲学学说的核心是他的认识论思想。首先，孙中山对认识主体的认识能力做了必要的考察，认为认识能力主要是指"智"，也就是人的聪明才智和远见卓识。他说："智之云者，有聪明、有见识之谓，是即为智之定义。凡遇一事，以我之聪明、我之见识，能明白了解，即时有应付方法，而根本上又须合乎道

① ［英］赫胥黎著，严复译：《天演论》，北京理工大学出版社2010年版，第72页。
② ［英］赫胥黎著，严复译：《天演论》，北京理工大学出版社2010年版，第7页。

义，非以尔诈我虞为智也。"① "智"就是对事情能明白了解、能提出应对方法并又"合乎道义"的"我之聪明、我之见识"。因此，"智"是人认识事情、处理事情的一种主体性能力、主体性条件。其次，孙中山认为认识还必须有对象，人类认识的对象是宇宙中的一切事物。他说："智之范围甚广，宇宙之范围皆为智之范围。故能知过去未来者，亦谓之智。吾人之在世界，其智识要随事物之增加而同时进步。"② 因此，人们只有去认识世界上的事物，包括认识"过去未来"，才能证明自身的认识能力。人类的知识并不是主观自生的，而是根据物质世界的进化、随着所知事物的增加而进步的，是认识宇宙中事物的结果。

孙中山认识论思想的主要内容是论证行易知难的知行学说。他在研究资产阶级革命斗争经验和教训的基础上，针对古代传统的"知易行难"之说，提出"知难行易"学说。他认为，在人类的日常生活实践中，人们千百年来可能都在做某一件事情，但一直不知其中的道理。只是在经过数十年、百年甚至千年的"行"之后，才逐渐明白。因此他说："知"和"行"比较起来，不是知易行难，而是知难行易；行在先，知在后；能行就能知，不知也能行。孙中山"知难行易"的认识论思想中还含有一些辩证法思想。他认为，在"行"的基础上，人类的认识是不断进化和发展的。他将人类认识进化过程分为三个时期：第一个是由草昧进文明，为不知而行之时期，即在草昧时代，"人类混混噩噩，不识不知，行之而不知其道"；第二个是由文明再进文明，为行而后知之时期，就是通过"行"，"人类之觉悟渐生，知识日长，于是渐进入于欲知而行之时期"；第三个是自科学发明而后，为知而后行之时期。科学大发明以后，"人类乃始能有具以求其知"，"因已知而更进于行"。③ 孙中山关于人类的认识是不断进化的观点，虽然是在强调"知"的重要，但它是以"行"作为基础的，其基本出发点是正确的。它表明人类认识过程是有"行"才有"知"，由知之甚少到知之较多；人们一经掌握了从

---

① 中国社科院近代史所编：《孙中山全集》第六卷，中华书局 1985 年版，第 16～17 页。
② 中国社科院近代史所编：《孙中山全集》第六卷，中华书局 1985 年版，第 17 页。
③ 《孙中山选集》，人民出版社 1981 年版，第 167～168 页。

"行"中得到的"知",即根据"科学之原理既知,四周之情势皆悉",尔后制定出规划,则"更乐行之","更易行之","必能行之"。

三、西方认识论思想

在西方的古希腊罗马时期,早期的哲学家虽然还没有把认识论作为哲学的一个特殊领域予以关注,认识论还不是哲学研究中的一个相对独立的体系,但人们对认识的反思已经初见端倪。他们认为人类有能力去认识自然界,并对认识自然界的路径和方法进行了考察研究。自古希腊罗马时期肇始,西方认识论思想大致经历了中世纪宗教哲学唯名论和实在论、16世纪构造哲学经验论和唯理论、18世纪末德国古典哲学认识论,直至19世纪马克思主义认识论的产生等几个主要阶段。

(一)柏拉图的认识论思想

古希腊哲学家柏拉图以唯心主义理论为基础,提出了他的认识论思想。他把世界分为由具体事物组成的"可见世界"和由理念组成的"可知世界"。柏拉图认为"可知世界"决定了"可见世界"的本质,因此只有对"可知世界"的认识才是根本的、永恒的,而对"可见世界"的认识只能是暂时的、表面的。柏拉图把灵魂看做是认识的主体,灵魂在进入肉体以前的前世就已经认识了理念,只是在进入肉体以后把它忘记了。灵魂只有一方面在感官知觉的刺激和诱发下,另一方面又在不断地摆脱感官知觉以及欲望、情感、冲动的情况下,才能逐渐地回忆起过去的知识。感性事物使灵魂回忆起它已经知道、而从感觉经验中不能知道的东西。因此,认识不是对物质世界的感受,而是对理念知识的回忆。

(二)亚里士多德的认识论思想

同柏拉图不同,古希腊哲学家亚里士多德强调感觉的客观性。他认为感觉不只是感觉自身而必须有某些外在感觉对象先于感觉而存在,同时感觉的产生还要感觉者和感官的存在。他充分肯定了感觉器官在认识中的作用,认为感觉器官具有感觉功能,并通过感觉对象而得到实现形成感觉;感觉功能的继续运用,导致表象的建立并产生记忆。他把灵魂比作蜡块,感觉是外在事物在蜡块上留下的痕迹。他说：“我们的灵魂正如蜡块一样，他接受的只是黄金的印戒的图纹，而不是金本身。”① 与此相联系，他提出“每一事物之真理必与各事物之实是必相符合”这一关于真理的古典定义。亚里士多德承认认识起源于感觉，但没有秩序的感觉经验称不上是知识；完全意义的知识应该是对事物的共相即形式及其本质联系的领悟，包括对事物的原因做出解释。要获得这种知识必须发挥人类理性思维的作用，理性理解事物的形式、本质；但人类理性的作用依赖于感觉功能的实现，灵魂不能脱离表象而思维。他还区分了主动意义上的理性与被动意义上的理性，认为被动理性是外部对象的形式反映传达到感觉主体形成观念，主动理性则先于身体而存在并且可以不依附于身体而永恒不朽，这一观点不可避免地蒙上了唯心主义的神秘面纱。

在宗教居于绝对统治地位的中世纪，哲学成了论证神学的工具，科学认识被宗教信仰所排斥，只有关于上帝的知识才被认为是唯一可靠的最高的知识。在这个时期，围绕着共相和殊相问题，展开了实在论和唯名论之间的争论。从思想渊源上看，中世纪实在论和唯名论之间的争论是古代哲学关于“一般”和“个别”的讨论的延续和发展，其实质是涉及哲学基本问题特别是第一方面即物质和意识何为第一性的问题。只是由于当时的宗教在意识形态领域中占据了主导地位，关于一般的本质或本性问题就与上帝的存在发生了血缘关系，于是一般与个别的关系争论问题便演变成了为宗教神权服务的经院哲学唯名论和实在论之争。由于其中的一些认识论思想在学界还存在较大的争议，因此这里我们不对其进行专门的阐述。

（三）培根的认识论思想

16 世纪以后，认识论理论研究占有突出的地位，甚至成为构造哲学体系的出发点。在认识论的研究中，感性和理性、外部经验和内部经验、自我认识和外部世界等的关系成为讨论的主要问题，这些问题归根结底涉及认识的来源和认识的可靠性问题。于是，哲学家们提出了寻找绝对可靠的知识的任务，这种知识应该是一切知识总和的出发点，并且是评价这些知识的真理性

---

① ［古希腊］亚里士多德：《形而上学》，商务印书馆 1983 年版，第 145 页。

的标准。哲学家们为解决这个任务选择了不同的道路，出现了经验论和唯理论之间的争论。培根是英国经验论的创始人，他的出发点是经验，认为知识是存在的反映，而这种反映是从感觉经验开始的，真正的知识只能从经验中获得。在培根看来，作为科学知识的经验应当具有"真实性"。如果人的认识不是以真实的经验为基础，而是把某些谣传的东西、粗俗模糊的观察或似是而非的经验作为根据的话，那就好像一个国家在做出重大决策的过程中不是以可靠的实践数据为依托，而是根据个人的主观想法或一些不可靠的"谣传"来决策。培根主张科学认识既不是像蜘蛛一样只从自己肚里吐丝编织出来的，也不是像蚂蚁一样只知道搜索简单、零碎的事实经验；而应该像蜜蜂一样，既从花园里采集材料又对这些材料进行加工和消化。只有这样，才能揭示事物的原因，才能从个别的事实经验上升到一般原理。培根在认识论上的一个重要贡献就是把"实验"这个范畴引入了认识论。他认为科学实验较之感性直观更为优越，能够弥补感性直观的不足。在他看来，人们在日常生活中靠感官得到的东西是在外物的刺激下消极被动接受的，而实验则是一种人们按照自然规律"有意寻求"的能动的认识活动。靠感官的观察只能接触事物的表面现象，不能把握事物内部的本质；而借助于一定技术手段的实验则能更深入地揭示"自然的奥秘"。与此同时，培根还系统地制定了认识的归纳法，对于推进科学认识的发展起到了很大的作用。然而，培根的认识论仍然受到时代的局限，还具有神学的不彻底性，一方面肯定从经验得来的真理，另一方面又保留了从神的启示、从信仰中得来的真理。

（四）笛卡尔的认识论思想

法国哲学家笛卡尔是近代唯心主义唯理论的第一个代表，他否定感性经验是可靠知识的来源，开创了与培根不同的另一条道路。为了寻找能够作为一切知识出发点的绝对可靠的知识，他诉之于怀疑的方法。他把怀疑看成积极的理性活动，怀疑是手段，是为了达到去伪存真的目的，所以被称为"方法论的怀疑"。笛卡尔的认识论是从"怀疑一切"开始，通过"怀疑"即对思维活动的理性分析，确定"我思故我在"的哲学第一原理。笛卡尔认为这是最清楚明白而且确实可靠的原理，并以它作为出发点，推演出他的哲学体系。在笛卡尔看来，经验会欺骗人们，只有理性靠得住；清楚明白、确实可靠的观念不能从经验中得来，而是与生俱来的，是一种"天赋观念"。所谓的"天赋观念"，就是要以理性演绎和自明性公理或原则等先于经验的、自然的、天生的、内在的和永恒的依据根据来论证认识及其对象的实在性。由此，笛卡尔推崇理性的演绎方法，即从一些清楚明白、确实可靠的公理出发，一步一步地推演出其他许多命题，以构成一个知识系统。这样推演出来的知识也是清楚明白、确实可靠的，如几何学就是这样的知识。

（五）康德的认识论思想

西方认识论理论发展到 18 世纪末 19 世纪初的德国古典哲学阶段，出现了一个新的转向，即力图把主客体结合起来去考察认识活动的各个方面。这种新转向是从康德开始的，但是由于历史的局限性他没能实现这一任务。康德认为，知识表现为判断，他对判断作了几种区别。首先是区别了不依赖于经验而具有真实严格的普遍必然性的先天判断和依赖于经验而不具有严格普遍必然性的后天判断。其次是区别了不能提供关于事物的知识的分析判断和能提供关于事物的知识的综合判断。康德进一步把这种区别联系起来加以考察，认为后天的分析判断显然不可能，先天的分析判断和后天的综合判断则是可能的。康德认为知识有两个来源：一个是外物作用于我们的感官所引起的感觉经验；另一个是理性先天固有的认识能力，一切科学知识都是由这两个方面的因素构成的，两者缺一不可。人类的认识活动就是用先天的认识能力去整理后天的感觉经验，形成先天综合判断，使零散的或然的感觉经验变成具有普遍性和必然性的科学知识。康德还认为："知识包含有两种因素：第一为概念，普泛所谓对象概由概念始为吾人所思维（范畴）；第二为直观，对象由直观始授予吾人。盖若不能有与概念相应之直观授予吾人，则此概念就其方式而盲，且仍为一思维，但绝无对象，且无任何知识能由此概念成立。……'关于普泛所谓对象之思维'，仅在其概念与感官对象相关之限度内，始能成为古人之知识。"[①] 因此，只有先天综合判断才是真正的知识。获得真正的知识的过程是从感性直观

① ［德］康德：《纯粹理性批判》，三联书店 1957 年版，第 109 页。

形式提供经验开始，然后把杂多的经验归属于判断中的概念，即用先天的韧性概念（范畴）对经验进行综合，达到先天综合知识。

康德在承认感性直观的基础上，强调概念、范畴的作用是应该肯定的，但他把概念、范畴看做是先天形式，就使得他不可能真正克服经验论和唯理论的片面性，而只是把它们机械地糅合在一起。同时，康德认为由感性直观经过知性所获得的知识还只涉及现象，理性则要求超出现象达到本质、达到"物自体"。但理性在这里遇到了不可克服的矛盾即"二律背反"，因此认识要达到本质、达到"物自体"是不可能的，以致走向了不可知论。

（六）黑格尔的认识论思想

黑格尔是德国古典唯心主义哲学最主要的代表。他在客观唯心主义基础上把辩证法应用于认识过程，比较好地解决了思维和存在、主体和客体的辩证的相互关系问题。在黑格尔看来，绝对精神是现实的基础，它是作为自己逐渐实现的客体的绝对主体，它的自我实现过程也就是自我认识过程。思维在现实世界中所认识的就是一开始就已经是思想内容的内容，因此思维和存在、主体和客体是同一的。主体思维是客体存在的本质，一个客观事物只有符合主体思维才具有现实性；主体思维不断地在存在中实现自己，使客观存在同自己符合。从认识论的角度来看，即从人的认识过程方面来说，思维和存在具有同一性，是指人的思维能够把握事物的本质，而且凡是合理的思维都一定能实现、能够转化为存在。在黑格尔看来，一个完整的认识过程包括理论和实践两个方面。他说："认识的过程一方面由于接受了存在着的世界，使进入自身内，进入主观的表象和思想内，从而扬弃了理念的片面的主观性，并把这种真实有效的客观性当做它的内容，借以充实它自身的抽象确定性。另一方面，认识过程扬弃了客观世界的片面性，反过来它又仅将客观世界当做一假象，仅当做一堆偶然的事实、虚幻的形态的聚集。它并且凭借主观的内在本性（这本性现在被当做真实存在着的客观性），以规定并改造这聚集体。前者就是认知真理的冲力，亦即认识活动本身——理念的理论活动。"①

---

① ［德］黑格尔：《小逻辑》，商务印书馆1961年版，第410~411页。

这就是说，理论活动以主观和客观的对立为前提，客观世界是先在的不以主观想象为转移的真正存在着的东西；认识主体则是从客观世界汲取材料充实其主观性，克服主观认识的片面性。与此相反，实践活动则是人有目的地改造客观世界的活动。

黑格尔认为，逻辑的思维形式不是外在的形式，而是具有内容的形式。他强调，哲学要成为客观的论证的科学，必须符合"科学认识中运动着的内容的本性"，亦即绝对精神运动的辩证本性。这样，黑格尔就在客观唯心主义基础上制定了辩证法、认识论、逻辑三者一致的原理。黑格尔反对经验论和唯理论的片面性，也反对康德的先验论和他割裂本质和现象、贬低理性认识能力的观点，强调本质和现象、共性和个性、理性和感性的统一，在唯心主义基础上揭示了认识由现象到本质、由感性到理性、由直观到思维的辩证运动。黑格尔还提出了理念高于概念、实践的理性高于理论的理性的思想。总之，由于黑格尔把辩证法、认识论和逻辑看做是一致的，就使他的认识论思想具有极为丰富的内容。在马克思主义认识论产生以前，黑格尔对人类认识的反思，可以说是达到了最全面、最深刻的程度。当然，从总体上看黑格尔认识论的出发点是唯心主义的，他把自己的哲学体系看做是已经达到了的绝对真理的认识，似乎认识从此就终结了，这也正是他不能跳出唯心主义樊笼的表现。

（七）马克思主义认识论思想

在 19 世纪 40 年代以后，产生了马克思主义哲学的认识论。它是由马克思、恩格斯在总结、批判和继承以往哲学史中各种认识论，特别是德国古典哲学中的认识论的基础上建立起来的。马克思主义认识论就是辩证唯物主义认识论。马克思主义认识论强调思维与存在、主观与客观、理论与实践、认识世界与改造世界相结合，把实践论引入认识论，把辩证法运用于认识过程，不仅研究如何以理论的方式观念地、规律地掌握世界，而且研究如何以实践的方式实际地、能动地改造世界。马克思主义认识论的诞生，意味着认识论发展史上的革命性变革。

　　首先，马克思主义认识论科学地把实践引入认识论，并把它提到认识论的首位，从而真正地揭示了认识对实践的依赖关系。马克思主义认识论坚持客观存在是第一性的，主观思维是第二性的，认识是人的头脑对客观世界的反映。马克思主义认识论克服了以往唯物主义认识论的缺陷，科学地解决了认识的基本问题，使马克思主义认识论成了以实践为基础的能动的、革命的反映论。它认为没有被反映的客观物质世界，就不可能有反映发生，也就无所谓认识。实践是认识的真正基础，它不仅是认识的起点，而且是认识的归宿；正是在实践中，认识才得到辩证的发展，才能成为一种改造客观世界的物质力量。因此，马克思主义认识论认为实践是认识的来源；实践是认识发展的动力；实践是检验认识正确与否的唯一标准；实践是认识的最终目的。离开了实践，人们的认识就不能发生。

　　其次，马克思主义认识论把辩证法应用于反映论，揭示了认识的辩证过程。马克思主义认识论也是反映论，认为一切认识都是人的思想对客观物质世界的反映。物质世界是独立于人的意识之外而存在的，人是反映的主体。但人并不是抽象的，他不仅有自然属性，而且更重要的是他具有作为人的本质即社会关系的总和的社会属性。同时，辩证唯物主义认识论又把辩证法应用于认识过程，强调认识是一个能动的发展过程，认识不仅反映客观事物的表面现象，而且能揭示客观事物的本质和规律。人的认识是随着实践的发展由浅入深、由片面到全面、由低级到高级地向前发展的，即是一个实践—认识—再实践—再认识的过程。这充分说明，人的认识的发生和发展就是一个在实践的基础上不断地克服主体和客体的矛盾、不断地求得二者在具体历史条件下的统一的过程。

　　再次，马克思主义认识论坚持唯物主义，实现了人类认识的巨大变革。它在认识论上坚持了彻底的唯物主义原则，批判了唯心主义认识论和不可知论，成为指导人们正确认识世界和改造世界的科学理论武器。马克思主义认识论认为，人的主观世界是对客观世界的能动反映，人类认识的规律必须服从于客观世界发展变化的规律。人类的全部活动就是认识和把握客观规律，并以此指导改造世界的实践过程。马克思主义认识论在唯物辩证地解决主观和客观的相互关系基础上，揭示出唯物辩证法的一系列规律和范畴，既作为自然、社会和思维的普遍本质和一般规律的哲学理论，又作为指导人们认识与改造世界的正确方法。

最后，马克思主义认识论强调思维和存在是对立统一的。思维和存在在何者为第一的问题上是绝对对立的，不承认这一点就会混淆唯物主义和唯心主义的区别。但思维和存在又具有同一性，即在一定条件下存在转化为思维，思维又转化为存在。这种思维和存在相互转化的过程也就是思维反映存在，又反作用于存在的过程。马克思主义认识论在坚持物质世界存在于意识之外并且不依赖于意识而客观存在这一唯物主义前提下，同时肯定物质世界的可知性和人类认识世界的可能性，认为人类的意识、思维能够认识外部现实世界，认为人类所提出的关于现实世界的表象、概念能够正确地反映外部现实世界。同时，马克思主义认识论更深刻地指出，人类的这种认识和反映现实世界的活动是一种社会性、历史性的活动。无论是人类的认识内容，还是认识能力和认识方式，只有从人的社会性和历史性去考察，才能得到科学的说明。马克思主义认识论作为对人类认识科学的哲学反思，根本上就不是一个绝对封闭的体系，而是一个永无止境的过程。

第三节 决策与认识的辩证关系

决策是人们在改造世界的过程中，以对事物发展规律及客观条件的认识为依据，寻求并决定某种优化目标和行动方案的活动，属于管理学范畴；认识是人脑在实践的基础上，对外部现实的能动反映，属于哲学范畴。认识的最终目的是实践，由认识到实践必须经过决策这一中间环节，认识是决策的前提和基础；决策是认识的必然反映和客观结果，是一个认识、再认识的过程。认识与决策是作用与反作用的关系，认识决定决策，有什么样的认识就会做出什么样的决策；决策反映认识，有什么样的决策必然会体现出什么样的认识。不仅如此，决策实施过程中反馈的具体情况和有关信息，会进一步提高、丰富、深化认识的理性高度；不断深化和提高后的理性认识，又反过来进一步影响决策活动，不断对决策进行修正和完善。决策与认识是一个事物的两种属性，一个矛盾的两个方面，二者之间相互作用、相互影响、相互转化，既对立又统一，既矛盾又协调。

一、决策与认识的对立关系

从一般的意义上说，认识作为主体对客体的反映，都包含有事实认识和价值认识两种意识形式。所谓事实认识是指不管是对自然界的认识还是对人类社会的认识，认识主体所关心、所要了解的是客体本身的属性、本质和规律，是对外部客体的如实反映；所谓价值认识是指认识主体所要了解的是客体对主体的需要和利益有什么意义，有多大意义，关心的是客体与主体需要之间的价值关系。由此可见，事实认识所指涉的是客观事物"是什么"和"如何成为怎样"，价值认识则内在地注重对客观事物做出价值评价，要求客体朝着有利于主体利益和需要的"应当怎样"的方向变化。

从认识论视角来看，决策及其决策实施即实践就是人们认识和改造客观世界的全部活动。决策活动是认识活动的延伸，是从感性认识上升到理性认识的活动，是从现象到本质的认识活动。决策过程所设计的科学方案要实现向实践的飞跃，就必须设定决策目标和构建实施方案。这些目标和方案属于理性观念范畴，是观念对象满足决策主体需要的新价值体系。决策贯穿于人类实践活动的全部过程中，它包括目标设定、过程设计、方案实施、决策追踪、信息反馈、结果总结等过程。决策方案的形成是联结认识主体与认识客体的中间环节。决策是从认识到实践的飞跃，是从理性抽象到理性具体的飞跃，是从既有价值认识到新的价值认识的飞跃，是实现从精神到物质的飞跃的重要环节。

（一）决策与认识在内容上具有对立性

事实认识所揭示的内容，是某事、某物本身所固有的规定性和规律，它是现存的，因而是相对地确定的事实；事实认识的正确与否及其正误程度，就取决于认识本身与客观事物的属性、本质、规律的符合程度，认识符合客观事物的本来面目的程度越精确、越全面、时效越高，则越正确。同时，事实认识所注重的是客体本身，主体在进行事实认识的过程中要尽量排除自身需求和利益等功利因素的干扰，从而如实地反映客体。只有做到这一点，具有不同利益和需要的主体对同一客体才可能得出同样的事实认识。

价值认识所揭示的内容，是某事、某物对于人的价值或意义，它也是现存的，因而也是相对地确定的事实（价值事实）；价值认识的内容本身包含主体，包含人的利益和需要，而且必然以主体的利益和需要为转移。因此，具有不同利益和需要的主体对同一事物必然会形成不同的价值认识。在社会实践中，人们的利益和需求又是多方面、多层次的，各方面、各层次的利益和需要之间又相互依赖、相互制约。因此，某一客体与主体的价值关系，总是与其他客体与主体的价值关系错综复杂地交织在一起。这样，不同主体对某一客体与自身需要的关系就不同，必然会有不同的价值认识。①

决策所要揭示的内容，则是一种预存于观念形态当中的、尚未在客观世界展开的实践活动，它不是对现存的确定性事实的认识，而是对未然的、未确定"事实"的认识，也就是对尚未付诸实施的若干可能的实践目标或实践方案，进行具体的比较、鉴别、选择和确定。决策是关于实践活动手段、条件、过程和未来客体目标的一种思想模型。决策必须既遵从事实认识，又遵从价值认识。因为人们只能利用和遵循客体事物发展规律，改造客体为自己服务，不能违背客体事物发展规律办事。决策之前进行精确的事实认识，遵循客体事物发展规律，才可能变成现实。由此可见，决策与认识相比，各自在内容方面关注点和倾向性有所不同、有所侧重、有所区别、有所取舍，具有一定的对立特性。

（二）决策与认识在方式上具有对立性

事实认识的认识活动方式，主要是力求依照客观事物本身的原有面目，作出如实的"反映"或再现；它是以感性的或理性的抽象思维形式反映客体的本质及其规律的，这种反映主要是对事物的本质及其一般规律进行真假以

① 陈红星：《事实认识、价值认识与现代决策》，《陕西师范大学学报》（哲学社会科学版）1988年第1期。

及是否准确、系统、全面的判断。事实认识的获得往往是通过"认识客体—认识主体—认识客体"这一否定之否定的过程实现的。例如，当人们观察到光反射、折射和衍射的现象后，就对这些现象进行理性思维，通过对光的分析、判断和推理，得出了光具有"波粒二象性"的结论。这一事实认识始终都是围绕光这一客观物质进行的。①

价值认识的认识活动方式，主要是根据客观事物对于满足一定时间、地点、条件下的人（个人、群体、人类）的某种需要的效用如何，做出"评价"或判定。价值认识则以意志、情感、理想、文化观念、历史传统等形式对客体进行好坏、善恶、优劣、应该追求或抛弃等评价。价值认识的获得往往是通过"认识主体—认识客体—认识主体"这一否定之否定的过程实现的。例如，人们为了生产更多的粮食，以维持人类的生存，大量开垦草原，大批砍伐森林，结果造成了水土流失，破坏了生态平衡，直接威胁到了人类的生存。这时人们才认识到保持生态平衡对人类来说是多么重要。这一价值认识就是以人为中心进行的，从破坏生态平衡到保持生态平衡，始终都没有离开人的主体地位。②

决策的形成过程不仅与事实认识相关，而且也离不开合理的价值认识，是正确的事实认识和价值认识的结合。也就是说决策的形成是以事实认识、价值认识为根据的，是建立在事实认识、价值认识基础之上的，是对事实认识和价值认识的综合与超越。决策是改造客观事物、占有客观事物活动的观念，制定决策必须以对客观事物的事实认识为前提。对客观事物存在及其属性与规律一无所知或知之甚少，对客观事物进行改造的计划就无法制订，对客观事物实现占有的目标就无法提出。只有对客观事物存在及其属性与规律有了基本的、全面的了解与认识，才能制定出对其改造和占有的科学决策。价值认识指明某客体对主体有价值、有意义，因而人们才进行决策，去改造

① 陈勤舫：《论事实认识与价值认识的辩证关系》，《高等函授学报》（哲学社会科学版）2000年第2期。

② 陈勤舫：《论事实认识与价值认识的辩证关系》，《高等函授学报》（哲学社会科学版）2000年第2期。

它，实现对它的占有，实现对价值的追求。人们总是在价值认识所指明的客体对主体肯定性的价值评价驱动下，去进行决策。人们不可能对某些根本不知道有无价值的事物，去制定什么对它进行改造和实现占有的决策；人们更不会对明明是毫无价值、毫无意义的客观事物，却心甘情愿地、积极主动地制定出改造它、占有它的决策。决策除了必须遵循事实认识和价值认识两种活动方式而外，还必须从既有的客观条件出发，来确定某一实践活动方案的现实可行性，预测未来实践效益的大小，以寻找和确定具体的最优化的实践目标或实践方案。由此可见，决策与认识在方式上掌握的原则和把握的规律有所不同、有所侧重、有所区别、有所取舍，具有一定的对立特性。

二、决策与认识的统一关系

决策与认识是人类认识活动的核心内容，是人类实践活动的关键环节，它在人类认识与实践的活动中发挥着至关重要的作用。可以说，决策与认识跟人类实践活动与生俱来、息息相关，或为一个事物的两个方面、一个问题的不同角度。它们之间的关系犹如车之两轮、鸟之两翼，互为前提、互为因果，相互作用、相互转化。

（一）决策是认识的直接目的，认识是决策的前提和基础

从最一般的意义上讲，人类认识外部世界的直接目的是指导实践、改造世界。可以说，人类的所有实践活动都经历了由感性认识到理性认识、再由理性认识到实践的辩证发展过程。这一过程也就是人类在日常的生产实践中不断地发现问题，对问题进行认知和探求，最后寻求解决问题的方案并超越问题的过程。决策作为人类实践活动的重要内容和核心环节，在人类认识和指导实践活动的过程中起到了承上启下的桥梁和中轴作用，成为认识指导实践的必由之路和唯一选择。也就是说，要运用和发挥认识指导实践的作用，首先就必须根据科学认识做出合理的决策，再通过决策的实施来推动和指导实践活动。这一特性可以从决策活动的内涵、性质、规律等方面得到证明。

从决策主体的角度来看，决策是主体为实现特定的目标，以其对事物发展规律及客观现实的认识为依据，发挥自身的主观能动性，通过判定和抉择

决策方案，把对客观实践的认识作用于现实世界的过程。从决策过程的视角来看，决策过程包括发现并提出问题、确立目标、拟订方案、抉择方案、实施方案以及追踪反馈等具体的步骤。当决策主体将进行新的决策活动时，必须预先设定一个相对明确的决策目标，并对理想的实现决策目标的方案加以认定，而且这种理想的决策方案只能到现实的实践活动中去寻找。然而，对于创造性的决策活动而言，现实的实践活动并不能为主体提供一种现成的、可以适用于一切决策活动的模式，因此决策主体便陷入了实践困境。主体在面临新的决策实践问题而束手无策的情况下，便转而付诸自己的包括知识、情感、意志、信仰在内的全部认识活动，企求通过对原先决策方案和过程的反思而获得答案。然而，由实践所产生的前提性认识结构又具有历史局限性，很难为主体提供圆满的、完美无缺的实践指导，主体便陷入了认识的困惑境界。当主体超越这种实践和认识两难的境地，在观念中形成了解决问题的方案时，目标就实现了一半。正如马克思所说："蜘蛛的活动与织工的活动相似，蜜蜂建筑蜂房的本领使人间的许多建筑师感到惭愧。但是，最蹩脚的建筑师从一开始就比最灵巧的蜜蜂高明的地方，是他在用蜂蜡建筑蜂房以前，已经在自己的头脑中把它建成了。劳动过程结束时得到的结果，在这个过程开始时就已经在劳动者的表象中存在着，即已经观念地存在着。"① 因此，在决策过程中，决策主体在做出决断之前都会首先在头脑中形成一定的认识；如果一旦离开或违背了这种认识，决策就成为无源之水、无本之木，就犹如海市蜃楼，只能成为一种虚幻、奢望和期盼，不可能付诸实施实现。与此相对应，认识也只有通过决策及其实施，才能实现其社会属性和社会价值；如果没有决策的实施，认识也就失去了其社会价值取向，陷入了向实践转化的盲区。从这个意义上说，决策可以说是认识的直接目的，正确的认识是科学决策的前提和基础。

（二）决策是认识、再认识的过程，是认识的客观反映和必然结果

决策不断推进的过程也是人们对决策问题的认识不断深化和完善的过程。

---

① 《马克思恩格斯全集》第 23 卷，人民出版社 1972 年版，第 202 页。

科学决策是理性认识向实践转化的关键性环节。没有科学的决策活动，理性认识就无法实现向实践的转化，这就不仅失去了认识的意义，而且它的进一步深化也成为不可能。因此，决策活动构成了整个认识过程的不可缺少的重要一环。

马克思主义认为，认识的辩证运动是实践与认识对立统一关系的具体的历史的展开。在认识的过程中，主体的认识经过了两个重要环节，即由感性认识到理性认识能动飞跃的过程和由理性认识向实践飞跃的能动过程。这两个飞跃的过程包含着认识过程的四个环节：一是感性认识。即占有丰富的合乎实际的感性材料，并对这些材料进行去粗取精、去伪存真、由此及彼、由表及里的加工和整理。二是对感性认识的再认识。这一环节是一个既区别于感性认识又不同于理性认识的"知性"认识活动。感性是直接指向外界事物的认识活动，从收集信息情报来说也就是和信息源具有直接的联系。"知性"则不同，它不是直接去认识外物，而是在头脑中思维感性得到的材料，也可以叫做感性认识的再认识。三是理性认识的形成。即指导实践的具体方案的抉择确定过程。四是实施方案。不仅仅是把认识方案付诸实施、指导实践，而且还要根据实践的具体情况，对认识进行再认识、再升华、再完善。这四个环节构成一个既相互独立又有机统一的整体循环过程。

如果从决策科学的视角来审视认识过程的四个环节，就会发现其同决策过程有惊人的相似之处。第一环节感性认识相当于决策的准备阶段即搜集各种情报信息阶段。在决策过程的这一环节中，人们对各种信息的认识并非纯粹的感性认识，而是具有鲜明的能动性、目的性特征。认识的这种能动性、目的性特征贯穿于认识的全过程，在感性阶段也不例外。在人们感性地搜集决策信息并对其进行加工整理的过程当中，已有理性的决策目标在指导和约束人们的感性行为，即人们搜集和加工整理决策信息都是在决策目标的指引下有选择地进行的，感性认识中也包含着理性的选择。第二环节对感性认识的再认识相当于构思决策方案阶段。在第一环节决策主体搜集到很多与决策目标有关的信息，但这其中有很多虚假信息，同认识过程的知性阶段一样，决策主体需要对这些信息进行分析和综合判断，以便从中归纳和抽象出决策问题的症结和解决问题的不同方案。第三环节理性认识相当于决策方案的形成阶段，即决策备选方案的制订与抉择阶段。在上一环节中决策主体已经对现存问题和搜集到的信息进行了基本的认知，并初步形成了几个解决问题的方案。但决策的本质是一种指向未来的活动，对现有备选方案的抉择就不仅仅是对现实的认知，更重要的是对未来的预见。这就需要充分发挥人类理性认识的作用。决策主体要在对现实环境和现有信息进行全面和深刻认知的基础上，运用推理和辩证的理性思维具体把握决策问题发展的不确定性和不可控性因素，对备选方案进行充分的论证，从多个备选方案中抉择出一个满意的决策方案。第四环节认识方案的实施阶段和决策方案的实施阶段一样。决策方案的实施同样也并不意味着认识的结束，在方案实施的过程中会有很多不确定因素发挥作用，这就需要决策主体及时搜集各种反馈信息，对决策方案做出适当的调整。如果一项决策在执行中反馈回来很多问题，就要对决策进行修正，这同时也是对决策进行再认识的过程。通过对决策的修正、完善，可以进一步丰富和深化决策认识的理性高度。由此可见，认识活动贯穿于决策实践的全过程，决策过程是一个认识再认识的过程，决策是认识活动的客观反映和必然结果。

第四节　决策认识的科学内涵

一、决策认识的定义

目前，学术界关于决策认识的研究还处于初级阶段，对决策认识的主体、对象、方法、机制等还没有形成统一的认识。国内关于决策认识有两种解释，一是"决策认识是指导、支配人们改造客体，实现对客体占有活动的一种认识状态，是关于决策活动手段、条件、过程和未来目标的一种思想模型"[①]。二是"决策认识是具有决断能力的主体为指导行将进行的实践活动，在观念中对未来实践的目标、方法、手段、结果所做的设计和决定，它是整个认识

[①]　李熠煜：《道：老子决策认识的出发点》，《江西行政学院学报》1999 年第 1 期。

过程中相对独立的最高阶段"①。这两种解释作为定义，还存在一定的局限性，未能高度概括和正确揭示决策认识的科学定义和本质特征。

（一）没有揭示和反映出决策认识的特殊本质

人的认识活动是一个复杂的过程，它受人的气质、性格、教育程度、成长环境等诸多因素的影响。人的认识水平高低对做出正确的决策产生重大的影响。有什么样的认识决定了有什么样的决策；决策的科学化程度反映了认识水平的高低。从认识的过程来看，认识转化为实践的关键环节是理性认识到实践的飞跃阶段。理性认识由于其本身的普遍性和抽象性不可能直接转变为决策方案和决策实践，而必须有一个合理的过渡阶段，使理性认识实现由普遍到特殊、由抽象到具体的转变，能够实现这种转变的就是决策认识。因为决策认识虽然在本质上属于认识领域，但是它同时具有理性认识和决策实践的双重特性，具有能够将理性认识转化为客观现实的具体步骤和方法等知识内容。同时，决策认识的主体因其独具的思维能力，能够以现实的决策活动为依据，然后通过运用符号进行抽象思维和综合概括，逐步摆脱具体事物形态的限制，形成一定的思想、观念、设想、规划方案等，并在头脑中进行主观演绎、逻辑思维或思想实验，可以超越现实的物质客体来对未来的决策活动程序和结果进行超前演习和验证。由此可见，决策认识虽不具有实际地进行决策实践和改造客体的作用，但它已具有类似于实践的某些性质和特点，是对认识活动一个方面或最重要方面的本质概括，是联结决策和认识两个范畴的桥梁与纽带，是哲学与管理学交叉的结果和结合的产物。决策认识的特殊本质，是由决策的科学概念对认识论的具体规定而产生的。

（二）对决策认识仅限于静态的理解与阐释

上述两种解释都是从结果意义上来对决策认识进行界定的，即两者都认为决策认识是一种静态的认识结果，前者把它界定为一种"思想模型"，后者把它界定为一种"设计和决定"，都具有一定的局限性。从马克思主义认

---

① 刘李胜：《决策认识论导论》，山西经济出版社1995年版，第6页。

识论的角度来审视决策认识，决策认识在本质上属于认识论的范畴，即决策认识是认识的特殊形式。按照前文对认识的梳理和界定，我们知道认识是主体对客体的能动反映，这种能动反映生动地体现在认识运动的辩证发展过程之中，即认识不仅仅是一种反映的结果，更重要的是一种动态的反映过程。因此，决策认识也是动态过程与静态结果高度结合、有机统一、辩证发展的客观必然产物，不能仅仅从结果意义上来片面、单纯理解和界定决策认识。

（三）决策认识定义中"决策"的外延不明确

如上文所述，决策是指决策主体根据对客观环境的认识，为了实现某个特定的目标，从两个以上的备选方案中，选择最满意的方案，并付诸实施的活动过程。从"决策主体"角度来划分，决策可以分为个体决策和组织决策两类；与此相对应，决策认识也可以分为基于个人意愿之上的决策认识和基于组织之上的决策认识两类。人们在使用"决策"一词时通常指的是组织决策。当然，在一些集权型的组织中，最终做出决策的是领导者个人，但其决策的出发点是组织，代表的也是组织意愿，最终目的也是为了组织的利益，属于组织行为，而不是或不应该是个人。因此，组织决策是决策的前提假设，组织认识是决策认识的外延。关于这一点，在第一种定义中没有给予具体说明和明确界定。

（四）决策认识的主体界定不周延

在对有关认识论范畴的概念进行界定时，首先要对其主体进行界定。对概念主体界定的基本要求是具体明确，只有这样人们才能对概念本身的理解不会产生歧义，在概念界定的基础上展开的论述也才能具有相对明确的论域，也才能更便于解决问题。而这一基础性的问题往往被人们所忽视。因此，研究决策认识面临的首要问题是谁在进行决策认识，即对决策认识的主体进行界定。在第一种解释中，决策认识的定义主体欠缺。在第二种解释中，决策认识的主体是"具有决断能力的主体"，这是一个对决策认识主体的相对狭义的界定，它把决策主体混同为决策认识的主体。组织认识是决策认识的本质，决定了其认识主体与决策主体的不尽一致。组织决策决定的是整个组织的行为，其认识的实践基础就不一定只是决策者个人或少数人本身的行为，而应该是整个组织的活动。有人看不清这一点，认为既然决策是由高层领导做出的，那么其认识主体也是高层领导，这种看法是片面的。组织决策的认识主体是整个社会组织系统，而不仅仅是具有决断能力的领导者个人，而应该是还包括专家咨询和群众参与意见在内的整个社会组织系统。承认这种不一致性，也就应当承认在一定意义上讲决策认识来源于群众，来源于社会实践。若否认这种不一致性，用决策者个人或少数人的认识代替群众的集体智慧，就脱离了实践基础。

有鉴于此，可以从特殊本质和操作规程两个层面对决策认识的科学内涵和定义进行概括，即决策认识就是指组织中具有决断能力的主体，为指导行将进行的实践活动，在充分征求组织成员、参谋咨询机构以及社会各界人士和群众代表意见的基础上，综合运用抽象思维、逻辑演绎、科学推断、思想实验等手段和方法，对组织未来实践的目标、条件、手段、方法、结果等内容进行预先设定，并最终确定优化实施方案，以及形成这一过程的总和。决策认识是整个认识过程中相对独立的特殊阶段，是实现理性认识由普遍到特殊、由抽象到具体进而指导社会实践的能动反映活动，是决策科学对认识论的具体要求和明确规定，是联结决策和认识的桥梁与纽带，具有主体抉择性、问题求解性、思维创建性、知识系统性等鲜明特征。

二、决策认识的本质

决策认识不是一种静态的对客观事物的描述或抽象的理性概念。决策认识的根本目的是指导和规范实践，决策认识能对人类实践活动产生巨大的推动作用，具有很强的主观能动性，因而决策认识的本质是决策认识主体对客体的能动反映。

（一）决策认识是具有主体抉择性的能动反映活动

决策认识能鲜明地突出"主体抉择"在这种能动反映过程中的作用，是一种主体选择性的能动反映活动。抉择与目的合理性的关系甚为密切，可以在实质上把实践活动的要素归结为"目的"和达到目的的"手段"两项。与此相适应，决策认识作为未来实践在观念中的超前反映，也必然包含体现

"目的"和"手段"的实践目标和实践方案两个要素,因此决策认识中的抉择归根结底是对实践目标和实践方案的抉择。从实践目标的抉择看,由于主体需要的丰富性、事物发展的多种可能性以及实践活动的阶段性,决定了实践目的在横向上和纵向上都是多重的,而不是单一的。从实践方案的抉择看,由于同一实践目标可以有多种多样的完成方法、手段、途径,因而很难尽善尽美,往往是利弊共存,这就决定了实践方案选择的多样性和复杂性。正如赫伯特·西蒙所说:"在任何时候,都存在着大量(实际)可能的备选行动方案,一个人可能选取其中任何一个方案,通过某种过程,这些大量的备选方案,被压缩为实际采用的一个方案了。"① 由此可见,决策认识的目的和手段都负荷着抉择,抉择在实质上起着统辖、支配、优化决策认识的作用。

决策认识负荷着抉择,表明决策认识在本质上是决策认识主体的自由意志的动态表现,而人的自由意志最终受制于客观世界的因果联系,所以说意志自由就是建立在决策认识主体对自身条件和外部环境所需要的正确理性认识基础之上的意向性、决断性认识。正是在这个意义上,恩格斯指出:"意志自由只是借助于对事物的认识来作出决定的那种能力"②。人们在现实世界中,需要不断地从事实践活动,也就需要不断地发挥意志自由的作用,从而构成递进的、累加的、积分式的抉择、决策过程。在哲学史上,许多思想家都考察过抉择与意志自由的关系,把抉择看做意志自由行为的实在内容和实现意志自由的必要手段。以"抉择"为实在内容的意志自由在对行为进行调节时,便表现出发动和制止两种功能。"不作什么决定的意志不是现实的意志;无性格的人从来不作出决定"③。只有通过这种"抉择"行为,决策认识主体的自由意志才能实现。

(二) 决策认识是具有问题破解性的能动反映活动

决策认识能鲜明地突出"问题破解"在这种能动反映过程中的作用,是

---

① [美] 赫伯特·西蒙著,杨砾、韩春立、徐立译:《管理行为》,北京经济学院出版社 1988 年版,第 5 页。

② 《马克思恩格斯全集》第 20 卷,人民出版社 1971 年版,第 125 页。

③ [德] 黑格尔:《法哲学原理》,商务印书馆 1961 年版,第 24 页。

一种问题求解性的能动反映活动。英国著名的批判理性主义者卡尔·波普尔否定了"科学从观察开始"的传统观点，提出了"一切科学讨论从问题开始"①的观点，他虽然谈论的是整个科学知识发展的一般图景，但对于决策认识也同样是适用的。这一观点表明，决策认识与"问题"二者之间密切相关；没有对问题解决的思维，也就无所谓决策认识。人们在社会实践中，必然面临着多种多样的主观与客观、理想与现实的矛盾，这些矛盾经过主体逻辑思维的概括和抽象，提升到认识论上来，就表现为"问题"。决策认识主体在解决问题的过程中，通过提出各种假设概括问题中的"反常现象"，之后进行验证，最后形成理论。由此可见，决策认识对问题的求解，就是穿越、填补问题空隙而在问题空间中探索破解问题策略的过程。从实质上说，决策认识问题的破解也就是决策认识主体操作决策认识问题情境命题、背景命题的思维活动。决策认识中的问题破解归根结底是对实践主体、实践客体、实践工具、实践结构及实践环境的本身及其系统组合的初始状态和目标状态差别的解决，决策认识的整个过程就是问题解决的过程，问题解决在实质上发挥着揭示决策认识社会意义的作用。

（三）决策认识是具有思维创建性的能动反映活动

决策认识能鲜明地突出"思维创建"在这种能动反映过程中的作用，是一种思维创新性的能动反映活动。一般认为，认识的能动反映本身就包含了思维创建的含义，决策认识作为人类普遍认识中的一种形式，似乎没有必要再单独提出它的思维创建性质，其实这是一种误解。认识能动性是人在认识过程中表现出来的自觉努力、积极争取的意向性。一方面表现为主体活动的目的性、计划性等外向特征；另一方面表现为主体独立、自主、自决、自控和自我意识等内向特征。认识能动性强调的是主体意识的态度和倾向，目的在于说明主体精神现象的人性特征，揭示人的意识的一般本质属性。思维创建性则是指主体认识活动及其成果的新颖性和价值性，它强调的是主体与客体、主观与客观的契合程度，目的在于说明主体认识的能力和功效，揭示人

① ［英］卡尔·波普尔：《无穷的探索——思想自传》，福建人民出版社1984年版，第139页。

的意识的最高本质属性。在具体的认识过程中，人的主观努力与人的意识能动性呈正比关系，即人的主观努力程度越高，人的认识能动性的水平也就越高；反之亦然。然而，人的思维创建性作为人的主体属性之一，在严格的意义上并不构成主体的"当然"属性，即人的意识能动性包含着思维创建性的可能，而非创建性的现实，它只是为思维创建性的实现准备了条件。从一定意义上说，在充分而正确发挥主体意识能动性的前提下，思维创建性的产生还涉及主体的心理、生理、知识、能力、情感、意志等诸多因素，而且还要求这些要素实现最佳的匹配和组合。决策认识的创建性与一般认识的能动性是既相互联系，又相互区别的。正如苏联心理学家谢列·鲁宾斯坦所说："思维工作的最本质的方面恰恰在于，要把事物列入新的联系中，来达到在它们的新的不寻常的质中来意识到它们。思维的基本的心理'机制'就在于此。"① 瑞士心理学家让·皮亚杰根据自己的心理学实验结果也指出："人的认识不是客观实在的摹本，不是一种发现，而是一种发明。人的认识在本质上是创建性的，认识一个对象并不是去描摹它，而是意味着对它采取行动，改变它，意味着构成转变的系统。"②

　　当今流行的决策科学著作几乎都依据决策活动的不同规范性质，把决策区分为程序化的和非程序化的两类。程序化决策是指人们在日常生活和工作中经常需要解决的一般性决策问题，它们以相同或基本相同的形式重复出现，可以程序化到制定出一整套处理这些决策的固定程序，因而似乎无须决策认识主体的创建性思维参与。非程序化决策是指对非传统性任务采用习惯性方法无济于事的复杂问题决策，一般具有随机性特征，非程序化使它们表现为新颖、无结构，具有不寻常影响，因而需要决策认识主体的创建性思维来处理。其实，这种说法只是在对决策认识分类授名的意义上是正确的。在具体的决策认识过程中，"它们并非真是截然不同的两类决策，而是像一个光谱一样的连续统一体：其一端为高度程序化的决策，而另一端为高度非程序化

---

① ［苏联］谢列·鲁宾斯坦：《存在和意识》，商务印书馆1961年版，第343页。

② ［瑞士］让·皮亚杰：《发生认识论原理》，商务印书馆1962年版，第16页。

的决策。我们沿着这个光谱式的统一体可以找到不同灰色梯度的各种决策"①。对于程序化决策，在总体上按照常规性思维来进行处理，在具体环节上则需要运用创建性思维处理。对于非程序化决策，在总体上按照创建性思维来进行处理，在具体环节上则运用常规性思维处理。《孙子兵法》中所说的"奇正之变，不可胜穷"思想，指的就是这种程序化决策和非程序化决策、常规性决策和非常规性决策的巧妙结合。从这个意义上说，决策认识也就是对未来实践的先在创建性思维。

（四）决策认识是具有知识系统性的能动反映活动

决策认识能鲜明地突出"知识系统"在这种能动反映过程中的作用，是一种知识系统性的能动反映活动。当代决策认识的主体和客体均面临要素众多、结构复杂、变化高速、影响深远的现代社会实践巨系统的挑战，客观要求决策认识必须具有更加系统化、科学化的特性。为适应这种要求，现代决策认识的技术手段也处在革命之中。一是与程序化决策相关的"管理科学"领域，二是与程序化决策和非程序化决策都相关的"人工智能"技术领域。这两个方面都为现代形态的决策认识提供了实现自动化的技术手段。由此，运用"人工智能"来进行决策或辅助决策应运而生，且呈迅猛发展之势。社会实践系统的要素分为两类：一类是实践主体、物质性工具、实践客体等实体性要素；另一类是战略、路线、方针、政策、规划等精神性要素。一般把前者称为社会实践系统的"硬件"，把后者称为"软件"。社会实践软件就是社会实践系统运行程序的总称。决策认识的任务就在于主体把观念意识形态加工或改造成社会实践软件。主体所从事的一般认识活动是指在生产一般的知识产品，而这种一般的知识产品还不是实践系统运行的程序，因而还不具有社会实践软件的性质，只有经过决策认识主体在一定条件下转化为路线、方针、政策，实际地参与社会实践系统的运行，才能成为社会实践系统的软件。主体在从事决策认识过程中，要以一般的知识产品作为基础，同时还可能产生出新的知识产品，但其根本目的是要生产社会实践软件，如果决策认

---

① ［美］赫伯特·西蒙：《管理决策新科学》，中国社会科学出版社1982年版，第39页。

识过程没有生产出社会实践软件，决策认识过程就不会终止，一个具体的决策认识过程只有到生产出社会实践软件时才能够结束。如果在这个过程中生产出新的一般知识产品，其只能成为决策认识过程的副产品。

三、决策认识的理论基础

马克思主义认为，人的认识活动包括由实践到认识和由认识到实践两个阶段或两次飞跃。由实践到认识的飞跃不是单纯地由实践直接到理性认识的飞跃，也包括由实践到理性认识的转化过程和转化形态这一实践理念的飞跃；由认识到实践的飞跃也不单纯是由理性认识直接到实践的飞跃，还包含理性认识要通过实践理念发挥中介作用才能实现这一内容；而实践理念的设计、制定、决断过程，实质上就是决策认识活动的过程。由此可见，决策认识是一种介于理性认识和实践之间的过渡性活动，是理性认识向实践转化的关键性环节。相对普遍意义上的一般认识，决策认识对实践活动发挥最直接、最现实的指导作用，是马克思主义认识论本身蕴涵但尚未明确论述的理论范畴。随着人类认识和实践活动的不断发展和深化，哲学、管理学、社会学、心理学等科学理论，为决策认识理论研究提供了有力的理论依据，奠定了坚实的理论基础；系统论、信息论、控制论、博弈论等现代科学理论，为决策认识理论研究提供了更加完备、更加科学、更加规范的手段和方法。可以说，管理学和认识论的交叉点，正是决策认识理论的结合点；综合性学科、全方位触角，已成为决策认识理论研究的新的增长点。

（一）决策认识的马克思主义认识论基础

从一般的意义上说，决策认识论就是关于决策认识的本质和规律的学说，尽管在马克思主义认识论体系中，并没有现成的"决策认识"的词汇，但并不意味着"决策认识"不能构成马克思主义认识论的研究对象。马克思主义认识论正确地揭示了自然、社会及人类思维和认识的普遍规律，对其他具体科学起着普遍的指导作用，是研究各门具体科学的正确的世界观和方法论。决策认识的最终目的是指导主体的决策实践，支配主体的行动，去改造客体，实现决策认识主体所预设的目标。因此，决策认识必须是可行的。可行性是决策认识最突出、最重要的特性。然而，决策认识主体只有在对客体存在及规律有了一定了解的基础上，才能制定出对其改造的决策。决策认识必须遵循客观规律，符合客体特征特性，符合客体发展规律，建立在正确的、科学的认识基础之上才能是可行的。违背客体尺度，违背客体事物发展规律的决策认识，是不可能实现的，只是一纸空文。可行性强的决策认识首先要遵循的就是马克思主义认识论所揭示的认识事物的客观规律。科学的决策认识必须以马克思主义认识论为理论指导，只有在马克思主义认识论的指导下，才有可能建立起科学的决策认识理论。

首先，马克思主义认识论为正确认识客观事物提供理论指导。对于客观事物的正确认识是决策认识的前提。马克思主义认识论紧紧围绕思维和存在的相互关系来揭示认识的本质及其发展规律。把实践引入认识论，把辩证法运用于认识过程，通过研究思维与存在、主观与客观、理论与实践的相互关系，为主观正确地反映客观和更有效地改造客观指明了正确途径，是人类认识世界的工具和改造世界的武器。只有站在认识论的高起点上使用其成果，借鉴其方法，决策认识活动才有可能少走弯路，才有可能保证认识的客观性与科学性。

其次，马克思主义认识论为科学预测事物的发展方向提供保障。马克思主义认识论认为，对于具体问题要进行具体分析。每一项决策认识活动都是针对特定的决策认识客体展开的，只有在马克思主义认识论的指导下，正确认识客观事物自身的特点，才有可能使整个决策认识过程建立在科学的基础上，为决策认识目标提供依据，这就是说要在决策认识过程中坚持科学预测原则。如果没有科学预测的结果作为依据，就不能提出具体而明确的决策认识目标，也就无法制定整个决策认识过程赖以依存的可行性方案。

最后，马克思主义认识论为科学决策认识提供方法论指导。马克思主义认识论注重用普遍联系的、发展的、全面的观点去认识客观世界，这一思想也是科学决策认识的基本原则。在进行每一次决策认识的过程中，决策认识主体只有通过各种各样的信息渠道获取有关的决策认识信息，用科学的方法处理与决策认识有关的信息，完整准确地认识客观环境，才有可能形成科学的决策认识，做出正确的决策认识方案。此外，系统方法是马克思主义认识论的基本方法。马克思主义认识论要求进行科学决策认识时必须坚持系统原则。它要求把决策认识活动看成是一个完整的系统，深入考察、分析和研究系统中的目标、步骤、环节和措施的地位、作用及其相互关系，使决策认识达到全面衡量、统筹安排和整体平衡的目的。

（二）决策认识的管理学基础

决策理论学派作为管理学科的一个重要学派，核心是着眼于合理的决策，即研究如何从各种可能的抉择方案中选择一种"令人满意"的行动方案。该学派吸收了系统理论、行为科学、运筹学和计算机科学等学科的研究成果，在20世纪70年代形成了一个独立的管理学派。决策学派的主要代表人物是美国管理学家赫伯特·西蒙，因其对经济组织内的决策程序做出了创造性的贡献，获得了1978年诺贝尔经济学奖。决策理论学派另一位重要代表人物是美国管理学家詹姆士·马奇，其最主要的贡献是在组织理论方面的开拓性研究。赫伯特·西蒙和詹姆士·马奇在《组织》一书中，将"决策人"作为一种独立的管理模式，即认为组织成员都是为实现一定目的而合理地选择手段的决策者。

首先，决策理论学派对决策过程各阶段的划分与描述，对决策认识程序的划分具有重要的借鉴意义。决策理论学派认为决策是包括几个阶段和设计几个方案的过程。从一般意义上来说，决策可以分为四个阶段：第一，搜集情报阶段。这一阶段的主要任务是探查环境，寻求决策的条件，可称之为"情报活动"。第二，拟订计划阶段。此阶段以组织所要解决的问题为目标，依据第一阶段的分析结果，拟定各种可能的备选方案，可称之为"设计活动"。第三，确定方案阶段。根据当时的情况和对未来发展动态的预测，从各种备选方案中选定一个，可称之为"抉择活动"。第四，评价阶段。对已选的方案进行评价，可称之为"审查活动"。

其次，决策理论学派提出的决策"满意原则"，为决策认识行为博弈规则提供指导。在决策过程中，赫伯特·西蒙主张用"令人满意"准则代替"最优化"准则，提出了"管理人"模式，用以替代传统的"经济人"假设，并提出了"有限理性"的著名决策原理。他认为"经济人"追求的是"最高值"（即从各种可能中选择出最优方案），而"管理人"则追求"满意值"，寻求满意的或足够好的行动方案。在这一过程中，管理人满足于只掌握显著的、较为单纯的情况，只考虑那些头脑能够驾驭得了的相对较少的事实。大部分决策所关心的不是在那个大海中捞出一枚最尖的针来，而是希望只要捞出一枚尖的能够缝东西的针就行了。这一思想对决策认识应遵循的原则具有重要的指导意义。

（三）决策认识的其他现代科学理论基础

随着人类认识和实践活动的不断发展和深化，信息论、系统论、控制论、心理学等现代科学理论方兴未艾、蓬勃发展，不断为决策认识理论研究提供了更加完备、更加科学、更加规范的手段和方法，成为决策认识理论研究的新的结合点和增长点。

首先，决策认识的信息论基础。信息是指事物的存在、运动状态和过程以及有关这种状态和过程的知识。信息能消除观察者在相关认识上的不确定性。信息的数值以其所消除不确定性的大小或等效地新增加知识的多少来衡量。在决策认识目标的指引下，搜集充足的信息是决策认识得以进行的前提和基础。在决策认识过程中，决策认识主体掌握足够多的信息，并在此基础上进行决策认识方案的构建，可以最大限度地降低决策认识方案执行的成本。同时，信息源于事物，但不是事物本身，它可以离开产生它的事物而相对独立地存在。因而，信息就有其不确定性。没有信息，就无法进行任何决策认识。信息失真，就会导致决策认识的失误。零星而不全面的信息，难以使决策认识主体形成正确的认识，并做出正确的决策。由此，一门专业研究信息传递过程中信息的广泛性、及时性、准确性的学科——信息论便应运而生。信息论是运用概率论与数理统计的方法研究信息、信息熵、密码学、通信系统、数据传输、数据压缩等问题的应用学科。运用信息论的理论方法，抓住信息本身的客观性、广泛性、完整性、专一性，有利于实现决策认识的高效化和科学化。

其次，决策认识的系统论基础。系统是指一个由诸多要素保持有机秩序、向共同目的行动的集合体。系统论是研究系统的一般模式、结构和规律的学问，它研究各种系统的共同特征，用数学方法定量地描述其功能，寻求并确立适用于一切系统的原理、原则和数学模型，是具有逻辑和数学性质的一门新兴的科学。系统论把客体看做系统，从系统整体考虑其内部关系和外部关系，规定其结构，并努力引进形式语言和数学方法，由定性描述逐步过渡到定性与定量相结合的描述。在系统论的视阈下，包括人类社会历史在内的任何事物都可以看成是由相互联系的若干要素有机构成的系统。系统与环境发生联系，系统有层次结构，而且取决于各要素的联系方式。这一思路启发决策认识主体在进行决策认识的过程中，考察每一个环节以及每一环节中的参与主体时，都要考虑到它们与整个系统的联系。系统论提示人们要注意系统的整体性、综合性、动态性，应注意客观、全面、动态、深入地分析研究决策认识过程中的每一个事物、现象和过程。采取先总后分或是综合—分析—综合的辩证结合的方法，了解决策认识过程中运动发展的事物以及影响决策认识进一步展开的各种现象，力求揭示决策认识过程中所涉及的不同领域的共同规律。建立在系统论基础之上的决策认识方案会更加与时俱进和更加科学、合理、完善。

再次，决策认识的控制论基础。控制论是研究各类系统的控制和通信的一般规律的理论与方法。在控制论中，"控制"的含义是指为了"改善"某个或某些管理对象的功能，需要获得并使用信息，以这种信息为基础而选出的并施使于该对象上的作用，就叫做控制。因此，控制的基础是信息，一切信息传递都是为了控制，而任何控制又都有赖于信息反馈来实现。信息反馈是控制论的一个极其重要的概念。在当今信息社会中客观环境瞬息万变，即便是决策认识主体在制定决策认识方案时进行了全面的、细致的预测，充分考虑到了实现决策认识目标的各种有利条件和影响因素，但由于环境条件是变化的，决策认识主体受自身的素质、知识、经验、技巧的限制，预测不可能完全准确，制定的决策认识方案在执行过程中可能会出现一些偏差。在这种情形之下，以控制论为基础的控制工作就起了执行和完成计划的保障作用以及在管理控制中产生新的目标和新的控制标准的作用。通过及时的控制工作，能够为决策认识主体提供有用的信息，使之了解决策认识方案的执行进度和执行中出现的偏差及偏差的大小，并据此分析偏差产生的原因；决策认识主体可以在此基础之上对决策事项进行再认识，并提出进一步的修改建议。对于那些可以控制的偏差，发挥组织机构作用，及时予以纠正；对于那些不可控制的偏差，则应立即修正决策认识方案，使之符合实际。

最后，决策认识的认知心理学基础。认知心理学是 20 世纪 50 年代中期在美国和西方兴起的一种心理学思潮和研究领域，70 年代成为美国和西方心理学的一个主要方向。它研究人的高级心理过程，主要是认识过程，如注意、知觉、表象、记忆、思维和语言等。认知心理学认为人类思维本身就是一个信息加工的系统，认知就是信息加工，它包括感觉输入的变换、简约、加工、存储和使用的全过程。按照这一观点，认知可以分解为一系列阶段，每个阶段是一个对输入的信息进行某些特定操作的单元，而反应则是这一系列阶段和操作的产物。信息加工系统的各个组成部分之间，都以某种方式相互联系着。认知心理学是心理学发展的结果。它与西方传统哲学也有一定联系。其主要特点是强调知识的作用，认为知识是决定人类行为的主要因素。认知心理学继承了早期实验心理学的传统。19 世纪德国生理学家赫尔曼·赫尔姆霍茨和荷兰生理学家东德斯提出的反应时研究法，是现在认知心理学家广泛采用的方法，并已有了新的发展。德国心理学家威廉·冯特是现代实验心理学的奠基人，认知心理学对心理学的对象和方法的看法与他的观点很接近。他认为心理学的对象是经验，是意识内容，方法是控制条件下的内省。认知心理学企图把全部认知过程统一起来，认为注意、知觉、记忆、思维等认知现象是交织在一起的。从认知心理学的视角看，决策认识的过程就是决策认识主体运用理性和非理性思维对各种信息进行判断和认知，最后形成决策认识方案的过程。认知心理学从人的心理特征和行为特征出发，揭示了影响决策认识主体决策行为的心理因素，从感觉、知觉、记忆、思维、情感等多个侧面分析了决策认识现象的规律、特点及其形成机制，为决策认识论提供了坚实的现代心理学基础。

第五节　决策认识的显著特征

决策认识显著特征是指决策认识本身特有的足以反映和体现决策认识本质属性、内容指向、表现形式的主要标志和主要特点。决策认识的显著特征主要表现在四个方面，这些特征同时体现在一个完整的决策认识过程中，或在一个完整的决策认识过程中的不同阶段具有轻重和显隐不同的体现。

一、决策认识具有认识、实践的双重性特征

决策认识活动是处于传统意义上的认识活动和实践活动之间并且使二者联系起来的中介，它必然受到传统意义上的认识和实践的双重规定、双向制约，表现出认识和实践的双重特性。徐坚在他翻译的《政治经济学批判》中，把"实践—认识"一词译为"实务"，我们认为它与决策一词的含义是相近的，指的就是这种以实践活动为认识对象的决策认识活动。蔡仪对"实践—认识"掌握世界的方式作了更加明确的诠释，把它界定为"直接为实践服务的认识"①。决策活动的实践特性是指决策作为一种认识活动从属于实践活动，具有部分的实践性质。实践不仅有着主体对客体的实际物质作用，而且包含着主体"特殊的能动性"。主体的这种特殊能动性是与主体的决策认识直接融合在一起的。所以说，实践是决策的基础和目的，决策又是实践的准备和指导，在广义的实践系统中决策构成了其中的一个必要环节。如果说实践是认识的目的的话，那么认识则是为了达到预期的目的，因而如何形成科学的决策认识最为关键。决策活动的认识特性是指决策作为一种具有部分实践性质的活动，主要属于认识领域，主要是一种认识活动。认识活动从本质上说，是客观事物及其规律性的东西在人的头脑中的反映。人们常说决策与实践是密不可分的；但从理论上来说，人在认识活动时，决策与实践的角度或侧重点又有所不同。具体地说，实践侧重于说明认识的基础和源泉，而

---

① 蔡仪：《美学论文选》，商务印书馆1991年版，第210页。

决策则侧重于说明认识过程本身。这就是说，决策活动本身是一种主体的思维活动，就它的来源和基础而言，它不能离开实践；就其运动过程而言，它是主体的一种主观性活动，不能把决策活动完全说成是实践活动。毛泽东说的"从改造世界中去认识世界，又从认识世界中去改造世界"①，是对决策和实践的辩证关系最恰当的说明。

决策认识兼有实践和认识的双重特性，这是由其在一般认识和实践之间的中介地位所决定的。从传统意义上的认识方面来说，尽管每一种反映客观世界的本质和规律的理性认识及其理论体系都内在地包含着实用的要求，即旨在为实践提供科学依据，然而并不等于说每一种理性认识及其理论体系都能够直接地、实际地、完全地加以应用。这是因为，理性认识及其理论体系是解脱了它的认识对象的直观性和外在具体性的"纯知"②，是对客观事物的本质和规律的一种间接性的认识，它的本质是普遍性的、抽象性的，而实践的对象则是个别的、具体的。理性认识及其理论体系在运用于具体实践活动时，必须使自身变形，使自身原来纯化了的本质的认识越来越具有丰富的直观性和外在具体性，以便指向特定的对象，并且和具体的实践对象相符合。实践在要求理性认识及其理论体系作为其指导时，便表现出很强的选择性、针对性，它要求理性认识及其理论体系由反映客观事物存在规律的概念化认识，转化为反映主体有目的地改变客观事物的行动规律的观念化认识，从而把原先对客体对象的各个单方面的静态的抽象，重新聚集、组合、再现、改造为一个被揭示出内在联系的具体的、动态的实践对象统一体，以满足实践活动的要求。决策认识正是适应理论和实践两方面的要求并兼有它们二者属性的认识活动。

二、决策认识具有阐述、规制的跳跃性特征

决策认识活动是以反映世界的"实然"和"应然"两种状态，并且以调

---

① 毛泽东：《自由是必然的认识和世界的改造》，《人民日报》1983 年 12 月 25 日。
② ［德］黑格尔：《小逻辑》，商务印书馆 1961 年版，第 5 页。

整二者关系为己任的特殊认识活动。决策认识活动中所反映的对象即"实然"世界向"应然"世界转化的必然性,决定了主体的阐述性认识上升到规制性认识的可能性,体现出决策认识活动由阐述性认识向规制性认识转化和飞跃的特征。阐述性认识方式和规制性认识方式是主体把握客观世界的两种基本的认识方式。阐述性认识方式是以概念体现对客观事物的本质、规律、原因、状态及价值的揭示、昭示和评价的方式,着重于对事物及其价值"是不是、能不能"的讨论。规制性认识方式是以概念体现对主体的实践方式、规则及客体未来状态的发现、制定、规定、指示的表达方式,着重于实践活动的"合理、不合理"的讨论。许多西方学者认为,人们无法通过推理过程从规制命题推出事实命题,而且规制命题也无法直接同事实相比较,所以没有任何办法从经验上或是理性地检验规制命题的正确性。在哲学史上,第一次指出阐述性认识方式和规制性认识方式区别的是 18 世纪英国哲学家大卫·休谟,他首次指出阐述性认识方式和规制性认识方式及其对象的区别,这对于包括哲学在内的科学思想的发展有着重要的意义。决策认识活动就是要在忠实于阐述性认识的基础上,着眼于规制性认识,真正为人类的实践活动提供理论基础和蓝图构架。

在决策认识活动中,所反映的对象即"实然"世界向"应然"世界转化的必然性,决定和要求主体的阐述性认识必须上升和飞跃到规制性认识。虽然理想的"应然"世界是对现实的"实然"世界的一种超前性反映,但是对这种"超前性反映"绝不应当只从时间角度来加以理解,它实际也是对现实世界中的落后、匮乏、不合理状态的一种反应。在"实然"世界中,主体"作为自然的、有形体的、感性的、对象性的存在物",固然同"动植物一样,是受动的、受制约的和受限制的存在物"①。然而,主体作为在劳动活动中生成和发展的理性存在物,又是能动的、自主的、具有超越性的种类。当主体同客体发生关系时,主体出于自我生存、延续和发展的需要,不满足于客体的既定形式,甚至不满足于主体自身的现有状况,由此产生出超越的动

---

① 《马克思恩格斯全集》第 42 卷,人民出版社 1979 年版,第 167 页。

机、意欲和蓝图；同时，客体作为主体以外的一切自然—社会文化成分，虽然构成了主体从事超越活动的制约条件和限定力量，然而其在一定条件下又成为主体实现现实世界超越的必要工具，并成为超越主体结构发挥其超越功能的场所。在主体和客体的相互作用下，完成了"实然"世界向"应然"世界的飞跃。在决策认识活动中，主体认识由"阐述"上升到"规制"的必然性，具体表现为事实判断—价值判断—规制判断的逻辑进程。决策认识主体通过自身实践或通过别人的实践，了解了事物的属性、规律，形成了客体事实判断。决策认识主体把事物、事实跟人的要求、欲望这两个方面联系起来思考，了解了事物、事实对于人的意义，形成了价值判断，遵循着由"是"到"应当"的逻辑程序，实现由阐述性认识向规制性认识的跨越。

三、决策认识具有形象、抽象的融合性特征

决策认识活动同其他一切认识活动一样，都是开始于对客观原型系统的直观即感性的具体，通过抽象达到思维的具体，表现出形象思维和抽象思维相互融合、相互补充的特征。形象思维和抽象思维是人类从事决策认识活动的两种基本思维形式。形象思维是主体凭借形象来思考和表述客体对象的思维形式，它表现为一种表象—意象的思维运动。主体在形象思维过程中，自觉加工感性形象认识，反映客体的形象特征，达到对客体由感性到理性的把握。形象思维的整个思维过程都不脱离形象，始终保持着事物的直观性。抽象思维（也称逻辑思维）是主体运用理论来思考和表达客体对象的思维形式，它表现为一种感性—理性的思维运动。主体在抽象思维过程中，"在思想中把个别的东西从个别性提高到特殊性，然后再从特殊性提高到普遍性"，从而"从有限中找到无限，从暂时中找到永久"，达到对客体由感性到理性的把握。[①] 就抽象思维的实质来看，主体经过头脑的逻辑思考作用，从直观感觉的零散材料中抽象和概括出事物的本质和属性、内在联系和运动规律。在决策认识活动中，形象思维和抽象思维相互交融、相互补充的必然性，是

---

① 《马克思恩格斯选集》第 4 卷，人民出版社 1995 年版，第 341 页。

由决策认识活动的内在规律所决定的。决策认识活动同一切认识活动一样，都是开始于对客观原型系统的直观即感性的具体，通过理论思考和抽象概括，最后达到理性即思维的具体。决策认识活动主体的实践观念的构思、决策判断的选择，都体现了这种思维特性。当决策认识主体要具体决定一种方案时，首先必须全面了解这一方案赖以产生的实践背景，然后把思维放到这种特定的环境中去，想象自己会怎么样，并对自己的行为做出判断。

在当今时代，随着科学技术的迅速发展和人们交往活动范围的不断扩大，决策认识活动所要处理的对象往往是关系复杂、涉及大量参数和变量的实践巨系统，从而造成了实践系统的复杂性和认识精确性之间的矛盾。所以，决策认识活动对实践感性具体的原型进行全面认识，运用综合的方法把对原型各方面的本质认识联系起来，形成关于统一的原型整体的认识，使抽象的规定在思维的具体中再现出来。在实际的决策认识过程中，抽象思维和形象思维是相互交织、协同工作的，"很少出现单独工作的情况，只因思维的内容与思维习惯之不同而有所偏重罢了"①。决策认识活动就是以实践为依托的形象思维和抽象思维相互交融、补充、转换、深化的过程。

四、决策认识具有反思、预见的互动性特征

决策认识采取反思性认识方式和预见性认识方式，对客体进行考察、推测、把握，表现出"从后思索"和"超前思索"过程进度和时间向度上的反思和预见互动性特征。反思性认识方式是采取与时间顺序相反的方向进行推断和思考，是从客体、实践发展的现实、未来、流向、结果"倒过来"对客体、实践的原状进行考察、推测。马克思在《资本论》中谈到这种认识方式时指出："对人类生活形式的思索，从而对它的科学分析，总是采取同实际发展相反的道路"②。马克思谈的虽然是对社会生活形式的认识问题，然而对于认识其他一切事物都是具有普遍意义的。马克思还形象地表述说，人体解

---

① 钱学森主编：《关于思维科学》，上海人民出版社 1986 年版，第 119~120 页。
② 《马克思恩格斯全集》第 23 卷，人民出版社 1972 年版，第 92 页。

剖对于猴体解剖是一把钥匙。这种反思性认识方式在考察客体对象时，固然不能脱离感性经验，不能脱离客体、实践对象本身，然而它直接考察的对象往往不是客体。实践活动本身，是对原客体、原实践认识的再认识；这种"反思"离不开已有的思想成果，更离不开主体已经掌握的关于客体、实践的一定知识或认识，是在新的层次上批判、否定着原有的思维，同时创造、拓展着新的思维，因而它表现为一种经验的、理论的、逻辑的、哲学的思维自返运动。预见性认识方式是采取与时间顺序相同的方向预先进行推断和设想，是从客体、实践发展的历史、现实、界限和规律超越性地对客体、实践的未来进行考察和推测，其显著特点是它的超前性或预见性。预见性认识方式之所以具有预见的特性，在于它能够绕过现实事物发展链条的某些环节而实现思维的进展。预见性认识过程的结果是揭示了某种新东西的知识，它超越于现实之前，提供了某些当时还不知道的联系、对象和现象，不是重复性的认识，而是创造性的认识。

第六节　决策认识理论研究现状及意义

一、决策认识理论研究现状

关于从哲学认识论层次上研究决策认识问题，国内外许多学者已经进行了有益尝试和初步探索。虽然这种尝试和探索并不是专门的、系统的、全面的对决策认识问题的理论研究，而是通过对决策科学研究而体现和反映出来的间接的、附带式的研究，但是它毕竟为决策认识理论研究提供和奠定了一个良好开端和坚实基础。

（一）国外决策认识理论研究现状

从历史上看，决策科学是西方工业文明的一个文化成就和理论升华。在决策科学发展的第一阶段，美国的泰勒、法国的法约尔、美国的穆尼以及其后英国的厄威克等人进行了开创性的工作。但是在他们的古典管理学中，还没有真正形成专门的决策理论，只是根据英国经济学亚当·斯密的经济理性主义的模式化思想和英国经济学家杰文斯的效用理论中的"最优标准"概念，来研究企业经济目标的决策和制定问题。在第二个发展阶段，美国管理学家切斯特·巴纳德（C. I. Barnard）等人在 20 世纪 30 年代率先把"决策"一词引入管理理论。接下来决策理论学派的代表人物美国管理学家赫伯特·西蒙认为"决策和管理一词几近同义"①。他认为决策是贯穿于管理活动整个过程之中的核心内容，并提出了管理就是决策的论断，西方称他为开创性的决策学专家。然而，他的思想只限于企业经济目标的狭义决策学上，仅仅是加深了旧的技术知识的深度和广度；在决策思维和创造功能的研究上，他的理论和西方哲学一样还处在比较肤浅的阶段，他的决策科学的某些哲学理论观点仍有偏颇之处，至于对决策认识的本质性认识还谈不到。

　　决策科学发展的第三个阶段是结合 20 世纪 50 年代以来政策科学的研究实现的。1951 年，美国政治学家拉斯维尔提出了政治科学的概念，这种新的观念被普遍接受，出现了一批有成就的公共政策学者和著作。比较著名的有美国学者查尔斯·林德布洛姆在 20 世纪 50 年代确立的渐进决策理论。他认为，作为决策者的专家或精英群体能够运用所获得的知识和信息，指导社会朝着事先确定的结局发展。但由于信息负荷超载，沟通失灵，官僚主义，以及在吸收、解析和处理与决策相关的各种因素方面的失败，在很大程度上削弱了这种指挥体系企望成为稳操胜算的决策机制的可能性。② 美国管理学家杰伊·福雷斯特对赫伯特·西蒙的理论进一步发展，他认为运用这种决策模式要求具备如下条件："需要做出决策的问题已经得到明确定性，其范围也已界定；得到所有可供考虑的备选方案；获得所有的基准信息；获得所有关于每一备选方案的预期后果的资料；获得所有关于在政策适用范围内的人们的价值取向和选择意愿的信息；拥有足够的时间、技术和其他资源。"③ 英国政治学家布莱恩·霍格伍德则提出几乎没有一个问题能够一劳永逸地解决。决策是一个连续不断的过程，因为原有的问题解决了，新的问题又会出现。

---

① ［美］赫伯特·西蒙：《管理决策新科学》，中国社会科学出版社 1982 年版，第 33 页。

② C. E. Lindblom, *Politics and Markets*, New York: Basic Books, 1977, p. 65.

③ J. Forester, "Pounded Rationality and Politics of Muddling Through", *Public Adrministration Review*, 1984, p. 23.

最后形成的政策不一定是最好的政策。① 此外，还有美国学者艾米伊特·艾特奥尼的综观决策模式、德热的规范化决策模式、詹姆斯·安德森的功能过程决策模式等。这些西方决策理论非常注重决策主体的作用和影响，基本上是都把决策研究的重点放在对决策过程的考察上。在他们看来，塑造决策过程的模型，讨论各种决策情境之下的适当对策，是一种很有实际意义的决策分析框架。这种取向的研究，实际反映了西方资产阶级的政治体制和行政体制经过十七八世纪以来几个世纪的不断改革与建设已经趋于稳定。因此，西方学者需要解决的问题就不是如何完善公共决策体制、如何探索理论升华和理论指导，而是如何寻找各种政治因素在决策过程中的更有效的结合模式，寻找更先进的决策技术方法。尽管如此，西方学者并没有对决策认识理论展开充分讨论和研究。

整个西方的决策思想，始终未能超出技术性研究和管理学领域。决策科学发展的出路必然是向哲学认识论亦即决策认识理论的升华，然后又在决策认识理论的指导下，进一步向完善化方向发展。

（二）国内决策认识理论研究现状

关于从哲学认识论层次上研究决策问题，国内一些学者已经进行了初步的探索。陈新权在《当代中国认识论》一书中提出："决策作为人类认识活动的一个重要方面，是值得认真研究的……"从哲学上进行探讨的专著，还有张尚仁的《认识论与决策科学》等。另外《哲学研究》等刊物也曾发表过一些论文。在认识论中，对实践理性、实践观念的探讨是与决策问题密切相关的。② 陈志良在《思维的建构和反思》一书中提出在坚持能动反映思想的前提下，把当代认识的发展看做是向"选择性认识"、"求解性认识"转化，这在很大程度上是决策性认识，间接地证明了从认识论层次上研究决策的必要性。王霁在《认识系统运行论》一书中把决策认识视作整个认识系统发展过程中的最高阶段，并论述了决策认识的若干特征。姜圣阶、张顺江在《法

---

① B. W. Hogwood, L. A Gunn, *Policy Analysis, for the Real World*, London：Oxford University Press, 1984, p. 52.

② 陈新权：《当代中国认识论》，北京大学出版社 1988 年版，第 250 页。

元论》一书中，提出了辩证唯物主义与系统论、信息论、控制论的归一说，并把它作为决策科学的哲学基础。黄健荣分析了决策理论中的理性主义与渐进主义及其适用性。① 张士昌、曹靖宇对决策偏好的理性思考进行了分析。②

（三） 决策认识理论研究存在的问题

虽然在决策认识的理论和方法研究方面，国内外学者已做了大量卓有成效的工作，丰富了决策认识的理论和实践，为后人的研究工作奠定了基础。但是从发展的角度看，这些研究成果尚不专业、不系统、不全面，还处于间接的、零散的、附带式状态，尚待深入研究和进一步完善。

第一，决策认识论立论的基点不牢、不高。决策科学与一般认识论的边缘交叉处，是决策认识论的生长点。决策认识既不单纯的属于决策科学的论域，又超越了纯粹的认识论范畴。因此，决策认识论立论的基点就在于正确地认识和处理决策与认识之间的辩证关系。到目前为止，有关学者对决策与认识关系的论述大都倾向于从认识论的视角来看决策过程，忽视决策与认识之间相互作用、相互影响的对立统一关系，这就导致了决策认识论的研究成果偏向于哲学形而上的阐释而缺少管理学形而下的论证，使得决策认识的理论成果缺乏可操作性。笔者正是在洞悉当前理论研究缺陷的基础上，为创建立论基点准确的决策认识论做一些努力和有益的探讨。

第二，对决策认识本质和内涵的界定存有商榷空间。任何学科的确立首先要对其核心概念有一个清晰界定。决策认识的定义和本质是决策认识论的核心概念，然而目前学术界只有为数很少的几位学者对此做出了解释，但是他们对决策认识的主体、对象、内涵和外延的界定还有一定的模糊性、片面性和局限性，还不够科学权威，这就为本书的创新性研究指明了方向，提供了空间。

第三，对决策认识制约因素的剖析不全面。决策认识是一个复杂的系统工程，决策认识各个环节之间存在着相互制约、相互影响的关系。决策认识

---

① 黄健荣：《决策理论中的理性主义与渐进主义及其适用性》，《南京大学学报》（哲学·人文科学·社会科学版）2002 年第 1 期。

② 张士昌、曹靖宇：《对决策偏好的理性思考》，《山东社会科学》2003 年第 3 期。

方案的制订和执行，往往是牵一发而动全身，某一局部的失误往往造成全局的溃败。但当前的现实是，不管是运行于纯粹思想范畴的决策认识理论研究，还是践行于实践实事之中的决策认识方案制定和执行，都缺乏运用系统论的思想和方法对影响决策认识的各方面因素进行深入分析和理论探索。因此，深入研究影响决策认识的各种因素，对增强决策认识的准确性和科学性，防止和避免决策认识重大失误，具有十分重要的意义。

第四，对决策认识机制构建的研究尚处茫然阶段。目前国内外对决策认识机制构建的系统研究尚处于空白阶段。学术界偶有提及，也只是在论述诸如决策管理等相关理论时粗浅涉猎，并且即使这样也仍然是沿袭套用了决策管理机制构建的模式，而不是严格严谨严肃意义上的决策认识机制构建，带有明显的不足和缺陷，可以说理论学术界至今还没有提出一种比较完善的决策认识机制。因此，目前迫切需要借鉴西方经验，根据具体国情，设计出一种能兼顾各方面利益的决策认识机制。

第五，决策认识的理论研究与实际践行相脱节。理论研究的最终目的是指导实践，为实现这一目的必然要研究和借鉴现实实践中的事例证据和相关案例，以免理论研究与实际践行相脱节。案例研究是一种探索在特定情况或特定条件下主体行为的研究方法。它的主要研究对象是现实管理实践中的事例证据及变量之间的相互关系。人们通过理论预设和实际践行以及对实践执行结果的对照和反思，可以进一步检验和发展已有的理论体系。案例研究不仅可以用于分析受多种因素影响的复杂现象，而且可以满足那些开创性的研究，尤其是以构建新理论或精炼已有理论中的特定概念为目的的研究需要。因此，在决策认识论的论域中引入案例研究方法，可以进一步提高决策认识相关理论的可操作性，提高决策认识论在指引决策实践中的科学性、合法性和合理性。然而，迄今为止国内学术界还没有运用案例研究的方法分析和阐释决策认识相关理论及其实践效用情况的理论文章，实为一种缺憾。

二、决策认识理论研究意义

进一步完善和发展决策认识理论，形成科学的决策认识机制，增强决策认识的科学性和规范性，提高决策认识的有效性和可操作性，对于提高决策认识主体在新的历史条件下的思想理论水平和科学决策水平，促进我国政治、经济、社会、文化的全面、协调、可持续发展，具有强烈的现实意义和深远的历史意义。

（一）深入研究决策认识是丰富和完善马克思主义认识论的客观要求

决策认识论是关于决策认识的本质和规律的学说，它是马克思主义认识论的有机组成部分。尽管在原有的马克思主义认识论体系中，并没有现成的"决策认识"的词汇，但并不意味着"决策认识"不属于马克思主义认识论的范畴，更不意味着不能构成马克思主义认识论的研究对象。如前文所述，马克思主义认识论主张人的认识包括由实践到认识和由认识到实践两个阶段或两次飞跃。由实践到认识的飞跃不是单纯指由实践到理性认识的飞跃，也包括由实践到理性认识的转化形态这一实践理念的飞跃。由认识到实践的飞跃也不单纯是由理性认识直接到实践的飞跃，还包含理性认识要经过实践理念这一中介才能达到，而实践理念的设计、制定、决断实质就是决策认识活动。因此，马克思主义认识论本来就蕴涵决策认识这个中间阶段，只是由于它作为揭示人类认识活动的最一般规律的科学，主要限域是从宏观上回答人类如何正确地、能动地反映客观世界的使命，未能详尽而充分地展开对决策认识的讨论。事实上，"决策认识"是一个与实践联系最为紧密的、带有总体关联性的范畴，明确提出这一范畴更能体现、完善和补充马克思主义认识论强调"改造世界"的特色。如果说理性认识及其理论体系最终对实践发挥着指导作用，那么决策认识及其成果即实践理念则对实践发挥着最直接、最现实的指导作用。有鉴于此，建立、完善和发展决策认识理论，是坚持和发展马克思主义认识论的必由之路，既能为马克思主义认识论宝库增加新的财富，也能更好地发挥马克思主义认识论改造世界的功能。

（二）深入研究决策认识是新的历史时期社会实践活动的必然要求

决策认识是对人类决策认识活动进行的哲学反思。从世界范围看，自第二次世界大战以来，现代科学技术和生产力得到了迅猛发展，引起并且正在继续引起人与自然、人与社会关系的极为广泛而深刻的变化，世界正在经历一次狂飙式的革命。其结果是一方面强化和提高了人类认识世从界、改造自然和社会的主体能力，给人类带来了巨大的物质财富和丰富的精神享受等主体性效应；另一方面又不同程度地破坏了人类赖以生存和发展的自然、社会环境，产生了环境脱离人类控制而逐渐成为异己力量的反主体效应。这种人类困境的产生，固然有其自然和社会发展本身所难以认识和控制的客观原因，但在相当程度上则是由人类对自然、社会认识和改造活动的失误所致，在一定程度上反映出的是以"天灾"形式表现出来的"人祸"。目前，人类社会实践活动在继续拓展、深化，国家和政治对之干预也日趋加强，如何提高政治、经济、文化、社会诸方面决策的科学化、民主化、制度化程度，避免或减少重大决策失误，已成为全球范围内人们普遍关注的重大课题。当前，我国正在着力实践科学发展观和构建社会主义和谐社会，这是一项极为复杂、艰巨的系统工程，面临着许多崭新的课题需要深入探索，也面临着许多行动路线和实践方案需要做出抉择。决策认识是否符合决策认识活动本身的规律，从根本上决定了决策认识是否正确，决定了决策是否科学。对决策认识的科学规律缺乏深入研究和牢固掌握，就可能发生重大的决策认识失误，从而造成深刻而长远的不良后果。因此，必须深刻总结正、反两方面经验，把决策认识真正提高到马克思主义认识论的高度来看待、来理解，自觉地运用决策认识理论指导决策认识活动，使决策认识活动建立在更加符合决策认识的规律之上，以此推动决策认识和科学决策的规范化、制度化，推动经济社会的全面、协调和可持续发展。

（三）深入研究决策认识是决策科学自身发展必然规律的逻辑结果

决策科学把"决策"作为中心概念，决策认识论把决策认识范畴置于核心地位。从历史上看，决策科学是西方工业文明的一个文化成就。在决策科学发展的第一个阶段，美国的泰勒、法国的法约尔、美国的穆尼以及其后英国的厄威克等人进行了开创性的工作，但是还没有形成专门的决策理论。在第二个阶段，以赫伯特·西蒙为代表的学派推进了决策科学的研究，把决策看做贯穿于管理活动中的核心内容，提出管理就是决策的重要思想，但是在决策思维和创造功能的研究上还处在比较肤浅的阶段。在第三个阶段，以美国学者查尔斯·林德布为代表，提出和确立了渐进决策理论，但是并没有对决策认识理论展开讨论。从国内情况看，虽然一些学者提出了决策认识这一论题，但是在一定程度上都缺乏系统性、全面性和专业性。当前，西方的整个决策科学思想，始终未能超出技术学领域。我国国内对决策认识理论的研究，尚处于起步阶段。决策科学发展的出路必然是向哲学认识论的升华，然后又在哲学认识论的指导下，进一步向完善化方向发展。学术界对决策认识的研究方向，摆脱不了这一发展规律。因此，研究决策认识理论是决策科学自身发展必然规律的逻辑结果。

（四）深入研究决策认识是增强决策认识可操作性的迫切要求

决策认识既是认识和决策的媒介，也是实践的计划、实践的蓝图、实践的"预演"。如果没有切实可行的决策认识方案，再好的理论也只能是空中楼阁。制定决策认识方案，指导和解决客观现实问题，不仅仅是需要理论性探讨，更重要的是实践性设计，是制订具有可操作性强的方法和方案。决策认识方案必须包括主体活动的目标、达到目标的途径以及相关的对策等，必须符合科学的决策认识程序，具备科学的决策认识方法。只有深入研究和制定具有可操作性的决策认识方案，才能真正保证人们实践活动目的性的实现，才能使人们的决策实践不再是随心所欲的盲动，而是有章可循、有"法"可依的活动。随着知识经济时代的到来和信息技术的飞速发展，社会现象、经济现象越来越复杂多变，决策实践中的不确定性因素越来越多。面对这种现实环境，在提高理论指导水平和专业知识水平的基础上，积极探索和建立一整套科学化、民主化、程序化、可操作性强的决策认识方法系统，是决策认识主体实现决策目标的必然选择。科学的决策认识论是科学决策的灵魂。如果离开了科学决策认识论的指导，科学的决策认识方案就成了无源之水、无本之木。因此，研究决策认识的任务不仅仅是要为分析现实问题提供理论指导，更重要的是要为解决现实问题提供一系列可操作性很强的实用工具。

第二章 决策认识的主要程序

　　决策认识程序是决策认识过程的逻辑表述，是指将决策认识的全过程依照一定的次序划分为若干个阶段。为了使决策认识对决策实践具有科学的指导意义，必须对决策认识程序进行认真的、基于科学和理性之上的研究和分析。从本质上说，决策认识是一种特殊的认识活动，与普遍意义上的认识是特殊与一般的关系。决策认识程序除了首先符合决策认识的特殊规律以外，还应符合决策科学的基本规律，符合一般认识规律的具体要求，应该同时具有认识过程和决策过程的双重特性。

　　决策认识程序与决策程序既有区别又有联系。决策认识程序与决策程序之间的区别，最终源于决策认识与决策的区别，主要区别在于决策认识更多的是属于认识论的论域，更多地停留于观念和理念层面。决策认识只是对决策实践的一种指导，决策认识可以超越现实的决策实践对未来的实践活动、程序和结果进行超前演习和验证；而决策程序则更注重具体实践，讲求在决策实施过程中的利益诉求和风险规避。因此，决策认识的程序主要讲的是人们在头脑中或思想观念中的思维运动和转化过程，而决策程序则更多的是指人们实际的制定和实施决策的过程。决策认识程序与决策程序的联系在于两者都是一种认识活动，属于认识论的范畴。决策认识具有认识论属性，总体上来说，决策认识的程序要符合认识过程的逻辑规律，即决策认识程序的理论应是认识过程的理论在决策活动中的具体化。因此，决策认识程序和决策程序二者存在一定的相似类同特性，都符合认识运动发展的一般规律。

　　根据前文对决策认识内涵的界定，以及对决策认识真实进程的认知，可以把决策认识过程划分为情报、建构、抉择、审查四个阶段，并把每个阶段分别规定为四个环节，共计十六个环节，由此构成决策认识主要程序的完整过程。当然，在决策认识的过程中，各个阶段和环节并不是绝对独立的，它们既然并存于一个完整的过程之中，更多的时候是相互连接、相互交融，你中有我、我中有你。所谓划分阶段也只是相对意义和理论属性上的区别对待。

第一节　决策认识的情报阶段

决策认识的情报阶段是决策认识主体获取决策认识信息，探明决策认识情况，寻求决策认识条件的阶段，它是决策认识的起始阶段，可分为立意、获取、判定、洞察四个环节。

一、立意环节

立意是指决策认识主体满怀对新的决策认识活动的目的、方法、手段、结果的知晓欲望，调动自己的全部注意力，集中地指向所要进行决策认识的问题。立意是决策认识的起点和前提条件。决策认识主体在认识动机的推动下，通过自身的努力，"故意"地把自己的思维活动空间集中在决策认识的问题范围内，确立方向和空间，以进一步寻求解决决策认识问题的路径。富于创意的决策认识主体具有高度的动机和能力，能找出有价值的决策问题，并且把握问题的焦点所在，然后聚精会神地设法解决；能对自己以及别人的新观念，具有相当敏锐的感受力；能够根据自己的知识和经验、混合的直觉和判断，来选择最佳的问题域。

从本质上说，决策认识主体的实践知晓欲是主体对自我在新实践信息方面的贫乏、匮缺状态的知觉，及其所引起的迫使主体走向实践信息场，寻觅和接受新实践信息的精神张力和心理冲动。它是发起对新实践进行决策认识的内在动力，把认识活动和满足其生存、发展等各种需要联系起来，是决策认识的起点和前提条件。在这一环节，决策认识主体的立意必然导致其随心所欲、漫无目的地认识和思考问题的方式的终结，代之以方向明确、目的凸显的积极思考问题并寻求解决问题的方式。例如，当代大学生在自主创业的起步阶段，首先要确立的是自身创业想要进入的领域，在大体上确定了创业意向后，他们就会自觉地把所有的注意力集中到与自身创业领域相关的信息，如市场的行情、竞争对手的实力以及自身创业项目的发展前景等与创业决策认识相关的一切问题。

从某种意义上来说，决策认识主体在立意之前并不是完全没有认识，而是其认识太多、太杂、太散乱，不集中、不明确、不系统，各种认识处于"群龙无首"的离散状态。决策认识的立意环节就是把这些离散的认识集中起来，使决策认识主体振作精神，把所有的注意力集中于某一决策认识问题域，这样决策认识主体就会对未来的决策实践有了一个新的渴求和希望，这是一种带有功利性质的、对未来实践渴望的心理状态。这方面比较典型的例子是张瑞敏的创业。海尔集团总裁张瑞敏是"文化大革命"期间的"老三届"高中毕业生，毕业后顶替父亲当工人。1984 年，海尔的前身——青岛日用电器厂到了山穷水尽的地步，尽管一年换了三任厂长，但企业仍亏损 147 万元，资不抵债。35 岁的张瑞敏当年底担任厂长后，经过大量市场调查分析决定退出洗衣机市场，转而生产电冰箱。从张瑞敏的成长历程可以看出，他在接任厂长之前一直在电器厂工作，在日常的工作实践中，他已形成了一些关于企业发展的模糊的认识，但是由于其工作职位以及头脑中一直没有"立意"，所以不能也不可能形成有利于企业发展的决策认识。然而，成为厂长后角色意识强化了他的决策认识，这就使得他以后的所有关于企业发展的决策认识都集中在电冰箱领域，这就是海尔后来成长为跻身世界五百强企业行列的开端。

二、获取环节

获取是指决策认识主体针对决策认识问题对象，通过观察、调查、咨询、查阅等手段，搜集有关的各种信息而形成的感知。获取信息是情报阶段最关键的一步，也是人们形成正确决策认识的前提。只有通过各种方式拥有了足够的信息，才能对其进行进一步的分析、加工和利用。能否发现和确认问题，取决于信息量的多少。正如陈云同志所说，重要的是把实际看完全，把情况弄清楚，其次是决定政策，解决问题。难者在弄清情况，不在决定政策。只要弄清了情况，不难决定政策，这样决定的政策才有基础。在当今社会实践活动中，各种信息数量巨大、种类繁多，而决策认识主体接受信息的能力则有一定的限度，从而对决策认识主体提出了选择信息的要求。在当今的信息爆炸时代，更是经常要面对网络、报纸、刊物等新闻媒介，由于这些媒介所传达的信息会经常出现变化，而且也没有经过严格的查证，决策认识主体在获取环节必须对此有深刻的认知。

同时，决策认识主体自身的知识水平、信息储备、文化背景以及长期以来自觉或不自觉形成的思维方式，决定了其对同样信息的敏感程度和对有限信息资源的利用程度不同。例如，同样面对一处古城楼下的石路上的两道车辙，一般的游客可能感觉很平常，不会引起任何注意和思索，因为其既不是秀丽的风景，也不是险峻的高峰。但是在考古学家和历史学家眼中，这两道车辙则蕴涵着很多信息。从车辙的宽度，可以推断出车轮的大小；从车辙的深浅，可以推断出当时车流量的大小；从车辙的方向，可以推断出当时车流的去向和目的；综合各种因素，可以判断出当时生产力的发展状况。在这一环节，决策认识主体不经过有意识的逻辑思维，而直接地、敏锐地觉察到某一信息的价值和意义，并对它做出鉴别和取舍。由于决策认识主体通过直觉思维来把握信息，能够迅速而准确地抓住关键性的信息，形成对决策认识问题域的真实感知。

三、判定环节

判定是指决策认识主体运用逻辑思维和辩证思维，对所获得的有关决策认识的各种信息，进行理性加工而形成的认识。正确的判定是进行科学决策认识的前提，错误的判定则往往把决策认识引向歧途。决策认识主体在掌握了大量信息的基础上，综合运用归纳与演绎、分析与综合等多种思维方法，对所获得的信息进行加工和整理，以求在头脑中形成对事实情况的真实反映和正确判定。判定作为决策认识的具体表现形式，也就是通常所说的"结论"，主要包括三方面的内容：谁（主体）；在做什么（或产生了什么结果）；为什么（主体行为的原因）。

决策认识主体基于客观事实之上做出这些"结论"时，总是不可避免地受到自身已有经验和判断标准的影响。在现实的决策认识过程中，有些决策认识主体目光短浅，总是以自身或自己组织的利益关系为标准来做出对客观事实的判定。当一些事实对自身有利时，他们表现得很"诚实"，但当事实对他们不利时，他们就会不诚实，还会为他们的不诚实找到无数的理由。相反，一些杰出的决策认识主体看待问题和观察事物时，总是能够抛开自我利益的悖论，严格按照事实标准来判定客观事物。决策认识主体的这种判定不仅能反映客观事物的真实情况，而且能由此出发制定出科学合理的决策认识成果并能动地改变客观事物，因而是整个决策认识过程中的一个非常重要的环节。当然，由于客观事物是不断发展变化的，决策认识主体不可能准确把握决策认识所需要的全部情况及其具体细节，因此还应当对一些未查明的情况进行合理推断。

除了偶然情况外，一般来说正确的判定是进行科学决策认识的前提和基础，错误的判定则往往把决策认识引向歧途、造成失误。翻开历史的篇章，分析从 20 世纪 90 年代开始红遍全国的巨人集团及其老总史玉柱创业、辉煌、惨败以及再度崛起过程中的各种抉择，从中可以清晰地发现决策认识主体在分析和整理信息基础上得出的"判定"，会对决策以及整个组织发展的命运产生重大的影响。1992 年，正处于事业之巅、傲然临风的史玉柱毅然决定建造 38 层高的巨人大厦，当时巨人集团的资产规模已经超过 1 亿元，流动资金数百万元，完全有实力建成巨人大厦。这年的下半年，一位领导同志到巨人大厦工地视察，兴致十分高昂地对史玉柱说，这座楼的位置很好，为什么不盖得更高一点？就是这句话，让史玉柱改变了主意，巨人大厦的设计从 38 层提升到了 54 层。这时又传来一个消息，广州要盖全国最高的大楼 63 层。于是便有人建议史玉柱应该为珠海争光，巨人大厦要盖到 64 层，争夺全国第一高楼，成为珠海市的标志性建筑。到 1994 年初，又有一位领导同志要来视察巨人集团，不知哪位细心人突然想到"64"这个数字好像不吉利，领导可能会不高兴，于是马上打电话给香港的设计单位咨询，一来二去，索性就定在了70层。① 这是史玉柱所犯的一个巨大错误。史玉柱在决策认识中，特别是对信息进行判定的过程中，所犯的另一个巨大错误是他把预期收益当成了现实收益。他只是以当年巨人集团6403汉卡在市场上的回报额3000多万元作为基准来计算以后几年的收益，而没有考虑到市场竞争环境本身的瞬息万变。1993年中国电脑市场竞争日趋激烈，康柏、惠普和IBM等国际著名电脑公司开始进军中国市场，以巨人为首的民族电脑业受到沉重打击。巨人集团的销售额开始下降，而巨人大厦的兴建则需要投入大量的资金，这就使得巨人集团的财务状况开始恶化，直到最后破产。从巨人集团产生、成长到最后失败的历史过程，可以发现导致"巨人"最后倒下的关键决策，是巨人大厦设计方案一再修改和错误地把预期收益当成现实收益。如果进一步分析在这两个错误决策制定过程中史玉柱的决策认识过程，便可以发现导致其失误的根本原因正在于其选择和判定信息的标准偏离了客观实际。由此可知，在决策认识的判定环节，决策认识主体要警惕按照主观臆断对信息进行分析并做出错误断定，一定要严格根据变化着和已经变化了的环境来做出相对正确的判断。1993年巨人集团濒临破产倒闭的绝境，能够抵押的资产早已被抵押、查封和拍卖，任何想通过资产抵押贷款的渠道都已被堵死。此时此刻，几乎没有人相信史玉柱能够再有大的作为。然而，奇迹还是发生了。当时作为策划人的何学林竟然在公开媒体上放言："史玉柱还会东山再起，而且时间不会太晚！"史玉柱因而也注意到了何学林，并希望何学林能为巨人集团的再次屹立提供详尽的决策认识方案。何学林为史玉柱提供的决策认识方案有："反弹琵琶——零收购巨人集团，将错就错——进军保健品，捏紧拳头——集中优势兵力做一个产品，踏准节拍——形成良性循环，根据产品生命周期和企业

① 吴晓波：《大败局》，浙江人民出版社2001年版，第176~177页。

财务现金流量逐步推出新品。"① 在具体的经营战略上，有人主张史玉柱应该回到 IT 行业来，干老本行更稳当。但何学林却给出了出人意料的决策认识：继续做保健品，集中精力打歼灭战！对于这个决策认识他解释说：原来巨人进入保健品行业是弃主业入新行，犯了经营战略错误，但现在已经在保健品行业付出了上亿元的学费，已经成了这个行业的行家里手，而电脑高科技日新月异，如果再回到电脑上来，将是再一次弃主业而入新行，一错再错。正确的做法应该是将错就错，负负得正。正是在对当时的市场竞争环境进行细致的分析后，形成一系列正确的形势判定，使得史玉柱形成了科学的决策认识。他下决心继续做保健品市场，最终推出了"脑白金"，而"脑白金"也成就了史玉柱。这一切经典决策认识案例，也不得不让人相信：巨人的成功不是一种偶然，而是有科学决策认识体系作为正确指导的必然。

四、洞察环节

洞察是指决策认识主体在对情况进行判定的基础上，对所要解决的问题进行全面的观察和分析，了解和熟悉问题的特征、性质、范围、程度和原因等内部情况和外部环境，为建构决策认识方案创造良好的条件。抓住问题的核心是解决问题的关键。在决策认识实践中，有些人总是在老路上徘徊，下不了决心，做不了决定，原因就是没有找到问题的症结所在。从逻辑上说，人们必须首先从问题的表现是什么，问题产生的背景是什么，问题与事物本身发展规律的鲜明区别是什么，问题发展到什么程度和为什么产生这样的问题等视角，对问题进行深刻的、全面的洞察，才能找到解决问题的路径和突破口。从实质上说，对决策认识所要解决的问题做出界定是发现问题、确认问题的具体化，而发现问题和确认问题又是解决问题的前提。先有问题的发现，然后才有问题的解决，即采取"决定"。所以，对决策认识问题有了深刻而明确的洞察，也就等于解决了决策认识问题的

---

① 郭悦：《脑白金成功的惊天秘密》，《黑龙江晨报》2009 年 6 月 1 日。

一半。只有决策认识主体对现实和潜在的问题以及问题的外部和内部都有了一个透彻的了解，才能把握决策认识问题的边界和外延，为设计决策认识方案创造良好的条件。

洞察环节的这种特性，可以从分析我国居民储蓄存款案例中得到充分说明和具体体现。根据中国银行的统计数据，截至2007年3月底，全国金融机构居民储蓄存款持续走高，达到17.5万亿元，其中活期存款6.3万亿元，占36%；定期存款11.2万亿元，占64%。虽然受股市上涨影响，2007年4月居民储蓄存款减少1674亿元，但是与2006年同期相比仍然增加606亿元。面对居民的巨额储蓄存款，不同层次的决策认识主体会形成不同的或差异很大的决策认识。决策认识主体在深入分析这组数据时，应该从以下几个方面着手研究和判断：这一数据传递的是一个正面信息，还是负面信息？如果是负面信息的话，从这种负面信息中能预期到哪些负面结果？这种负面结果的严重性如何？产生这种负面结果的原因分别是什么？稍有金融专业知识储备的决策认识主体，都能意识到我国居民储蓄大幅度增加不仅仅是经济高增长的表现，在这一组数据的背后潜藏着许多经济和社会问题：居民储蓄持续走高会加大金融风险；居民储蓄过热增长在一定程度上会导致消费不足，阻碍经济发展；储蓄过多会影响中央银行货币政策运行的效果和货币政策的执行；储蓄过多不利于证券市场、保险市场及其他金融市场的发展等。如果进一步深入分析，还会发现居民储蓄率持续走高的主要原因有：首先，由于是受传统观念的影响，我国居民自古以来就有"勤俭节约"、"量入为出、略有盈余"的节约意识和习惯，这就使得我国居民的消费观念与西方国家居民的超前消费观念不同，我国居民的储蓄率也远远高于西方各国。其次，由于我国正处于社会转型期，住房、医疗、教育、社会保险等关系居民生存和发展的领域制度不健全，或有关这些领域的各种政策朝令夕改，使得居民对未来收入和支出的预期降低，这就导致了居民多存钱以备不时之需愿望的增强。同时，如果对居民储蓄的内部结构加以分析，同样会发现我国经济社会发展中收入分配的不平衡等问题。因此，决策认识主体只要在做出与居民储蓄相关的决策之前，就对居民储蓄持续走高这一现象进行深入的洞察和科学的分析，仔细查询和研究近年来我国居民储蓄所发生的各种变化及其内在的原因和特点，并将这一变化的轨迹归纳和总结出来，从学术理论和社会实践的高度科学分析产生这一问题的原因，那么离解决这一问题也就不远了。

第二节　决策认识的建构阶段

决策认识的建构阶段是决策认识主体在观念中制定决策认识目标和方案，对未来运作状态统筹规划，建立理念模型的阶段，它是决策认识的进入阶段，可分为预设、拟定、筹划、构模四个环节。

一、预设环节

预设是指决策认识主体在对自身环境透彻了解的基础上，根据对问题的洞察，预先设定决策认识所要达到的目标，使决策认识定向化。目标是决策认识主体在充分认识决策环境的基础上，对组织未来发展状态的期望和策划。决策认识主体在决策认识的预设环节，除了要对与组织发展相关的国家政策、法律法规、组织任务有正确的认识外，还必须对组织的周边环境、人文地理情况和组织的历史沿革、现实状况作详尽的分析和研究，做好对未来的预测。只有这样，决策认识主体才能克服主观盲目性，使确定的决策认识目标在具备先进性的同时具备可行性和可操作性，从而起到为组织的各项工作指明方向、激励人们为实现目标而努力奋斗的作用。因此，预先设定目标是决策认识的最基本特征，规定着决策认识过程的本质。目标是从问题中产生的，虽然不可能涵盖问题的一切方面，但它必须把握住问题系统的要害所在，使问题系统能够得到整体性的解决。整个决策认识的过程，可以说是在洞察问题的基础上预设目标，依据目标选择工具和手段，又根据具体的情况适时调整目标和手段的过程。目标的预设是从分析和解决问题开始，但目标的预设又不仅仅是问题解决办法的简单罗列或叠加，而是决策认识主体充分发挥思维的创造性，发现问题之间的逻辑关系并对之做进一步的系统性建构。

　　针对显问题预设的目标，往往隐含着"亡羊补牢"、以败求胜的意图；针对隐问题预定的目标，则往往具有防患于未然、未雨绸缪的因素。目标在决策认识中起着确定主旨、奠定基调的作用。因此，预设目标不仅是决策认识的关键环节，而且可以看做是决策认识的逻辑开端。例如，1993 年 11 月，猴王股份在深圳交易所挂牌交易，是全国最早上市的企业之一。股票发行后，猴王很快从股市募集资金 1.12 亿元。资本运营的诱惑使猴王集团另辟蹊径，要求下属各单位和企业抽出专门人马，司职炒股。虽然国家明令不准企业投资炒股，但这并没有动摇猴王集团"投资炒股"的经营理念，只是将投资转入"地下"。同时，从 1994 年开始，猴王集团以追求企业规模为最高发展目标，以收购、兼并和联营为主要方式，制定并迅速实施"三百"方针，即 100 家工厂、100 家公司、100 家经营部，迅速将自己推入了发展的快车道。在随后几年里，猴王集团所属企业遍布全国 24 个省市，在香港、叙利亚、阿联酋等地均有公司及办事处，最多时企业数目达 300 多个，横跨机械制造、房地产、水陆运输、广告装饰、纸箱包装、保健饮品、酒店旅游、电脑开发、证券等几十个行业。[①] 由此可见，猴王集团在其发展的过程中，决策主体根本没有给公司预设一个相对明确、科学合理的目标。由于公司总体目标模糊，从而使企业发展失去了方向，不顾一切无序扩展。不断扩展不断借钱，如此循环往复，终于使猴王集团债台高筑。到 2000 年 12 月，猴王集团资产总额只有 3.7 亿元，负债却达到 23.6 亿元，累计亏损 25 亿元以上，涉案金额高达 14 亿元，目标不清的猴王终于上了西天。由此可见，决策认识主体在决策认识的过程中，一定要在对自身环境透彻了解的基础上，为组织自身的发展预设一个相对明确的目标。

　　在预设目标的过程中，要勇于打破惯例。其实，所谓的局限往往是自设的，因为心里认定某些事情是办不到的，所以就努力说服自己相信这一点、不去尝试。曾经有一个试验，科学家用玻璃把一条极具攻击性的大鲨鱼和另一条鱼隔开。刚开始，这条大鲨鱼不断地撞击玻璃，企图捕食另一条鱼，但

---

① 姜业庆：《ST 猴王：11 个亿的"唐僧肉"》，新华网 2003 年 7 月 2 日。

过了一段时间，它便放弃努力了。当科学家把玻璃板移开，这两条鱼都温和地在各自的水域内活动，互不侵犯。人类也一样，都是习惯的动物，所以要勇于挣脱习惯的束缚。在决策认识的预设阶段，决策认识主体要善于打破思维的惯性，试想一些平时不敢想象的事情。

在预设目标时，要注意目标之间的关系，不能同时设立两个相互矛盾的目标。否则，在决策认识的后续环节当中到底应该做什么、做到什么程度都将失去标准。从某种意义上来说，决策认识的目标就是决策认识主体行为的标准，如果连标准本身都自相矛盾的话，决策认识主体的行为就失去了方向，由此必然导致决策认识的失败。关于这一点，著名的"手表定律"给予了明确说明。森林里生活着一群猴子，每天太阳升起的时候它们外出觅食，太阳落山的时候回去休息，日子过得平淡而幸福。一名游客穿越森林，把手表落在了树下的岩石上，被猴子"猛可"拾到了。聪明的"猛可"很快就搞清了手表的用途，于是"猛可"成了整个猴群的明星，每只猴子都向"猛可"请教确切的时间，整个猴群的作息时间也由"猛可"来规划，"猛可"逐渐建立起威望，当上了猴王。做了猴王的"猛可"认为是手表给自己带来了好运，于是它每天在森林里巡查，希望能够捡到更多的表。功夫不负有心人，"猛可"又拥有了第二块、第三块表。但"猛可"却有了新的麻烦，每只表的时间指示都不尽相同，哪一个才是确切的时间呢？"猛可"被这个问题难住了。当有下属来问时间的时候，"猛可"支支吾吾回答不上来，整个猴群的作息时间也因此变得混乱。过了一段时间，猴子们起来造反，把"猛可"推下了猴王的宝座，"猛可"的收藏品也被新任猴王据为己有。但很快新任猴王同样面临着"猛可"的困惑。这就是著名的"手表定律"，即只有一只手表，可以确定时间；拥有两只或更多的表，却无法确定几点。众多钟表并不能告诉人们更准确的时间，反而会让看表的人失去对准确时间的信心。同理，对于同一个问题，预设决策认识目标不能设立相互矛盾的目标，必须具有统一的标准。

二、拟定环节

拟定是指决策认识主体在洞察问题、预设目标的基础上，根据实际情况和既定目标的要求，创造和制定解决问题、实现目标的方案。在拟定决策认识方案的过程中，决策认识主体要根据不同的问题，以及同一问题的不同侧面，选定相应的制定决策认识方案的标准。例如，在拟定重大发明的决策认识方案和构想时，设立的标准应该有制造费用、发展费用、维护费用、设计的简单和美观等。相反，在制定解决个体问题的决策认识方案时，选择的标准可以是费用、所需的努力、实现的难易程度、对他人的正向和负向影响、成功的机会和失败的可能及后果等。

从认识论的角度看，拥有明确的目的表明决策认识主体已经为自己规定了改造客体的目标，然而它尚未具体地回答决策认识主体怎样才能使客体发生这种变化的问题，因此还需要进一步拟定指导活动的具体方案，包括计划、方法、措施、途径、战术等，用以解决决策认识主体的活动方式、工具系统的配置、活动运行的节奏、速度和效率等问题。现实的决策环境是动态多变的，各种必然性因素的突变往往会给组织目标的顺利实现带来障碍，因此决策认识主体要"未雨绸缪"，在制定各种不同的决策认识方案时，把因不确定因素的干扰带来的损失降到最低。

拟定多种可供选择的方案是实现目标所必需的，这是决策认识过程中另一个关键性的环节。在这个环节中，决策认识主体要充分发挥自身发散思维的作用，从多个角度思考方案实施中可能出现的不确定性或不可控因素，并针对这些因素制定相应的辅助方案。当实际环境发生意料之外的变化、按照主方案不能实现目标时，就必须果断地选择备用和辅助方案。同时，决策认识主体在进行决策认识方案拟定的过程中，要力求精细化，具体规定每一个方案的各个环节怎么做，由谁来做，什么时间做，做到什么程度，达到什么标准等。例如，1992年4月3日，七届全国人大五次会议通过了关于兴建三峡工程的决议。三峡工程除了建设任务外，最艰巨的就是淹没区的"百万大移民"。三峡工程淹没库区涉及重庆、湖北两省市，这是一项空前艰巨的任务。由于三峡工程的工期长，移民范围大，造成了移民方案实施过程中的诸多不确定因素，如移民过程中的非自愿移民带来的社会不稳定问题、移民财产补偿问题、库区居民转移到新的地方后经济生活条件以及文化环境的适应性问题等。作为移民工作的决策认识主体，在制定具体的移民方案之前必须周密细致、全面具体地考虑到这些问题，并针对可能出现的问题制定多种备选方案。如在制定移民搬迁安置方案之前，必须充分地考察库区移民和安置目的地居民之间的风俗习惯、历史文化传统的区别与联系，并且在移民安置方案的准备过程中与移民和安置地居民进行充分协商，广泛征求双方意见，以达到社会整体和谐协调。决策认识主体只有首先对这些潜在的问题进行深刻的认知，并对症下药、科学合理拟定解决问题的方案和备选方案，才能保证移民目标的顺利实现。

三、筹划环节

筹划是指决策认识主体在初步制定出决策认识目标和方案后，进一步将其置于动态的落实过程中加以思考，对运作状态做出统筹计划和周密安排。在筹划的过程中，决策认识主体要充分考虑和回答以下五个问题："为什么应该做？""在哪里做？""同谁来做？""如何完成？""什么时候完成？"因此在这一环节，决策认识主体要充分运用系统论的方法，在动态的预设中考虑决策认识目标和方案的各个组成部分之间的内在联系，仔细地联想和假设实施和执行决策认识目标和方案的每一个环节在环境发生变化后是否应当做出调整、做出什么样的调整。因此，对决策认识目标和方案的执行和落实情况进行精心筹划，就是把制定决策认识目标和方案时加以割断、分离、静止、固化的概念集合再次联系、结合、流动、运转起来，使之成为一幅动态的、联系的画面。例如，在战国时期，曾经有过一次流传后世的赛马比赛即田忌赛马。齐国大将田忌与齐威王赛马，田忌在孙膑的指导下先以下等马对齐威王的上等马，先输了第一局。齐威王站起来说："想不到赫赫有名的孙膑先生，竟然想出这样拙劣的对策。"接着进行第二场比赛。孙膑拿上等马对齐威王的中等马，获胜了一局。第三局比赛，孙膑拿中等马对齐威王的下等马，又战胜了一局。比赛的结果是三局两胜，田忌赢了齐威王。田忌赛马的故事说明，在已有的条件下决策认识主体经过筹划、安排，从整体出发、综合考虑决策认识过程中各个环节的关系，根据时机的变化和敌我双方的力量对比，适当调整决策认识方案的顺序，就会取得最好的效果。由此可见，筹划在决策认识中所起的重要作用。

决策认识主体综合运用多种科学方法进行筹划时，要注意决策认识过程的动态变化，要善于运用动态的思维来分析和研究各种环境，要能够对预设和拟定的决策认识目标和方案进行全面的动态把握，进而为建立决策认识理念模型奠定良好的基础。例如，公安干警在案件侦查过程的各个阶段和环节中，如何根据案件的性质特点、根据随时变化的侦破进展情况，综合运用多种侦查谋略、措施与手段，进行动态跟踪侦查，不仅是一门很深的学问，而且是一个复杂的、动态的筹划过程。侦查工作实践证明，如果筹划得当，就能够使多种侦查谋略、措施和手段在案件侦查中互相配合、相得益彰，形成侦查之"合力"，从而一步紧接一步、一环紧扣一环地推动整个侦破工作的顺利开展。如果筹划不当，就会使各种侦查方法彼此之间相互牵制、相互抵消。作为决策认识主体，在实施案件侦破之前不仅要在头脑中形成对案件的整体认识，在观念中具体筹划案件侦破进程中的每一个环节应该运用什么方法，使确定的侦查方法既能够因案施策，又能够有的放矢；而且，最重要的是决策认识主体在筹划过程中要用动态的思维来看待问题，尽可能地预想到随着案情进展可能发生的各种变化，并为这种突变准备解决方案，切实做到随机应变。①

四、构模环节

构模是指决策认识主体以已有的目标、方案及其运筹情况组成的决策认识理念为基础，采用统计原理、数字公式、图表格式等量化技术和手段，进一步构建决策认识理念的数学模型。这些模型是人们在决策认识的过程中不断总结出来的观念框架，目的是为了更好地理解决策认识过程，思考决策认识问题产生的原因和带来的后果，预测未来的发展。例如，若要将一个发明的构想付诸行动，决策认识主体在观念中的思维路径包括：先要构建一个实

① 程兵：《略论个案侦查中的指挥——决策与运筹》，《湖北警官学院学报》2008 年第 1 期。

用的模型，申请获得专利；然后尝试推销，进行修改和简化；再制成成品，正式上市赚取利润。为什么要构建一个实用的模型呢？因为构想是不能申请专利的，而模型则可以。模型应该如何制作呢？用木头做而非钢制。在哪里做模型呢？在自己的工作房里。由谁来做模型呢？由自己和一位工匠合作来做。何时完成模型呢？要在某年某月某日之前完成。模型为什么要申请专利呢？防止发明物品被剽窃。如何申请专利呢？雇请一位专利律师。在哪里申请专利呢？在专利局由专利律师陪同。请谁来帮助申请专利呢？请信誉卓著的专利律师帮助办理。什么时候完成申请专利呢？在实用模型完成后，越快越好。为什么要尝试推销呢？因为在真正投入大量时间、金钱和精力之前需要了解别人是否有足够的兴趣来购买。如何推销呢？先制造少量的专利产品，试着推销到零售店。在哪里推销呢？在可能需要这种产品的区域开始销售。由谁推销呢？由具有营销能力的人来做。何时完成推销呢？在销售量达到一定的程度，销售业绩达到一定的标准，完成了某一阶段性目标的时候。以上都是决策认识主体在设定了一定的目标之后，为了达到预定目标，预先在头脑中形成的理念模型。这种模型构建的过程也就是决策认识主体在确定了决策认识目标之后，进一步对实现目标过程的各要素进行定量的、抽象的分析，探究各主要因素之间的数量关系，从中找出目标函数与各变量及约束因素之间的必然联系，并通过分析模型的解来理解、预测决策认识方案的运行状况。

决策认识理念作为一种理论模型，隐含着模糊性的因素。产生这种模糊性的原因是多方面的，如决策认识主体的主观因素的介入，可以改变客观实在的原有状态，造成头脑中的认识对象发生一定程度的畸变；决策认识主客体的相互关系决定被认识的客体对主体的反作用，可以造成决策认识主体的知识背景发生畸变；决策认识主体与决策认识客体在空间存在形式方面的巨大差异，可以产生认识的不精确性。由此产生了理念的精确性、完整性与认识的局限性、模糊性的矛盾，解决这一矛盾的有效方法便是构建有效的决策认识理念数学模型，促使决策认识精确化、完善化。对理念模型的直观印象及其对决策认识精确化、完善化所起的作用，可以从图2—1所示目标成本决策认识模型一览无余、一目了然。所谓目标成本是指在一定时期内，产品成

```
┌──────────────────────┐        ┌──────────────┐
│  市场驱动的目标成本规划  │        │   成本数据     │
└──────────────────────┘        └──────────────┘
         │                              ↕
  产品层次    目标成本                 现行成本
         ↓                              ↓
   ┌──────────────────────────────────────────┐
   │          目标成本与现行成本对比              │
   └──────────────────────────────────────────┘
                    不满意

   ┌──────────────────────────────────────────┐
   │          产品层次的目标成本规划              │
   │  ┌──────────────┐      ┌──────────────┐   │
   │  │ 降低制造费用    │ ⟷   │  物料清单维护  │   │
   │  │ 改变产品结构    │      └──────────────┘   │
   │  └──────────────┘                          │
   │        ↕                                   │
   │  ┌──────────────┐      ┌──────────────┐   │
   │  │  改变制造费用   │      │   BOM数据     │   │
   │  └──────────────┘      └──────────────┘   │
   └──────────────────────────────────────────┘

   ┌──────────────────────────────────────────┐
   │          零部件层次的目标成本规划            │
   │  ┌──────────────┐      ┌──────────────┐   │
   │  │ 产品层次的目标成本│ ⟷  │  财务数据维护  │   │
   │  │     计算       │      └──────────────┘   │
   │  └──────────────┘                          │
   │        ↕                     ↕             │
   │  ┌──────────────┐      ┌──────────────┐   │
   │  │   BOM数据     │      │   财务数据     │   │
   │  └──────────────┘      └──────────────┘   │
   └──────────────────────────────────────────┘
                                          不满意  满意
                              ┌──────────────┐
                              │   目标成本     │
                              └──────────────┘
```

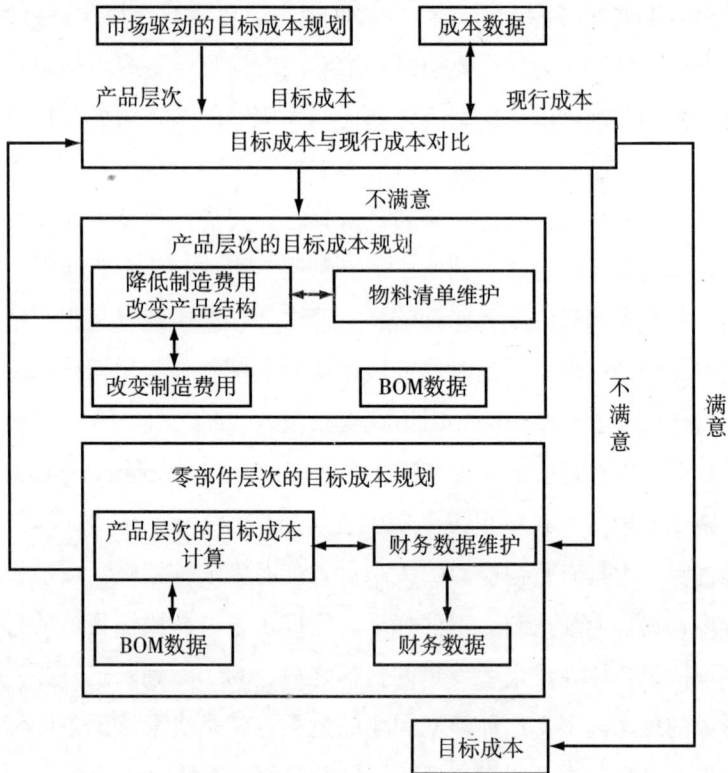

图2—1　目标成本决策认识模型图

本被期望应达到的水平。它是成本管理工作的奋斗目标，也是对企业未来利润进行战略性管理的一项重要内容。一个企业在做好市场调查、品种预测、产量预测和利润预测以后，能否实现预期经济效益，关键要看产品成本的控制情况。因此，能否最大限度地降低成本就成为决策认识主体评价决策认识方案的重要标准。在现实的企业管理中，决策认识主体面临纷繁复杂的各式各样产品的品种、数量、价格、税金、利润等诸多因素，再加上决策认识主体主观因素的介入，使得人们头脑中的目标成本认识印象发生畸变，降低成本的决策认识也就很难跟生产实践联系起来，由此就产生了决策认识的模糊性问题。决策认识主体为了使人们便于理解目标成本决策认识，把生产实践中的产品的品种、数量、价格、税金、利润等因素按照一定标准划分层次，并通过量化抽象分析把这些要素都转化成量值或变量及其关系式，使决策认识的各个要素通过各种数学符号、公式、数字清晰地呈现给各参与主体。决策认识的目标成本模型以物料清单为基础，具体包括"市场驱动的目标成本规划"、"产品层次的目标成本规划"及"零部件层次的目标成本规划"三个层次。首先，市场驱动的目标成本规划的设计确定首先从如何满足顾客对产品的性能、质量和价格要求入手，进行市场分析。在这个过程中，要确定一个市场所允许的目标成本，再将这个目标成本所代表的竞争压力传递到产品开发与设计者身上。依据公式：目标成本 = 预计销售收入 – 预计应缴税金 – 预计期间费用 – 目标利润，计算出企业的目标成本。其次，在制造企业中，为了达到目标成本，要设计确定产品层次的目标成本规划，促使产品开发设计者以目标成本为限发挥创造力，采取的方法一般有以下两种：改变产品结构；降低制造费用。最后，企业一旦确定了产品层次的目标成本后，为了保证成本控制目标的实现，应将产品的目标成本分解到零部件的层次上，设计确定出零部件层次的目标成本规划。由此将具体标准转移到采购环节以及各部门、车间。通过构建目标成本决策认识模型，确定目标成本所涉及的变量及其关系，人们便可以对行将进行的决策认识活动从量上得到比较清晰和具体的把握。

第三节　决策认识的抉择阶段

决策认识的抉择阶段是决策认识主体在充分酝酿的基础上，从可以利用的多种决策认识理念模型中选择一个最为理想模型的阶段，它是决策认识的关键阶段，可分为交流、对比、重复、确立四个环节。

一、交流环节

交流是指决策认识主体因与其他决策认识主体具有同一的认识对象和目的，把自己制定的理念模型与其他理念模型进行交流，取长补短，拾遗补缺，使决策认识理念模型完善化。

　　由于决策认识主体自身知识背景和思维方式方法的有限性，他们各自制定的决策认识理念模型都有一定的局限性和片面性，在这个环节中决策认识主体之间通过开放式的协商和交流，从反对意见和创新性建议中发现自身的不足，以求进一步改进和完善自己的决策认识理念模型。由此可见，决策认识始终存在着认识的全面性要求与个人认识能力有限性的"二律背反"：一方面，实践呈现出越来越复杂的特征；另一方面，单个决策认识主体的认识能力则受到主客观条件的限制，难于穷尽实践活动的一切方面，从而产生了决策认识主体间交流认识的必要性。有位哲人曾经说："倘若你有一个苹果，我也有一个苹果，而我们彼此交换这个苹果，那么你和我仍然只有一个苹果。但是，倘若你有一种思想，我也有一种思想，而我们彼此交流这种思想，那么我们每个人将有两种思想。"在这一环节，决策认识主体通常采用"头脑风暴法"、"逆头脑风暴法"和"提示思想法"来进行意见的交流。

　　"头脑风暴法"提倡高度自由联想，在决策认识方案的制订和抉择中尽可能激发专家群体的创造性，产生尽可能多的设想和方案。"头脑风暴法"的所有参加者，都应具备较高的联想思维能力。在进行"头脑风暴"即思维共振时，应尽可能提供一个有助于把注意力高度集中于所讨论问题的环境。有时某个人提出的设想，可能正是其他准备发言的人已经思维过的设想。其中一些最有价值的设想，往往是在已提出设想的基础之上，经过"思维共振"的"头脑风暴"迅速发展起来的设想，以及对两个或多个设想的综合设想。因此，"头脑风暴法"产生的结果是专家成员集体创造的成果，是专家组这个宏观智能结构互相感染的总体效应。这种方法由于其参与主体的广博性使得交流的结果也更加厚实和丰富。美国通用电气总裁杰克·韦尔奇就曾经在公司内部全面开展了一项名为"群策群力"的活动，就是发动全体员工动脑筋、想办法、提建议，以此来丰富和完善决策认识理念模型和方案。

　　"逆头脑风暴法"也称"对演法"，即靠相互批评激发创造性。其做法是将组织成员分成两组分别制定目标方案，通过唱对台戏的方法进行辩论，攻其所短，充分揭露矛盾。也可拿出一个方案，人为设置对立面去批评，挑剔反驳，以期使一些潜在的危险性问题得到比较充分、彻底的揭露，使新见解更加成熟、完善。运用这种方法，预测各种因素和可能发生的问题，使决策认识更为可靠和更加科学。被人称为"日本爱迪生"的盛田昭夫从自己的管理实践中体会到，通过一定的途径和方式让下级表达内心不满、发表批评意见、抒发真情实感，对于组织来说非但不是不幸，反而有利于培养上下级同心同体的工作关系，使组织减少冒风险的机会。

"提示思想法"主要是强调刻意的努力。要刻意地从具有不同生活背景、智力结构和知识水平的人那里去发掘能激发自己构想的提示。这些提示可能来自别人的作品、谈话和产品。从他人那里寻求提示，就好像自己又有了一双眼睛、一段记忆和一些新经验一样，受到启发，领悟真谛。有时候甚至还可以专门分析研究他人的错误行径，从中吸取教训，引以为戒。与那些对于你的问题完全没有经验或知识的人谈话，利用这种谈话来激发你的创新灵感和思维，这就是"提示思想法"的要领。提示的构想是被当做刺激物，激起其他的好的构想，而非直接拿来评价是否予以采纳。例如，拳击手建议改进铅笔以便容易握住它们，这肯定和其他人的想法不同；一个商人可能问他上小学的孩子关于生意冒险上的意见；一位教育工作者可以询问装水管的工人有关教学工作的意见。这些外行人所提供的意见，可能并不清楚或不能直接利用，但是有可能刺激内行人转移思考方向而获得好的创新构想。有的公司经常有目的、有意识地与各种不同背景和能力的人一起研究解决问题，这种结合产生了一种相互激发的效果，使得一项简陋的构想成为引发他人良好构想的来源。

二、对比环节

对比是指决策认识主体把交流得来的理念模型进行比较，发现它们的异同点，寻找最优的决策认识理念模型。决策认识主体把通过交流过程中运用"头脑风暴法"、"逆头脑风暴法"和"提示思想法"而获得的各种决策认识理念模型，与客观事物自身运行的规律以及决策认识主体的主观意愿相对比，进一步分析决策认识方案的优劣和利弊，从中选出最适合的决策认识方案。决策认识主体所获得的各种理念模型，必然包含着真与伪、精与粗、表与里、轻与重、得与失、利与弊等相对的两个方面。为了避免重大决策认识不发生失误，就必须对各种理念模型加以分析、比较，才能确定何者是最佳决策认识方案。有比较才有鉴别，决策认识主体通过在同一标准下对各个方案的模型进行对比，可以发现各个方案之间的区别与联系，以便对纷繁复杂的决策认识方案进行抉择，做到择优而用。

决策认识主体在对比的过程中应遵循一定的原则与方法。首先，标准统一原则。每一个决策认识方案或理念模型都有其优缺点，而这些优缺点本身就是基于一定的标准而言的，没有标准就无所谓利弊优劣。因此，决策认识主体在对不同的方案进行对比时，就必须按照统一的标准，只有这样才能做到客观、公平、公正。其次，因地制宜原则。每一种决策认识方案都有其适用范围和发挥正面作用的条件，一旦条件发生了变化，其发挥作用的性质也就大不相同。因此，决策认识主体在对不同的方案进行对比时，必须考虑其自身所处环境和方案发挥作用所需条件二者之间的匹配程度。最后，系统全面原则。决策认识方案之间的对比分为不同的层面。如既有横向对比，又有纵向对比；既可以在同一个国家环境下对比，也可以跨国对比；既有表象的对比，又有本质的对比；既有结构的对比，又有功能的对比。因此，决策认识主体在对比的过程中，要考虑到不同决策认识方案的各个层面，把握系统全面原则，综合比较后再下结论，否则就难免有失科学与合理。

决策认识主体采用全方位的对比方法，既能看到"同中之异"，又能看到"异中之同"，对理念模型做到多中选优、择优而用。例如，红军二万五千里长征中北去湘西和西进贵州之争，充分体现了对比在决策认识过程中的重要作用，成为对比的典型案例。1934 年 10 月，由于王明"左"倾冒险主义的错误领导，导致中央苏区第五次反"围剿"失败，中央红军主力被迫开始长征。在红军长征初期的战略转移中，面对国民党 20 万精锐部队的围追堵截，中央红军是仍然坚持按原定计划北去湘西，还是放弃北去湘西的计划改为西进敌人力量薄弱的贵州？当时，中共中央内部对这两种截然不同的战略转移方案有着很大的争议。在此危亡关头，毛泽东同志从客观实际出发，本着实事求是的态度，对两种转移方案进行全面深入的对比和分析，建议放弃北去湘西与红二、六军团会师的原定计划，避免陷入国民党军队的罗网，改为向西面敌人兵力薄弱的贵州进军，以期获得休整机会，重新整顿部队，创建新的根据地。这样一来，就把国民党20万军队甩在湘西，使红一方面军得以避免陷入绝境，挽救了红军，挽救了党，挽救了中国革命。①

三、重复环节

重复是指决策认识主体在对各种决策认识理念模型进行对比之后，仍然不急于做出决定，而是留出时间反复思考。在决策认识活动中，由于受决策时间限制和主体情绪影响，这一环节往往被忽视或省略，然而这的确是一个非常必要和非常重要的环节。从认识论上说，客观对象是复杂的、变化的，其本质和规律的暴露是一个过程，对其认识也必须多次重复才能完成。一个决策认识方案形成后，都要经过部分的修正，甚至全部否定而"另起炉灶"。同时，决策认识主体在思维过程中往往有一种定式现象，用这种习惯性思维去选择和建构理念模型，便会不由自主地顺着固定的套路去设计方案、下定决心。因此，"重复"这一环节对于减少或避免决策认识错误和获得准确的决策认识成果有着重要的现实意义。

在此重复环节，决策认识主体应该像电影回放一样，从头到尾反思一遍决策认识的思维过程，仔细斟酌决策认识过程的每一个环节，尽可能地设想一些反对意见。一般来说，决策认识主体在此思维回溯的环节应该考虑以下几个方面的问题：首先，决策认识目标是否正确合理。决策认识目标是决策认识活动的根基，是一切决策认识活动的起点，它决定着后续决策认识的方向。如果在决策认识过程中出现了"南辕北辙"式的方向性错误，那么所有后续的努力都是无用功。其次，决策认识方案得以确立的标准。决策认识主体在对不同的决策认识方案进行抉择时总是依据一定的标准，在抉择阶段的重复环节就要返回头来检查一下标准本身的科学性和合理性；否则，标准随时间、环境的变化走向了自己的反面，而决策认识主体还按其进行抉择，则

---

① 褚银：《论长征中几次重大抉择的实事求是思想》，人民网2006年12月15日。

难免发生错误。再次，决策认识的思维过程是否存在纰漏。从认识论的角度来看，决策认识的过程就是一个思维运行的过程。思维运行方式的合理性决定决策认识结果的可信性。在此环节，决策认识主体要按照认识过程本身的规律和要求来审视决策认识的每一个环节的思维方式、向度和过程，看其是否综合运用正向思维和逆向思维等多种思维方式，看其思维的过程中是否受到失当思维的干扰，看其是否符合由感性认识到理性认识、再由理性认识到实践的逻辑规律。最后，决策认识结果是否能够实现预期目标。依据不同的决策认识方案来解决问题会产生不同的结果，这些结果是否能达到预先设定目标的要求，这是决策认识成败的决定因素。同时，如果两种方案都能达到同样的结果，那么就应该考虑不同方案的成本和风险。决策认识主体要在尽可能地规避风险和最大化成果之间做出抉择。决策认识主体经过此环节审慎的重复思考后所选择的决策认识理念模型，会更加成熟、合理和科学。

四、确立环节

确立是指决策认识主体经过充分酝酿，选择出最优的决策认识理念模型，并且依靠自己的意志力量对它做出肯定。确立是决策认识过程中的一个关键性环节。确立决策认识理念模型的一个突出困难，是发现指导做出选择的恰当的价值观。在此环节中，意见分歧和左右为难的情况是不可避免的。确立包含三层意蕴：首先，经过决策认识主体的反复斟酌，某一决策认识理念模型得到了认可，在其视阈范围内已经占据了最佳候选方案的地位，剩下的问题只是待终审后付诸实施。其次，另一些理念模型由于某种不足或欠缺，已经被决策认识主体否定或终止，即放弃了原初设想，停止对它进行审查和执行。最后，其余的理念模型被搁置观察，既不生效执行，也不否定终止，而是作为现行方案的候补方案，当随着客观环境的变化和事物自身的发展，需要采用候补方案时，再酌情决定是否采用。

在确立这一环节，决策认识主体的心理素质对决策认识理念模型的确定具有决定性的作用，不仅需要精于盘算、攻于谋略的智慧，而且需要有勇于负责和承担风险的魄力。决策认识主体良好的心理素质，往往能够排除各种干扰，独立思考，做出明智的选择。例如，1950 年 9 月，朝鲜半岛战火向北延烧，唇亡齿寒的危机使新中国政府面临着是否出兵参战的两难选择。当时，新中国革命胜利刚刚一年，长期战争创伤尚未恢复，国家"一穷二白"的面貌依旧，财政经济状况十分困难，城市有三四百万职工和知识分子失业，农村有三四千万农民遭受旱涝灾害，新解放区土地改革尚待进行，一些国民党小股武装势力和土匪也亟待剿灭；在军事方面，新中国海军、空军处在初创阶段，陆军装备相当落后。因此，新中国政府面临着迅速医治战争创伤、恢复正常生产和生活秩序以及稳定全国政治局势的繁重任务，此时派兵跨出国门与美国乃至"联合国军"打仗，实在是困难重重。但是如果不出兵，整个朝鲜被美国侵占，新中国大陆面临着直接受到美国侵略的威胁，新中国东北地区的工业基地面临遭到破坏的威胁，新中国将失去安心进行经济建设的保证。当时，面对多数人列举的种种困难以及苏联在出动空军问题上的一再退缩，毛泽东同志经过反复思考，慎重权衡，最终确定："应当参战，必须参战。参战利益极大，不参战损害极大。"历史又一次证明了毛泽东同志的正确决断。出兵朝鲜，在政治上大大提高了新中国在国际上的地位和影响，在经济上保障了国家恢复建设，在军事上也打出了国威军威。①

第四节 决策认识的审查阶段

决策认识的审查阶段是决策认识主体在验前和验后对所选定的决策认识理念模型进行评审、验证、修正，从而确保决策认识成果质量的阶段，是决策认识的收尾阶段，它包括评析、试行、修补和跟踪四个环节。

一、评析环节

评析是指决策认识主体对所确定的决策认识理念模型进行专门的评价和分析，把审视的目光直接指向决策认识成果本身，以确保决策认识正确无误。

---

① 杨奎松：《中国出兵朝鲜幕后》，《中国集体经济》2001 年第 1 期。

一般来说，在决策认识的建构和抉择阶段的各个环节中，都有对决策认识方案进行评析的要求与行动，但在这两个阶段的各个环节中对决策认识方案的评析都是随机的、偶然的和局部的，而在此审查阶段的评析环节是对决策认识方案或理念模型的正确性、可行性和可操作性进行全面系统的评析。在这个环节，决策认识主体不再满足于依据决策认识方案中已有的"设计"来预测后果，而是要尽力发掘现有决策认识方案中尚未探明的"资源"。因此，这种评析行为实际上是对现有决策认识成果表现出的一种自觉的、审慎的"怀疑"和"不满"。

在评析这一环节，决策认识主体主要用可行性分析法来对决策认识方案进行评析。可行性评析是进行方案评析的常用方法，它主要包括以下内容：首先，法律可行性评析。这是决策认识方案可行性评析的首要前提，任何一项违反和违背国家或地方法律、法规、政策的决策认识方案都不具有可行性。其次，经济可行性评析。所有决策认识方案的付诸实施都需要一定的经济基础，并且要考虑到实施后的成本和收益，以及短期和长远利益。对决策认识方案的经济可行性评析要尽可能地细化和精确。再次，技术可行性评析。即对决策认识方案是否具备实施的技术条件进行分析和评估。最后，环境可行性评析。环境条件包括政治、经济、文化、社会、自然环境及资源环境，决策认识方案要全面考虑、认真评析。

二、试行环节

试行是指决策认识主体把经过验前评析的决策认识理念模型，进一步放到小范围内运行，检验评析结果是否与运行结果相符合，是对"评析"的进一步检验和证实。实践是检验真理的唯一标准，同样也是检验认识真理性的唯一标准。经过验前评析的决策认识方案通过评析有了一定的可行性和合理性，但这仍属于认识范畴，毕竟不是实践本身，在实施的过程中不可能与实际情况完全吻合。决策认识理念模型是依据认识的第一次飞跃而拟定的，它只是体现了思维抽象向思维具体的运动，当把它付诸实践时往往会遇到意料之外的情况，必须对它作出一定的修正和调整。为了缩短理念模型向实践活动转化的过程，就必须先经过在小范围内的试点总结经验然后再逐步推广。试点检验是方案实施前的实践检验，也是在实践过程中进行的可行性、可靠性分析，它客观上要求必须切实搞好试点，认真总结经验，及时做好信息反馈工作，以便正确评价方案，及时修正或重新决定。

决策认识方案的试行过程是理性认识转化为实践的过程。在此过程中决策认识主体的主要任务，就是按照决策认识方案的设计，全景式地展现其中的每一个环节和每一环节中的每一个步骤，最后检验试行的结果与决策认识方案预设的目标是否相符。如果在试行的过程中发现决策认识方案具体应用到实践时出现差错，决策认识主体就可以进行有针对性的修正。因此，从某种意义上说，"试行"是"评析"的进一步延伸，是对"评析"的检验证实。在这一环节，决策认识主体主要是通过"试点"方式来进行的。例如，目前我国正处于社会转型期，关乎国民生存与发展的各项制度还不够健全，民生问题成为社会的热点问题，尤其是医疗卫生体制改革成为前些年"两会"中一直热议的话题。为了慎重起见，国家在出台医改方案之前分别选择不同类型的试点，进行了全面的、长期的试行检验。截至目前，虽然国家医改方案已经正式出台，但是试点试行工作并没有结束，还处在总结推广阶段。之所以如此，是因为通过试点推行可以进一步检验医改方案的科学性，减少或避免盲目大面积推行带来的风险和代价。再比如，在我国改革开放三十多年的风雨历程中，改革开放的总设计师邓小平同志首先确立了以实事求是为基点的"白猫黑猫论"和"摸着石头过河"的决策认识原则，然后他又根据当时的国情制定了一系列对内改革经济体制、对外引进外资的具体实施方案。考虑到改革的过程归根结底是利益重构的过程，改革的阻力大，风险更大，必须最大限度地降低改革的成本，必须首先在小范围内试行改革方案，并以此来检验改革方案的科学性。邓小平同志综合权衡各方面因素，选择了深圳、珠海、汕头、厦门作为改革开放综合试验试点，在试行的过程中总结了很多经验，为以后全国各地的改革开放指明了方向，开辟了道路。

三、修补环节

修补是指决策认识主体根据对决策认识理念模型的评析和试行情况，对其进行基于逻辑规律之上的检验、修正、补充和校订，坚持其中正确的东西、修改其中错误的东西、弥补其中缺憾的东西。从决策认识本身的逻辑规律来看，对理念模型的修补是建立在对其进行评析和试点检验的基础之上。人们往往把对理念模型的审查片面地理解为审查结果与预期结果进行简单的、直观的对比，且审查的过程不需要逻辑规律的参与，这是错误的。苏联哲学家科普宁深刻地指出："实践行为本身不能作为证明。它必须被人所理解，并包括在逻辑过程中。实践行为的结果以判断的形式而被理解，判断的真理性由于实践的感性的物质性而成为直接可靠性。"① 正是在运用试行结果对决策认识理念模型进行逻辑检验的过程中，发现"正常"与"异常"两种情况，并根据不同情况对原有理念模型进行不同程度的修改，即在保持目标和方案基本方面不变的前提下，对其局部内容进行调整和修改，从而使整体的理念模型不断完善。

在修补这一环节，对决策认识理念模型进行修正补充应遵循"微和小"的原则。如果在审查阶段的试行环节，发现试行结果与决策认识方案所预期的目标基本相同，那么就可以在原则上承认该方案的科学性；如果在试行环节，发现决策认识方案在付诸实施的过程中出现了"意外"情况，并且受这种意外情况的影响试行结果与预期目标有较大的出入，那么就必须对原定决策认识方案做一些局部的修补。修补在某种程度上来说是对原方案的一些具体环节和步骤的否定，难免会遇到阻力或遭到反对，这就要求决策认识主体要具有实事求是的工作作风和勇于否定自身的勇气。

四、跟踪环节

跟踪是指决策认识主体在实施决策认识理念模型过程中，根据主观、客观条件发生的重大变化，对原定目标和方案进行根本性修正的过程。从实质上说，"跟踪"是对原先"修补"的继续，然而它又不是原先"修补"的简单重复，而是在实施理念模型过程中，针对主客观情况发生的新的重大变化，

---

① ［苏联］科普宁：《马克思主义认识论导论》，求实出版社 1982 年版，第 58 页。

对原定目标和方案进行重大的修正，而且这种修正将导致目标和方案的根本性变化和调整。如果主客观条件没有发生重大变化，跟踪环节则不复存在。"跟踪"对于避免重大决策认识失误，减少或挽回损失，开创新的局面具有重要意义。

（一）追根溯源，回溯分析问题产生的根源

进行"跟踪"时首先应对决策认识进行回溯性分析和研究，尽可能客观、冷静地反思原决策认识方案的主要内容、产生背景与具体步骤，用列举法排列出决策认识可能发生失误的各个环节和各种原因，从而为制定有效的对策提供依据。回溯分析必须以充分的事实为依据，必须遵循原决策认识的程序，一步一步"顺藤摸瓜"、"逆流而上"，找出"问题"的最初形态，分析产生问题的原因。同时，回溯分析本身也包含寻找原决策认识方案中的合理因素，为形成新的决策认识方案提供参考和依据。

（二）理性审视，在"非零起点"处果断处理

"跟踪"不是从零开始，不是完全否定原决策认识方案，而是在原决策认识方案已经实施了一段时间，并且在这个实施过程中决策认识主体已经投入了一定的人力、财力和物力，决策认识主体从中发现了其合理因素，但是由于决策认识方案中的一些不合理因素阻碍了原定决策认识目标的实现，因此跟踪要以原有决策认识的后果和影响为依据。在跟踪的过程中，绝不能完全抛开原决策认识方案，轻率、武断地推倒重来；另外，由于原决策认识方案设计的失误，已经造成了一定的损失，一再拖延则有可能使事态进一步恶化，造成更大的损失和不可预期的恶果，因此在跟踪环节要当机立断、果断决策，不失时机地调整原有计划、部署。

（三）积极应对，力争实现心理认识和利益分配上的高度统一

从某种意义上说，"跟踪"就是对原定决策认识目标和方案进行根本性的改变和修正。因此，必然会直接或间接地引起原决策认识主体的思想波动和心理反应，给跟踪的实施带来种种不便。例如，决策认识方案的制订者会因为原决策认识方案的实施涉及切身利益而竭力为原方案开脱辩解，甚至掩盖真相，消极反对；原决策认识方案的反对者则可能借此机会对其进行彻底

的批判和攻击，甚至对原决策认识方案中的合理因素也一道摒弃；还会有一些冷眼的旁观者，幸灾乐祸，坐山观虎斗，对跟踪持消极的观望态度。要妥善解决这些问题，就需要决策认识主体积极应对、妥善安排，科学调度、合理协调，力争实现各有关方面思想认识和利益分配上的高度统一。首先，决策认识主体要对跟踪有一个清醒的认识，充分认识跟踪是决策认识科学化、民主化过程中所必不可少的程序，即便涉及自身利益也要勇于自我牺牲，为组织的长远利益着想。跟踪绝不是个人或派系之间的斗争，不要把跟踪看成是突发性的灾难而惊慌失措。其次，跟踪的主体要正确地对待各种利害关系者的心理反应，并设法采取措施尽量减少这些非理性因素的影响，如加强沟通交流、做好宣传教育工作、让原决策认识方案当事人适当回避等，以求得到对原决策认识方案的公正评价。例如，在 20 世纪 80 年代初期上海宝钢项目建设过程中，由于决策认识主体没有充分考虑诸如生活用水的短缺、处理地基时流沙的影响以及缺少停靠数十万吨级大海轮的深水海港等诸多地理环境因素的影响，致使工程投资剧增，国力难以支撑，工程难以继续进行下去，有人主张"宝钢下马"。在这种情况下，决策认识主体充分运用科学的决策认识方法和程序，及时运用回溯性分析和"非零起点"修正方法对原方案进行跟踪论证。决策认识主体在跟踪的过程中发现，我国的经济建设迫切需要大量的钢材，建设宝钢这样的现代化联合企业，从中国的经济发展上来说是必需的；但从当时中国的经济环境状况看，国家要承受如此巨大的投资，国力是有困难的。因此，原定项目建设目标必须进行革新、调整和修正，放慢建设速度，延缓建设进度，推迟建设工期。国务院最终采纳这一跟踪建议，做出了"一期（工程）停缓，二机（冷轧机和热轧机）退货，二期（工程暂时放置）不谈"的决定，否定了"宝钢下马"的错误论断，避免了重大的经济损失。[1]

---

[1] 冯文权：《追踪决策的一个范例》，《科学决策》1999 年第 4 期。

第三章　决策认识的影响因素

　　一只南美洲亚马孙河流域热带雨林中的蝴蝶，偶尔扇动几下翅膀，可能在两周后引起美国得克萨斯一场龙卷风。其原因在于，蝴蝶翅膀的运动，导致其身边的空气系统发生变化，并引起微弱气流的产生，而微弱气流的产生又会引起它四周空气或其他系统产生相应的变化，由此引起连锁反应，最终导致其他系统的极大变化。这就是著名的"蝴蝶效应"。它告诉人们在一个动力系统中，初始条件下微小的变化能带动整个系统的长期的巨大的连锁反应。由此可见，事物发展的结果，对事物自身所处的环境条件具有极为敏感的依赖性，外界条件的极小偏差，可能会引起结果的极大差异。决策认识也是一个包括诸多环节的有机整体，影响决策认识的各种因素的改变，都会造成整个决策认识结果发生一定程度乃至巨大的变化。①

　　决策认识是一个复杂的系统工程，涉及面广，影响因素多。既涉及认识论，又涉及管理学；既包含主体的多样性和主动性，又包含客体的丰富性和能动性；既有对表象和个体的研究，又有对本质和规律的把握；既要考虑相对稳定的静态因素，又要考虑千变万化的动态状况；既要符合相关程序的整体规定，又要符合相关程序的局部要求；既要进行理想模型的逻辑推演，又要注重实际效应的具体运用。因此，深入研究影响决策认识的各种因素，对增强决策认识的准确性和科学性，防止和避免决策认识重大失误，具有十分重要的意义。

---

　　①　门睿主编：《劳心者定律》，经济日报出版社 2005 年版，第 1 页。

第一节　影响决策认识的主体因素

决策认识的主体包括具有决断能力的组织领导者、参与决策制定的专家咨询人员以及社会各界人士和群众代表。从一定意义上讲，决策认识主体是一个集合概念，这个主体是由多个个体的人组成，个体的特质决定着决策认识主体的特质。因此，在决策认识的全过程中，无论采取何种决策认识形式和方法，决策认识主体的个性、素质、能力、修养、价值观以及文化知识、专业技术、智慧智商、经历经验具有决定性的作用，可以说决策认识主体是影响和决定决策认识成败的关键。

科学的决策认识基本上是决策认识主体通过合理的分析并做出理性的选择而实现的，但其中亦有大量非理性因素发生积极作用。非理性因素一经产生便在决策认识活动中发生作用，而且这种作用大小、性质好坏也是不可低估的。古往今来，许多重大事件的成败得失，足以说明非理性因素的作用。不过在决策认识中理性因素与非理性因素是相互渗透甚至是融合在一起的，非理性因素及其发挥作用具有一定的自由随意性，但更多的是受到理性因素的影响和限制，这也体现了理性因素的导向作用。因此，本书所分析的影响决策认识的主体因素，主要包括决策认识主体的利益诉求、决策认识主体基于利益诉求之上的价值取向、决策认识主体自身的文化素质以及决策认识主体的情感和直觉等。

一、主体利益诉求对决策认识的影响

利益是人的需要的社会转化形式，需要是形成利益的根本前提。利益是人们借助于生产来满足的需要，是与生产力发展水平相适应的社会成员生存、发展和享受所需要的客观条件，反映了社会发展到一定阶段的生产力水平和生产关系状况。从内容上看，利益是处于一定社会关系中的人对于客观世界的反映；从形式上看，利益是作为人的主观意识而存在的，因而归属于特定主体的利益是利益的社会存在形式，抽象的利益只有具体化为不同利益主体

的具体利益才具有现实意义。在现实生活中，"人们为之奋斗的一切，都同他们的利益有关"①。利益关系反映了人与人之间的关系，实际上就是不同利益主体利益之间的社会联系。利益问题是人类社会存在和发展的根本问题，追求利益的满足，是人的基本属性。

决策认识的形成过程是不同的利益主体在公认的规则之下展开利益博弈的过程。决策认识的不同参与主体具有不同的利益，必然要表现出不同的利益诉求。为有效维护自身利益，不同利益主体往往会通过一定的途径参与决策认识过程，表达自身的愿望和要求，使决策认识方案的制订和执行朝有利于至少是不损于自身利益的方向进行。任何社会资源都是有限的，一旦有限的社会资源通过各主体公认的决策认识方案，被以公共物品和准公共物品的形式进行分配时，不同利益主体都会力图扩大自身及所在群体对社会资源份额的占有比例，利益主体之间的利益博弈也就由此产生了。组织内部的高层决策认识主体在特定利益取向的指导下，回应组织成员的利益诉求，按照一定的标准，运用手中的权力对社会或组织内部资源进行再分配，在这种要求与回应的互动中形成了决策认识方案。决策认识的本质就是对利益的权威性配置，利益是决策认识的深层要素，利益取向是决策认识方案形成的内在依据，利益冲突是决策认识不断协调组织内部利益关系的内在动力，利益整合是决策认识方案有效增进组织内部利益和谐的重要途径。

从决策认识问题的确认角度来看，当决策认识问题的确认直接或间接损害到决策认识主体的利益时，决策认识主体出于趋利避害的本能，可能会采取消极的态度，忽略或避免将那些于己不利的利益诉求纳入决策认识的议程当中。即使决策认识主体迫于这样或那样的压力将其纳入决策认识议事日程，也会在对需要解决的问题进行先后排序时尽可能将于己不利的决策认识问题排在决策认识议程的后面，以期妨碍自身利益的决策晚些制定、出台和发生作用。

从决策认识方案的制订角度来看，决策认识方案的设计和制定是一个复

---

① 《马克思恩格斯全集》第 1 卷，人民出版社 1995 年版，第 187 页。

杂的工作操作规程和思维活动过程，需要投入相当大的人力、物力和财力。由于决策认识主体的自利性，高层组织常常会把设计和制定决策认识方案的工作交给与自己利益相关的部门和单位去完成。之所以这样做，一方面能使这些单位和部门在这一活动中得到实际的经济利益；另一方面交由这些利益相关部门设计出的决策认识方案，通常是有利于高层组织部门或个人的决策认识方案。

从决策认识方案的选择角度来看，由于决策认识主体的自利性，往往会导致决策认识的"歧视效应"。决策认识主体一般会优先选择那些时间短、见效快，又能给自己或部门带来巨大利益和显见业绩的决策认识方案；而对那些时间长、见效慢、显见业绩不明显或无利可图的决策认识方案，则会表现得步履蹒跚、顾虑重重。

二、主体价值取向对决策认识的影响

影响决策认识的主体因素主要是主体基于利益诉求之上的价值取向。价值取向在决策认识过程中扮演着非常重要的角色，一是在无意识和下意识两个层次上对相关信息进行取舍；二是在有意识的选择方案过程中产生决定性作用。

社会生活中的每一个人都是利益主体，但人又不是单一的存在而是以多数、复数的形式存在，每个人的存在以他人的存在为前提。这就意味着在追求和实现自身利益最大化的过程中，也要意识到其他人拥有同样的权力。特别是处于行政组织领导岗位上的、掌握着公共权力的领导者，他们扮演的双重角色决定了其经常面临着个人利益与组织利益甚至是国家利益的取舍。价值取向在行政领导的决策认识过程中发挥着非常重要的作用。价值取向是人们日常行为的指向标，在个人利益与组织利益冲突时，从人们的不同选择中便可以发现其价值取向的不同。决策认识主体价值取向的偏差，极易导致决策认识失误。尤其是在巨大的利益诱惑面前，决策认识主体的价值观若与人民利益和职业道德相悖，那么决策认识就会有意背离公平、公正原则，出现人为的失误。在我国的政府管理实践中，一些领导干部丧失了为人民服务的价值观，只顾自己的政绩业绩和仕途前程，他们在进行决策认识时想到的往往是立竿见影的政绩，而不是广大劳动人民的实际收益和社会的长远发展。例如，2002年1月31日新华网刊发文章《政府"牛论"造"牛街""牛城"何时不吹牛?》，详尽分析了黑龙江省安达市政府决策认识主体以"牛街"为主体的决策认识理论。"为弘扬牛文化、提高知名度，我们已到上海吉尼斯总部申请石牛雕塑和奶牛图案地面砖规模、数量的世界纪录，如果有两项纪录获得世界之最的话，不是安达的荣誉，黑龙江的荣誉，这是代表中国给世界填补了空白。将来这些东西都是文化遗产，过五百年后你再看，这片平原没有了，考古学家会发现一堆石牛，他们就会像考古一样考到我! 秦始皇对中国的贡献，也在于他的长城和兵马俑，后代人现在还享受着这些东西。这里有文化含义，如果单纯地养牛，为了奶牛而养奶牛，独立发展，我看不行。"由此可见，在一种个人政绩为先的价值观引导下，决策认识主体是以提高自身的"荣誉"为出发点进行决策认识的。"'石牛搭台、活牛唱戏'，通过石牛的吸引，全国13亿人口，每人花一块钱，就是13个亿。"这样的决策认识预设，脱离了具体的实践，注定要失败。首先，决策认识主体在决策认识阶段，对影响决策认识方案实施的各种客观条件没有进行实事求是的分析。"牛城到底有多少牛，干部和奶农各有各的账，准确的数字没人说得清。安达市畜牧局说到去年底，全市奶牛存栏达105422头，比上年度增长4%以上。奶农们说他们'吹牛皮'"。[1] 其次，决策认识主体对成本和预期效果的预测不切实际，近似幻想。"据安达市有关领导介绍，这仅是'牛街'建设的一期工程。'牛街'竣工时，沿街安放石牛雕塑和铺设牛图案路面砖，总数将分别达到299头和9999块。初步预算，一头石牛2.8万元，一块牛图案路面砖200多元，市标和'牛门'总计投资3000多万元，如果连同土地资源和其他设施都计算在内，整个'牛街'建设将投资1亿多元。除部分投资采取资源置换外，由于当地财政紧张，其余投资只能拖欠，以后分期偿还。目前，全市已为此支出2000多万元。"如此高昂的代价换来的结果却是一些不

---

① 刘荒:《政府"牛论"造"牛街""牛城"何时不吹牛?》，新华网2002年1月31日。

切实际的"牛文化"和虚假的"荣誉",而实际上养牛农户却困难重重,"由于买不到更买不起饲草,奶农们只好用玉米秸秆喂牛,奶质下降,缺磷、缺钙,牛奶等级不够"。所有这些盲目的决策认识我们都可以从决策认识主体不正当的政绩观中找到根源。由此可见,决策认识主体的价值观在决策认识过程中发挥着决定性、主导性、关键性的重要作用。

三、主体文化素质对决策认识的影响

决策认识主体素质是指决策认识主体在品德、修养、作风和知识、技能等方面,经过长期锻炼、学习、培养所达到和具有的一定水平。决策认识主体素质包括政治素质、思想素质、道德素质、文化素质等方面内容,而文化素质是决策认识主体其他素质的基础。

从目前情况来看,在决策认识的过程中没有遵循科学与民主原则的一个重要原因,就是决策认识主体的文化素质存在问题。在一些组织中,有些决策认识主体缺乏政策科学和决策科学知识,在决策认识过程中凭资历、经验与感受;有些决策认识主体缺乏开拓创新的勇气,他们在决策认识的过程中喜欢依照习惯和传统,用老办法处理新问题;有些决策认识主体靠"拍脑袋"做出决策认识。因此,在现代社会环境下,决策认识主体要形成正确的决策认识就必须要有渊博的知识。决策认识相关知识的获取,可以通过决策认识主体后天的教育和培训,也可以从决策认识的实践中逐渐积累。决策知识以及从事各项管理的专业知识,随着现代经济、政治、文化、社会的发展,变得日益重要,成为决策认识主体必备的知识。

决策认识活动是多门类科学文化知识的综合运用过程。现代决策认识要求决策认识主体博学多识,除了掌握马列主义、毛泽东思想、邓小平理论、"三个代表"重要思想以及科学发展观等基本原理外,还应具备经济管理与行政管理、政治学与社会学、领导科学与决策科学等方面的知识,以及信息论、控制论、系统论、博弈论等现代科学理论与方法,应该密切关注当代各种自然科学与社会科学的最新进展,不断获取新知识。除了重视书本知识,还要重视实践知识,从自身担负的工作实践中不断积累经验,增长知识和才

干。即使具有专业知识的决策认识主体，在进入领导岗位后，也要根据工作需要，扩大知识面，变"专才"为"通才"。

决策认识主体应该是"通才"还是"专才"，目前存在很多争论。在国际上，有"专才主导"和"通才主导"两种不同的模式。美国实行的是"专才主导"，负责决策认识的高级官员都是专业比较过硬的、长期从事专业工作的专家。这种模式的优点是由于决策认识主体心中有数，所以决策认识效率较高；缺点是由于决策认识主体本人是技术专家，容易就技术谈技术，缺乏宏观思维，同时容易自以为是，排斥与自己不同的专家意见。英国、中国香港等国家和地区实行的是"通才主导"，负责决策认识的高级官员不都是专业人士，而是知识面比较广、具有多部门工作经验、知识比较渊博的"通才"。这种模式的优点是由于决策认识主体对技术问题通常没有十足的把握，所以比较愿意听取专家意见，决策认识过程以及形成的决策认识方案较为民主和客观，同时由于决策认识主体拥有多部门工作的经验，比较容易从宏观的角度而不仅仅是从本部门的角度考虑问题，所做的决策认识通常更能反映社会的总体需求；缺点是由于决策认识主体的专业知识不过硬，当不同的专家意见势均力敌时，往往会无所适从，影响决策认识效率。上述两种模式互有短长，孰优孰劣难以泛泛地加以评判，但对于决策认识而言审慎、民主、客观的科学态度显然比盲目的大刀阔斧更为重要。

四、主体情感情绪、直觉灵感对决策认识的影响

情感情绪和直觉灵感是决策认识主体认识事物的两种方法和渠道。情感情绪是决策认识主体进行决策认识活动的动力，其状态影响着主体能力的发挥。直觉灵感是人们在潜意识中根据积累的实践经验，突发性地产生感悟，突发性地把握事物本质的能力。它在决策认识活动中主要起到发现和预见等创造性作用，产生意想不到的效果。

（一）决策认识主体的情感情绪对决策认识的影响

在古希腊神话中，塞浦路斯的国王皮格马利翁是一位有名的雕塑家。他精心地用象牙雕塑了一位美丽可爱的少女。他深深爱上了这个"少女"，并

给它取名叫盖拉蒂。他还给盖拉蒂穿上美丽的长袍，并且拥抱它、亲吻它，他真诚地期望自己的爱能被"少女"接受。他的真诚期望感动了爱情女神阿弗洛蒂式，就给了雕像以生命，皮格马利翁的幻想也变成了现实。人们把由期望而产生实际效果的现象叫做皮格马利翁效应。[①] 从皮格马利翁效应可以看出人们的热切期望的情感情绪的巨大作用，这种效应同样适用于决策认识过程。如果决策认识主体对其所面临的决策认识事项抱有极大的情感和情绪、热爱和期盼，那么他将会全身心地投入到决策认识方案的构建与执行中，这种情感对决策认识的成功具有重大的影响。

　　情感情绪是人在生存和交往中对客观对象、自身态度内在体验的心理状态和心理反应，是人的一种精神现象，通常表现为喜悦或悲哀、欢乐或忧愁、喜欢或厌恶、热爱或憎恨、满意或不满意等。情感情绪是主体对客体所持有的态度体验。情感情绪可以说是决策认识活动的动力，情感情绪状态影响着决策认识主体能力的发挥，影响着决策认识活动的效果。特别是情绪情感具有明显的两极性，它一方面表现为事物性质上的对立：肯定与否定、积极与消极。另一方面表现在对人的行为的增力和减力：中强水平的情感情绪体验具有提高认知加工的效果，它可激活思维，而高强水平的情感情绪则可干扰或阻断认知活动，使思维迟滞；积极饱满的情感情绪可以使人们提高行为效率，起正向的推动作用，消极的情感情绪则会干扰、阻碍人们的行动，降低活动效率。情感情绪因素像诱因，亦像催化剂，它激励和诱导人们满怀激情去进行决策工作。欲望、动机这些确定决策认识目标的直接心理驱动力，就是从决策认识主体的内心情感情绪体验和认同中而产生的。

　　情感情绪具有选择作用。决策认识主体对某事、某物、某一领域的特殊情感情绪，可能会使其更多地接受这方面的信息，更多地关注该问题，因此该问题就比较容易进入决策认识主体的视野，比较容易成为决策认识的目标。决策认识活动本身包含着目的性和意识性，它表明决策认识主体是根据一定的价值尺度来进行的。价值尺度包含外在的价值尺度和内在的价值尺度，是

---

① 门睿主编：《劳心者定律》，经济日报出版社 2005 年版，第 35 页。

二者的有机统一。外在价值尺度就是决策认识方案对实现决策认识目标的价值体现。内在价值尺度就是决策认识主体的需要和本质力量等情感情绪倾向。当决策认识客体满足决策认识主体的需要时，产生肯定的情感情绪体验，反之则产生否定的情感情绪体验。决策认识主体是根据自己的需要、情感情绪倾向来确定选择方案的。在现实的决策认识过程中，有些决策认识主体往往以自己内在的价值判断为转移，自己喜欢的事不顾一切地去做，毫不顾及决策认识活动本身的规律，自己不喜欢的事即使切合实际、符合当地群众的切身利益也不同意做；有些决策认识主体对人、对事不讲原则，搞亲近疏远，对亲者大开绿灯，对疏者冷漠无视，他们往往仅凭着自己一时的情感情绪体验而轻易表态，不深入实际，不调查研究，偏听偏信，结果在轻信盲从基础上形成了错误的决策认识，做出了错误的决策。例如，目前一些地方在建设过程中出现的劳民伤财的形象工程、急功近利的规划调整、寅吃卯粮的圈地运动、脆弱资源的过度开发、盲目布局的基础设施、杂乱无章的城郊用地、任意肢解的城乡规划、屡禁不止的违法建筑等，都是情感情绪影响决策认识的突出表现。

　　根据情感情绪内容的不同，可以将其分为道德感、理智感和责任感。具有高尚的道德感和责任感的决策认识主体，往往能从客观环境出发形成正确的决策认识。例如，邓小平同志作为我国改革开放和社会主义现代化建设的总设计师，提出了以建设中国特色社会主义理论为主体的一系列重大决策认识，正是他在强烈的热爱祖国、热爱人民的伟大情感的推动下，紧密结合实际国情而创建的。十年动乱，我国国民经济几乎到了崩溃的边缘，人心思治、人心思安。邓小平同志怀着对党、国家和人民的强烈责任感，急人民所急，想人民所想，紧紧抓住时代发展的脉搏和契机，创造性地把马克思主义普遍真理和中国实际相结合，确立了解放思想、实事求是的思想认识路线；很好地解决了市场经济"姓资"、"姓社"的问题，确立了"三个有利于"的评判标准和建设社会主义市场经济的总目标。由此可见，决策认识主体一定要强化自身世界观的改造，净化心灵，除去浮躁，坚定爱祖国、爱人民、爱事业的高尚情操，塑造执著坚韧、积极向上、锲而不舍、激情迸发的工作精神，练就无私无畏、有容乃大、以人为本的宽阔胸怀，把群众最关心、最直接、最现实的问题解决好，让决策认识的全过程充满高尚的积极情感。

（二）决策认识主体的直觉灵感对决策认识的影响

直觉灵感是指决策认识主体对客观事物的本质及其关系的直接反映和理解，是一种认识能力和认知形式，是人们在以往经验知识积累的基础上突发性地把握事物的本质的能力，以及基于这种能力而产生的思想。从思维方式的角度看，人类的直觉灵感具有不同的层次。从认识能力的角度看，直觉灵感的发生表现为无准备的大脑对世界的"直接"观照。从发生的心理机制上看，直觉灵感是外界进入人脑的客体信息与大脑中贮存的与之对应的相似的主体信息发生共鸣的产物。从发生的社会机制上看，直觉灵感是以一定的条件和现实为基础，客体通过对大脑深入潜意识的刺激，使人们对客体产生深刻的领悟而形成的。一般说来，直觉灵感往往降临在那些具有广博的经验和知识并且对科学知识和科学技术有着执著追求的人身上。在科学研究和文艺创作中，经常会出现这样的情况：科学家、作家和艺术家关注于某一问题的研究或某一艺术形象的构思，尽管精神处于高度的紧张状态，但是百思不得其解，后来反而在一些轻松、愉快的活动中，这一问题突然间得到了意想不到的创造性的并且是圆满的解决。因此我们说，直觉灵感使人直接反映事物的本质。①

直觉灵感本身是一个认识过程，它的最大特点在于不受逻辑关系制约。在决策认识过程中，直觉灵感能跳出逻辑思维的框架进行思维变通，从而迅速得出关于事物整体的、本质的结论，使决策认识产生飞跃。也就是说，直觉灵感是在决策认识过程中主体对客体直接领悟的思维能力和认识形式，它能够超越一般的认识程序，一下子抓住事物或问题的根本和要害，获得关于对决策认识客体本质的直接认识。直觉灵感既不是个别经验的简单综合，也不是原有知识的逻辑演绎，它是思维过程中的逻辑跳跃，表现为直接对事物本质的接近。在直觉灵感中，人们还没有意识到自己的思维行程就已走向了结论，获得了关于对象本质的认识，这是直觉灵感的本质特征。当然，直觉

---

① 何颖：《非理性及其价值研究》，中国社会科学出版社 2003 年版，第 221 页。

灵感地把握事物本质的直接性，并不意味着它不需要任何相应的知识储备，恰恰相反直觉灵感是依据已有知识进行搜索的结果，只不过人们通常是仅仅知道并记住了探索的结果而不了解复杂的探索过程。没有一定的感性经验和理性知识的基础，也就不可能有对事物本质的直觉灵感。

　　直觉灵感在决策认识活动中起发现和预见等创造作用。在决策认识活动中，直觉灵感主要表现为一种思维定式来影响决策认识活动。通过对反复出现的问题或已解决过的问题及其方法进行归纳总结，制定出一套例行程序，形成一定的思维模式，一旦遇到同样或类似的问题时，决策认识主体只要运用这种思维模式就能很好地做出决策认识。这种程序化的思维模式经过积淀成为一种无意识，成为一种敏锐的直觉，不自觉地影响、支配着决策认识主体的思维活动。由此可见，这种习惯性的思维模式用于解决常规的、反复出现的问题不仅相当有效，而且简便、快捷。但是另一方面它也容易使人产生思维定式，思想麻痹，因循守旧，循规蹈矩，不愿接受新观点、新思想，容易形成错误的决策认识，以致坐失发展良机。例如，20世纪30年代瑞士有几家药物公司，曾经开发出首批人用抗生素，在医药界享有盛誉。瑞士的一些兽医用这些抗生素治疗家畜和宠物，收到良好的效果，为此恳请这些公司改革配方和包装，开发畜用抗生素。可是这些公司的高层管理者断然拒绝，甚至提出抗议，坚决反对将抗生素作为动物的药品。因为在他们看来，抗生素只能用于人类疾病的治疗，其余的任何做法皆属"反常"，不符合行业规矩，是背离常规的行为，是对高贵药品的滥用，是对企业正常目标的干扰。基于这种决策认识，他们有意识地阻止兽用抗生素的开发研究，扼杀了一个有生命力的新的生长点，使企业丧失了一个具有丰厚利润的畜用药品市场。①

第二节　影响决策认识的制度因素

　　制度因素对决策认识的影响与"分粥规则"作用下的结果类似。分粥规

① 黄为民：《企业高级管理人才决策失误的思想方法分析》，《人才开发》2000年第2期。

则是美国政治哲学家罗尔斯在其著作《正义论》中提出的。他把社会财富比做一锅粥，一群人来分粥，可能有五种分粥的办法：第一，指定一个人全权负责分粥。但很快大家就发现，这个人为自己分的粥最多。于是又换了一个人，结果还是一样，负责分粥的人碗里最多最好。第二，大家轮流坐庄，每人一天。每个人一周里总有一天胀得嘴歪眼斜，其余六天都是饥饿难耐。这种方法不仅不能消除不公平，还造成资源的巨大浪费。第三，大家选举一个信得过的人。开始这位品德高尚的人还能公平分粥，但不久他便给拍马溜须的人和自己多分，分粥又变得不公平了。第四，成立分粥委员会和监察委员会，形成分权和制约。这样，公平基本做到了，可是由于监察委员会经常提出种种质疑，分粥委员会又据理力争，等到粥分完毕，早就凉透了。第五，分粥者最后喝粥。等所有人把粥领走了，分粥者自己才能获取剩下的那份。在没有精确计量的情况下，无论选择谁来分，都会有利己嫌疑。解决的方法就是第五种，因为让分粥者最后领粥，就给分粥者提出了一个最起码的要求：每碗粥都要分得很均匀。道理明摆着——倘若分得不匀，最少的那碗肯定是自己的了。只有分得合理，自己才不至于吃亏。因此，分粥者即使只为自己着想，结果也是公正、公平的。① 由上面的"分粥"规则可知，人的本性没变，但是"规则"即制度变了，人们的行为也就随之改变。

"制度是一系列被制定出来的规则、守法程序和行为的道德伦理规范。制度提供了人类相互影响的框架，它们建立了构成一个社会，或更确切地说一种经济秩序的合作与竞争关系。"② 由此可见，制度通过提供一系列规则界定人们的选择空间和活动范围，约束人们的行为，是人们的认识和行为展开的前提和基础。我国对决策制度问题的关注，始于邓小平同志在 1986 年 7 月全国软科学研究工作座谈会的讲话，他指出"我们过去发生的各种错误，固然与某些领导人的思想、作风有关，但是组织制度、工作制度方面的问题更重要。"基于这一思想，党的十四大提出"加速建立一套民主的科学的决策

---

① 门睿主编：《劳心者定律》，经济日报出版社 2005 年版，第 4 页。
② ［美］诺思：《经济史中的结构与变迁》，上海三联书店 1991 年版，第 225～226 页。

制度"；党的十六大强调"改革和完善决策机制……推进决策科学化、民主化"。有人甚至指出，"决策失误的根源是制度"①。决策认识失误的发生，与公共决策体制有着十分密切的关系。决策认识作为具有决策和认识双重特性的体系，同样会受到各种制度因素的制约。制度因素造成的决策认识失误，有时很难用一般的理论来解释，而只有从制度本身来寻找原因。在各种制度中，决策体制、决策模式和决策程序是影响决策认识的三大制度因素，它们对决策认识产生重大影响。

一、决策体制对决策认识的影响

从认识论的角度看，决策认识是决策认识主体对客观环境的认识和决断，反言之即是客观环境的各要素在决策认识主体观念中的反映。由于决策认识主体都是具有意识和思维能力的社会人，因而在决策认识过程中认识主体和客体相互作用，必然发生主体对客体的认识即观念的反映关系。决策认识主体对客体的这种反映与决策实践本身不同，它并不改变客体的现实存在形式，只是在主体的头脑中以观念的形式再现客体，形成观念的东西。但是决策认识不能脱离决策实践，必须以决策实践为基础。决策认识主体在观念中形成的对决策实践的反映，受现实中的组织结构以及组织中各主体间的权责关系的制约和影响，即决策认识活动受决策体制的制约和影响。

所谓体制是指国家机关、企事业单位在机构设置、领导隶属关系和管理权限划分等方面的体系、制度、方法、形式等的总称。依此类推，决策体制是指决策系统的组织结构状况，是根据组织自身所处的经济、政治、文化、社会以及生态自然环境的要求，按照法定和科学的程序，将决策体系中各层次和各部门在决策活动中的责权进行合理的划分，也就是决策权力在各决策主体之间进行分配所形成的权力格局和决策主体在决策过程中的活动程序。决策体制所要解决的问题主要包括：与决策目标相关的各利益主体在组织决

---

① 姜晓萍、范逢春：《地方政府建立行政决策专家咨询制度的探索与创新》，《中国行政管理》2005 年第 2 期。

策过程中的地位如何；组织决策权力如何在不同利益主体之间进行合理、有效地分配；组织决策过程的各个阶段和各项职能各应由哪些机构来承担，哪些人员来参加；各个机构和人员应具备什么条件，如何合理分工才能实现组织决策的职能和任务等。

　　在经济全球化和科学技术飞速发展的当今世界，任何一项重大的决策所横跨的专业领域之广泛，所囊括参变量因素的数量之众多，运行规律之复杂，使得任何天才的单独决策主体都无法洞悉一切、纵观全局。传统的家长式决策体制和专家个人决策体制已日显其弊端，必将逐渐被科学化决策体制所代替。现代科学决策体制是一个历史的和发展变化着的范畴，一般是由三个有机结合的动态子系统组成的整体，即决策信息系统、决策咨询系统和决策决断系统。其中，信息系统是基础，咨询系统是保证，决断系统是灵魂。要提高现代组织的决策能力，就必须提高这三个系统处理决策问题的能力和效率，妥善协调三个系统在实际工作中的关系，最大限度地发挥决策信息系统的信息收集整理和准确传递作用；发挥决策咨询系统的参谋即辅助决策作用；发挥决策决断系统的领导职能和最终决策权作用。三者的有机结合，构成了现代化科学决策体制的基本骨架和主要内容。

　　决策体制的集权和分权程度，可以用上级组织对下级组织决策权力控制的程度来分析，具体表现为：受上级控制决定的数量和相对重要性；上级行使权力的形式；上级控制下级的实际能力和下级逃避控制、自由发展的实际能力，以及由此形成的实际权力分布状态。按照惯例，上级拥有充分广泛的权力，并且能够有效地控制下级，就是集权型决策体制；反之，则是分权型决策体制。一般认为，集权型决策体制有利于政治控制，有利于国家的统一和稳定，在重大决策认识问题上有利于总揽全局、统筹安排、协调各方、把握方向，有利于形成科学有效的决策认识。但是在某些特定情况下，集权型决策体制也存在着一些弊端，对决策认识产生各种不良影响。

（一）集权型决策体制容易闭目塞听

　　集权型决策体制赋予了上级决策认识主体"绝对权力"，很容易使其在决策认识活动中闭目塞听或偏听偏信，并在此基础上形成错误的决策认识。

例如，我国的政治体制格局决定了在讨论决策认识方案时，领导者的态度会影响其他参与决策认识活动主体的言行，使领导者很有可能听不到真实的或与领导者看法不一致的意见，这就很容易导致其产生错误的决策认识。一些领导者认为，决策是他们的当然权力，容不得任何人来分享这种权力；自己不清楚的决策认识问题，不容他人反对更不会与其进行商讨；当咨询系统的专家学者对决策认识方案提出异议时，他们就"拍胸脯"打保票。不少决策认识主体常常犯"倾向性过于明显"的错误，他们不按照决策认识的固有规律搜集各方面信息，了解客观环境，而是在提出需要解决的问题的同时，就把自己的观点早早托出；于是专家咨询机构尤其是那些受其管辖的下属们只好去做"命题作文"，或者以论证的形式去阐释，或者只是做一些小的修修补补，领导人的意见便被披上了"科学"的外衣。另一个常见的现象是决策认识方案论证不充分，许多工作只是在拍板前匆匆忙忙开个座谈会，事先并没有让与会者有足够的时间对方案做认真的研究，与其说是"论证"，不如说是"通报"，与会者的意见只能是意向性的了。这种决策认识方式，只不过是将过去的一人"拍脑袋"变成了集体"拍脑袋"。

（二）集权型决策体制容易产生"中层黑洞"

集权型决策体制需要上下对口，层层设立职能部门，机构膨胀臃肿，上级的决策认识方案需要经过许多中间层次的转换，才能到达实施者那里，往往会产生"中层黑洞"。这些被称为"中层黑洞"的中间层次在转换过程中，往往改变决策认识的最初目标，无情地吞噬着决策认识所能创造的社会价值，使决策认识变形走样。尤其是集权越大的集体，经过的中间层次越多，决策认识可能损害消耗的效能越多，发生失误的可能性越大。集权型决策体制造成行政程序复杂化，对于一个简单的决策问题，要层层请示，造成决策认识主体因信息迟滞而导致决策认识失误发生。一套决策认识方案往往由相互依存、有着共同目标的若干次一级决策认识方案组成。在这些决策认识方案由上级组织向下传递并付诸实施的过程中，下级组织的决策认识主体由于自身的认识能力或出于自身利益着想，对决策认识方案"断章取义、为我所用"，符合自己利益的部分就执行，不符合自己利益的就不执行。这种选择性执行使完整的决策认识在执行中残缺不全，决策认识的整体功能难以发挥，决策认识目标的实现也必然大打折扣。例如，为了使国有企业尽快摆脱困境，中央高层决策认识主体制定了"优化组合"、"下岗分流"、"减员增效"等一系列方案，希望通过这些方案的贯彻落实，实现优胜劣汰，精简企业富余人员，调动职工生产积极性，提高劳动生产率。可是，有些企业决策认识主体在执行中央方案的过程中却从自身利益出发，把"优化"变成"亲化"，把党和国家的政策变成排除异己的挡箭牌，他们根据个人的好恶，借"政策"之名，置企业效益、职工利益、国家利益于不顾，大搞任人唯亲，结果使一些不应被"优化"掉的职工被"组合"出去了，不应该"下岗"的职工被"分流"掉了，而该"优化"掉、该"下岗"的却仍滞留在企业。这样，中央的正确政策不但没有取得应有的效果，反而弄得人心惶惶；不仅损害了部分职工和企业的利益，而且影响了党和国家的形象。

（三）集权型决策体制容易造成责任缺失心态

虽然集权型决策体制的特点是权力集中于最高领导、决策主要由最高领导作出，但是往往由于时间的变迁和客观条件形势的变化，组织的最高领导也即决策认识主体经常发生更替变换。这就必然导致有些决策认识常常由许多层级的决策认识主体共同合作做出和实施。如果各个层级的决策认识主体都觉得决策认识的有效与否与自己没有实质性的关系，就会产生无所谓的情绪；相反，对于有利可图的决策认识问题，往往各个层级争相处理；对于棘手的问题，则互相推诿，形成严重不负责任的局面。例如，江西万安水电站从1958年"大跃进"时期上马，中间修修停停，停停修修，直到1990年第一台机组才并网发电，前后竟用去32年时间。这一投资的效益如此之低，重要的原因就是由于各级部门都参与了决策认识，但是哪一级究竟要负什么样的责任，却不清楚，互相等靠，互相推诿，谁也不负责任。

二、决策模式对决策认识的影响

相对宏观层面的决策体制而言，决策模式是指从微观层面上一个组织单位内部的决策权力划分，即决策权力在同一层次的决策认识主体之间进行分配的形式。决策模式分为个人决策模式和集体决策模式。

个人决策模式指决策权力属于单个决策者,优点是能够快速决策,但容易造成个人意志膨胀,导致决策认识失误。个人决策模式包括个人专断式和个人负责制两种具体形式。个人专断式指在法律上、习惯上或者事实上由个人独揽决策权力,而又不承担任何责任,不受任何监督。个人专断式往往导致决策认识上的失误。由于决策认识是一个十分复杂的过程,一个人或者少数人很难掌握足够的决策信息而保证所有的决策认识都是正确的,因而发生决策失误在所难免。这种模式最典型的莫过于中国历史上的封建帝王,他们大权独揽,专权独断,如果不与朝臣共议政事,发生决策认识失误就很难避免。例如,历史上有名的结束三百年分裂局面、统一全国的隋文帝杨坚,虽然不失为一代名君,但他对于大小事务都坚持事必亲断,造成不少失误。唐太宗李世民对此曾批评他"每事皆自决断,虽劳神苦形,未能尽合于理。朝臣既知其意,亦不敢直言。宰相以下,惟即承顺而已。……岂以一日万机,独断一人之虑也。且日断十事,五条不中,中者言善,其如不中者何?以日继月,乃至累年,乖谬既多,不亡何待?"又如,当代某些发展中国家尤其是通过武装斗争取得独立的国家,由于其领导人在长期斗争中所产生的魅力和所培植的势力,很容易产生终身制的个人专断型体制,从而造成决策认识失误。在个人负责制中,决策权属于个人,但决策者须对选民或者其代表机构负责,不得有违反宪法和法律的行为,否则将受到制裁,这是当今世界各国行政决策体制的主要形式。在这种体制下,发生决策认识失误的概率要小一些,其主要原因在于个人决策者的权力受到制约,其决策认识过程不得不小心谨慎,从而大大减少了决策认识失误。

集体决策模式指决策权力属于集体组织,决策机构的全部成员拥有同等决策权力,共同决策,共同负责。在民主化浪潮席卷全球的当今世界,集体决策模式的具体形式就是各种委员会制。委员会制一般指决策机构由一定数量的委员组成,在决策认识过程中以民主方式充分调动每位决策认识主体的积极性,少数服从多数做出决策。实行委员会制的决策机构,多为议会、代表大会等立法机关或咨询机构。集体决策模式的优点是能够集思广益,并且可以通过成员间的相互妥协以反映各种利益群体的要求，决策结果能够为各方面所接受，发生决策认识失误的可能相对较少。但是，集体决策模式极易在争议较大的问题上久拖不决，甚至坐失良机；也可能导致名义上集体负责，实际上无人负责，互相推诿责任的情况，发生延误型决策认识失误。在集体型决策模式中，人们进行决策认识的过程都很容易受到别人或集体意见的左右，本来有不同意见也碍于群体的压力而不再坚持己见，会觉得集体的认识好像是对的，按照少数服从多数的原则，听从大家的意见。然而真理有时也会掌握在少数人手中，因此集体决策模式有时也会导致决策认识失误。例如，1961 年 4 月，由美国幕后支持并操纵的古巴流亡者组成的"古巴旅"在古巴南部猪湾（吉隆滩）登陆，企图一举推翻卡斯特罗政权。在其立足未稳之时，便遭到古巴正规部队的抗击和包围而全军覆没，这就是轰动一时的"猪湾事件"。当时美国总统肯尼迪的顾问班子经过讨论一致通过了空降古巴、占领猪湾，借此推翻卡斯特罗政权这一决定，可是在美国遭到了彻底的失败之后，肯尼迪顾问班子相互指责、推诿责任、互不认账。美国为此付出了沉重的代价：不但信誉扫地，外交上陷于被动，而且还无形中加速了古巴新政权向社会主义阵营靠拢。反思这次决策认识失败的原因，可以把其归结为集体型决策模式导致的决策认识失误。

三、决策程序对决策认识的影响

与决策体制、决策模式密切相关的还有决策认识程序。决策认识涉及利益关系的分配，一项决策认识尤其是事关全局的重大决策认识的产生必须是一个充分发扬民主的过程，必须要严格按照决策认识程序进行，因为程序化不仅有利于集思广益，使决策认识更为合理和可行，而且还同时赋予其合法化，违反决策认识程序就会导致对决策认识监督的缺失，就会加大产生决策认识失误的可能。

"程序反映了客观事物的一般发展次序，科学的程序则展示了客观事物发展的必然序列和完整过程以及这一过程中相关因素的相互联系和制约关系。"① 科学化是现代决策认识理论和实践发展所追求的应然目标和必然趋势，要提高决策认识制定和实施的效率就必须遵循科学的决策认识程序。从认识论的角度来看，决策认识活动是一种特殊形式的认识活动，决策认识的过程是一个主观反映客观的动态认识过程，是从实践中获得规律性认识并形成概念，再从抽象到具体形成决策以付诸实践的过程。因此，科学的决策认识过程必须遵循科学认识活动本身的规律。任何人为的强行打破或超越自然认识秩序的思维和行为，都是对决策认识活动内在认识规律的否定，其后果就表现为决策认识失误。缺乏程序意识或程序不符合认识规律，是我国目前决策认识活动中的一个突出问题，许多重大决策认识失误的根源即在于此。从我国目前的实践情况来看，决策认识活动中因缺乏科学的程序而导致的决策认识失误，主要出现在决策认识初期的问题建构阶段和决策认识末尾的可行性论证阶段。

（一）决策认识问题建构程序的缺失导致决策认识失误

科学的认识起源于客体对主体的制约作用和主体对客体的能动反映。决策认识作为一种人类特定的认识活动总是从解决现实面临的特定问题开始，并围绕着在特定问题限域内的客体对主体的制约和主体对客体的能动反映展开进程。从认识论的视角来看，决策认识作为一种认识活动所应遵照的程序首先不是发现问题，而应是构建问题，应当就决策认识问题本身的目标是什么、思考选择该目标的理论和事实的根据是什么、采取的方法是否具有可行性等进行深入分析。要想保证决策认识正确，首先就要做到对"决策认识问题"进行合法性和必要性的认识与论证。然而以往我们在从事决策认识活动中，通常是先假定一个问题，然后投入大量的时间和精力确定、评价、提出问题的解决方案，而对问题是否能够构成一个问题不做任何的阐释，这样就违反了认识过程发展的正常逻辑，从而导致围绕着一个错误的问题却进行着严密的方案设计和执行、最后却难以摆脱以失败告终的结果。例如，在20世

---

① 雷翔：《城市规划决策程序的若干问题探讨》，《规划师》2001年第4期。

纪五六十年代百事可乐与可口可乐竞争的过程中，百事可乐的决策认识主体
片面地认为可口可乐那种曲线流畅、凹凸有致的更漏型瓶子不仅美观漂亮、
易于辨认，而且让消费者握在手中更舒适，更重要的是这种设计样式十分适
合于自动贩卖，成为可口可乐公司最重要的形象标志和竞争优势。在没有对
"决策认识问题"进行科学的研究和分析的前提下，百事可乐就贸然地以解
决这一问题为目标进行决策方案的设计，他们耗资数百万美元研究设计新的
瓶子，并在 1958 年推出了"旋涡型"的瓶子与可口可乐对抗。尽管这种瓶
子成为百事可乐的标准包装长达二十多年，可是它仍然不像可口可乐那样被
消费者认同，仅仅被认为是对可口可乐形象的模仿。其根本原因是在决策认
识过程中，违背了决策认识过程的逻辑秩序，跳过了对决策认识问题进行认
识和构建的程序，贸然进行决策方案的设计。直到 1970 年约翰·史考利担任
百事可乐的营销副总经理时，他才认识到百事可乐在分析和建构决策认识问
题上的失误，于是重建了问题认识和分析的程序。他对问题本身的认识过程
如下："这个问题的症结在什么地方？必须'消除可口可乐瓶子的那股无形
的特殊力量'；类似的决策应该如何来做？以寻求'更换竞赛场地的规则'
来进行，可能的话改变整个竞赛场地，设法'向后探本溯源，看看顾客真正
的寻求是什么'；做这个决策应该花多长时间？这个决策属于百事可乐整个
市场位置的中心，如果有必要的话花几年时间也在所不惜。"① 正是由于约翰
·史考利遵循了正确的分析和认识问题的程序，才使其发现了问题产生的根
本原因，并为以后做出正确的决策认识指明了方向。

（二）决策认识方案可行性论证程序的异化导致决策认识失误

从科学的认识过程来看，可行性论证作为一种思维认识活动，是决策认
识过程中人们对决策认识方案的可能性与现实性认识的中间环节，是在决策
认识方案付诸实施之前，对决策认识主体的初次认识成果的合理性和正确性
在主体思维空间内进行逻辑论证。可行性论证首先建立在人们对决策认识方
案可能性认识的基础之上，因为可行的方案首先必须是可能实现的。但是决

---

① ［美］罗宾斯著，袁汝涛译：《决策的陷阱》，吉林文史出版社 2004 年版，第 5 页。

策认识方案的可行性与可能性又有本质的区别，可能的不一定都是现实可行
的。例如，杀鸡取卵式的破坏性资源开发是可能的，但却是不可行的，因为
这不利于资源的可持续利用，不具有科学性和合理性。从认识论的角度来看，
理性认识与现实之间还有一段距离，在具体付诸实施之前必须对理性认识的
成果进行现实的可行性论证。通过这种可行性论证，可以在一定程度上确定
初次认识成果即决策认识方案的正确性，同时还可以发现一些决策认识方案
由于条件不具备或受某些条件限制而不具有现实的可行性。对于这种不具有
现实可行性的决策认识方案，决策认识主体必须对其进行大的修正调整，或
可以直接排除推翻。因此，按照认识过程自身的规律来看，决策认识过程中
有无可行性论证、论证的过程是否符合认识规律以及论证的过程是否发生异
化，直接关系到决策认识的成败。

在现实的决策认识过程中，一方面由于决策认识方案可行性论证过程中
决策认识主体自身素质低下，无视决策认识方案实施的主客观限制条件，不
能很好地把握决策认识方案实施时所需的各种应然的边界条件，导致决策认
识付诸实践未能取得预期成果。例如，某县政府为带领当地农民脱贫致富，
推出了鼓励农户大量养兔的一系列优惠政策和条件，他们贷款给农民资助其
兴建养殖场以及养兔所需各项费用。但是当地农民大都只有小学文化程度，
缺乏学习能力，对养兔所需的各项技术一窍不通，结果不到一年时间，上万
只兔子因卫生和饮水条件差而死亡，政府的利民工程也彻底破产。另一方面，
决策认识主体由于对决策认识可行性论证的重要性认识不足或出于自身利益
和其他各方面因素的考虑，只愿意听专家对决策方案的正面介绍、肯定和赞
扬，而不愿听或根本不听决策认识方案实施的成本和风险，这就使得"可行
性论证"异化为"论证可行性"，违反认识过程的正常程序，以致造成决策
认识失误。例如，内蒙古某乡非法占用31名村民的130亩耕地，建设了40
栋别墅的移民小区——"小康示范村"，安置那些从山里搬下来的"生态移
民"，然而移民根本买不起。在谈到该"小康示范村"项目是否可行时，时
任乡党委书记特别强调："该项目是经中国农业大学与内蒙古农业大学的专
家考察论证过的。"① 与此相反，在我国三峡大坝的建设过程中，不仅对决策

① 马国川：《论证可行性》，《百姓》2006年第1期。

认识方案的可行性进行论证，而且对决策认识方案的不可行性进行论证，因此保证了工程的顺利完工。温家宝同志在视察三峡工程时，曾问工程建设负责人："在三峡工程建设中谁的贡献最大?"负责人回答："贡献最大的是中科院几位院士，他们提出的'不可行性'方面的分析和论证意见，使我们在工程建设中避免了可能的重大失误，保证了工程项目的顺利实施"。正是三峡工程的决策认识主体在论证程序中科学地引入了不可行性论证程序，才使得三峡工程的实施最大限度地减少了因突发事件带来的损失，使整个工程达到了经济效益、生态效益和社会效益的统一。由此可见，不可行性论证同样对决策认识方案的实施具有重大的现实意义。

第三节　影响决策认识的方法因素

"工欲善其事，必先利其器"。人的任何探索和改造现实世界的活动都贯穿着方法，也都离不开方法。无论做任何事情，要想取得成功，需要三个基本条件，即情况明、决心大、方法对。方法对，事半功倍；方法不对，事倍功半，甚至一事无成。方法的重要性，是人们所熟知的。人类的决策认识活动是一种以一定的方式或手段去把握对象的活动，决策认识过程中所使用的方法和手段对决策认识具有重要的意义和影响。

决策认识主体在决策认识过程中，面对的问题错综复杂，仅仅利用经验的、简单的、手工的、直观的决策认识方法，远远满足不了实现决策认识目标和任务的需要。现代科学技术的迅速发展，为决策认识提供了各种先进的手段和方法。决策认识主体必须充分发挥主观能动性和创造性，熟练掌握和综合运用数学模型、试验模拟、系统分析、网络信息、计算机技术等先进、科学的方法和手段，及时对决策认识的预设目标、实现手段、应用工具、解决途径、期望效用等内容进行统筹规划、详细设计和修订完善，以获得正确的决策认识。影响决策认识的方法多种多样，不同的方法可能产生不同的结果，决策认识主体要根据实际情况，选择恰当的、有效的决策认识方法；不能生搬硬套、死板教条。

一、矛盾分析法对决策认识的影响

所谓矛盾分析法，就是马克思主义认识论所说的对待具体问题要作具体分析，这是马克思主义理论的最本质的东西，是马克思主义理论的活的灵魂。矛盾分析法对认识各种对象和指导各门科学都是普遍适用的。为了能达到预定的决策认识目标，在决策认识活动中掌握和运用矛盾分析法是十分必要的。

要真正理解具体问题具体分析这一矛盾分析法，首先要明白什么是"具体"。"具体"这个概念人们经常使用，并不陌生。但是人们在使用"具体"这一概念时，往往不能准确掌握这个概念的科学含义，这就使得人们在运用时便难免会出现偏差。每一次决策认识活动都是具体的，都是针对具体问题进行的。有些决策认识主体在做出一项决策认识时，有人提议参照一下别人的经验，他却说："各个决策认识的具体情况不同，我们自己搞就行了。"在这里，他把"具体"理解为与别的不同是对的，但理解为与别的无关就不对了。如果把具体和就事论事等同起来，那就会走向具体的反面。

马克思主义指出："具体之所以具体，因为它是许多规定的综合，因而是多样性的统一。"① 由此可见，世界上的每一个事物都是具体的，都有其自身特殊的矛盾或特殊的本质。这里所说的特殊矛盾，又包含矛盾的各个方面，是矛盾各个方面的综合统一。而且矛盾的每一个方面还有其特定的地位，以特定的形式和其他方面发生具体的相互关系。在决策认识过程中，要真正认识一个具体的问题就必须把矛盾内部的各个方面找出来，把问题内部各个部分之间的具体关系弄清楚。首先，在制定决策认识方案时，必须把自己或主体一方的情况全面弄清。例如，一位优秀的军事家在做每一项决策认识的过程中，都必须能对自己部队内的各种事项了如指掌，包括部队的战斗力、战斗准备、军官素质、战士士气等，还有自己一方的政治形势、经济形势、军事地位等。其次，在决策认识过程中，为了实现预定目标能够付出多大的代价、已经具备了哪些条件等相关问题，都需要决策认识主体通过分析现实状

---

① 《马克思恩格斯选集》第 2 卷，人民出版社 1995 年版，第 18 页。

况和内部矛盾的各个方面来获得正确的认识。由此可见，"具体"所指的"许多规定的综合"、"多样性的统一"，是首先就事物的内部矛盾方面来说的。因此，分析具体问题也首先是分析事物的内部矛盾或内因。对事物内部矛盾的具体分析，是确定决策认识目标的根据。所谓根据就是说事物的内部矛盾和决策认识目标之间具有一定的必然联系。这种联系的具体复杂情况，虽然还需要通过分析具体的因果关系来揭示，但是找出了根据才能明确规定决策认识目标的方向。也就是说，决策认识目标必须建立在一定的客观依据之上，建立在科学认识的基础之上，才有可能避免犯唯心主义错误，才有可能付诸实施和最终实现的。

客观存在的每一个事物，都不是孤立的，而是和其他事物处在相互联系之中。任何一种事物和其外部联系也是多种多样的，每一种联系同样有其特定的形式和具体关系。在决策认识的过程中，要认识一个具体事物必须尽量掌握事物各方面的外部联系。在决策认识的情报阶段，收集信息时就包括从内部信息源得到的情报和从外部信息源得到的情报，正所谓"知己知彼，百战不殆"；决策认识主体如果只是知道自己一方的情况，决策认识方案仍是不可能做出的。在决策认识过程中，还必须尽可能多地了解各方的状态、性质、特征、形势等方面的情况；如果是一项战略性决策认识方案，还要包括了解国内、国际形势；如果是一项特殊性决策认识方案，则还可能要求掌握气候、地形、群众基础等各方面的情况。在决策认识的诸要素中，代价、效益和风险度可以在多大幅度的范围内变化，主要就是要通过分析内部矛盾的各个方面和外部条件的具体关系来把握。因此，分析具体问题也就进而要求分析事物的外部联系或外因。

综上所述，决策认识本来就是立足现在、指向未来的认识活动。认识现在，诚然要掌握科学的认识方法；预见未来，如果不掌握科学的认识方法更不可能。所以，在决策认识过程中，应当更加注意研究、掌握和运用矛盾分析的科学方法，这对于科学地判断现在、准确地预测未来具有十分重要的意义。

二、系统分析法对决策认识的影响

在管理学上，一个有趣的定律叫"酒与污水定律"，意思是把一勺酒倒进一桶污水，得到的是一桶污水；把一勺污水倒进一桶酒里，得到的还是一桶污水。显而易见，污水和酒的比例并不能决定这桶东西的性质，真正起决定作用的就是那一勺污水；只要有它，再多的酒都成了污水。以上的"酒与污水定律"，就是充分运用系统分析方法来研究组织内部人员的行为而得出的结论。系统分析一词最早是在 20 世纪 30 年代提出的，当时是以管理问题为主要应用对象，是管理信息系统的一个主要和关键阶段，负责这个阶段的关键人物是系统分析员，完成这个阶段任务的关键问题是开发人员与用户之间的沟通。按照系统分析法的要求，要把每个研究对象都看做是一个系统，一个系统包含若干层次结构，每个层次结构又由各种要素组成。每一个对象都自成系统，对象与对象之间又互成系统。当研究范围扩大时，原来的系统在大范围系统中又成了要素，也可称做子系统。这样，小到微观粒子，大到整个宇宙，便由要素、结构、层次、系统而联结成了有机统一的整体。这种分析方法，贯穿着整体性、有序性、结构性和最优化等原则，因而将其应用于研究任何对象，都将对该对象的认识大大提高一步，使之更加科学化。因此，在决策认识过程中，运用系统分析法成为实现决策认识科学化的重要方法之一。

在决策认识的过程中，由于所面临问题的复杂性，必须运用系统分析的方法通盘考虑影响决策认识效果的各种因素，才能形成相对科学的决策认识。系统分析从决策认识主体需求入手，从决策认识客体观点出发，建立系统分析模型。系统分析模型要从概念上全方位表达系统需求及决策认识主体与客体的相互关系。在系统分析模型的基础上，建立适应性强的独立于系统实现环境的逻辑结构，保证建立起来的系统结构具有相对的稳定性，便于系统维护、移植或扩充。系统的逻辑结构应从三个方面全面反映系统的功能与性能：完整描述系统中所处理的全部信息；完全描述系统状态变化所需的处理或功能；详细描述系统的对外接口与界面。按照系统思想进行决策认识的方法，主要包括整体分析法、追踪反馈法、"头脑风暴法"和德尔菲法四种。其中后两种严格来说属于群体决策认识方法，但其自始至终都贯彻着系统思维，因此也可以统一归类为系统分析法。

（一）整体分析法对决策认识的影响

整体分析法是由"整体大于部分总和"的系统规律派生出来的系统分析方法。"整体大于部分总和"的规律又称"系统结构质变"规律。根据这一系统规律，构成系统的各要素是按照一定的结构有机的联系在一起的，各个要素所组成的系统功能大于、优于或胜于各要素功能的总和。之所以如此，是因为各要素的功能只有在系统整体中才能得到充分的发挥和表现，如果离开了系统整体，独立的要素及其功能的发挥就会受到限制。可见，系统中各要素的合理结构是一个全新的"质"，相对于各要素的"质"的机械相加而论是一种全新的"质变"。在决策认识过程中，必须坚持整体分析法这个最基本的系统方法。这种分析方法要求在决策认识中要始终坚持整体观点或系统观点，对其中的每一个要素及它们之间的相互作用，不能单独地看成一因一果的因果链，而应将其看做互为因果的因果网络。同时，在评价每一个要素时，既不能孤立起来评价，也不能局限于仅与另一要素的相互作用来评价，而应该用从整体出发、以整体为准绳、服务于整体目的这样的标准和方法来评价。整体分析法运用得好坏，直接决定了决策认识的成功与失败。任何一个决策认识活动，都是决策认识主体与决策认识客体的"两军对垒"。决策认识主体一方的难点，就在于如何运用自己一方的要素，使有限的要素在整体作用中发挥出最大的功能，从而实现决策认识目标。

（二）追踪反馈法对决策认识的影响

追踪反馈法是系统分析法的一个分支，它是指系统功能作用于环境产生一定的结果，这种结果作为信息返回系统内部，系统根据反馈信息验证其功能或根据实际需要适时地修改和完善自身结构。追踪反馈法是系统自动调节规律在方法上的运用。具有高度组织化和完善化程度较高的系统，都有其自动调节功能。掌握了这个规律，将其自觉地加以运用，即是追踪反馈法。追踪反馈法不仅符合决策认识情报阶段获取、判定环节的具体规定，而且还满足决策认识审查阶段试行、修补环节的具体要求。在决策认识活动中，运用追踪反馈法对修正和完善决策认识方案，具有十分重要的意义。例如，决策认识方案制订后，必须首先在小范围内试点运行，通过跟踪检查，进一步总结经验、发现问题，并将这方面的相关信息反馈回决策认识主体，决策认识主体就可以对原来制定的决策认识方案做相应的修改调整，使其逐步接近最优方案。

（三）"头脑风暴法"对决策认识的影响

"头脑风暴法"是一种比较常用的群体决策认识方法，它的发明者是现代创造学的创始人、美国学者阿历克斯·奥斯本。"头脑风暴法"的宗旨就是参与讨论的决策认识主体敞开思路，畅所欲言，使各种设想在相互碰撞中激起脑海的创造性风暴。利用这种方法能激发各个决策认识主体的创造性潜力，有利于决策认识的全面性和科学性。"头脑风暴法"分为直接头脑风暴法和质疑头脑风暴法两种。前者要求决策认识主体在群体决策基础上尽可能激发自身的创造性潜力，提出尽可能多的设想方法；后者则要求对前者提出的设想和方案逐一质疑，发现其可行性与不可行性的方法。利用"头脑风暴法"可以产生很好的决策认识效果，但是必须遵循以下原则：首先，建议多多益善原则。主要方法是召开头脑风暴会议，其目标是获得尽可能多的设想，追求数量是它的首要任务。参与主体不要考虑自己建议的质量，重点是抓紧时间多思考，多提设想。其次，会后评判原则。重要特点就是参与主体当场不能对别人的建议作任何评价，会议的主持者把参与主体间的相互讨论限制在最低限度内。最后，自由畅谈，追求新颖原则。参与主体不应该受任何条条框框限制，尽可能放松思想，从不同角度、不同层次、不同方位，大胆地展开想象，尽可能地标新立异、与众不同，提出独创性的想法。

（四）德尔菲法对决策认识的影响

德尔菲法又叫专家预测法。德尔菲是古希腊的地名，那里有一座太阳神阿波罗的庙宇，是一个神渝之地。因阿波罗有预知未来的能力，人们就用"德尔菲"作为一个预测的名字。在实际操作中，德尔菲法就是通过询问专家意见的方法来确定预测。决策认识是一种针对未来决策实践的认识活动，预见性是其重要特点之一。为了提高决策认识预见的准确性，人们通常运用德尔菲法来预测决策事项的进展状况。具体实施步骤如下：一是组成专家小组。按照决策认识课题所需要的知识范围，确定专家。专家人数的多少，可根据预测课题的大小和涉及面的宽窄而定，一般不超过 20 人。二是向所有专家提出所要预测的决策认识问题及有关要求，并附上有关这个问题的所有背景材料，同时请专家提出还需要什么材料。然后，由专家做书面答复。三是各个专家根据他们所收到的材料，提出自己对决策认识问题的预测意见，并说明自己是怎样利用这些材料提出预测值的。四是将各位专家第一次判断意见汇总，列成图表，进行对比，再分发给各位专家，让专家比较自己同他人的不同意见，修改自己的意见和判断。也可以把各位专家的意见加以整理，或请身份更高的其他专家加以评论，然后把这些意见再分送给各位专家，以便他们参考后修改自己的意见。五是将所有专家的修改意见收集汇总起来，再次分发给各位专家，以便做第二次修改。逐轮收集意见并为专家反馈信息是德尔菲法的主要环节。收集意见和信息反馈一般要经过三四轮。在向专家进行反馈的时候，只给出各种意见，但并不说明发表各种意见的专家的具体姓名。这一过程重复进行，直到每一个专家不再改变自己对决策认识问题的意见为止。

三、数学方法对决策认识的影响

由于数学本身具有抽象化和精确化的特点，因此一门科学要发展到精确化和完善化程度，就离不开数学。把数学方法渗透到决策认识的研究中，既是决策认识理论发展的客观要求，又是现代数学科学发展的必然趋势。

（一）线性规划对决策认识的影响

线性规划是运筹学中研究较早、发展较快、应用较广泛、方法较成熟的一个重要分支，它是辅助人们进行科学决策认识的一种数学方法。在经济管理、交通运输、工农业生产等领域的决策认识活动中，提升经济效益是最终的追求目标和最大的共同意愿。提升经济效益一般需通过两种途径：一是技术方面的改进，如改善生产工艺、使用新设备和新型原材料等；二是生产组织与计划的改进，即合理安排人力物力资源。线性规划所研究和期望达到的目标就是在一定条件下，合理安排人力物力等资源，使经济效果达到最好。一般来说，求解线性目标函数在线性约束条件下的最大值或最小值的问题，统称为线性规划问题。满足线性约束条件的解叫做可行解，由所有可行解组成的集合叫做可行域。决策认识是一种解决现实问题的认识活动，决策认识的形成建立在对客观现实中各要素的综合分析基础之上，决策变量、约束条件和目标函数是决策认识主体形成决策认识所必须分析的三个要素。

科学决策认识的形成过程必然面临各种不同决策认识方案的择优问题。线性规划作为一种决策认识方法可以被广泛地应用于抽象的决策认识领域，为人们评估决策认识方案的经济效益提供有效的方法，帮助决策认识主体选出"性价比"最优的决策认识方案。在决策认识实践中，决策认识主体往往通过构建线性规划模型来分析决策认识方案的优劣。线性规划模型建立的具体步骤分三步：第一步，根据影响所要达到目的的因素找到决策变量；第二步，由决策变量和所要达到目的之间的函数关系确定目标函数；第三步，由决策变量所受的限制条件确定决策变量所要满足的约束条件。

（二）概率论对决策认识的影响

概率论早在17世纪就已经产生，是主要研究随机现象数量规律的一种数学理论。概率论最核心的概念是"概率"，又称"或然率"，它是用来表示随机事件发生的可能性大小的一个概念。无论是在自然界还是在人类社会中，某一事件或现象在相同条件下既有可能发生，也有可能不发生，这类事件或现象称为随机事件或随机现象。随机现象是相对于决定性现象而言的。在一定条件下必然发生某一结果的现象称为决定性现象。例如，在标准大气压下，纯水加热到100℃时水必然会沸腾等。随机现象则是指在基本条件不变的情况下，一系列行为会得到不同结果的现象。每一次行动前，不能肯定会出现哪种结果，呈现出一定的偶然性。例如，掷一硬币，可能出现正面或反面。又如，在同一工艺条件下生产出的灯泡，其寿命长短参差不齐等等。不同的随机事件发生的可能性大小是不同的，这种大小的量就要用概率来表示。例如，连续多次掷一均匀的硬币，出现正面的频率随着投掷次数的增加逐渐趋向于二分之一。又如，多次测量一物体的长度，其测量结果的平均值随着测量次数的增加，逐渐稳定于一常数，并且诸测量值大都落在此常数的附近，其分布状况呈现中间多、两头少及某种程度的对称性。所谓的概率论就是从数量的角度来研究大量的随机事件和现象，并从中获得这些随机现象所服从的规律的理论。

在当今知识经济高速发展的时代，决策认识主体面临的环境越来越复杂，决策认识方案所要应对的不确定性因素也越来越多，那种在决策认识活动中凭经验、靠长官意志进行决策认识的时代已经逐渐结束，科学决策认识的时代已经来临。概率是决策认识中必然涉及的因素，因为任何一项决策认识方案针对的都是将来要发生的事情，即决策认识以预测为前提，而预测本身就意味着可能与不可能两种情况，其中也就包含着概率的计算。在决策认识过程中，特别是当存在多种决策认识方案并且需要从中做出选择时，运用概率计算的方法可以精确测算和准确预测各种方案的随机规律，可以说概率性评估是一种重要的评估方法。由此可见，正确地运用概率论等数学知识，将会帮助决策认识主体进行决策认识时，找到最合适的方案。

四、态势分析法对决策认识的影响

态势分析法即 SWOT 分析法，是美国管理学家安德鲁斯于 1971 年在其《公司战略概念》一书中首次提出的，是目前西方国家开展组织竞争实况研究中广泛应用的分析工具。SWOT 四个英文字母分别代表优势（Strength）、劣势（Weakness）、机会（Opportunity）、威胁（Threat）。所谓 SWOT 分析即态势分析，就是指根据研究对象自身的既定内在条件进行战略性特别是竞争态势分析研究的方法。具体操作步骤是将与研究对象密切相关的各种主要内部优势因素、劣势因素、机会因素和威胁因素，通过调查一一列举出来，并依照一定的次序按矩阵形式罗列起来，然后用系统分析的思想，把各种因素相互匹配起来加以分析研究，从中得出一系列相应的结论，而结论通常带有一定的决策性质。

SWOT 分析法认为，一般来说决策认识主体用此方法所要研究的对象与竞争对手相比既有优势也有劣势，在激烈的竞争环境中求生存既有机会也有威胁，决策认识主体必须对其中关键的环境条件和内外部影响因素进行深入分析，以便发现未来的机会和威胁，同时考察被研究对象的竞争地位，审视与关键条件和因素相联系的、支持竞争力的优势及劣势，从中找出对自己有利的、值得发扬的因素以及对自己不利的、尽可能避开的因素，发现存在的需要改进的问题，在此基础上形成正确的决策认识，明确以后发展的方向，并采取相应的战略。在具体的社会实践中，一般采用表 3—1 所示理论模型对影响竞争态势的因素进行组合分析。

表 3—1 SWOT 分析法基本矩阵模型

外部因素	优势（S）	劣势（W）
机会（O）	SO	WO
威胁（T）	ST	WT

该模型又被称为 SWOT 基本矩阵（SWOT Basic Matrix）。其中，SO 是一种理想的竞争态势，能够最大限度地发挥研究对象内部优势和充分利用外部机会，决策认识主体都希望自己处于这样一种状况；WO 是利用外部机会来弥补内部劣势，使研究对象的劣势地位有所改变，当由于内部劣势避免的困难制约了研究对象利用一些外部机会时，一般采用此种战略；ST 是利用被研究对象的优势回避或减轻外部威胁或风险，通过内部资源的合理配置，利用自身优势将外部威胁对研究对象发展造成的不利影响降到最低；WT 是一种应付研究对象危机的战略，当被研究对象内忧外患、时时面临危险时，既需要克服内在劣势，又需要同时回避外在威胁。

SWOT 分析法既可以作为决策认识主体分析竞争对手情况的参考工具，既便于定性地、快速地了解竞争对手的总体概况，又可以作为决策认识主体全面深入地分析组织自身发展状况，以便与竞争对手进行全面、复杂和深入的竞争态势比较分析，最终在广泛调查研究的基础上，形成正确的决策认识和发展策略。同时，SWOT 分析方法还可以广泛地运用于评估某些行业或地区的竞争态势，开展行业或区域竞争情况研究，并在此基础上制定提高综合竞争力的发展战略和相应的具体竞争策略。因此，SWOT 分析方法受到众多决策认识主体的青睐和重视。

第四节　影响决策认识的信息因素

有则寓言说，鹰王和鹰后从遥远的地方飞到远离人类的森林，它们打算在密林深处定居下来，于是就挑选了一棵又高又大、枝繁叶茂的橡树，在最高的一根树枝上开始筑巢，准备夏天在这儿孵养后代。鼹鼠听到这个消息，大着胆子向鹰王提出警告："这棵橡树可不是安全的住所，它的根几乎烂光了，随时都有倒掉的危险。你们最好不要在这儿筑巢。""嘿，这真是咄咄怪事！老鹰还需要鼹鼠来提醒？你们这些躲在洞里的家伙，难道能否认老鹰的眼睛是锐利的吗？鼹鼠是什么东西，竟然胆敢跑出来干涉鸟大王的事情？"鹰王根本瞧不起鼹鼠的劝告，立刻动手筑巢，并且当天就把全家搬了进去。不久，鹰后孵出了一窝可爱的小家伙。一天早晨，正当太阳升起来的时候，外出打猎的鹰王带着丰盛的早餐飞回家来。然而，那棵橡树已经倒掉了，它的子女都已经摔死了。看见眼前的情景，鹰王悲痛不已，放声大哭道："我多么不幸啊！我把最好的忠告当成了耳边风，所以命运就给予我这样严厉的惩罚。我从来不曾料到，一只鼹鼠的警告竟会是这样准确，真是怪事！真是怪事！"谦恭的鼹鼠答道："你想一想，我就在地底下打洞，和树根十分接近，树根是好是坏，有谁还会比我知道得更清楚呢？"① 从这个寓言故事可知，鹰王之所以付出了沉重的代价，是由于其在进行"筑巢选址"的决策认识过程中过度地相信自己的眼睛看到的表面现象，而没有深入地调查研究并听从鼹鼠所掌握的真实信息。由此可见，信息在决策认识过程中起着重要的作用，决策认识主体所掌握信息的数量和质量直接关系到决策认识的成败。

信息是决策认识的灵魂，信息贯穿于决策认识全过程，没有信息就不可

---

① 晓伊：《轻松故事学管理》，《中国经济信息》2006 年第 9 期。

能有决策认识活动。信息在决策认识中的重要作用主要体现在：信息是决策认识主体进行决策认识的前提和基础。决策认识活动是一个由信息收集系统、参谋咨询系统、决断系统和监督系统组成的科学决策认识体系，要完成一项决策认识活动，每个子系统都不同程度渗透着信息工作。从某种意义上来说，决策认识的过程实际上就是各种信息的产生、传递、加工和反馈的过程。决策认识正确与否，在很大程度上取决于信息的"质"和"量"。决策认识主体要综合利用各种手段，特别是要充分运用现代科技手段，大量获取丰富、充分、真实、及时的信息，分析判断，分类归纳，去粗取精，质量兼优，为决策认识提供足够的事实前提和强大的智力支持。在决策认识过程中，基于不同利益诉求之上的客体，出于不同的目的和动机，可能会故意提供大量虚假和失真的信息，造成各种假象和错觉，误导决策认识主体做出错误的决策认识；决策认识主体一定要具有敏锐的洞察力和鉴别力，透过假象看清本质，去伪存真，由表及里，准确判断，科学决策；切不能一叶障目、先入为主，更不能偏听偏信、固执己见。

一、信息真实对决策认识的影响

信息真实是决策认识的基础，贯穿于决策认识的全过程，没有真实的信息就不可能有科学的决策认识活动。

首先，真实的信息在决策认识方案的建构过程中，起着前提性和基础性的作用。从决策认识方案建构的过程来看，决策认识方案形成的过程就是信息的收集、整理、加工和处理的过程，从信息中发现问题，从对信息的分析中确定目标、制订方案。能否拥有及时、准确、全面、真实的信息，是决策认识方案正确与否的关键。真实的信息为决策认识主体提供预测未来的发展素材，并在此基础上形成正确的决策认识方案。如果没有充分的真实信息做保障，决策认识方案则无从谈起，只能是"巧妇难为无米之炊"。

其次，真实的信息是决策认识方案实施过程中的必要资源。决策认识方案的实施过程是一个信息传递的过程。按照信息传递的方向，可以分为两类：一类是从上到下的指令性信息，这类信息的传递路径为决策认识主体—执行主体—决策作用对象；另一类是从下至上的决策认识方案执行状况信息，这类信息的传递路径为决策作用对象—执行主体—决策认识主体。在实施决策认识方案过程中，掌握真实、充分、及时的信息是决策认识方案执行获得成功的必要条件。一方面，现代社会瞬息万变，当初制定决策认识方案时的客观环境会发生变化；另一方面，决策认识方案在执行过程中也可能会发生各种弱化、扭曲与变形。因此，要实现对决策认识方案执行的有效控制，必须保证指令信息畅通无阻，同时还要通过各种渠道收集、处理反馈回来的信息，作为决策认识方案进一步执行、调整或终结的依据。如果不能通过获取到正确、及时的信息来发现决策认识方案执行过程中存在的问题，那么决策认识方案的执行不但有可能不能解决社会实践中的问题，还有可能会造成更严重的社会问题。

　　再次，真实的信息是评估决策认识方案的基本依据。决策认识方案执行后所反馈回来的信息，是对决策认识方案成败做出判断的标准和尺度。如果没有充分的、真实的与决策认识方案执行效果相关的信息，方案评估就难以进行。要想客观公正地评估决策认识方案，首先必须要收集有关评估对象的各种信息，信息可以是主观印象，也可以是客观事实，可以是精确的数据，也可以是较为模糊和笼统的看法，总之信息越全面越好；其次在全面收集信息后，通过去粗取精、去伪存真、由此及彼、由表及里的方法对这些信息进行分析处理，从中得到能够真实反映决策认识方案执行效果的信息；最后根据这些全面真实的信息对决策认识方案的执行效果做出客观公正的评估，为决策认识未来的走向提供依据。

二、信息失真对决策认识的影响

　　在决策认识形成及其实施过程中，导致决策认识失误的一个非常重要的原因在于信息的不真实。所谓信息不真实，是指信息不能正确地反映客观事物的本质特征，主要表现为两种情况：一是虚假的信息，二是失真的信息。不真实的信息使决策认识主体不能对需要解决的问题有一个正确的认识，从而使决策认识所依据的事实前提出了差错，在这种情况下产生决策认识失误就是意料之中的事情了。根据不真实的信息难以制定出科学的决策认识方案；依据不真实信息所制定出来的决策认识方案难以达到解决问题的目的，甚至还有可能使原来的问题变得更复杂、更严重；依据不真实的信息对决策认识方案进行评估，也不可能得出正确的结论。

（一）不完全虚假信息影响决策认识的全面性

在现实生活中，不完全虚假信息方面的现象和问题比较突出。首先，某些政府部门特别是基层政府部门统计数据的掺假失真，而决策认识主体往往根据这些层层上报、水分极大的失真数据做出形势判断，并制定相应的政策。由于决策认识方案赖以形成的基础——信息本身包含着大量虚假的、片面的内容，决策认识主体依靠这些信息做出的决策，必然是不正确的。其次，真实地反映决策认识方案实施情况的反馈信息严重缺位，使得决策认识主体在做出错误的决策方案、造成一定的损失后，依然对形势持有过于乐观的估计，不能及时地修正、更改错误的决策认识方案，以至于造成更大的损失。再次，在当今政府或其他组织管理实践中，由于下级部门的恶意瞒报，导致信息严重失真，使得决策认识主体难于对组织发展状况形成正确认识，从而影响了决策认识方案的正确制定。

由于"瞒报"引起信息失真、导致决策认识严重失误的性质最为恶劣、后果最为严重。这种失真主要分为以下几类：第一，事故信息失真。例如，2008年7月14日，河北省蔚县李家洼煤矿发生一起矿难，造成30多名矿工死亡，矿难被恶意瞒报，直到10月7日才被新华社记者披露。后经有关部门调查证实，共有35人遇难，矿主瞒报事故达两个月之久。又如，2008年8月1日，山西省娄烦县寺沟村尖山铁矿发生了山体滑坡事故，根据当地媒体报道有11人被埋。此事被当地确定为一起因为山体滑坡所致的自然灾害。《瞭望东方周刊》记者孙春龙在其博客上发表了举报信，事件进展发生巨大逆转。10月6日，国务院成立事故调查组，对该起事故进行调查，最终证实这并非当初所认为的自然灾害，而是重大责任事故，至少造成41人遇难。再如，2008年9月8日，山西省襄汾县陶寺乡塔山铁矿尾矿库发生溃坝。山西省安检调度中心和襄汾县委、县政府提供的伤亡数据均为"1死1伤"。后经调查，实际遇难人数 268 人。第二，灾情信息失真。例如，2006 年 7 月 20 日，湖南省资兴市被央视《东方时空》曝光严重瞒报第四号台风"碧利斯"所造成的死亡失踪人数，个别乡镇上报死亡人数和实际情况相差三倍。第三，疫情信息失真。例如，2008 年 3 月，安徽省阜阳市人民医院收 7 例发热病症儿童全部死亡。面对不明病症，恐慌迅速蔓延。但是直到 4 月 15 日，阜阳市政府才通过当地媒体第一次公开病情，而公开的信息只称该病为呼吸道感染疾病，并非传染病。后经过专家实验检测确定为肠道病毒 EV71 感染所致，引发手足口病及并发症。第四，统计信息失真。例如，据四川省泸州市统计局通报，2008 年泸州市纳溪区中医院在报送 2007 年度劳动工资统计报表时，虚报 12.6% 的工资总额，上报 423.4 万元，实际应报 375.9 万元。又如，泸州市某曲酒厂在上报 2008 年 3 月份工业报表时，工业总产值上报 632.3 万元，实际应上报 703.8 万元，瞒报 10%；工业销售产值 253.6 万元，实际应报 436.4 万元，瞒报 41.8%。在现实的经济社会管理过程中，因信息失真而导致的决策认识失误已经发展成为制度性的难题。在决策认识方案的实施过程中，发生失误在所难免，但是出于自身利益考虑有意瞒报决策信息，则是必须加以禁止的。要从根本上解决这一难题，必须从制度构建上下工夫，关键是要建立良好的信息反馈机制，能够让失误的详情及时为决策认识主体或部门所知，从而以最快速度纠正失误。①

（二）完全虚假信息影响决策认识的正确性

导致决策认识失误的一个非常重要的原因在于决策认识信息的完全虚假。产生完全虚假信息的原因有两个，一是信息人员收集到的原始信息是不准确的或虚假的；二是信息人员为决策认识主体所提供的经过加工的信息是虚假的或不准确的。完全虚假信息在军事斗争和战争中运用比较广泛，敌对双方往往利用这一点来击败对手。我国古代军事家孙武曾说过"兵者，诡道也"、"兵不厌诈"。德国军事理论家克劳塞维茨也曾指出："任何一次作战都离不开诡诈（即使是很小程度的诡诈）。"例如，在第二次世界大战北非战场上，

---

① 董晓菊：《瞒报面面观》，《检查风云》2008 年第 22 期。

德军轰炸机正在执行轰炸任务，目标是英国人控制的埃及亚历山大港。德国人利用在利比亚的地面基地向轰炸机群发出无线电指令，指示轰炸机群的飞行路线。机群轰隆隆穿过北非的夜空，突然机群指挥官发现了异常情况：电波指示机群继续前进，而他清清楚楚地看到亚历山大港就在左下方。电波的指示应该不会错，但下方明明可以看见城市的灯光。机群指挥官不仅看到了违反灯火管制偷偷亮着的一些灯火，而且还可以看见停泊在港口中的舰船上的灯光。究竟该相信电波指示，还是相信自己的眼睛？针对这两种截然不同的信息，作为决策认识主体的德军机群指挥官面临着艰难的抉择。最后，德军机群指挥官选择了后者，他下令立即掉头，对下方灯光处进行轰炸。刹那间，爆炸声此起彼伏，不绝于耳。然而，轰炸任务结束后，德国人发现，被轰炸处其实什么也没有。导致这一结果的原因是英国人请出一名职业魔术师贾思珀·马思克林，在其帮助下英国人精心布设了假的建筑灯光和舰船灯光，德军轰炸机上当被骗，对距亚历山大港还有 8 公里的荒芜之地进行狂轰滥炸。在第二次世界大战中，像这样利用假亚历山大港骗得德军轰炸机狂轰滥炸的事情多次在非洲战场上发生，德国人经常被英国人的欺骗计划搞得晕头转向。军事欺骗的成功战例在全世界比比皆是，不胜枚举。例如，尽管从空中到太空，美国人的尖端侦察设备无时无刻不在盯着印度人的举动，可印度人还是在美国人眼皮底下进行了核试爆。又如，在科索沃战争中，南斯拉夫人布置的假坦克引开了盟军战斗机的攻击。在上述所有战例中，都是决策认识主体利用虚假信息欺骗对方，并使之做出错误的决策认识方案的典型案例。

在现实社会生活中，虚假信息方面比较突出的是某些政府部门统计数据的掺假造假、弄虚作假，而决策主体往往根据这些层层上报、水分极大的失真数据做出形势判断，导致发生决策认识失误。例如，在"大跃进"期间，我国高层决策认识主体形成错误的决策认识究其原因有两个：一是统计部门的数据严重失真；二是地方官员的"报喜不报忧"。当时，农业粮食和工业钢产量的虚假信息导致在错误的决策认识基础上一再拔高工农业发展指标。1958 年，全国各地在"大跃进"运动的带动和影响下，盛行着一种"浮夸风"。如一个南瓜93斤重，一株葛薯125斤等等。进入夏收期间，各地更是争着放一些不切实际的粮食高产"卫星"，其中小麦最大的"卫星"是由青海省柴达木盆地赛什克农场第一生产队创造的，亩产高达 8585 斤；其中水稻最大的"卫星"是由广西壮族自治区环江县红旗人民公社创造的，亩产高达130434 斤。省一级的"卫星"，1958 年有安徽、江苏、湖北、河南四个早稻千斤省；广东、四川两个粮食千斤省；四川、河南、甘肃、安徽四个人均口粮过千斤省。在大炼钢铁的战线上，走在最前的是河南省。早在 1958 年 8 月底 9 月初，河南省鲁山县就率先发射了全国第一颗日产生铁 1068.5 吨的"高产卫星"，成为全国第一个日产千吨的县；仅仅半个月后，鲁山县又创造了日产生铁 2154 吨的高产纪录；而又是半个月后，鲁山县则放出日产生铁34360 吨的大"卫星"。在国庆前夕，各地纷纷以发射钢铁"高产卫星"的形式向国庆献礼。9 月 29 日一天，全国一下子出了 9 个生铁"万吨省"、73个生铁"千吨县"。中央从这些虚假的信息出发，形成了不切实际的决策认识，农业、工业指标一再拔高。中央要求 5 至 8 年内普遍完成原定 12 年完成的《农业发展纲要》，把 1958 年全国钢产量指标由最初的 624.8 万吨（比1957 年的 535 万吨增长 17%）逐步提高到 1070 万吨（比 1957 年翻一番）。中央还把原定 15 年赶超英国、35 年至 45 年赶超美国的目标逐步提前为 2 年到 3 年赶超英国、5 到 7 年赶超美国。由此可见，中央把虚假的信息当做判断形势、形成决策认识、做出决策的重要依据，最终导致了严重的后果，给我国经济和社会发展带来了深重的灾难。

（三）不充分信息影响决策认识的准确性

不充分信息是指在决策认识过程中，决策认识主体没有获得足够的且必需的信息支持。虽然完全信息状态对于任何人都是不现实的，但要获得相对充分信息则是可能的。决策认识主体在缺乏足够的信息情况之下，很难保证不发生决策失误。一般来说，在决策认识过程中信息不充分可以分为三种情况：首先，信息收集不充足。本应该收集到的事关决策认识成败的信息没有收集起来，或者是因为不知道收集什么信息，或者是无法收集到相关信息。其次，信息选择困难。决策认识主体面临的信息量过大，不知选择什么信息、舍弃什么信息。最后，信息运用不充分。在某种情况下决策认识主体虽然收集了很多信息，但不知如何运用它们来进行决策认识。例如，1919 年孙中山先生在《建国方略之二——实业计划》中，就提出了建设三峡工程的设想，可是直到 1994 年 12 月 14 日三峡工程才正式开工。三峡工程从最初的设想、勘察、规划、论证到正式开工经历了 75 年，当中的主要原因之一就是花费了大量的人力、物力、财力去获取信息，在没有获取到充分的信息支持前，不能也不敢轻易做出决策。又如，20 世纪 70 年代，阿根廷兽医学家里文森发明了防治口蹄疫的疫苗，阿根廷政府用他发明的疫苗为牲畜接种，取得显著成效，并于 1997 年被国际牲畜流行病组织宣布为"接种疫苗的无口蹄疫国家"。后来，阿根廷政府在有关疫情信息不全面、不充分的情况下，不顾里文森博士等有识之士的反对，以口蹄疫已彻底消除为由，贸然决定从 1999 年起停止为牲畜接种疫苗，结果导致口蹄疫复发，并在 2001 年大规模爆发，给阿根廷造成巨大经济损失。[1] 由此可见，信息不充足对决策认识的影响是深刻的、长远的。

第五节 影响决策认识的环境因素

北京师范大学著名教授于丹在《论语心得》中讲了一件真实的事情。英国科学家为了试验南瓜这样一个普普通通廉价植物的生命力能有多强，就做了一个实验：在许多同时生长的小南瓜上加砝码，加的前提就是南瓜所能承受压力的最大极限，既不要把它压碎了，也不要把它压得不能生长了，也就是在确保它能生长的前提下压最多的砝码。给不同的南瓜压不同的砝码，只有一个南瓜压得最多，从一天几克、几十克、几百克，到几千克。等这个南瓜长成熟的时候，它上面已经压了几百斤的重量。实验的最后一步就是把这个南瓜和其他南瓜放在一起，大家试一试用刀刨下去是什么样的质地。当别的南瓜都手起刀落噗噗切开的时候，这个南瓜却怎么也切不开，刀下去弹开了，斧子下去也弹开了，最后这个南瓜竟然是用电锯呲呲喀喀才锯开的；南

---

① 沈安：《政府决策失误，口蹄疫肆虐成灾》，《新华每日电讯》2001 年 7 月 18 日。

瓜果肉的强度已经相当于一棵成年的树干。这一事例充分说明，环境对事物的影响是多么巨大。决策认识方案的出台和执行过程，就如同科学家精心培植的南瓜一样，同样会受到环境的深刻影响。

决策认识总是在一定的环境中产生、发展和存在的，决策认识的特征及其形成过程都与所处的环境有着千丝万缕的联系。特别是在当今信息时代，决策认识主体所处的环境瞬息万变，环境影响决策认识的广度和深度大大增强，决策认识过程变得更加复杂。要形成科学的决策认识，必须对其所处的环境特征及与环境的关系进行细致的分析和研究。影响决策认识的环境是指能够对决策认识活动产生影响的各种环境因素。主要包括自然资源环境、经济环境、政治法律环境和社会文化环境。自然环境主要在物质基础方面对决策认识产生影响。经济环境主要是通过经济体制、经济结构、经济政策、经济手段等方式，对决策认识产生广泛而深远的影响。政治法律环境主要是通过政治体制、政党制度、方针政策、法律法规等形式，决定和规定决策认识的方向和要求。社会文化环境主要是通过意识形态、道德观念、宗教信仰、风俗习惯等方式，对决策认识产生潜移默化的影响。

决策认识主体对其所处决策环境的把握和认识水平决定了决策认识成果的科学性。决策认识的环境有三个特征：首先，客观现实性。决策认识环境是对决策认识主体的认识活动产生影响和制约的客观条件，对任何决策认识主体来说都是不以其主观意志为转移的客观现实。决策认识主体及其活动依赖于环境而存在，环境为主体认识活动提供存在和发展的条件，任何违背这种客观现实性的活动都不能达到目标。其次，普遍性。任何决策认识过程都要受到环境的影响，环境的作用渗透到决策认识的每一步骤。每一个组织以及组织中的每位成员都是整体环境的一个要素，其他组织的情况和条件对本组织产生影响，而本组织情况和条件又会成为其他组织存在和发展的情况和条件。因此，任何决策认识活动都要以与环境的输入输出为条件，与环境不断进行物质能量和信息的交流。最后，"属人性"。人具有主体性，是万物的尺度，人能把"自然存在物"变成"为我存在物"，从现实存在中寻找到无数种可能性把符合人类需要而现实中又不存在的事物制造出来。

人类在不知道什么是决策认识科学时，就已经在从事决策认识活动，就已经在自觉地处理决策认识与环境的关系。在决策认识中，对自然事物从人的角度去考察，在对环境的客观性考察中结合着人的决策目的和进程去考察，是必不可少的。就人类环境系统而言，环境是在人的活动中逐渐形成的。环境自身虽然不依赖于人而存在，但是它只有和人类活动联系在一起，才能进入"人类环境系统"。而人则是在实践活动中，通过实践活动的主体性特征，逐步了解环境的性质、人与环境的关系以及人与人的关系，这种认识是由局部的、孤立的逐步扩张到整体的、联系的，从具体的、感性的逐步升华为抽象的、理性的。人类对环境的认识由浅入深，进而按照自己的目的去掌握它，使外部客观环境成为人的对象性存在。环境随着人的实践而发生变化，变化了的新环境又成为人所要认识的对象。

一、自然资源环境对决策认识的影响

自然资源环境主要在物质基础方面对决策认识产生影响。自然环境是指环绕人们周围的各种自然因素的总和，如大气、水、植物、动物、土壤、岩石矿物、太阳辐射等。这些是人类赖以生存的物质基础。通常把这些因素划分为大气圈、水圈、生物圈、土壤圈、岩石圈等五个自然圈。人类是自然的产物，而人类的活动又影响着自然环境。

资源环境泛指在一定技术、经济条件下存在于自然界和人类社会中，能够影响人类发展并能为人类所利用，能给人类提供当前或未来福祉的诸如物质、能量等各种存在形式的总体。自然和资源环境是以整个自然界作为自己的极限，在研究决策认识问题时所指的自然和资源环境，是以人为中心的、影响决策认识活动的外在自然和资源因素的总和。因为自然界除了与人有联系的自然界外，还有人类活动尚未影响到或对人类活动尚未构成影响的自然界。在具体的决策认识中，也并不需要完全考虑所有与人类有关的自然和资源环境。例如，青藏铁路是世界上海拔最高和最长的高原铁路，是全球目前穿越高原、高寒、缺氧及连续性永久冻土地区最长的铁路，修建青藏铁路必然会对自然资源和生态环境要素造成不同程度的影响和破坏。因此，从动态角度来看，青藏铁路决策认识是一个系统的生命过程，涉及青藏铁路工程的选线、勘探、设计、施工期和营运期各个阶段。在决策认识方案的形成过程中，要充分考虑到施工过程的各阶段对环境的影响，针对各自特点和不同情况采取不同措施，力争最大限度地保护生态环境和最小限度地破坏生态环境，最后形成各种决策认识方案以供决策认识主体选择。青藏铁路工程按选线、勘探、设计、施工期和营运期分点、分段全面进行，分别根据工程不同的对象、内容和发生范围进行环境影响的分析工作：根据试验段不同特点，开展环境影响的识别和分析工作，重点识别敏感环境保护目标；规定施工区域、范围，最大可能减少对环境的影响和破坏，加强施工期风蚀防护措施，建立必要的施工营地和施工队伍的环境保护管理制度；在运营期，规定铁路封闭式运行，车上垃圾在指定车站定点排放、集中处理，减少各种废弃物排入脆弱的生态环境；保护生物多样性，采取以桥带路的措施，为野生动物提供迁徙的通道。所有这些工作，都是遵循青藏铁路决策认识的生命过程进行的，充分体现了自然资源环境对决策认识的影响。

二、社会文化环境对决策认识的影响

社会文化环境主要对决策认识产生潜移默化的影响。社会文化环境包括一个国家或地区的社会性质、人们共享的价值观、人口状况、教育程度、风俗习惯、宗教信仰等各个方面的具体状况以及发展变化的趋势和方向。"文化决定了人的存在：表达自我的方式（包括情感的流露）、思维方式、行为方式、解决问题的方式、规划和建设城市的方式、运输系统的组织和运行方式、经济与政府的关系和发挥作用的方式。"[①] 任何决策认识主体都是处在一定文化背景下的决策认识主体，其行为都会受到某种文化的影响。一个国家长期沉淀下来的文化传统、道德价值观念、宗教信仰和意识形态，都会潜移默化地影响在特定的文化氛围中成长起来的决策认识主体的基本价值观念、信仰和基本的思维、行为方式和处世的态度。这些属于文化范畴的观念为他们的行为提供了一个观察问题的"透视镜"，从而影响到他们的世界观、人生观和价值观，限制着他们的基本思维方式。从人类社会发展的历史来看，

---

① ［美］拉里·A. 萨姆瓦、理查德·E. 波特等著，陈南、龚光明译：《跨文化传通》，三联书店 1998 年版，第 26 页。

人一旦为了生存与发展的需要而从事生产劳动时，就有了认识与决策，也就有了相应的决策认识活动。从本质上看，人是社会文化动物，人类的所有活动本质上是一种社会文化活动。决策认识作为人的社会文化活动的一种产品，其水平基本上是与人类文化的发展水平相一致的。人类文化演进主要经历了自然文化、人文文化和科学文化三种形态，深刻揭示了社会文化环境对决策认识影响的渐进过程。

　　人类在远古时代，盛行一种自然文化。这是人类对大自然崇拜的文明结晶，也是人类对大自然初步认识的产物。在自然文化时期，人们往往从自身需求的角度去看待自然，所以能够不断地把外在的种种自然现象的刺激同化于"饥欲食，寒欲衣"的主体需要的格局，使之成为人类进行决策认识的前提，并在这种决策认识的指导下去进行人类的生产实践活动。例如，原始人之所以能通过敲打石块来制成锋利的石器，就在于他们在追逐野兽的实践活动中形成了有锋刃的石块比无锋刃的石块更能杀伤野兽的决策认识。又如，原始人在自身的生产实践中逐渐发现了近亲交配带来的恶果，在这些恶劣事实的刺激下逐渐认识到近亲繁殖给人类自身的生存和发展带来的严重危害。这就使他们逐渐形成了关于新型的两性关系模式的决策认识，于是便制定出关于乱伦的禁忌，由群婚转向对偶婚，由族内婚转向族外婚。

　　随着社会生产力的发展，人类社会进入小农经济时期，出现了与自然文化相对应的人文文化。在这一时期，决策认识的特性也受当时的人文文化的影响，带有天然的专制性、个人崇拜和神秘主义色彩。两千多年的封建专制，其上层建筑就是根植于稳固的自给自足的小农经济结构的基础之上。在小生产状态下的自耕农和佃农，抵御自然和社会灾祸的能力较低，他们弱小的经济地位决定了他们不能代表自己，一定要由别人来代表他们；他们的代表一定同时又是他们的主宰。在这样的人文文化的背景下，形成的决策认识大都具有一定的专制特性和个人崇拜特征。

　　产业革命以来，由于科学技术大规模地转变成直接的生产力，科学技术巨大的社会功能已经被人们所认识，加之科学教育的普及与提高，便在自然文化与人文文化之后，兴起了一种以现代科学技术为核心的现代科学文化。

现代科学文化的进步性对人们的决策认识具有深刻的影响。首先，它要求人们做什么事情都应该符合科学的原则，就是说决策认识要有科学的依据，要有科学的方法，要有科学的计量体系，要有科学的评价标准。其次，科学文化常识往往成为决策认识的中介背景。例如，1939 年科学家发现核裂变反应，美国科学家爱因斯坦上书罗斯福总统，建议抢先制造原子弹，但是却很久没有被采纳，后来科学家们通过总统的近臣萨克斯来游说罗斯福。一天，总统用早餐时，萨克斯讲了一个"拿破仑与富尔顿"的故事，称 19 世纪初反法联盟军队包围巴黎，发明了蒸汽船的富尔顿去见拿破仑，请求拿破仑采用他的发明，改装法国的军舰，但是拿破仑拒绝了。萨克斯说："如果拿破仑采纳了富尔顿的发明，也许近代史就要改写了。"这一番话打动了罗斯福，立即同意采纳科学家的建议，著名的"曼哈顿工程"就此开始。① 对于一个世界著名的科学家的建议，总统可能置若罔闻，而一番近似传奇的科学史故事却使得决策认识主体做出了最后的决定。由此可见，科学文化的常识成了决策认识过程的背景和中介。

因此，不管从横向的地域间对照、还是从纵向的历史比较来看，决策认识都深受其所处的社会文化环境的影响。在决策认识的过程中，决策认识主体要善于顺应把握社会文化环境中的各种积极因素，善于开展进行科学的决策认识活动，善于形成制订科学的决策认识方案。

三、经济环境对决策认识的影响

经济环境对决策认识产生广泛而深远的影响。从一般意义上来讲，经济环境是指一个国家或地区的社会经济制度、经济发展水平、产业结构、劳动力结构、物资资源状况、社会消费水平和结构以及国际经济发展动态的水平状况及发展趋势。对决策认识产生影响的经济环境主要包括经济体制、经济结构、经济政策、经济手段等，如国家经济发展的总体状况、国家对经济部门的控制与干预程度、社会供求平衡状态、社会通货膨胀水平等，均属经济

---

① 　鲍宗豪：《决策文化论》，上海三联书店 1997 年版，第 5 页。

环境范畴。经济环境是随着经济政策的不断变化而变化的。经济政策像只多头兽，行动缓慢且无法预测，它不仅制约了决策认识，而且也给决策认识主体的发展战略调整施加了巨大的压力。在决策认识过程中，决策认识目标应该不断地进行调整以适应经济环境的变化，决策认识主体必须明确其所在的经济环境，对新情况、新问题和新机遇作出快速、高效的反应。在诸多经济环境中，经济体制、收入预期、财政政策、货币政策和劳动力市场政策对决策认识的影响尤为明显和尤其重要。

（一）经济体制对决策认识的影响

经济体制对决策认识的影响是重大而深远的。由生产和分配所构成的经济系统，是人类社会发展的主要基础。现代社会每一个组织都在经济系统中扮演一定的角色，即使诸如教会和社会团体等某些不直接从事经济活动的组织也不能超脱于经济生活之外。在经济生活中，人们最关注的莫过于资源的配置；经济体制的核心就是对资源进行配置的具体形式。截至目前，在对资源的配置方面有三种主要的经济体制，分别是计划经济、市场经济与混合经济。在计划经济条件下，由政府决定应当生产什么或为谁生产。国家预测人们的需要并为国营企业确定相应的生产指标，同时建立起原料和制成品的分配网络。实际上，计划与复杂的生产决策之间的协调常常是困难重重。这样，将导致一些商品的生产过剩或短缺，因为这些生产出来的商品没有与消费者的实际偏好相吻合。市场经济与一个社会的经济制度性质无关，是以市场配置资源或调节经济运行的经济，主要是按生产要素贡献和市场效率分配刺激经济实体实现生产要素的最佳结合，从而提高资源配置的效率。在市场经济中，资源配置的核心问题是如何把资源配置到最需要的地方，从而使资源得到最有效的利用；契约自由和消费者主权、生产要素流动和生产规模结构由市场需求决定；供给和需求双方在市场上相互作用，形成了市场价格的运动，并贯穿于经济运行的始终，就像一只"看不见的手"调节着整个国民经济的运行。实际上，更多的国家实行的是一种混合经济体制，它包括公有制经济和非公有制经济，政府的干预程度将根据国家的需要及执政党的政治观点而有所不同，其结果是非公有制经济的地位在很大程度上受到公有制经济的规模及其所消耗的资源的制约。在计划经济条件下，基层各个组织都不是自负盈亏的独立经济主体，在进行决策认识的过程中根本不需要了解市场的供求状况，而只要按照国家经济计划办事就行。相反，在现代市场经济条件下，市场成为配置资源的主要方式，资本、商品、服务和知识都实现了跨国界的流动，国家的各级各类组织都致力于对外开放、经济改革、市场监管和重视知识产权。这样就使得各个组织的领导者在决策认识过程中一反计划经济体制环境下对国家计划的依附状态，创新成为决策认识过程的首要任务。在不违反国家政策的前提下大胆创新，按照市场经济本身的规律配置资源，按照市场供给需求制订和调整事关组织生存发展的决策认识方案。

（二）收入预期对决策认识的影响

收入是指个人在特定时间内所得到的资金流量，国民收入是指整个国家在特定时间内所得到的资金流量，收入预期则是指在特定时间段内对个人收入占国民收入进行的综合判定与预测。消费是用以描述公众购买商品和服务的概念，收入直接影响和决定消费，消费则是收入最直接的外在的表现体现形式，从一定意义上说收入预期就是对未来消费心理和消费行为的分析和期待。消费行为可分为储蓄型、消费型。消费是由多种因素决定的，其中最重要的因素：一是收入。英国经济学家约翰·梅纳德·凯恩斯首次把收入和消费联系在一起，将可支配的收入即除掉税收和其他法定扣除之后的收入视为决定个人消费的主要因素。二是财富。这是一个存量概念，它衡量的是个人积累的资产和总货币价值。个人可以把其财富用于金融消费，如用于储蓄或资产变现。三是信贷的可得性及其成本。信贷是一种以将来获取的收入为基础的借贷，其利率就是借贷资金的成本。信贷作为消费的一项决定性因素，同时也直接决定了信贷的可得性。四是预期。如果人们预期价格将来某个时间会上涨，那么消费也会增加。同样，如果考虑到将来可能失业，则会降低消费。总之，消费者的消费心理、消费动机、消费行为、购买模式是不断发展变化的，认真分析和科学预测随着收入的增加需求将如何变化，深入研究和准确判断消费者的消费发展趋势以争取社会公众的支持，成为决策认识主体进行决策认识的突出重点和重要依据，对决策认识产生重大影响。因为对于政府等一些非营利型组织来说，赢得消费者即社会公众的支持是其组织自身存在的合法性基础；对于企业等营利性组织来说，消费者的理解、支持和认可更是其生存和发展的根基。

（三）财税政策对决策认识的影响

政府的财税政策对企业有最为有效和最为突出的影响作用。因此，财税政策对决策认识的影响主要集中体现在财税政策对企业决策认识的影响之中。企业领导者评估经济行为中可能产生变化的主要目的之一，就是将之运用于自身决策认识过程。政府开支的增加将首先使那些与政府直接联系的企业受益。当企业的订单逐步完成，生产能力得到充分应用，员工们就会得到较高的薪水，股东们就能得到更多的红利。同时较高的利润水平也会带来更多的资本投资、更多的研究开发、更多的再培训方面的开支，所有这些都会提高企业的效率。尽管不能确定是否所有企业都按这种方式运行，但可以明确的是任何以寻求更高的短期利润为目的而牺牲企业长远发展和竞争优势的行为，其生存将很难长久。政府减少税收的目的是为了刺激消费，增加投资和扩大就业人口，以此提高国民收入水平。降低个人所得税会增加可支配收入的数目，降低企业所得税能刺激企业增加用于再投入的利润，而不是依靠外部借贷。此外，它还有利于提高企业效益，因为企业所得税的降低使得留给企业所有者的利润增加了。同样，因为对企业征收低税所带来的边际收益超过了风险，就会出现更多的企业。总之，税收减少的扩张性财税政策对企业运作的各个方面产生多方面的影响，营销、生产、金融融资和人事部门对经济环境的这一变化都将做出相应的反应和调整。所有这些因素都将对企业决策认识产生直接而重大影响，必将为企业决策认识过程所统筹考虑和及时采纳。因此，决策认识主体在进行决策认识的过程中，必须及时了解政府财税政策的变化及其对自身竞争环境的影响。

（四）货币政策对决策认识的影响

货币供应量在经济活动中作为一个主要的指标起着调控作用，但它的重要性似乎已有所减小，取而代之的是以利率政策来影响借贷，从某种程度上影响汇率；不过它们也可以主要用来影响抵押借款率，因而也影响了许多消费者的可支配性收入。就经济活动而言，货币政策尤其是利率的变动非常重要，直接作用和渗透到经济活动的每一个环节和每一个层面，因而也对经济决策认识产生巨大影响，成为决策认识不可或缺的主要依据和参考因素。假设利率提高，将产生如下影响：降低"可自由支配"的收入，尤其会减少具有收入弹性的商品和劳务的销售额；对于奢侈品的需求减少，尤其对经常需要利用贷款来购买轿车和家用电器的需求会减少；与股票、债务人和现金相连的运营资本的机会成本会提高。由于一些借款人生意中断，呆坏账也会随之而增加；投资费用会更加昂贵；未来资金的流入需要抵消增加的筹资费用；对现有贷款利息的高支付会侵蚀企业的营业利润，很有可能导致如机械设备、培训、研究和开发等资本开支的减少；减少投资会影响一些经济实体长期的竞争能力，因为产品单位成本不可下降；利率提高会导致汇率的提高或升值，这种升值使进口商品的价格下降，出口产品价格提高。尽管经济受货币政策尤其是利率政策的影响各不相同，但所有这些影响都有可能发生，不管出现什么影响，利率政策显然会对决策认识主体产生影响，并且在很大程度上决定决策认识的科学性。

（五）劳动力市场政策对决策认识的影响

制定和完善劳动力市场政策，是各级政府部门主要的工作目标和工作内容；劳动力市场政策直接影响和制约着政策性决策认识活动的形成和变化过程。在动态经济中，各类组织的成员需要不断变换职业以适应劳动力需求结构的改变。教育和培训已从一定程度上促进了劳动力的职业流动性。政府寻求多种方式以使义务教育更具职业化特点，成人也可得到更多的机会接受培训和再培训。这两种措施的实施会产生一支更具灵活性和适应能力的劳动大军。目前，我国劳动力市场呈现出四个特点，制约着决策认识目标市场选择：一是人口多、增长快，给经济发展带来了极大的市场潜力，但同时制约了经济增长、文化发展，影响到决策认识的物质经济基础和客观现实条件。二是人口迁移流动不断扩大，城市人口增长速度加快。这不仅使人们的消费结构和消费水平发生变化，而且影响到决策认识的目标公众的选择。三是我国是多民族的人口构成，老龄化趋势加强。在决策认识的过程中，应注意老年人市场需求的日益兴旺。四是家庭规模小型化，家庭户数不断增加，带来了住宅、家具、炊具、家用电器等方面的需求变化，这无疑是决策认识主体进行决策认识的依据条件。

四、政治法律环境对决策认识的影响

政治法律环境主要是指影响并制约一个国家或地区中人们行为的总的政治形式以及立法和司法制度，主要包括政治体制、政党制度、方针政策、法律法规等。一个国家的政治环境特征是指在国家的政治生活中人们的政治态度即政治文化、公民参与政治生活的程度、政府结构、权力的横向和纵向划分与制约等；一个国家的法律特征是指在这个国家中宪法的地位、法律制度的有效性、政府法律权力的运用情况以及这个国家的国防特征如军队的地位和作用、国防力量和军事开支等。决策认识必然要受到政治法律环境的影响，政治法律环境对决策认识有直接性和不可逆转性的特征。从某种程度上来说，国家的总体政治环境决定和规定决策认识主体的方向和要求。国家政府所制定的各项方针政策如人口政策、能源政策、物价政策、财政政策、货币政策等，都会对决策认识活动产生影响。决策认识主体要适时地把握国家或地区方针政策变动的脉搏，从这种变动中寻求有利于自身发展的机会，并在这种认识的指导下果断做出决策。决策认识主体要培养良好的法律意识，熟悉相关的法律条文，为决策认识提供法律上的依据，保证决策认识的合法性。

政治法律环境对政治性决策认识具有重要影响。政治决策是指掌握国家权力的机关即执政党、立法机关、司法机关以及行政机关，制定党和国家的发展目标并对政治生活的重大问题寻求和抉择解决方案的过程。政党特别是执政党是政治决策的核心主体。在现代民主化国家中，国家的政治统治主要是通过政党统治来实现的。任何政党都是特定阶级、阶层或利益集团的代表。每个政党一旦走上政治舞台，都会牢牢地掌握制定和推行政治决策的权力，以便把他所代表的阶级、阶层和社会集团的利益转变成国家的政策。执政党制定的政治决策必须是代表社会公众对公共政治生活所做的抉择，如果其制定的政治决策只服从于一小部分社会集团的利益而有悖于社会大多数成员的意愿，不仅会使公众对执政党和政府的合法性地位产生怀疑，而且难以执行。由此可见，政治决策是涉及全体社会公众利益的决策，它的制定和实施结果本身即为政治法律环境的重要组成部分。同时，政治决策是对社会价值的权威分配，决策的权威性源于决策的制定依据了法定的程序和民主的规则，只有在法律的规范和约束之下所做出的符合大多数人利益的决策才能获得应有的合法性，才能在全社会范围内普遍执行。因此，在决策认识实践中，执政党领导人作为决策认识主体，必须要充分考虑自身所处的政治法律环境，如本国的宪法以及与决策相关的各项法律章程、本国的政治文化传统及公民参与政治的积极性等，确保政治法律决策的正确与合法。

建设社会主义和谐社会，要求所做出的理想的政治决策必须是科学的、民主的、和谐的，这是由于我国所处的政治法律环境所决定的。我国是人民当家作主的社会主义国家，国家的一切权力属于人民，人民享有管理国家和社会公共事务的权利。"中国共产党是中国工人阶级的先锋队，同时是中国人民和中华民族的先锋队，是中国特色社会主义事业的领导核心，代表中国先进生产力的发展要求，代表中国先进文化的前进方向，代表中国最广大人民的根本利益"。在中国共产党的领导下，国家机关在民主集中制的基础上，通过国家法律和决议等形式的政治决策，把全国各族人民的根本利益确定为国家利益，确保了政治决策是民主的、科学的、和谐的。在现实的政府管理过程中，社会公众能否真正参与政治决策并发挥其应有的作用，还要受到公众自身的参与意识和政治法律的影响，具体包括人民群众参与政治决策不可避免的、内化于心的政治认知、政治情感、政治态度、政治价值取向等。例如，在传统的政治管理实践中，受中国两千多年封建专制文化的影响，社会公众对政治决策非常冷漠，参与意识淡薄，即便参与也是消极的。这种政治法律环境中的领导者在进行决策认识过程中，不会考虑社会公众的根本利益；这样的政治决策在执行的过程中，也会面临重重障碍。相反，当今民主化浪潮席卷全球，在民主的、法治的政治法律环境的熏陶下，人民群众参与政治决策的热情异常高涨，由传统的"要我参与"变为"我要参与"，在决策认识过程中充分发表意见，积极献计献策，从而使政治决策认识的结果更加民主、更加科学、更加和谐。

　　我国当前的政治法律环境主流是邓小平理论、"三个代表"重要思想和科学发展观，是真正民主的、法治的社会主义政治法律环境。它对促进人民群众充分参与政治决策认识过程起着导向、促进作用；但是，也不能忽视封建主义政治文化和资本主义政治文化的消极影响，尤其是中国现在正处于社会转型时期，各种不同类型的政治法律环境对我国政治决策制度的民主化、科学化产生不同性质的影响，它们对党政领导者的决策认识的影响是不容忽视的。这种情况是客观存在的，我们必须要正视它。

第四章   决策认识的博弈规则

博弈是个体或组织在一定的客观条件支撑和制度规范约束下，一次或多次，同时或先后，在各自允许选择的行为或策略中进行选择并加以实施，最后从中取得各自相应的结果或收益的过程。博弈的核心是抉择，博弈的目的是谋求最大收益，博弈的手段是寻求战略均衡。决策认识的各种程序和各个环节，都不同程度地充满各种博弈。决策认识的过程就是博弈的过程。在决策认识过程中，由于信息的不完全性、假设的不可靠性、预测的不准确性、思维的局限性、实施者的差异性、实施过程的复杂性、实施效果的多样性等各种因素广泛存在，导致决策认识主体在或此或彼的抉择中，始终处在一个动态的、艰难的博弈过程之中。

研究博弈的理论被称为博弈论。博弈的参与主体可以小到一个人、一个组织，大到一个地区、一个国家，甚至许多国家组成的联合体都可以作为博弈中的一个参与主体，或称一个博弈主体。一个完整的博弈应当包括以下几方面的内容：第一，博弈主体，即博弈中进行决策并能独立承担博弈后果的个人或组织。第二，博弈策略，即博弈方可选择的全部行为或策略的集合，可以是方向、取舍选择，也可以是连续的数量水平等。策略至关重要，博弈参与主体不同的策略选择常常会带来不同的博弈结果。第三，博弈信息，即博弈方所掌握的对抉择策略有帮助的情报资料，如博弈主体之间相互或对其他博弈方行为和最终利益的了解程度。第四，博弈次序，即博弈参与主体做出策略选择行为的先后次序或重复次数。第五，博弈结果，即各博弈参与主体的收益或收益函数，各博弈方做出决策选择后的得和失，如一方赢、一方输、平局或参加者各有所得等，而且结果常能用正或负的数值来表示，或能按照一定的规则折算成数值。依据不同的标准，可以将博弈分为不同的类型。

如根据参与博弈的主体的数量，可分为单人博弈、两人博弈和多人博弈；根据得益情况，可分为零和博弈、常和博弈及变和博弈；根据博弈过程，可分为静态博弈、动态博弈以及重复博弈；根据博弈信息，可分为完全信息博弈与不完全信息博弈；最后，还可以根据博弈方的理性和行为逻辑差别，分为完全理性博弈和有限理性博弈、非合作博弈和合作博弈。上述各种博弈分类相互之间都是交叉的，并不存在严格的层次关系。

从对博弈的解释和阐述中可知，博弈是研究各种利益主体在彼此的行为产生相互影响、发生相互作用的时候，利益主体做出的选择以及这种选择的均衡问题的活动，即博弈的核心是抉择。博弈参与主体在抉择的过程中要充分考虑对手的反应。博弈分析的目标就是寻求一种战略均衡，在这种均衡中每一个参与博弈的人都没有兴趣选择其他的战略。因此可以说博弈的过程就是抉择的过程。同时，现实的人都是"理性经济人"，总是用适当的投入来谋求收益的最大化，即在现实社会交往中总是企图在与他人的"交换"活动中谋求个人利益的最大化。博弈论为深入分析决策认识过程中各参与主体的行为及各种方案的收益，提供了一个操作性很强的工具。

本章在论述决策认识博弈规则的过程时，遵循了马克思主义认识论从感性认识到理性认识，再从理性认识到实践的认识规律。充分运用博弈论的科学理论，结合各种典型的事例，详尽地介绍决策认识的博弈理论、模型，并用一些数学方法来支撑相应的博弈模型。这样，就形成了一个逻辑严密的系统，为决策认识博弈规则从理论走向实践奠定了基础。

第一节　决策认识的心理认知博弈

决策认识的心理认知是指决策认识主体的心理认知。决策认识的心理认知是指决策认识主体通过和利用注意、知觉、表象、记忆、思维和语言等认知方式，对相关决策认识所指向的对象进行感悟接受、分析判断、加工处理等高级心理过程。决策认识心理认知分为两大类。第一类是共同特性，主要包括制定决策认识的目标导向、人类大脑记忆系统的特点、大脑对信息认知加工的序列结构，它对所有类型的决策认识产生影响。第二类是个别特性和个性特征，主要包括认知需要、成就动机、自我概念、冒险倾向等，这类特性只能在某些类型的决策认识中表现出来。

决策认识主体是决策认识中的一个主要因素，其心理认知在决策认识中起着重要的作用。尤其是在以观念形态存在为特征的决策认识过程中，决策认识主体的心理认知模式很大程度上影响决策认识主体在认识活动中的行为选择。从认知心理学的视角来看，决策认识的形成过程包括决策认识主体对信息的收集、认识、加工和存储等步骤。这里所说的信息可能来自外在环境，也可能是自身的生理和心理状态，是一个涉及一系列复杂的心理认知博弈活动的过程。例如，王某需要买一台笔记本电脑，这是他的目标。在他做出最后选择之前的决策认识阶段，会从电脑的品牌、功能、价格、外形的美观、售后服务、使用时限以及更新等角度，对每一台笔记本电脑做出评价。王某在购买笔记本电脑的过程中要不可避免地受到自身价值偏好的影响。由于笔记本电脑的品牌、式样繁多，王某很难说清楚什么样的笔记本电脑是最好的。在各个变量中，除价格可以用数量准确表示外，其他变量就很难准确地数量化了。王某经过反复的心理认知博弈，买到了一台各方面都令自己满意的笔记本电脑，可是当他高高兴兴拿回家以后，家人却作了一些与他原先考虑不相同的评价，或者当他看到邻居买的另外一台笔记本电脑时，他就有可能对自己的购买决定感到懊悔。这正是由于围绕"购买电脑"这一目标，决策认识主体在有关电脑的各个变量间进行博弈，由于博弈过程中受到主体心理认知倾向多变性的影响，决策认识主体只是以不同的顺序来对各个变量进行博弈，所得到的决策认识结果就大相径庭。由此可见，不管是在日常的生活决策认识过程中，还是在正式的管理决策认识过程中，博弈都会受到主体自身心理认知的影响。人们总是尝试着在一些复杂的变量中，尤其是在主体多变的心理认知中做出选择。不同的人对同一事物的价值将有不同的印象和评价；而同一个人只是以不同的顺序来比较同一些事物，就能做出不同的决定。因此，心理认知博弈影响着人们的决策认识，对特定情形下主体的心理认知进行分析和研究是非常必要的。

决策认识的心理认知博弈主要包括自动加工与控制加工的博弈、理性选择与非理性选择的博弈、积极心态与消极心态的博弈。

一、自动加工与控制加工的博弈

诸多专家学者经过对决策行为发展背后心理机制的研究，得出了决策认识主体自身所具有的如表4—1所示"双加工"理论。[①]

表4—1 一些著名的双加工理论

双加工理论		系统一	系统二
理论流派	斯洛曼（Sloman）（1996）	联想系统	控制系统
	埃文思（Evans）（1984，1989）	启发过程	分析过程
	埃文斯（Evans & Oner）（1996）	缄默思维过程	外显思维过程
	雷伯（Reber）（1993）	内隐认知	外显学习
	莱文森（Levinson）（1995）	情绪智力	分析智力
	埃普斯坦（Epstein）（1994）	经验系统	理性系统
	波洛克（Pollock）（1991）	快的和顽固的模块	智力活动
	哈蒙德（Hammond）（1996）	直觉认知	分析认知
	克莱因（Klein）（1998）	再认启动决定	理性选择策略
	佩蒂（Petty）（1986）	边缘通道加工	中枢通道加工
	蔡金（Chaiken）（1987）	启发式的	系统的
	克莱兹尼斯格（Klaczynski）（2001）	启发式系统	分析系统
性质		联想的、整体的、自动的、对认知能力相对不做要求、相对较快，由生物性、暴露性和个人经验而来	规则的、分析的、可控的、对认知能力相对要求高、相对较慢，由文化和教育而来
任务说明		高度线索化、人格化、对话化和社会化	非线索化、非人格化、自我化
智力线索类型		相互影响的	分析的

资料来源：作者整理。

[①] Klaczynski P. A. , "The Influence of Analytic and Heuristic Processing on Adolescent Reasoning and Decision Making", *Child Development*, 2001, 72: pp. 844 ~ 861.

　　在表4—1中，虽然这些不同的理论模型在表述上有所不同，但是都有一个共同的假设，即人们拥有两个信息加工系统，系统一进行的是直觉的、粗略的、自动的信息加工；系统二进行的是分析的、仔细的、控制的信息加工。也正因为决策主体的"双加工"情况的客观存在，导致决策认识主体心理认知的自我博弈。

　　科学研究表明，决策认识主体的心理认知过程本身就是一个博弈的过程。决策认识主体心理认知博弈有两个认知加工系统，具有"双加工"的特性。第一个系统是包括缄默思维、内隐认知、情绪智力、边缘通道加工等方面的自动心理认知加工，其性质是直觉的、联想的、整体的、自动的、粗略的，对认知能力相对不做要求、相对较快，是由决策认识主体的生物性、暴露性和个人经验而来，具有高度线索化、人格化和社会化的特性。第二个系统是包括外显思维、理性智力、中枢通道加工等方面的控制心理认知加工，其性质是分析的、归纳的、规则的、仔细的、可控的，对认知能力相对要求较高、相对较慢，是由文化和教育影响而来，具有非线索化、非人格化、自我化特性。"双加工"理论符合马克思主义认识论的基本原理，是感性认识和理性认识的具体表现。决策认识主体心理认知博弈过程是自动加工和控制加工两种模式复杂博弈的过程，是两个系统相互对立、相互统一、相互交融、相互影响、共同发生作用、共同进行博弈的过程。

　　（一）自动加工与控制加工博弈的局部主导性特征

　　决策认识主体心理认知博弈的"双加工"系统，各自包含着诸多风格迥异和作用力相反的要素。在决策认识主体的心理认知博弈过程中，自动加工和控制加工两个系统并不是同时起相同的作用。在具体的决策认识心理认知博弈过程中，经常表现为自动加工或控制加工两者中的一个在起主导作用，另一个起辅助和参考作用。因此，自动加工与控制加工博弈就表现为局部主导性特征。

　　由"双加工"理论可知，自动加工系统和控制加工系统中分别包含着内隐认知和外显学习两个相对立的心理认知系统。内隐认知是指主体意识不到的认知活动。它所揭示的是知觉、记忆、学习等认知过程中无意识的、非语言表达的认知活动。内隐认知的信息加工是快速的、并行传入的过程，它是一种不能用语言明确表达的、不受认知主体意识控制的并且不需要付出多少心理努力的认知活动。内隐认知包括内隐知觉、内隐学习、内隐记忆等一系列具体认知过程。外显学习是指主体可以内省监控的认知活动。它所揭示的是知觉、记忆、学习等认知过程中有意识的、加工的、采取一定策略方式的认知活动。外显学习的信息加工是有目的的、有选择的因而也是间接的、相对较慢传入的过程，它是一种可以用语言明确表达的、受认知主体意识控制的、需要有意识的努力参与并且付出相应心理努力的认知活动。外显学习包括外显思维、外显分析、外显判断、外显选择等一系列具体认知过程。内隐认知和外显学习在特征上的不同可以总结为以下三点：首先，内隐认知是自动的，外显学习是需要意志努力的。对复杂系统范式的研究表明，人们的操作能力超出了他们所能意识到的范围。另外，在某些实验任务情景下，无意识的学习机制比已发现的有意识思维更能检测微妙的和复杂的关系。其次，内隐认知是稳定的，外显学习是易变的。内隐认知从认知过程到认知结果都是稳定的，不易受其他内、外因素的影响；而外显学习会受到年龄、智力、情绪、个性、动机、氛围等种种变量的影响。例如，在健忘症患者身上进行内隐认知和外显学习任务实验性分离表明，健忘症患者脑部损伤的区域对内隐学习影响较小。最后，内隐认知是深层的，外显学习是表层的。所谓深层，是指内隐认知获得的反应是刺激内部的潜在的深层结构；而所谓表层，是指外显学习获得的反应是特定的刺激或是刺激某些表浅的规则。

在现实的决策认识过程中，有很多由内隐认知即自动加工系统占据主导地位、发挥主导作用的事例。例如，2008 年 8 月 17 日，在北京奥运会男子50 米步枪三种姿势决赛中，美国射击名将马修·埃蒙斯重演四年前雅典奥运会的悲剧，在最后一枪只要打出 6.7 环就能稳夺冠军的情况下，竟然只打出了 4.4 环，无缘奖牌。运动心理学教授张力分析认为，马修·埃蒙斯可能是太关注最后一枪的成绩了，"他可能把成绩和环数概念想得太清楚了，而没有考虑这最后一枪的动作和过程"。从心理学来看，所有的学习和认知都是一种记忆。心理学家研究表明，在有意识的外显记忆之外还存在着一个相对独立的记忆系统即内隐记忆。内隐记忆的特点是人们并不有意识地知道自己拥有这种记忆，只是在对特定任务的操作上表现出来。这类记忆"会在当前的思想和行为上有所反映，但此过程表现的无意识参与的痕迹"。当马修·埃蒙斯打到最后一枪时，四年前令他太受刺激的脱靶景象下意识地在脑际浮现，影响到他的心理和意识，于是动作变形、悲剧重现。在这一过程中，内隐认知是自动加工，外显学习是控制加工。二者的博弈是自动加工起主导作用而控制加工起辅助作用的博弈。这就充分体现了在决策认识心理认知博弈中，自动加工和控制加工博弈的局部性主导性特征。

与此相反，在现实的决策认识过程中，也有很多外显学习为特征的控制加工系统占据主导地位、发挥主导作用的事例。例如，我国举重名将唐功红在2004年雅典奥运会女子75公斤级比赛当中，抓举失利，但是在关键时刻的最后一次挺举却以182.5公斤的成绩，实现了惊天大逆转，最终以305公斤的总成绩获得冠军并打破了挺举和总成绩两项世界纪录，获得了中国在奥运会上的第100枚金牌。唐功红之所以能夺冠，当然与她平时刻苦训练得来的过硬素质分不开，但是也离不开在那千钧一发的时刻，她经过心理的"外显学习"所形成的"拼命三郎"式的爆发力。由此可知，控制加工系统中的心理认知系统——外显学习，易受外界环境或氛围的刺激以及主体自身情绪的影响。在此次对决中，唐功红面临着实力强劲的对手，抓举比赛结束后只排名第五。眼见形势不妙，时任国家举重中心主任马文广借中场休息时间忙着给唐功红打气，"你看一看你的对手，哪一个不是你的手下败将，拼了四年才等来一个奥运会，你现在却害怕了！现在怎么办，豁出去了！"她的教练对她说："你一定要举起来啊，举不起来咱俩就别回去了，给中国女举丢脸了，举起来了就可以当英雄好汉。"正是在这种外界压力的激发之下，唐功红拼尽了最后的力气，一举成名，为国家和自己赢得了殊荣。在唐功红当时的心理认知博弈中，以外显学习为特征的控制加工占据主导地位，她心想的只是国家的利益以及领导、教练和全国观众对她的期望，而暂时忘记了内心对182.5公斤重杠铃的恐惧，内隐认知暂时处于被支配的地位，这也充分体现了自动加工和控制加工博弈的局部主导性特征。

（二）　自动加工与控制加工博弈的内在隐蔽性特征

自动加工和控制加工这两个不同的信息加工系统是马克思主义认识论中感性认识和理性认识的一种表现，体现出马克思主义认识论中所指的感性认识和理性认识所具有的内在隐蔽性特征。正因为决策认识心理认知博弈所具有的局部主导性特征，决定了在复杂的决策认识心理认知博弈过程中，自动加工与控制加工交相或共同发挥作用，表现为有时在某些方面是自动的，而在另一些方面是可控的。由此可见，自动加工和控制加工博弈的源泉和动因来自决策认识主体心理的各种动机、需求以及情感状态，自动加工和控制加工博弈具有内在隐蔽性特征。例如，纯粹的暴露效应会使某些人不由自主地购买暴露较多的服装，体现和反映出自动加工心理认知的特性和过程；但是人们却可以用高级的认知过程诸如颜色不好、质地较差、价格过高、经济拮据等理由和形式来抵制购买的诱惑，体现和反映出控制心理认知的特性和过程。又如，当看到款式新颖、价格低廉的索尼和松下的电子产品时，有些人会不由自主地产生购买的欲望，然而如果这些消费者都是激进的爱国主义者，那么他们就会对先前的"直觉"做进一步分析和反思，其结果是想到日本帝国主义第二次世界大战期间在中国所犯的滔天罪行，他们又会用这种爱国主义情感来对日货重新做出评价，最后会在心理认知上控制住购买欲望，形成抵制日货的决策认识。由此可见，以心理各种动机、需求和情感为动因的决策认识心理认知博弈具有内在隐蔽性特征。

（三）　自动加工与控制加工博弈的阶段跳跃性特征

从理论上来看，决策认识的心理认知博弈过程中包括元决策认识、信息加工和决策认识结果等不同的阶段。然而在现实的决策认识过程中，并不是所有的决策认识过程都包含这些阶段，自动加工和控制加工的博弈也表现为阶段跳跃性的特征。

对于心理认知博弈问题，加拿大萨斯卡切温（Saskatchewan）大学的经济学家查坦德（Chartrand，2005）提供了一个如图4—1所示理论模型。在决策认识过程中，心理认知可以在三个不同的阶段发生。环境中的一些特性，能引发自动加工，并可以导致最终结果。虽然人们心理或意识到或意识不到这些环境特性，或意识到或意识不到相关心理认知启动实验中自动加工本身，但都会导致最终结果的发生。例如，人们在日常生活中可能意识不到平日里铺天盖地的可口可乐广告中的特定词语，但该广告词语能引发心理认知自动加工，潜意识地存在于人的大脑之中。一旦需要，人们会毫不犹豫地购买可口可乐，虽然人们心理并没有意识到购买可口可乐是受到可口可乐广告中词语的启动，其心理或者意识到或者意识不到这一决策结果是心理认知自动加工过程本身受到环境特征的影响所致。源自这一过程，即使人们也许意识到是购买了广告宣传的商品，但是在心理上仍然没有意识到是对广告商品持有积极的心理认知态度的结果。

图4—1　自动加工模型

　　这一模型对研究决策认识心理认知博弈中的自动加工与控制加工博弈具有参照意义。虽然查坦德模型对自动加工的阶段提供了一个初步的描绘，但是没有描绘出博弈发生在决策认识过程的何种阶段，而事实可能是自动加工和控制加工在不同的阶段进行博弈，如图4—2所示理论模型很形象地说明，在元决策认识过程、信息加工、决策认识结果等不同的心理认知阶段，都有可能存在自动加工和控制加工博弈。在元决策认识阶段，自动加工和控制加工的博弈会影响决策认识主体如何处理一个任务，如使用系统一，还是系统二；启动直觉自动加工，还是分析控制加工等。在信息加工阶段，人们意识到或者意识不到为了决策认识进行心理认知自动加工和控制加工博弈。在决策认识结果阶段，人们同样会受到自动加工和控制加工的影响，甚至在该阶段自动加工会使人们跳过前两个阶段，取而代之的是"直觉"和快速的博弈选择。

图4—2　决策过程模型

综上所述，决策认识心理认知博弈过程是以系统一和系统二直觉启动和分析启动、最不彻底的和中度的和最彻底的信息加工等为表现形式的自动加工与控制加工相互影响、相互作用、相互统一、相互交融、相互矛盾、相互对立的复杂博弈过程，其理念模型如图4—3所示。

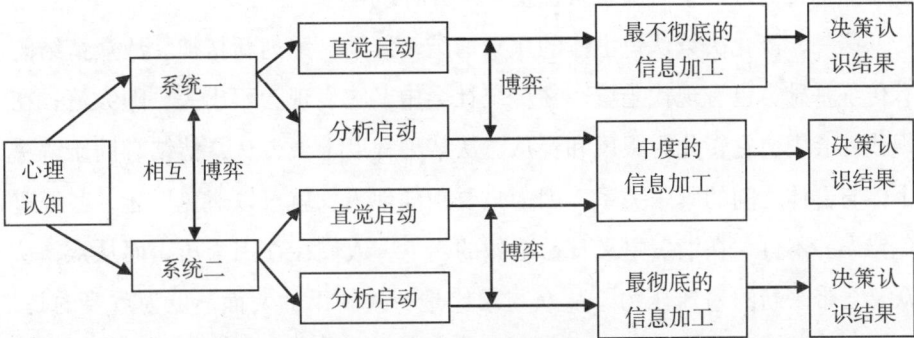

图4—3　心理认知博弈图

从以上对决策认识过程中主体自动加工和控制加工博弈的分析发现，决策认识方案在形成过程中主体的心理认知博弈决定了主体的行为选择，以致最终决定决策认识的成败。自动加工和控制加工博弈是深藏在主体内心底端的心理情结，它从根本上制约着决策认识主体的思维方式和行动方式。对于大部分的决策认识主体来说，要去除这些情结，是艰难的事情。一方面，自动加工和控制加工两者之间的博弈形态是长期积累形成的，是深藏在心理底层的无意识组合。另一方面，这种博弈模型并非个人单独所有，而是具有群体性的，很容易在集体行动中被呼唤出来，成为促成集体非理性行为的力量。尤其是在当前这个快速变化的时代中，健全的心理与精神是决策认识主体抵御诱惑和冲击的最后屏障，也是实现人格升华的持久动力。这一点对于目前我国的决策认识主体尤其重要。在我国当今社会，随着物质生活质量的不断提高、社会制度的不断改革完善、人际交往范围的不断扩大，与之相伴随的是社会压力感的急剧增强，紧张、焦虑、担忧等成为已经分化的社会各阶层共有的心理状态、精神状态，脆弱紧张的精神世界与强大的物质实力和完善的制度设计形成鲜明对比。显然，这样的状态很难为科学合理的决策认识提供强大的心理慰藉和精神支撑。因此，为保证决策认识的科学合理，决策认识主体需要准确把握自动加工与控制加工博弈的本质，熟练掌握、适时改变自身心理认知博弈的技巧，并根据心理认知的自动加工和控制加工博弈具有的局部主导性、内在隐蔽性和阶段跳跃性等特点，充分运用各种心理激励手段驱除不良心理因素对决策认识主体的负面影响。

第一，淡化决策认识主体的从众情结，鼓励自主创新精神。从众情结既有传统基础，也有现代土壤。在传统社会中，它表现为不出头、随大流；在现代社会中，它转化为跟风和盲从。从某种程度上说，从众情结有助于解决个体与群体之间的紧张关系，因为只要跟随他人，就可以避免尴尬，甚至避免错误。不过，在消费主义日益浓烈的当下，人们往往因为压力而从众，从众又会带来新的攀比压力，从众与攀比是一枚硬币的两面。更为重要的是，攀比心理往往会误导竞争。应该看到，随着个体独立性的增强，自主精神也在不断形成和强化。自主精神的核心是尊重和发扬个性，鼓励和倡导开拓创新。这就要求整个社会要有包容精神、大度气魄、宽广胸怀，尊重不同差异和多元化发展。

第二，消除决策认识主体的匮乏情结，建立共享共乐精神。多年来尤其是改革开放以前，物质匮乏一直困扰着我们这个人口大国，靠天吃饭的小农经济以及缺乏效率动力的计划经济都无法解决这个问题。物质的短缺，既直接制约了人们生活质量的提高，也加剧了人们对未来预期的担心，甚至滋生出恐惧。在实践行为上，具体表现为对自身利益的过度重视，对公共利益的普遍忽视，甚至有意侵犯。随着物质财富的增长、社会分配的公正，匮乏情结应该逐步淡化出人们的心理。要在衣食无虞、相互联系更加紧密的基础上，建立起共享共乐精神。在共享共乐的过程中，充分体会到社会的温暖与共同体的价值。

第三，减弱决策认识主体的赶超情结，树立共生共存精神。对于许多后发现代化国家来说，赶超现有的现代化国家，既是国家的战略任务，也是激励国民精神的动力。"赶英超美"曾经是无数中国人的梦想，"屹立于世界民族之林"曾经鼓舞了几代人的奋斗。要实现赶超，就必须放弃其他的目标，牺牲某些东西，这固然会凝聚力量、形成优势，可能有助于在短期内达到目标、实现目的。但是，过强的赶超情结，会使人们始终用二元对立的定式来思考自己所处的世界，用过激的行为来掩盖自己脆弱的内心，因此失去心平气和。随着国力的不断增强，赶超的任务必然会逐渐被维持格局的责任取代，从国家到国民都要树立起共存的精神。

第四，改变决策认识主体的零和博弈情结，树立共赢共利精神。所谓"零和博弈"就是输赢结果非此即彼，只有一方获利。这种情结的形成有着深厚的制度基础。市场经济初期的恶意逐利和竞争为其提供了经济生活的土壤，复活了"人不为己、天诛地灭"的逻辑。当匮乏情结与零和博弈情结结合在一起的时候，必然会放大人们的恶行。随着社会交往的不断扩大，人们相互联系日益密切，利益相关性逐步增强，常和博弈逐渐成为发展主流，共赢精神逐渐成为社会共识。共赢精神的发展必然会获得越来越多的社会支持，这从根本上有效地缩小了零和博弈情结作用的空间。

第五，革新决策认识主体的差序情结，树立公平公正精神。"差序格局"被认为是中国传统社会文化的基本模式。关系有亲疏，等级有高低，距离有远近。将人伦关系推广到整个社会关系乃至政治关系之中，从而形成有序稳定的社会关系格局。毫无疑问，这种以血缘为基础发展出来的差序情结，成为人们提供界定自我社会位置、形成社会认同的便利工具。但是，随着经济社会快速发展，这种熟人型社会的心理结构，难以为正在形成的陌生人型社会现实提供全面的心理精神支撑，尤其是其内在的封闭性、等级性与现代社会需要的公平公正精神并不吻合，反而成为实现社会公平公正的障碍。随着人员的大量流动，传统共同体被打破，应该建立起公平公正精神，逐步消除各种身份歧视，切实尊重每个个体，并使每个个体能够为新的共同体贡献力量。在这种公平公正精神的驱动下，每个个体才能从陌生人型社会中感受到认同乃至温情。

总之，决策认识主体在自动加工与控制加工的心理认知博弈中，必须在日常的心理行为训练中运用理性思维、理性分析、理性控制等技术，给自己的潜意识思维下达一些积极的指令，驱除不良心理阴影的影响，避免美国射击名将马修·埃蒙斯式的悲剧发生。

二、理性选择与非理性选择的博弈

　　理性因素是指人的理性直观、理性思维等能力。在决策认识过程中，理性因素起着重要的主导和控制作用。主要表现在：首先，导向作用。决策认识活动是主体有目的地探求方法、解决问题的活动，无论是决策认识方案的选择、决策认识工具的使用，还是决策认识结果的总结和概括，都离不开理性因素的指导。其次，解释作用。借助科学理论，可以对纷繁复杂、瞬息万变的现象做出系统的说明。最后，预见作用。以科学理论为依据的科学预见与以日常经验为基础的经验推测相比，具有更大的可靠性。非理性因素是指人的情感、意志，包括动机、欲望、信念、信仰、习惯、本能等，以非逻辑形式出现的幻想、想象、直觉、灵感等也属于非理性因素。非理性因素对实践主体所主导的决策认识活动的发生与停止、对实践主体所拥有的决策认识能力的发挥与抑制，起着重要的诱导和调节作用。主要表现在：首先，动力作用。实践是决策认识产生与发展的动力，而实践对决策认识发生作用还得通过情感、意志这些非理性因素。人总是在一定的情感、意志的影响下从事决策认识活动的。积极的情感情绪给决策认识活动注入活力，对决策认识的发展是一种推动力量。其次，诱导作用。强烈的好奇心和浓厚的兴趣，会使人产生种种想象和幻想，而想象和幻想是创新性决策认识方案形成过程中必须具备的要求和品质。最后，激发作用。在情感、意志等非理性因素的激发下，会导致直觉和灵感的产生，而直觉和灵感这种非逻辑力量可以弥补逻辑思维的不足，激发决策认识主体的创造力，它是一种重要的决策认识能力。

　　从某种程度上来说，决策认识论是通过研究决策认识主体的心理活动，进而预测决策认识主体的现实行为选择的理论。几乎所有的理论都暗含着对实践主体是理性的、还是非理性的前提预设，即人对待世界的态度到底是纯粹工具性（理性）的还是规范和道德（非理性）的，人到底是根据效用最大化行动（理性）还是被感情和无意识的欲望所支配（非理性）。在决策认识过程中充满着理性选择和非理性选择的博弈。

（一）理性选择理论假设下的决策认识主体行为

在传统经济学理论中，对人的行动持理性即"经济人"的假设占据了主导地位。理性选择理论是建立在下列前提之上的：第一，个人是自身最大利益的追求者。第二，在特定情境中有不同的行为策略可供选择。第三，个人在理智上相信不同的选择会导致不同的结果。第四，个人在主观上对不同的选择结果有不同的偏好排列。理性选择可以概括为最优化或效用最大化，即理性行动者趋向于采取最优策略，以最小代价取得最大收益。英国古典政治经济学家亚当·斯密就认为，人的理性就在于他能够在对各种利益的比较中选择最大的利益，以最小的代价实现自身最大的需要。个人利益最大化往往是通过市场交易来实现的，运用市场这只"看不见的手"就会实现个人选择的最优组合，从而实现个人选择与社会选择的有机结合，进而使整个社会富裕起来。新古典经济学继承和发展了古典经济学"经济人"假设。他们认为，个体行动是理性的；个体可以获得足够的、有关周围环境的各种信息；个体可以根据所获得的各方面信息进行理性的计算和分析，从而按最有利于自身利益的目标选择决策认识方案，以获得最大效用。

按照理性选择理论，决策认识主体在制定决策认识方案过程中的所有行动都是合乎理性的，都是为了达到一定的目标并在此指导下选择具体的手段和方法；决策认识主体可以获得足够充分的有关决策认识事项的各种信息，并根据所获得的各方面信息进行计算和分析，按最有利于自身利益的目标选择决策认识方案，以获得最大利润或效用。

（二）非理性选择理论假设下的决策认识主体行为

非理性选择理论认为非理性因素中的情感、动机、信念、意志、欲望等，都是实践主体精神状况和生理状况的重要标志和显示器。非理性选择理论的核心是主张和认为实践主体的行动逻辑是按照情感意志等非理性因素进行的。非理性选择理论吸收和借鉴了现代心理学的研究成果，认为人类的活动是从信号开始，而信号需要一种放大的媒介才能激化有机体去行动，起这种放大作用的就是人们的情感、信念等非理性因素，这样就彻底纠正了过去传统观念中把人类活动的内驱力和信号放大器——情感、信念等混淆起来的根本错误，使人类活动的诱因获得了科学的说明。决策认识活动作为人类活动的一种基本活动，同样符合和适用于这种解释。显然，决策认识主体在决策认识活动过程中是受特定的情感、信念所激化或抑制的，人的情感、信念、意志等有极强的目的性、指向性和顽强性，它们能够在人的决策认识活动中激活决策认识主体的灵感，激化或抑制决策认识主体对问题的认识、态度、观念和行动。例如，在人类决策认识过程中总会遇到难以预料的困难，因而人们的信念欲望、意志状态、情感程度等等都会影响人们在决策认识中克服困难的程度。很难想象在决策认识活动中，一个没有热情激情、情绪低落、意志颓废的人会有什么建树。

非理性选择理论认为人的非理性因素具有较强的自由度和可变性，其适应价值就在于它能放大或缩小、加强或减弱生物体需要的信息，使有机体能够更加适应复杂的环境，适时调整自身的活动目标。情感、信念、意志等非理性因素是人的一种主观精神现象，它们有着主观目的性以及达到目的的选择功能。决策认识活动也是如此，当在理性因素控制下产生的决策认识活动满足了主体的需求时，就会使主体产生一种肯定性情感体验；相反没有满足时，就会使主体产生一种否定性情感体验，这样主体的选择就被非理性因素所干预。美国著名社会心理学家马斯洛认为，人的需求可以分为生理需求、安全需求、社交需求、尊重需求和自我实现等五个层次的需求。对这些不同需求的满足的体验，产生了不同层次的情感信念，如性感、自卫感、义务感、自尊感、荣誉感、良心感等等。人们的决策认识活动往往是在一种特定的情感和信念等心理形式下进行的，都会受到非理性因素的影响。

（三）决策认识主体理性选择与非理性选择的博弈

在决策认识过程中，决策认识主体理性选择和非理性选择分别根据各自的特性特征，按照各自运作运行的渠道和方式，发挥各自特有的相应的作用和功能。可以说两者相互作用、相互影响、相互转化，既对立又统一，既矛盾又协调，共同有机有序进行博弈，共同协作完成决策认识过程。

第一，理性选择在决策认识的过程中一般处于主导地位，在与非理性选择的博弈中起决定性作用。决策认识主体的理性选择行为，根源于主体自身利益最大化的诉求和收益与风险的比较。在现实的决策认识过程中，决策认识主体在制定决策认识方案时，收益和风险会促使其进行认真的理性思考，对现实环境中的信息和环境的不确定性进行调查和分析。例如，作为一个企业的决策认识主体，在面临决策认识方案的选择时，要了解市场供求和竞争对手的情况，要考虑是否以契约、合同的形式与他人或机构缔结合作伙伴关系，要从成本核算的角度对交易价格进行评估以决定是否成交。毫无疑问，这些行为过程是理性抉择，存在于一切决策认识领域，可以理解为理性选择的一般行为规则。

第二，非理性选择在与理性选择的博弈中有时也会反客为主，对决策认识起到主要作用。由于决策认识的心理认知因素存在不确定性和复杂多变性，致使决策认识主体有时受不确定性因素影响而无法对风险和收益做出清晰的判断。在这种情况下，决策认识主体就有可能无意识地放弃理性思考，而在非理性因素的作用下做出选择。这里所说的非理性因素，是外部环境诱导、直觉判断、历史经验、从众心理等因素的综合体。例如，一位买家要在两栋房子中间选择其中的一栋。一栋是屋况良好的希腊复兴风格农舍，标价30万美元；另一栋是刚刚翻新过的维多利亚联排别墅，标价28万美元。买家倾向于后者。这时，他的地产经纪人安排他去看另一栋希腊复兴风格农舍。这栋房子的屋况比前一栋稍差，标价32万美元。在回程的路上，买家宣布他打算买下第一栋希腊复兴风格农舍。从这位买家的选择结果看，他违反了理性选择理论的一个基本原理。因为按照理性选择理论原理，买家应该按照个人利益最大化的原则，选择标价28万美元的维多利亚联排别墅。这时买家在比较第一栋农舍和第二栋农舍时并不感到为难。但是就在这选择的关键时刻，地产经纪人在备选名单上增加了一个最差选项，即安排他去看另一栋质量较差但价钱又贵的农舍。在第二次的比较中，第一栋农舍轻松取胜于第三栋农舍，于是客户产生了爱屋及乌的心理，并将这种心理带入到了与维多利亚联排别墅的再度比较中。由此可知，经纪人利用一个看似浪费时间的做法，使得买家产生了对30万美元的希腊复兴农舍的"好感"，正是这种非理性的"感觉"促使买家做出了最后的选择。

第三,理性选择与非理性选择的博弈过程体现出融合性特征。在实际的选择当中,人们形成决策认识的过程都是理性选择和非理性选择相互作用、相互博弈的过程。例如,用心理认知博弈模型来具体分析政府官员在廉洁问题上的决策认识过程,可以形象具体地说明理性选择与非理性选择二者博弈的融合性特征。一般来说,政府官员都面临着两种选择:要么腐败,要么廉洁。如果廉洁,政府官员的"收益情况"为固定薪水外加作为一个廉洁人的道德满足感和未来收益。如果腐败,政府官员的"收益情况"则比较复杂,政府官员在得到贿赂的同时,还要承担被发现而受到处罚惩罚的风险,以及承受因此而来的内在道德良心谴责的代价,这一代价的大小取决于他受贿多少及他对社会公众责任的背离有多大。按照这种分析,如果腐败收益减去道德代价,再减去可能被察觉而遭受的刑事处罚、经济制裁之和,大于工资收入与道德心理满足之和,那么他将会腐败。也就是说,如果从事腐败或犯罪活动的收益比其成本或风险大得多,一个官员就可能会从事腐败;当潜在的收益足够大时,则"铤而走险"。不管如何取舍,最终的选择都是理性选择与非理性选择共同作用的结果。这里的腐败成本主要包括:显性成本和隐性成本。显性成本主要是指腐败的直接投入 I;隐性成本由多种因素决定,包括被查处的概率 P、法律处置程度(法律成本)C_L、经济惩罚程度(经济成本)C_E、精神或名誉损失 C_M、精神成本和未来收益损失(退休金加住房补贴)C_F 等。设 W 为政府官员的工资,M 为他因为不贪污受贿而得到的道德满足,B 为腐败收入,M_B 代表因为贪污受贿所付出的道德代价,U 代表政府官员的效用。那么,政府官员腐败的预期效用(EU 表示)为:$EU_{腐败} = U$
$[B - I - M_B - P (C_L + C_E + C_M) + (1 - P) (C_F + W)]$;而如果政府官员不腐败,则 $U_{不腐} = W + C_F + M$;如果 $EU_{腐败} > U_{不腐}$,那么政府官员将选择腐败。政府官员的决策认识过程可以从图4—4所示理念模型中得到形象的说明和直观的理解。从对政府官员心理认知博弈的分析可以看出,政府官员做出腐败行为有一个决策认识的过程,这种抉择行为也就是博弈过程,也正是理性选择与非理性选择共同博弈的过程。

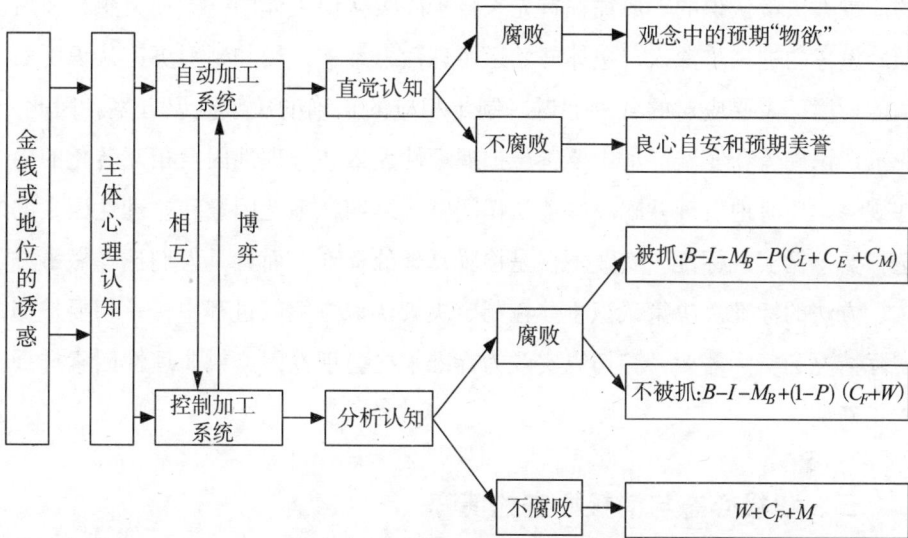

图4—4　政府官员心理认知博弈图

资料来源：作者整理。

　　由上述分析可知，在决策认识过程中充满了理性因素和非理性因素的博弈。决策认识主体要高度注重理性因素在决策认识方案选择中的主导和控制作用；同时还要在尊重科学理性的基础上，大胆地运用非理性因素，做出正确的决策认识选择。正确运用理性和非理性两种因素，必须注意四点：第一，理性因素和非理性因素在决策认识方案形成过程中所发挥的作用是有主次、分轻重的。一般情况下，人们都在科学理性的指导下，进行决策认识方案的构建；但是在特定情形下，主体突如其来的灵感和顿悟往往对决策认识问题的解决起决定性作用。因此，决策认识主体要正确地运用理性因素，适时地抓住灵感，做出切合实际的决策认识方案。第二，理性因素和非理性因素是形成人类思维的两种成分，二者之间构成一个不可分割的整体。某一决策认识方案的形成很难说是纯粹的理性因素或纯粹的非理性因素在发挥作用，往往是在理性因素中渗透着非理性因素，在非理性情感中流露着理性的智慧。因此，决策认识主体在进行决策认识时要统筹把握两种因素，做出准确的决策认识方案抉择。第三，理性因素和非理性因素两者是可以相互转化的。重大决策认识的形成往往首先来自于决策认识主体的直觉和灵感，而后随着思考的进一步深入，主体开始运用理性思维来计量和判别决策认识所面临的环境，需要应对的各种问题，制定相应的正确的决策认识方案。因此，决策认识主体在实践活动中要善于把握理性因素和非理性因素相互转化的内在规律，适时地发现并解决决策认识问题。第四，理性因素和非理性因素的选择要遵循实践标准。实践不仅是检验真理的标准，而且是人们选择做事方式、方法的标准。决策认识主体在制定决策认识方案的过程中，一切要根据实际情况和实际需要，一切以实践为标准来检验理性因素或非理性因素选择的正确性。

三、积极心态与消极心态的博弈

关于积极心态与消极心态，可以借用管理学中著名的"保龄球效应"进行形象描述和具体反映。其主要内容是，有两名保龄球教练分别训练各自的队员。他们的队员都是一球打倒了7只瓶。教练甲对自己的队员说："很好！打倒了7只。"他的队员听了教练的赞扬很受鼓舞，心里想下次一定再加把劲把剩下的3只也打倒。教练乙则对他的队员说："怎么搞的！还有3只没打倒。"队员听了教练的指责心里很不服气，暗暗想你咋就看不见我已经打倒的那7只。结果，教练甲训练的队员成绩不断上升，教练乙训练的队员打得一次不如一次。从这一著名的"保龄球效应"中可以看出，心态对人的行为具有重大的影响。教练甲灌输给队员的是一种积极的心态，因此队员在以后的训练中成绩愈来愈好；相反，教练乙灌输给队员的是一种消极的心态，在无形中抹杀了队员获得好成绩的积极性，其成绩也越来越差。

持完全理性主义观点的研究学者认为，主体的心态和情绪是不期而至、难以把握的，因而他们往往排斥心态对决策认识的影响作用，热衷于建立理性决策认识的数学模型。但是随着现代心理学的发展和人们对决策认识过程的深入研究，发现"人的理性是有限的"，决策认识主体在进行决策认识的过程中受许多心理因素的影响。其中，心态是一个极为重要的因素。在现实的决策认识过程中，很多决策认识主体就是凭着一时的心态或心情好坏做出了错误的决策认识，他们经常是一拍胸脯"这样定、我负责"。例如，在20世纪50年代初期，解放军某团在一项工程的隧洞施工中，洞内发生瓦斯爆炸，一个班的战士在洞内生死不明，单位的干部战士情绪激昂，领导者受其影响，决定立即进洞救人，结果遇上第二次瓦斯爆炸，造成70多人牺牲，教训十分深痛。由此可见，心态在决策认识过程中发挥着重要作用。从某种程度上来说，科学的决策认识形成过程就是决策认识主体逐渐克服消极心态和不断培养积极心态的博弈过程。

（一）决策认识过程中的心态及其分类

从社会心理学的视角来看，心态是一种普遍存在于人类社会生活中并且十分复杂的精神现象。社会中个体的心态是指个人对社会生活环境和自己独特的社会生活经历的反映，是作为社会成员的个人对自己的社会环境、社会利益和社会地位的最初级的直观反应，是一种个体化、个性化的生活意识。因此，从根本上来说，个体的心态是个体对待人或事物的稳定的心理趋向。心态具有相对稳定性。心态形成以后，将持续较长的时间，而且不轻易地改变，有些心态已经融为人格的一部分。心态控制了个体的行动和思想，同时心态也决定了自己的视野、事业和成就。在决策认识过程中，主体的心态是指其受到某种内在或外在的刺激所产生的一种心理状态。它通常与主体从事的决策认识活动目标联系起来，并表现为决策认识主体的稳定感、公平感、信任感、压力感、对未来的信心以及遇到问题时的情绪等。决策认识主体的心态表达着决策认识主体的价值观，影响着决策认识主体做出决策认识方案的整个过程。

心态是主观意识的经验，会影响行为且不易自我控制。心态可以驾驭决策认识主体的行为，支配决策认识主体同环境相协调，使决策认识主体对信息做出恰当处理。心态的表现形式各种各样、非常复杂。有些心理学家认为心态与直接的外在刺激有关，或者与储存在记忆中的某些经历有关。由于这种外在或内在的刺激，主体的心态会发生相应的变化，并随之产生高兴或者愤怒的情绪。有些心理学家指出情绪会打断主体以前关注的焦点，进而把注意力放在引起这些心态变化的情形或思维上面，也就是说心态的变化会使人们专注于特定的目标。经验告诉我们，强烈的心态变化会导致忽略本来在采取行动之前所关注的问题的重要方面。在决策认识过程中，主体的心态大体可以分为两类，即消极倾向的心态和积极倾向的心态，或分别简称为积极心态和消极心态。所谓倾向是指偏向于赞同某一观点或意见、向某一方向或某种目的持续地用力等，倾向对决策认识主体有非常强的影响。积极心态和消极心态往往成双成对出现，构成各种对应关系。

1. 自信与自卑

自信是人们所拥有的一种积极心态，是自我评价上的一种积极态度，是人们发自内心的自我肯定与相信。自信是与积极心态密切相关的情感体验。没有自信的积极心态，是软弱的、不彻底的、低能的、低效的积极心态。自信在决策认识过程中体现为主体在充分相信自己能力和直觉的基础上做出正确的判断。自卑是一种因为过多地自我否定而产生的情绪体验。一个自卑的人，常常对自己的能力、品质持怀疑态度，总认为自己比别人差，导致悲观失望，自惭形秽，不能正视自己，对任何事情都丧失信心。自卑的人并不是自己愿意自卑，当他们发现自己的缺陷、短处和生活中不利于自己的方面，就会把它们放到放大镜下仔细观看，结果是吓坏了自己。于是，他们把自己保护起来，回避现实。但现实又是无情的，不断的挫折与失败又证明自己就是不行，这样恶性循环使仅有的一点自信都没了。具有自卑心态的决策认识主体在进行决策认识方案的抉择时往往会陷入从众、恐惧和怯弱的泥潭，而不能做出积极的选择。

2. 乐观主义与悲观主义

乐观主义与悲观主义体现了人的两种不同心态。乐观主义者总是以积极的态度来面对每一件事或每一个人。遇事都想好的一面，认为前途是光明的，人生的目的在于追求文明和进步，对人生抱着积极的态度。在决策认识过程中，具有乐观主义倾向的决策认识主体总是相信自己有足够的能力来承受和减弱不利的外部环境对于自己的不良影响，并使有利于决策认识方案执行的环境因素发挥更大的积极效应。因此，他们只关心事物的积极的、正向的价值，而不关心事物的消极的、负向的价值，并把最大的积极效应作为决策认识方案的选择标准。这种人容易看到事物好的一面，不容易看到事物坏的一面，对于效益反应很敏感，对于亏损反应很迟钝，其决策认识方案的制订总是遵循"大中取大"的选择原则。与此相反，悲观主义者总是以消极的心态去面对人生，看人、看事总是看到不好的一面。以悲观的态度面对人生，始终认为世事、人事处处对自己不公、不利；不管干什么事情，随时会担心失败，因此不敢去尝试新的事物。当遇到困难时，会觉得人生黑暗。悲观会使人产生恐惧、沮丧、挫折和气愤的心理。在决策认识过程中，具有悲观主义倾向的决策认识主体，既不相信自己有足够的能力来应对外部环境带来的困难，也不相信自己能够使外部环境中的积极因素发挥作用，认为外部的消极影响对于自身决策认识的不良影响将是巨大的，而积极因素对于自己的正面效应却是非常有限的。因此，他们只关心事物的消极和负面的影响，而不关心事物的正向价值，并把逃避最大负向价值作为其方案的选择标准。这种人容易看到事物坏的一面，不容易看到事物好的一面，对于效益反应很迟钝，对于亏损反应很敏感，其决策认识方案的制订中总是遵循"小中取大"的选择原则。

3. 坚强与懦弱

坚强既是人的一种心理品质，也是人的心理状态的表现。它主要是指人的心理承受能力强，在遇到艰难险阻时，会勇敢面对，勇于战胜，不沮丧，不放弃，永远不灰心，总是以顽强的意志与厄运抗争。在决策认识过程中，意志坚强的决策认识主体往往能够勇敢地面对外部环境的各种挑战，做出正确的抉择，能够争取成功和实现目标。懦弱则相反，它是指人心志懦弱，做事缩手缩脚、瞻前顾后、谨小慎微，面临困难挫折时总是逃避，畏惧不前；面对批评时总是缺少勇气和胆量为自己争辩，很容易受到伤害。懦弱的人自身控制能力、决定能力较差，他们往往是先被自己打败，无法掌控自己的命运，始终在别人的支配下不自由地生活，没有生活乐趣。在决策认识过程中，心态懦弱的决策认识主体不会积极地应对外部环境的挑战，不能果断抉择，往往丧失机会。

（二）决策认识主体积极心态与消极心态的博弈

积极心态和消极心态是贯穿于决策认识过程始终并相互作用相互影响的两种决策认识主体心态。科学的决策认识方案的形成，是决策认识主体努力克服消极心态、有效弘扬积极心态的博弈过程。

第一，积极心态占据上风的博弈。在决策认识过程中，心态对决策认识主体的抉择起着重要的作用。积极良好的心态能够推动决策认识主体创造性地进行决策认识方案的构建。首先，自信、乐观、坚强、兴奋、喜悦等积极心态能增强决策认识主体的活动效率，为决策认识主体的心理认知和思维加工等活动提供额外的可利用的信息，增加更多的可用于决策认识主体顺利制定决策认识方案的资源；其次，积极心态能拓宽决策认识主体的视野，使决策认识主体扩大注意的范围，导致更综合的认知背景，增加对决策认识问题的认知要素的广度；最后，积极心态不仅能够为决策认识主体之间及其与客体之间的协商与谈判创造良好的氛围，而且能够促使决策认识主体冲破一定的限制、产生更多的思想，使其认知灵活性得到提高，从而更新和扩展认知意图，使决策认识主体想出更多的解决问题的策略。例如，在西汉时期楚汉战争中，刘邦积极的心态发挥了重要的作用，使得他能充分利用谋士们的集体智慧，在绝境中起死回生，终成霸业。刘邦出身十分低微，不喜欢读书，不喜欢劳动，常被父亲训斥为"无赖"，但性格豪爽，为人谦和，对人宽容，直到三十而立之年才谋得一个小小的亭长。但是这一切并不妨碍刘邦在咸阳见到秦始皇的威严与尊贵后兴奋不已，发出"大丈夫当如此也"的喟叹。正是在这种"帝王之尊"的积极向上的精神鼓舞和催生下，刘邦才一次又一次地走出困境，逃离死亡的威胁，面对数次劫难都能在幕僚的谋划下化险为夷，最终成就千古帝业。① 同时，由于刘邦具有积极的心态使得他在决策认识的过程中能很好地利用集体的智慧，做出正确的抉择。刘邦出生山野，生性顽劣，不务正业，从一开始沛令主吏萧何即认为"刘季固多大言，少成事"。然而刘邦也有其优秀卓著的一面，他善识人，善用人，虽然一路走来

① 牛踏秋：《刘邦与项羽：两位宿命论者的两重天地》，《百家讲坛》2008 年第 12 期。

一路风尘，但是始终在萧何、曹参、张良、陈平等谋士的精心策划运作之下，会吕后、应陈涉、从怀王、入关中、鸿门脱险、楚汉大战、决胜垓下，不断化险为夷，继而壮大称孤、尊称帝王。由此可见，正是刘邦乐观向上、不屈不挠的积极心态，决定了他屡屡在关键的时刻做出正确的决策认识，成就了一代伟业。

第二，消极心态占据上风的博弈。与积极心态相反，消极低落的心态则会压抑决策认识主体才能和智慧的发挥。首先，消极心态会干扰决策认识主体的决策认识方向。主体的心态是有指向性的，消极的心态也不例外。例如，愤怒的心态使人们指向于引起愤怒的对象，并常常对其产生攻击性的行为；恐惧的心态使人企图摆脱、逃避某种危险的情景；骄傲轻敌的心态使人安于现状而忘记真正的危险。当决策认识主体沉浸于这些心理状态时，其决策认识往往会迷失方向。其次，消极心态会干扰决策认识主体的决策认识程序。一个正确的决策认识方案往往是多次循环反复的结果，是集体智慧的结晶。然而，当决策认识主体沉浸于某种消极心态中时，其心理上已经具有某种指向，往往自以为是、一意孤行，正确的意见不能得到采纳，错误的意见不能及时甄别，甚至堵塞言路，成为决策认识上的孤家寡人，导致决策认识的失误失败。最后，消极心态会降低决策认识主体做出的决策认识方案的质量。决策认识主体一旦处于某种消极的心理状态之下就会产生一些"意识狭窄"现象，使其决策认识活动范围缩小，理智分析能力受到抑制，自我控制能力相应减弱，甚至做出一些鲁莽、草率的行为，此时很难做出正确的决策认识方案。为形象地阐明这一道理，同样以西汉时期楚汉战争中具有鲜明对比意义的项羽为例。项羽乃将门之后，素有取代皇帝的雄心壮志，具有称霸称雄的勇气和实力。他"力能扛鼎，才气过人，虽吴中子弟已惮籍矣"。尤其令人叹服的是，他初次出道就能在项梁的谋划下一举斩杀会稽郡守，又独自攻襄城，拔而坑之。在频繁的征战过程中，项羽几乎很少失利，仅用三年时间就消灭了强秦，号令三军，分封诸侯，成为名副其实的霸王。即使在斗智斗勇的楚汉战争中，他也长期占据优势，在战争后期"汉兵盛食多，项王兵罢食绝"的不利形势下，刘邦也不敢贸然强攻，而是结下合约，划定楚河汉界，直到刘邦听从张良、陈平之计负约追击东归途中的项王"至阳夏南"，仍被"楚击汉军，大破之"，大败而归。令人费解和扼腕叹息的是，项羽在垓下率 800 余人冲出四面楚歌的包围圈，又率 28 骑破数千汉兵的再次包围，已经逃到乌江岸边，渡江的船只也已经准备好，完全可以脱身，但他却选择了自杀。一方面，项羽在辉煌的征战生涯中，吃败仗的次数很少，偶尔失手即使是惨败也属兵家常事，何况逃生的机会就在眼前；另一方面，当时的项羽年仅三十岁，正当壮年，东山再起的时间和道路都很长。在这种情势下，他没有看到自己的优势却无端生出"天之亡我"的慨叹，选择自暴自弃，不去考虑全身而退，卧薪尝胆，图谋长远发展，而是高呼"何面目见江东父老"，主动献出自己年轻的生命。由此可见，在面临人生的低谷或遭受挫折时，项羽所持的是一种消极的和悲观的人生态度，他是一位外表强健、内心却极端脆弱的消极的宿命论者。由此决定了他在关键时刻做出了错误的决策认识，万里江山拱手让人。

第三，积极心态与消极心态相互转化的博弈。决策认识主体的实际心态并不是简单地只有积极心态或消极心态其中的一种，往往是积极心态中有消极心态的成分，消极心态中也有积极心态的成分，两种心态既相互对立、相互作用，又相互依存、相互转化。现实中，大部分决策认识主体的心理认知博弈都是积极心态和消极心态相对均衡、相互作用的博弈。为详细说明这一原理，仍然以西汉时期楚汉战争中的另一个重要人物——韩信的经历为例。韩信在其事业发展的初期胸怀壮志，忍辱负重，坚忍进取，始终保持着积极向上的心态，这种积极的心态与其卓越的军事天才相融合，从而使其成就大业。韩信出身下层平民，青年时期贫困潦倒，不善谋生，不修边幅，不重仪表，在世俗的人看来似乎是一个胸无大志的市井之徒。但事实上韩信内藏雄才，自视甚高，立志要干一番惊天动地的大事业，只不过由于时机未到，常常搞得自己饥肠辘辘，被人看不起。当时淮阴一年轻屠户当街拦住韩信侮辱说："信能死，刺我；不能死，出我胯下。""于是信孰视之，俯出胯下，蒲伏"。当时的韩信就有着"忍小忿而就大谋"的胸襟。韩信仔细打量对方，经过激烈的思想斗争和认真的思索思考，决定忍让，便索性俯身从对方裤裆下爬了过去。结果招致"一市人皆笑信，以为怯"，而不知韩信为前途计当忍则忍、能屈则屈，决不为一时义气而冲动行事。正如韩信后来对诸将相所言："此壮士也。方辱我时，我宁不能杀之邪？杀之无名，故忍而就于此。"反映了韩信外表懦弱而内心坚强。同时，能直面"一市人皆笑"，说明韩信一旦谋定，便能为常人所不能为，体现了常人所做不到的勇敢。然而在功成名就之后，韩信功高震主，才大招忌。韩信不仅不知道"学道谦让"，反而恃才自负，言行不检，最终招致杀身之祸。一是韩信灭赵国之后，请刘邦封张耳为赵王，犯了武将干政的决策认识失误，使刘邦对他的猜忌之心日益加重。二是汉高祖三年（公元前204年），刘邦已经派郦食其说降齐王，可是韩信为了邀功，背信弃义袭击齐国，齐王田广烹杀郦生，不仅使刘邦损失了一名主要谋士说客，而且由于韩信背信弃义的行为客观上也造成刘邦背上背信弃义的名声，使刘邦对他心怀嫉恨。三是韩信定齐后，居功自傲，要求刘邦封其为齐王。其时刘邦正被楚军围困于荥阳，韩信不仅不去解刘邦被困之围，反而乘机自请为假王，实际上是一种"逼封"行为。这就加剧了刘邦对他的忌惮之心，种下了灭族的祸胎。韩信逼封齐王之事，已使刘邦对他恨之入骨。他竟又在刘邦与项羽决战之时，消极观战，不听调遣，故意拖延不前，以索封赏，直到刘邦答应其要求后，才兵会垓下。至此，刘邦对他恃才自负之心可谓是痛恶至极，必欲杀之而后安了。四是垓下一役，项羽亡，韩信的地位岌岌可危，正所谓"狡兔死，走狗烹；飞鸟尽，良弓藏；敌国破，谋臣亡"。而他竟不知激流勇退，低调处世，明哲保身；反而功名心切，自然成为刘邦巩固刘氏天下的第一个靶子。汉五年（公元前202年），项羽一死，刘邦便立即解除了韩信的兵权，徙之为楚王。刘邦徙封韩信为楚王，既满足了作为楚人的韩信衣锦还乡的心理，又乘机解除了韩信此前经营齐地可能形成的盘根错节，实际上是为了便于对他进行控制。五是事态已经发展到如此地步，韩信仍然不知悔悟。韩信刚到楚国时，"行县邑，陈兵出入"，巡察所属县乡，来来往往都摆出盛大的排场。这种排场在汉初国家残破、经济凋敝的情况下，当然是特别犯忌的。果然，他这种恃功自傲、极

事张扬的做法进一步加重了刘邦对他的忌惮。汉高祖六年（公元前 201
年），刘邦以谋反罪把他削王贬爵为淮阴侯，牢笼于京都。① 纵观韩信整个
人生的成与败，可以从中发现一个不成文的决策认识规律，即心态决定成
败，心态的适时调整以及积极心态的培养是决策认识主体自身素质的体现。
一个人不可能没有消极心态，关键是要根据客观环境的变化适时地调整自
己的心态，以积极的心态来应对决策认识过程中的各种困难，才能最终取
得胜利。

（三）积极心态与消极心态科学博弈的智慧选择

博弈是智慧的较量。不同心态的智慧选择都有其局限性；在决策认识主
体积极心态与消极心态的博弈中，理想的选择是中性智慧。所谓的中性智慧
是在历史超越中生成的范式，这种体用合一的范式不仅表现为思维的和谐，
而且表现为心态的平和与行为的适当，它始终引领着主体谋求多元的发展空
间，是不同主体在对话与交流中自由发展的共同需求。中性智慧理论的源头
活水要一直追溯到中国古代思想家所论述的"中道"思想。中国古代思想家
们把"中"与人生观、价值观、伦理道德相联系，将其升华为世界观和方法
论的高度。这里的"中"的基本要义就是"允执厥中"。"允执"就是平心
静气、静观执守、不离自性，"中"是天性的所在地、精神的集中点。把握
适当的限度，以保持事物的平衡，使人的言行合于既定的道德标准。由此可
见，中性智慧的精义在于克服两极对立思维，达到天与人和谐、人与人感应、
人与物均调，它不提倡感情的过分激烈与外露。不论是内在的思想理论，还
是外化的审美实践，都崇尚含蓄、适度、克制，强调情感与理性的合理调节，
以取得社会存在和个体身心的均衡稳定，在现实的"此岸"世界中达到理想
的"彼岸"，实现主体人格的完善。②

中性智慧作为一种主体的思维范式和处事心态，可以广泛地应用于人类
社会实践的各个领域，决策认识主体也概莫能外，同样适用。在现实的决策

---

① 《史记》卷八，中华书局 1959 年版，第 2627 页。
② 邹广文、臧峰宇：《中性智慧的思维旨趣与实践向度》，《文史哲》2009 年第 1 期。

认识过程中，决策认识主体要保持平和的心态就必须充分发挥中性智慧的作用，把握决策认识事项的平衡支点，做到不偏不倚、不离不弃，也就是要用全面的、联系的、发展的观点来看待决策认识问题，正确处理决策认识过程中积极心态和消极心态之间的矛盾。中性智慧在现实的决策认识过程中，应用的总体原则和方法是"执两用中"。这里的"执两"，就是要求决策认识主体在决策认识过程中做到以下两点：第一，加强品德修养，养成理智的、积极的心态和行为方式。保持冷静和客观的性格是有效遏制消极心态、努力培养积极心态的根本方法。人们总是愿意相信在激情澎湃时自己控制不了自己；其实在消极的激情状态之下，虽然每个人对自己言行的意识比较模糊，行为意念难以控制，但意识模糊不等于没有意识，行为难以控制并不是不可能控制。作为决策认识主体，担负着重要的责任，更应该严格要求自己，提高自己的意志控制力，养成宽广的胸襟和豁达的情怀。第二，决策认识主体要主动地学习并掌握一些同消极的激情做斗争的方法。例如，在愤怒的激情即将发作时，张开大嘴、默数双数或强迫自己做一些无意义的动作，以分散自己的注意力，延缓激情发作的时间，争取有意识的控制，将愤怒驱散在发作之前。在时间允许的情况下，可以将思考的问题先放一下，等心情恢复平静后再去思考，以打破思维定式和排除消极心态的影响。也可以多找有关决策认识方案制定的其他主体如参谋咨询人员等谈一谈，多听一些他们的意见，通过交谈将自己的消极心态得到发泄，真正做到冷静、理智地思考问题。这里的"用中"，就是指中性智慧这一核心。在决策认识过程中，决策认识主体要达到"用中"的最高境界就必须做到以下三点：首先，在思维方式上，决策认识主体要立足于建设，自觉寻找事物的平衡支点，整体性、动态性地把握对象世界特别是事物对立双方的互养相成和共生共存。其次，在人生态度上，决策认识主体要超越浮躁与迷茫的功利心态，在对日常生活进行多重感知与审慎思辨的过程中敞开本然之心，以通达天地之境界。在此种状况下形成的决策认识更符合事物本真的规律。最后，在行为方式上，决策认识主体要避免极端的行径，以中道之智慧践行于日常生活世界，与他人展开和谐的交往与对话，解决因极端思维方式而导致的现实问题。用这种行为方式解决决策认识问题能全方位的考虑到不同主体的利益，减少决策认识执行的阻力，最终达到高效的实现决策认识目标。①

第二节　决策认识的信息认知博弈

在经过心理认知博弈的阶段后，决策认识进入到了信息博弈阶段。在传统的博弈理论中，假定决策认识的局中人具有共同知识。但在现实的决策认识信息认知过程中，由于各局中人获取信息的途径不同，信息具有不确定性，局中人具有共同知识这一假定往往不能满足，因而必然存在信息认知的博弈过程。因此，决策认识的信息认知博弈不可能是完全信息博弈，而是主要包括主体的不完全信息静态博弈和不确定信息静态博弈以及主客体之间不对称信息动态博弈三种情况。

一、不完全信息静态博弈

不完全信息静态博弈是指决策认识主体将能够确定的信息和不能确定但能预测的信息，按照各自不同的属性和特征统一进行分类归纳和数值设定，分别用公式、函数、概率、集合等数学方式和手段进行测算和推断，以求得综合期望效用值最大化的方法和过程。在传统的博弈论中，关于信息分为完全信息和不完全信息。② 完全信息博弈基于假定所有的局中人具有共同的知识，即若 A 和 B 为局中人，则 A 知道的知识 B 全部知道，B 知道的知识 A 全部知道，A 知道 B 知道 A 知道的知识，B 知道 A 知道 B 知道的知识……用博弈论的术语来说，局中人知道自己和其他局中人的行动集合。显然，共同知识是博弈论中的一个非常强的假定。这一假定，虽然在理论上是成立的，但是在现实中是不可能存在的，也就是说完全信息博弈是不存在的，只能是一种理论假设。在现实中，即使参与博弈的局中人共同享有某种知识，每个局

① 邹广文：《中性智慧延伸现代生存哲学》，《人民论坛》2009 年第 5 期。
② 韩凌、赵联文：《不确定信息静态博弈》，《西南交通大学学报》2003 年第 3 期。

中人并不一定了解其他局中人也知道这种知识，这种不满足共同知识假定的博弈即为不完全或不完美信息博弈。

不完全信息静态博弈模型由如下四元素集成：

(N, Θ, A, U)

其中：$N = \{1, 2, \cdots, n\}$ 为局中人组成的集合；

$\Theta = \Theta_1 \times \Theta_2 \times \cdots \times \Theta_n$ 为类型空间，Θ_i 中的元素为局中人 i 的类型，$i = 1, 2, \cdots, n$；

$A = A_1 \times A_2 \times \cdots \times A_n$ 为行动空间，A_i 中的元素为局中人 i 可能采取的行动，$i = 1, 2, \cdots, n$；

$U = \{u_1, u_2, \cdots, u_n\}$ 为支付空间，$u_i : A \times \Theta \to R$ 为局中人 i 的类型依存支付函数，$i = 1, 2, \cdots, n$。

为方便计，设 $a = (a_1, a_2, \cdots, a_n) \in R^n$，记 $a_{-i} = (a_1, a_2, \cdots, a_{i-1}, a_{i+1}, \cdots, a_n)$，即 a 可表示为 (a_{-i}, a_i)，$i = 1, 2, \cdots, n$。

不完美信息静态博弈的实际顺序如下：首先，自然选择类型向量 $\theta = (\theta_1, \cdots, \theta_n)$，其中 $\theta_i \in \Theta_i$，局中人 i 观测到 θ_i，而局中人 $\theta_j (j \neq i)$ 观测不到 θ_i，只是知道关于其他局中人类型的概率分布 $p(\theta_{-i}/\theta_i) \in P_i$，$i = 1, 2, \cdots, n$，用于描述局中人 i 对其他局中人类型的不确定性，是关于其他局中人类型的主观概率分布组成的集合；其次，所有局中人同时选取行动 $a = (a_1, a_2, \cdots, a_n)$，其中 $a_i \in A_i(\theta_i)$；最后，局中人 i 得到 $U_i(a_1, \cdots, a_n; \theta_i) \cdot p(\theta_{-i}/\theta_i)$ 用于描述局中人 i 对其他局中人类型的不确定性。显然，在不完全信息静态博弈模型中，A 和 U 是共同知识。这是由于尽管其他局中人不知道局中人 i 和类型 θ_i，但是知道局中人 i 的行动空间和支付函数是如何依赖于类型的。给定的局中人 i 和类型 θ_i，由于不知道其他局中人的类型 θ_{-i}，局中人 i 采用极大期望效用原理将选择行动 $a_i(\theta_i)$ 最大化自己的期望效用，局中人 i 的期望效用为：

$$E(u_i) = \sum_{\theta_{-i}} p_i(\theta_{-i}/\theta_i) u_i \{a_i(\theta_i), a_{-i}(\theta_{-i}); \theta_i, \theta_{-i}\}$$

关于不完全信息静态博弈的解，拟贝叶斯纳什（Bayes-Nash）均衡定义如下：不完全信息静态博弈 (N, Θ, A, U)，若行动组合 $a^* = \{a_i^*(\theta_i)\}_{i=1}^n$ 满足：对

所有 $i \in N, a_i \in A_i(\theta_i), a_i^*(\theta_i) \in \arg_{a_i}\max\{E(u_i)\}$，则称 $a^* = \{a_i^*(\theta_i)\}_{i=1}^n$ 为不完全信息静态博弈 (N, Θ, A, U) 的一个贝叶斯纳什（Bayes-Nash）均衡①。

现实的决策认识过程中，不完全信息环境是决策认识主体所面临的常态情形，造成了决策认识的困难。在不完全信息的决策认识环境下，决策认识主体需要对自己所不能确定的那部分信息做出主观的判断，并在此基础上开展决策认识方案的制订活动。在不完全信息情况下的决策认识博弈进程中，除了公共信息外局中人即决策认识主体各自还有自己的一些特殊的、别人不知道的情况，被称为私有信息。于是在选择决策认识方案的时候，局中人要猜测其他局中人的私有信息，同时也需要猜测其他局中人对自己私有信息得到猜测，这种对猜测的猜测序列可以无限期地继续下去。为此，需要引入一种特定的分析机制，即以一种从思想上能够接受而且技术上便于处理的方式来探讨不完全信息决策认识问题。目前，在理论学术界最具权威性的不完全信息博弈模型是美国经济学家、博弈论专家约翰·豪尔绍尼提出的混成策略均衡变动收益博弈理论模型，这种博弈理论模型被称为豪尔绍尼（Harsanyi）转换。

豪尔绍尼转换的主要思想就是先以类型概念描述不完全信息，在此基础上构造概率模型来描述局中人对不完全信息的处理方式和过程，从而将不完全信息博弈转化为完全但不完美信息的博弈问题。有了类型这一概念就比较容易对局中人的私有信息进行更深入的分门别类的描述。在不完全信息决策认识博弈中，每一个局中人 i 所确切知道的是他的私有信息的类型 $\theta = (\theta_1, \theta_2, \cdots, \theta_n)$，并且指导自己的信息所属的类型空间即 $\theta_i \in \Theta_i$，其中 Θ_i 为类型空间，即局中人 i 的信息可能类型的结合。对此，所有局中人都知道的公共信息是：各局中人的具体类型是该局中人的若干种行动 $A = A_1 \times A_2 \times \cdots \times A_n$ 中的一种，以及其他局中人类型的概率分布 $p(\theta_{-i}/\theta_i)$，并且这一信息为所有局中人所共知。

在不完全信息决策认识博弈中，局中人只知道其他局中人的实际类型为若干可能类型中的一种，但究竟是哪一种却无法得知，只能在猜测的基

---

① Bayes-Nash 均衡是指局中人采用关于类型具有唯一的先验概率分布的期望效用来选取行动。

础上进行自己的决策认识方案制定活动。为了描述这种主观判断，英国数学家贝叶斯（Bayes）利用概率论和数理统计模型来描述这种信息不完全状态下人们的理性行为，被称为贝叶斯理性原则。所谓贝叶斯理性原则，是指人们在进行决策认识方案的制订时，若对与之相关的某种客体没有确定性了解同时也不知道客观概率，则将其做出主观概率判断，并在决策认识过程中如同应用客观概率一样应用这种主观概率进行判断，上文提到的贝叶斯纳什（Bayes-Nash）均衡就是其典型模型。[1] 其中的纳什（Nash）均衡则是博弈论的一个重要术语，以美国数学家约翰·纳什命名，主要指非合作博弈均衡，即假设在博弈中有 n 个局中人参与博弈，给定其他人策略的条件下，每个局中人选择自己的最优策略，个人最优策略可能依赖也可能不信赖他人的战略，从而使自己利益最大化。所有局中人策略构成一个策略组合，纳什（Nash）均衡指的就是这样一种策略组合。这种策略组合由所有参与人最优策略组成，即在给定别人策略的情况下，没有人有足够理由打破这种均衡。豪尔绍尼（Harsanyi）转换通过引入了一个虚拟的局中人——自然（Nature），把"不完全信息博弈"转换成"完全但不完善信息博弈"。这样一来，不仅不完全信息博弈变得可以进行分析了，而且把贝叶斯理性原则和纳什均衡有机结合起来，从而完成了博弈理论著名的贝叶斯纳什（Bayes-Nash）均衡定义。关于这种概率模型，可以通过市场竞争的例子得到形象说明。例如，一个完全垄断组织 B 正在垄断一个行业市场，另有一个潜在的试图进入该行业的组织 A，可以称 A 为进入者，B 为在位者。A 组织的决策认识主体不知道 B 组织的决策认识主体的成本特征，设 B 组织有两种可能的成本，即高成本和低成本。按照不完全信息静态博弈相关理论，可以构成如表4—2所示两种成本情况下的决策认识博弈矩阵。

---

① 高作峰、王友、王国成：《对策理论与经济管理决策》，中国林业出版社 2006 年版，第 178 页。

表4—2 两种成本情况下博弈矩阵

B 组织					
		高成本		低成本	
		默认	斗争	默认	斗争
A 组织	进入	40, 50	–10, 0	30, 80	–10, 100
	不进入	0, 300	0, 300	—	0, 400

假定 B 组织的决策认识主体知道进入者 A 组织的成本为高成本，且与 B 组织为高成本时的成本相同。假若信息是完全的，则当 B 为高成本时，唯一的精练纳什（Nash）均衡为（进入，默认），另一纳什（Nash）均衡（不进入，斗争）是含有不可置信的威胁。当 B 组织为低成本时，唯一的纳什（Nash）均衡为（不进入，斗争），即若 A 组织进入行业，具有低成本优势的 B 组织将通过降低价格将 A 组织逐出市场。由于存在行业进入成本，所以 A 组织被逐出市场后将有净的 10 单位进入成本的损失。

当 A 组织的决策认识主体不知道 B 组织的成本情况时，他的选择将依赖于他对 B 组织的成本类型的主观概率或先验概率密度。

设 A 组织对 B 组织是高成本的先验概率判断为 P，则 A 组织认为 B 组织为低成本的概率为 $1-P$。

如果 A 组织进入，其期望支付 $U = P(40) + (1-P)(-10)$

如果 A 不进入，其期望支付为 $U = 0$。

当且仅当 $P(40) + (1-P)(-10) \geq 0$ 或 $P \geq \frac{1}{5}$ 时，A 组织的决策认识主体会形成进入的决策认识方案；

反之，当 $P < \frac{1}{5}$ 时，A 组织的决策认识主体会形成不进入的决策认识结论。

于是，贝叶斯（Bayes）均衡为：

（进入，默认），高成本，$P \geq \frac{1}{5}$

（进入，斗争），低成本，$P \geqslant \dfrac{1}{5}$

（不进入，＊），$P < \dfrac{1}{5}$

其中，＊表示可以是斗争，也可以是默认。

决策认识中的不完全信息静态博弈在古代的军事对阵中屡见不鲜。敌对的双方主帅在决策认识博弈的过程中，面对的都是不完全或不完美信息状态。孙武在《孙子兵法》中特别强调信息在战略决策中的作用。他说："兵者，诡道也"。"知己知彼，百战不殆"。在战争这种非合作博弈中，敌我双方都是在信息不完全或不完美的状态下猜测对方的战略行动以制定己方的战略行动，因此尽可能地了解敌人的信息便显得尤其重要。同时，若能千方百计隐藏己方的信息，甚至用诡道迷惑敌人，便能使敌人处于信息相对劣势，从而掌握战争主动权。例如，西汉时期大将军李广曾率领一百多名骑兵与匈奴几千骑兵不期而遇。李广将军不仅没有逃跑，反而率领骑兵前往距离匈奴骑兵两公里的地方下马解鞍，并亲自射杀匈奴白马将军，然后让士卒都躺在地上休息。匈奴骑兵误以为李广将军是率兵诱敌上当，不敢贸然进攻，遂引兵而退。在这次遭遇战中，敌对双方的主帅都不能完全掌握对方的兵力信息及各自的行动策略。李广将军的成功正是由于其巧妙地利用了这种不完全或不完美的信息环境，将计就计制造解鞍休息假象的目的就是让匈奴主帅感到进攻有较大失败的可能，用概率术语来说李广的做法是加大匈奴对进攻失败的主观概率。匈奴主帅不知道自己与汉军在不同行动策略下的"支付"，即攻击汉军的成败，而李广对此了然于心。李广将军可选择的策略是"逃跑"或"留在原地"，不管哪种选择只要匈奴知道他自己以及汉军的"支付"，那么汉军均会惨败。李广将军唯一的办法就是不让匈奴知道他自己的策略结果。他主动出击，射杀匈奴白马将军以耀武扬威，这样做等于降低了匈奴主帅的可能收益，不仅没有使自己的支付效用加大，反而使自己取得了最大的"期望支付"。

二、不确定信息静态博弈

不确定信息静态博弈是指决策认识主体在不完全信息静态博弈的基础上，

将不容易把握和确定的信念、理念作为整个博弈过程的重要内容，按照各自不同的属性和特征统一进行分类归纳和数值设定，并统一运用公式、函数、概率、集合等数学方式和手段予以测算和推断，以求得综合期望效用值最大化的方法和过程，是不完全信息静态博弈理论的进一步发展。之所以要研究不确定信息静态博弈，是因为在现实博弈过程中，信息对决策认识的影响是通过信念理念发生作用的，信念理念是由人们对事物的看法所形成的，不足以确定概率分布，不能完全满足不完全信息博弈的假定，决策认识环境的不确定性决定了局中人关于其他局中人的类型的看法所形成的信念不足以确定概率分布。[1] 因此，必然会产生不确定信息环境下的静态博弈。

与不完全信息静态博弈模型相类似，不确定信息静态博弈模型由如下六元素组成：

$(N,\Theta,A,\Im,D,U)$

其中：$N = \{1,2,\cdots,n\}$ 为局中人组成的集合；

$\Theta = \Theta_1 \times \Theta_2 \times \cdots \times \Theta_n$ 为类型空间，Θ_i 中的元素为局中人 i 的类型，$i = 1,2,\cdots,n$；

$A = A_1 \times A_2 \times \cdots \times A_n$ 为行动空间，A_i 中的元素为局中人 i 可能采取的行动，$i = 1,2,\cdots,n$；

$D = \bigcup_{i=1}^{n} D_i$，$D_i$ 为局中人 i 的置信概率集，$i = 1,2,\cdots,n$；

$\Im = \Im_1 \times \Im_2 \times \cdots \times \Im_i$，$\Im_i$ 为局中人 i 的策略集，$i = 1,2,\cdots,n$；

$U = \{u_1,u_2,\cdots,u_n\}$ 为支付空间，$u_i:A \times \Theta \rightarrow R$ 为局中人 i 的类型依存支付函数，$i = 1,2,\cdots,n$。

为方便计，设 $a = (a_1,a_2,\cdots,a_n) \in R^n$，记 $a_{-i} = (a_1,a_2,\cdots,a_{i-1},a_{i+1},\cdots,a_n)$，即 a 可表示为 (a_{-i},a_i)，$i = 1,2,\cdots,n$。

不确定信息静态博弈的实际顺序如下：首先，自然选择类型向量 $\theta = (\theta_1,\cdots,\theta_n)$，其中 $\theta_i \in \Theta_i$，局中人 i 观测到 θ_i，而局中人 $\theta_j(j \neq i)$ 观测不到 θ_i，只是知道关于其他局中人类型的概率分布 $p(\theta_{-i}/\theta_i) \in P_i$，$i = 1,2,\cdots,n$，用于描

① 韩凌、赵联文：《不确定信息静态博弈》，《西南交通大学学报》2003 年第 3 期。

述局中人 i 对其他局中人类型的不确定性,是关于其他局中人类型的主观概率分布组成的集合;其次,所有局中人同时根据各自的置信概率 $D_i(\theta_{-i}/\theta_i)$ 和认知效用确定策略 $\mathfrak{I}_i \in P_i(i = 1,2,\cdots,n)$ 选取行动 $a = (a_1,a_2,\cdots,a_n)$,其中 $a_i \in A_i(\theta_i)$;最后,局中人 i 得到 $U_i(a_1\cdots a_n;\theta_i) \cdot p(\theta_{-i}/\theta_i)$ 用于描述局中人 i 对其他局中人类型的不确定性。显然,在不确定信息静态博弈模型中,A、U 和 D 是共同知识。这是由于尽管其他局中人不知道局中人 i 和类型 θ_i,但是知道局中人 i 的行动空间和支付函数是如何依赖于类型,以及对其他局中人的类型的置信概率判断。给定的局中人 i 和类型 θ,由于不知道其他局中人的类型 θ_{-i},局中人 i 采用极大期望效用原理将选择行动 $a_i(\theta_i)$ 最大化自己的期望效用,局中人 i 的期望效用为:

$$E_{p_i}(u_i) = \sum_{\theta_{-i}} p_i(\theta_{-i}/\theta_i)u_i\{a_i(\theta_i),a_{-i}(\theta_{-i});\theta_i,\theta_{-i}\},p_i \in D_i$$

关于不确定信息静态博弈的解,拟贝叶斯纳什(Bayes-Nash)均衡定义如下:不确定信息静态博弈 $(N,\Theta,A,\mathfrak{I},D,U)$,若行动组合 $a^* = \{a_i^*(\theta_i)\}_{i=1}^n$ 满足:对所有 $i \in N$, $a_i \in A_i(\theta_i)$,$a_i^*(\theta_i) \in \arg_{a_i}\max \min_{p_i}\{E_{p_i}(u_i)\}$,则称 $a^* = \{a_i^*(\theta_i)\}_{i=1}^n$ 为不确定信息静态博弈 $(N,\Theta,A,\mathfrak{I},D,U)$ 的一个贝叶斯纳什(Bayes-Nash)均衡。

不确定信息静态博弈模型的基本原理广泛而普遍运用于分析和研究现代企业的战略思维模式。企业战略是企业在不断变化的环境条件下,充分考虑内在和外在的一些不确定性信息环境,与各利益相关者长期博弈后形成的一种决策认识模式。在现实中,利益相关者是不断变化的,他们与公司的利害关系也随公司考虑战略问题的改变而改变。一个企业能否获得高于平均水平的投资收益率,主要取决于对各利益相关者产生影响力为焦点的长期博弈总支付。美国管理学家迈克尔·波特运用经济学的理论和方法分析行业竞争强度与企业赢利水平之间的关系,提出了行业竞争结构分析的五种力量模型,即潜在进入者的威胁、供应商讨价还价的权力、顾客讨价还价的能力、替代产品的威胁以及行业内部竞争的特点。他指出五种力量的强弱表明行业赢利潜力的大小。以五种力量模型作为企业所在行业环境分析的基础,可以进一步得出以企业为研究主体的价值网。企业价值网是由各参与者所形成的价值网络，反映和体现了如图 4—5 所示的企业发展战略思维模式。企业价值网各连线的参与者之间通过某种互动实现价值交换、价值互补或价值分享等活动。参与者之间的相互影响主要表现在两个方面：垂直方向是公司的客户与供应商；水平方向是那些与公司相互影响但没有交易的公司，它们是替代者和补充者。替代者即替代性参与者，顾客可从他们那里购买产品，供应商也可以向他们销售资源。补充者是补充性参与者，顾客可以从他们那里购买补充性产品，供应商也可向他们出售补充性资源。这里引入替代者和补充者两个词汇，是为了更好理解商业中的相互依存关系。如果将替代者称为竞争对手，就会倾向于关注竞争而不去寻求合作机会；而需指出的是，作为与替代者自然对等部分的补充者在传统的战略分析中经常被忽视。价值网描述了参与者的各种角色及其互动过程，一个参与者有可能同时扮演一个以上的角色。价值网的价值实现过程正是各参与者角色互动、角色实现与角色转换的过程。

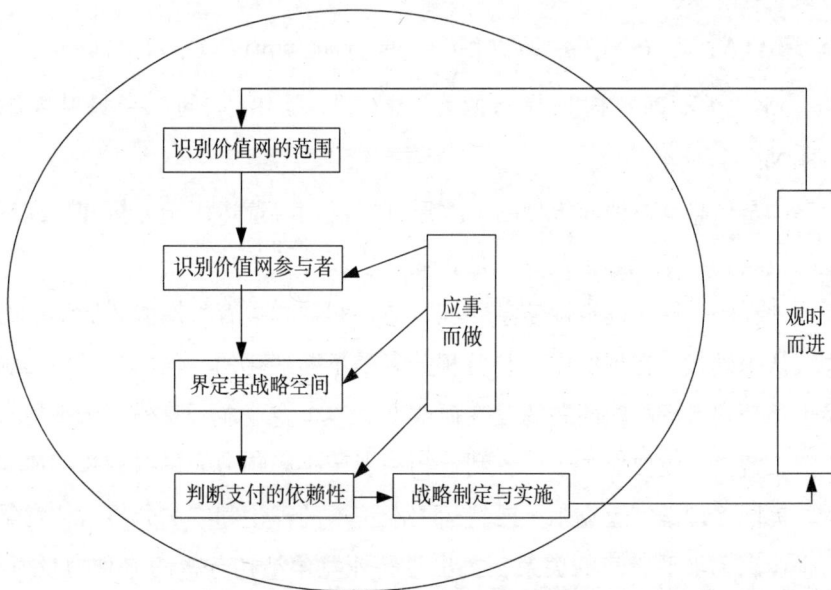

图 4—5　价值网分析为基础的战略思维模式

资料来源：《基于不确定性博弈分析的企业战略思维模式》。

　　关于企业发展战略模式问题，不同的专家学者持有不同的观点和意见。英国经济学家威尔逊（Lan H. Wilson）强调战略规划的首要目标是促成企业和其当前及其未来环境的最佳适应度，环境扫描在该过程中是非常重要的一个部分。受信息经济的冲击和市场经济发展的影响，企业竞争环境充满了不确定性因素。不确定性信息环境是解释组织行为的关键变量，是影响企业关键性战略决策认识的主要因素。美国学者凯瑟琳·萨克利夫（Kathleen M. Sutcliffe）则从垂直一体化的角度，给出了企业战略面临的三类不确定性，包括自身的不确定性、竞争的不确定性和供应商的不确定性。凯瑟琳的分析体现了企业价值网中纵向的相关关系。笔者在此基础上，将横向的不确定性考虑进来，把不确定性描述为企业价值网所处的外部环境及其内部相互影响变动的不确定性，然后进行不确定性信息环境下的静态博弈分析。其中，参与者是价值网的组成；支付是价值网总收益及各参与人的收益权衡；规则是价值网的存在条件和方式；策略是价值网内的联系互动；范围是价值网的边界。基于价值网的战略思维就是要运用博弈论的概念性工具对不确定性条件下的价值网进行重新认识，在此基础上制定和实施企业发展战略。企业战略思维模式的逻辑模型包含了两个博弈过程的嵌套。一是价值网各个参与者在一定时期内的互动过程——由于它主要影响某一战略生成，故构成思维模式中的内层博弈过程（图4—5圆内所示部分）。此过程伴随着企业对参与者行为的认识，"应事而做"就是这个含义。二是当局部互动过程的变化突破一定范围后，整个价值网面临着重构问题，原有战略要随之更新构成思维模式图的外围动态循环过程，即所谓的"观时而进"（图4—5圆外所示部分）。这个过程要求企业把握时机，对整个价值网保持高度的敏感性。整个战略生成过程是一个动态循环的统一整体。企业应尽量做到各环节的协调运作，以增强自身优势。

　　价值网所形成的博弈包括两两之间或多个参与者之间的博弈。在如图4—6所示的框架模型下，企业可以采用博弈理论提供的方法论或思维模式进行单个的战略制定。根据该图所示，企业在进行决策认识时，可以对参与者的行为进行预测，然后结合自身的状况，逆向推理得出企业最佳的战略选择。

这种思路表现了充分考虑其他参与方的利益从而达到自身利益诉求的基本理念。将研究主体从单个企业转移到所有参与者形成的互动过程，是符合实际的市场运作状况的。正是价值网中各参与者之间的互动，形成了庞大而复杂的市场体系。从这个角度讲，对参与者之间的博弈研究可以说抓住了市场的本质和关键性问题，它将在一定程度上帮助企业规避市场复杂性和各类不确定性带来的风险。[①]

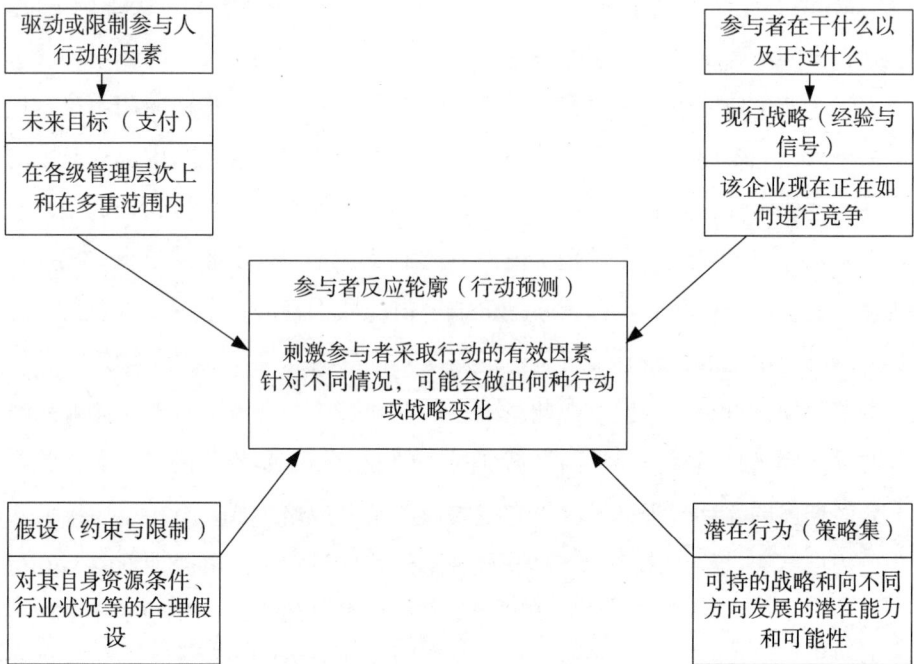

```
┌─────────────────┐                              ┌─────────────────┐
│ 驱动或限制参与人  │                              │ 参与者在干什么以  │
│   行动的因素      │                              │   及干过什么      │
├─────────────────┤                              ├─────────────────┤
│ 未来目标（支付）  │                              │ 现行战略（经验与  │
│                  │                              │     信号）        │
├─────────────────┤                              ├─────────────────┤
│ 在各级管理层次上  │                              │ 该企业现在正在如  │
│ 和在多重范围内    │                              │   何进行竞争      │
└─────────────────┘                              └─────────────────┘
          ┌──────────────────────────────────────────────┐
          │        参与者反应轮廓（行动预测）                │
          ├──────────────────────────────────────────────┤
          │      刺激参与者采取行动的有效因素                 │
          │   针对不同情况，可能会做出何种行动                │
          │           或战略变化                            │
          └──────────────────────────────────────────────┘
┌─────────────────┐                              ┌─────────────────┐
│ 假设（约束与限制）│                              │ 潜在行为（策略集）│
├─────────────────┤                              ├─────────────────┤
│ 对其自身资源条件、│                              │ 可持的战略和向不同│
│ 行业状况等的合理假│                              │ 方向发展的潜在能力│
│     设            │                              │   和可能性        │
└─────────────────┘                              └─────────────────┘
```

图 4—6　分析参与者战略行动的思路

资料来源：《基于不确定性博弈分析的企业战略思维模式》。

　　决策认识过程中的不确定信息静态博弈还广泛地应用于政府行政管理。例如，2008 年 5 月 12 日四川汶川大地震之后，形成许多堰塞湖，其中唐家

[①]　彭雅瑞、侯文华：《基于不确定性博弈分析的企业战略思维模式》，《管理评论》2003 年第 7 期。

山堰塞湖最大，如果溃堤将威胁下游 100 多万人的生命和财产安全。如何科学合理、安全稳妥地处理和解决溃堤对人民生命和财产安全造成的威胁是摆在党中央、国务院面前的一大难题和考验。湖堤是否会溃决？群众是否要撤离？经过疏流是否能避免溃堤？如果 100 多万人全部撤离，将会造成多大的人力、物力、财力损失？如果不撤离，一旦溃堤，100 多万人的生命财产能否毁于一旦？这一切都充满着巨大的不确定性、不可预测的因素。对于政府而言，如何决策都是一个艰难的抉择。这使得党和政府自觉不自觉地处于艰难的、激烈的博弈之中。党和政府这次博弈非常成功，最终采取了一个科学合理、积极稳妥的方案：一方面紧急抢险，全力疏流，力争避免决堤，避免因大量撤离带来的巨大损失；另一方面，为了减少损失，部分撤离。先按溃堤三分之一淹没面积计算，撤离人口 20 万，确保实现"零死亡"。通过不确定信息博弈，党和政府做出了科学的决策认识，不仅最大限度地减少了经济损失和人民财产损失，而且充分体现了党和政府以人为本、人民利益至上的执政理念。

三、不对称信息动态博弈

不对称信息动态博弈是指为了实现预期目标或获取最大效益，决策认识主体与客体之间在不能、也不可能完全占有对等信息和不能确定把握未来发展新生信息的状态下，进行的不均等、不对称、不稳定的动态博弈。在这一博弈过程中，由于受时间向度、空间维度、认知能力、利益诉求等因素的影响，决策认识主客体双方获得信息的渠道和方式不同，一方可能知道另一方比较完整和准确的信息，而另一方则相反，这样就会产生不对称信息动态博弈，博弈的结果必然是全面准确掌握信息的一方成为胜者。在现实的不对称信息动态博弈中，决策认识主体往往因为能够获取大量的、准确的信息，因而能够在博弈过程中占居主导地位，并最终成为利益最大化的获得者。

在当今信息技术高速发展的社会环境下，信息是一种无形的、能给参与者带来效用或价值的资源，它在现代社会市场交易或其他组织活动中是有价值的，信息的获取也是需要成本的，人们不可能在信息世界中完全收集到对自己决策认识有用的信息。交易双方也时常处于有限理性的状态。各种"市场"中的参与者是有限的，参与者之间往往是直接相互影响的，"市场"中的一方在进行决策认识的过程中必须考虑对方的反应。从某种意义上来说，信息不对称是引发决策认识风险的一个重要因素。信息不对称是信息经济学中一个比较重要的概念。信息不对称理论是由美国约瑟夫·斯蒂格利茨、乔治·阿克尔洛夫和迈克尔·斯彭斯三位经济学家在 1970 年提出的，它是指在市场经济条件下，信息在相互关联的经济个体之间呈现不均匀、不对称的分布状态，市场的买卖主体不可能完全占有对方的信息，这种信息不对称必定导致拥有方为谋取自身更大的利益而使另一方的利益受到伤害。信息不对称的问题在决策认识博弈过程中同样存在。博弈论的基本概念包括参与人、行动、信息、战略、支付函数、结果和均衡。参与人指的是在博弈中选择行动以最大化效用的决策主体；行动是参与人每一次决策的结果；战略是参与人决策（选择行动）的规则；信息是有关其他参与人（对手）的特征和行为的知识；支付函数是参与人从博弈中获得的效用水平，它是所有参与人战略或行动的函数，是每个参与人真正关心的部分；结果是博弈分析者的分析结论；均衡是所有参与人的最优战略或行动的组合。博弈分析的目的，就是要分析出博弈双方（或多方）的均衡战略。根据参与人行动的先后顺序，可以将博弈划分为静态博弈和动态博弈。动态博弈的特点是：参与人的行动有先后顺序，但后行动者能观察到前行动者采取了什么行动。另外，根据参与人对有关其他参与人（对手）的特征、战略空间及支付函数的知识，可以将博弈划分为完全信息博弈和不完全信息博弈。信息不对称博弈是不完全信息动态博弈的一种形态。

（一）不对称信息产生的主要原因

在决策认识过程中，信息不对称产生的原因很多，但是概括起来主要有客观和主观两个方面的原因：

一是信息不对称的客观原因。在决策认识过程中，主体不可能获得自己所需要的全部与决策认识方案制定有关的信息，而单方面来使自己的每一次决策认识的利益损失最小、效用最大。决策认识信息的不对称本身会受到时间、空间和认知能力等多种客观因素的影响。第一，时间因素。决策认识是一种针对事物未来发展的活动。不仅仅因为决策认识事项未来发展信息具有不可得性而带来不确定性，而且因为事物的动态变化，改变了信息的静态分布结构，从而使得通过信息搜寻来规避因信息不对称而导致决策认识失误的风险在根本上成为不可能。人们所搜寻到的决策认识信息永远是历史的信息，经历的时间越长，就离现实越远。第二，空间因素。从决策认识主体面临的空间结构来看，任何一个决策认识主体在给定的时间范围内，只能关注或跟踪某些局部的信息，而这些信息像此时此刻的其他信息一样，迅速成为历史。在空间维度上向人们展开的世界永远是一个博大世界中的一个小得可以忽略不计的点，也就是说人们不可能在同一时刻完全捕获到所有的新生信息元素。第三，认知能力因素。决策认识主体必须依赖一定的背景知识，才能洞察、描述、分析特定的选择问题，才能进行判断和选择。人类所能学习的知识始终是有限的，不可能用较短的时间学习自己所需要的所有知识，也不可能提前预知在今后的形形色色决策认识中究竟会需要哪些方面的知识。因此，人类面对的世界总是不确定性的世界。

二是决策认识主体自身的特殊性质导致信息不对称。第一，决策认识主体的自利性，本身就会在一定程度上导致人为的信息不对称。虽然从马克思主义哲学的视角看，人类的行为动机并不是时刻都是自利的，也有情感、观念导引和"社会目标"引致的成分，但是不可否认人在大多数情况下仍然表现为自利。这种自利不自觉地会使人们在利益冲突面前表现得并不是那么"道德"。决策认识主体可能会为了某些利益而人为地制造信息不对称，做出"损人利己"的行为。如果决策认识主体认为信息不对称所产生的成本会远远小于由于信息不对称性所带来的收益，那么决策认识主体将逐步加强这种利己主义行为。第二，受决策认识主体主观偏好等因素的影响，人们在面对不确定性信息的时候会根据自己的偏好而造成信息不对称。决策认识主体在信息获取的过程中，常常对自己偏好、感兴趣的信息尤为关注，而对自己不感兴趣的信息表现得并不那么积极。同时，从决策认识主体的主观占有欲方面来讲，他们在传递信息的过程中由于希望别人接受自己的观点，可能会有意地夸大主观偏好的信息。这种信息传递中的主观信息损耗，人为地加大了信息不对称程度。第三，信息的搜集、获取是需要成本的。如果决策认识主体认为因搜集信息而使信息对称程度加强所带来的收益小于其机会成本，那么就会人为地放弃信息的搜集，而保有这种信息不对称。若大多数决策认识主体选择保有这种信息不对称，那么随着时间的推移会发现这部分决策认识主体的福利损失会远远大于其获得的收益。

（二）经济行为中的不对称信息动态博弈

在现代市场经济条件下，人们的经济行为大都是在信息不对称条件下完成的。不对称信息对经济行为影响十分巨大。在一定意义上说，经济行为本身就构成了一种不对称信息动态博弈。这种经济行为中的不对称信息动态博弈广泛存在，可以说渗透到任何一项经济行为的每一个方面和每一个环节。例如，在二手车出卖的过程中，人们都想以最初的零售价卖掉它。但是近乎全新的二手车比真正的全新车卖得便宜得多。由于制造和装配的流程不同，新车下线时，不同的车可靠性并不完全一样。这种可靠性上的差异，又因为不同车主保养汽车的差异而遭到放大。有一部分二手车虽然很新，但是有缺陷，这种缺陷即便是受过专业训练的维修师都不一定能将之分辨出来。结果，对二手车的车况，车主一般比潜在的买家了解更多。这一信息不对称，对二手车的价格有着巨大的影响。假设一个人认为一辆性能可靠的二手车值2万美元，不可靠的二手车只值1万美元；又假设一半的二手车性能可靠，那么所有二手车的平均价值就变成了1.5万美元。

（三）军事斗争中的不对称信息动态博弈

在古今中外军事斗争中，不对称信息动态博弈更加激烈、更加尖锐、更加突出，数不胜数、比比皆是，形成许多著名的经典案例。例如，在《三国演义》"空城计"中，孔明即诸葛亮和司马懿之间的博弈就是一种不对称信息动态博弈。孔明误用马谡，致使街亭失守。司马懿引魏兵大军十五万蜂拥而来。当时孔明身边别无大将，只有一班文官和两千五百名军士在城中。众官听得这个消息，尽皆失色。孔明登城望之，果然尘土冲天，魏兵分两路杀来。孔明传令众将旌旗尽皆藏匿，诸军各收城铺。打开城门，每一门用二十军士，扮作百姓，洒扫街道。而孔明乃披鹤氅，戴纶巾，引二小童携琴一张，于城上敌楼前凭栏而坐，焚香操琴。司马懿见状顿然怀疑其中有诈，急速引兵退去。司马懿之子司马昭问："莫非诸葛亮无军，故作此态，父亲何故便退兵？"司马懿说："亮平生谨慎，不曾弄险。今大开城门，必有埋伏。我兵若进，中其计也。"孔明见魏军退去，抚掌而笑，众官无不骇然。孔明说，司马懿"料吾生平谨慎，必不弄险；见如此模样，疑有伏兵，所以退去。吾非行险，盖因不得已而用之，我兵只有二千五百，若弃城而去，必为之所擒"。空城计揭示了动态博弈中的重要问题，即信息不对称与结果之间的关系。孔明和司马懿是两个对立的决策认识主体，他们分别从对方的行为中获得信息，并依据信息制定决策认识方案。在这次对阵中，孔明能完全知道司马懿的策略选择，而司马懿却不知道孔明可以选择的策略，因此对于司马懿来说，信息是不对称的。在这里，孔明可以选择的策略是"弃城"或"守城"。无论是"弃"还是"守"，只要司马懿明确知道他自己的支付，那么孔明均要被其所擒。孔明唯一的办法就是不让司马懿知道他自己的策略结果。他的空城计是降低司马懿进攻的可能收益，使得司马懿认为后退比进攻要好。在孔明—司马懿的博弈中，孔明了解双方的局势，制造空城假象的目的就是让司马懿感到进攻有较大的失败可能。如果用概率论的术语来说，孔明的做法是加大司马懿对进攻失败的主观概率。此时，在司马懿看来，进攻失败的可能性较大，"退"比"进攻"更合理，或者说期望效用更大，大于进攻的期望效用，也即司马懿认为进攻的期望效用低于退兵的期望效用。司马懿认为，孔明一生谨慎，不做险事，只有设定埋伏才可能如此镇定自若，焚香操琴。司马懿对局势的判断不是没有道理的，他对孔明的判断是基于以前的认识。于是司马懿急退而去，孔明则在博弈中获胜，实现了预期的目标。

（四）政府与企业的不对称信息动态博弈

基于各自不同的性质特征和利益诉求，政府和企业的决策认识主体之间广泛存在不对称信息动态博弈。这种博弈尤其集中体现在政府对电信、电力、邮政、铁路运输、石油、天然气等自然垄断企业（Natural Monopoly Corporation）的价格管制上。这些自然垄断行业由于具有规模效益线性递增、资本沉淀刚性，单独一个企业比一个以上的多个企业更能以较低的成本供给全部需求产量的特点。由于自然垄断企业的产品是关系国计民生的重要商品。如果让企业自行定价，不给予任何外部约束，企业可能制定垄断高价，大量侵占消费者利益，导致社会效率下降。为了防止自然垄断企业滥用垄断地位来攫取超额利润，导致消费者剩余和社会福利的净损失，保证消费者享有最低价格的产品，世界各国都在不同程度上对自然垄断行业实行价格管制。但是长期以来，由于机制结构和"信息不对称"原因，各级政府决策认识主体在制定和调整自然垄断行业价格时，表现出较大的主观性和随意性，而被调整方的自然垄断企业也千方百计在政府定价中争取到使其利润最大化的理想价格，从而导致政府部门和自然垄断企业之间在价格管制中的艰难"博弈"。自然垄断企业的价格形成，在相当程度上取决于政府与企业之间的信息沟通效果、讨价还价能力以及各利益集团之间的利益协调程度，而且不同的价格管制方式会导致不同的博弈结果。对其博弈理论模型，分析如下：

假定存在一个自然垄断企业，沉淀资本为 C，全部为国家投资，政府主管部门对自然垄断行业进行规制，规制部门和企业在成本方面存在着不对称信息动态博弈，主管部门不知道企业的边际成本，只知道其边际成本有 n 种类型，成本类型 C_i 的概率为 v_i，$\sum_{i=1}^{n} v_i = 1$，$C_i > C_j$，$\sum_{i=1}^{n} v_i = 1$，$C_i > C_j$，$i > j$，i，$j = 1, 2, \cdots, n$，且 $C_n - C_{n-1} = C_{n-1} - C_{n-2} = \cdots = C_2 - C_1 = \Delta C$，市场需求为 $a - bp$。

规制部门和企业之间的博弈顺序为：（1）规制部门制定规则 $p_i(C_i)$，对不同的成本类型制定不同的产品价格，即当企业的成本为 C_i 时，将企业的产品价格制定为 p_i。（2）企业决定是否接受，如接受后企业则向规制部门报告其边际成本。（3）执行合同。在上述条件下，政府与企业之间就价格形成所进行的动态博弈可分为三种情况。

第一，企业参与激励约束。当企业成本为 C_i，且真实报告其成本时，企业的收益为：

$$\prod (C_i) = (a - bp_i) p_i - C_i (a - bp_i) \quad i = 1, 2, \cdots, n$$

低企业成本 C_i 伪装为高企业成本 C_{i+1}，企业按低成本生产，但按高成本价格销售产品，其伪装后的收益为：

$$\prod(C_i)' = \prod(C_{i+1}) + (C_{i+1} - C_i)(a - bp_{i+1})$$

当高企业成本 C_{i+1} 伪装成低成本 C_i，企业按高成本进行生产，按低成本价格销售产品，其伪装后的收益为：

$$\prod(C_{i+1})' = \prod(C_i) - (C_{i+1} - C_i)(a - bp_i)$$

规制部门要使企业真实地报告其成本，必须使低成本企业得到的收益大于其伪装为高成本时获得的收益；高成本企业获得的收益大于其伪装为低成本时获得的收益，即激励约束：

$$\prod(C_i) \geqslant \prod(C_{i+1}) + (C_{i+1} - C_i)(a - bp_{i+1}) \quad i = 1, 2, \cdots, n-1$$

$$\prod(C_{i+1}) \geqslant \prod(C_i) - (C_{i+1} - C_i)(a - bp_i) \quad i = 1, 2, \cdots, n-1$$

同时，还必须使企业的收益大于0，即：

$$\prod(C_i) \geqslant 0 \quad i = 1, 2, \cdots, n$$

一般来讲，只有低成本企业谎报为高成本企业可能会得到一定的收益，而高成本企业谎报为低成本企业并不能得到任何收益。另外，在高成本企业的收益大于0得到满足的情况下，低成本企业的参与约束条件自动得到满足，故当 $\prod(C_n) \geqslant 0$ 得到满足时，对 i 的其他任何取值也成立。

第二，规制部门的目标优化。目标函数为：

$$\underset{p_i(C_i)}{\text{Max}}: \sum_{i=1}^{N} v_i \left\{ p_i(a - bp_i) - C_i(a - bp_i) + \left(\frac{a^2}{2b} - ap_i + \frac{1}{2}bp_i^2 \right) \right\}$$

约束条件为满足第一种情况中的 $\prod(C_n) \geqslant 0$。目标函数为凹函数，运用库恩塔克（Kuhn-Tucker）[①] 条件求解得：

$p_n = C_n$。当 $p_{i+1} < \dfrac{a}{2b} + \dfrac{C_i}{2}$ 时，$p_i = p_{i+1}$，$i = 1, 2, \cdots, n-1$；当 $p_{i+1} > \dfrac{a}{2b} + \dfrac{C_i}{2}$ 时，$p_{i=}\dfrac{a}{b} + C_i - p_{i+1}$，$i = 1, 2, \cdots, n-1$。

令 $k^* = \left[\dfrac{a - bC_n}{b\Delta c} \right]$，则当 $i \geqslant n - k^*$ 时，$C_n < \dfrac{a}{b} - (n-i)\Delta C$，从 n 开始倒

---

① 库恩塔克（Kuhn - Tucker）条件亦称"K - T 条件"，是指在求解非线性规划问题时判断一个算法的解是否为所求问题的必要条件。

推可得：$p_{n-k^*} = p_{n-k^*+1} = \cdots = p_n = C_n$；当 $i < n - k^*$ 时，$C_n > \dfrac{b}{a} - (n-i)\Delta C$，

从 $n - k^*$ 开始倒推，令 $m = n - k^* - i$，m 为奇数时，$p_i = \dfrac{a}{b} - \left(\dfrac{n+k^*+1}{2}\right)\Delta C$

$+ \dfrac{\Delta C}{2} i$；m 为偶数时，$p_i = C_{n-\frac{m}{2}} = C_n - \dfrac{n-k^*}{2}\Delta C + \dfrac{\Delta C}{2} i$。因此，政府规制定

价为：

$$p_1 < p_2 < \cdots < p_{n-k^*} = p_{n-k^*+1} = \cdots = p_n = C_n$$

从上面的分析知道，在 $i < n - k^*$，各成本类型 C_i 的规制价格 p_i 是锯齿形单调上升，其值分别在两条向上的平行直线上，斜率为 $\Delta C/2$；在 $i \geqslant n - k^*$ 时，各成本类型 C_i 的规制价格 p_i 在一条水平直线上，其值为 C_n。

上述分析可知，由于规制机构和企业之间存在不对称信息，规制部门在对自然垄断行业进行规制定价时，为了使企业真实地报告其成本，规制部门将支付给低成本企业一部分信息租金，从而产生效率损失。

当 $i \geqslant n - k^*$ 时，政府对各成本类型 C_i 的规制定价为：

$p_{n-k^*} = p_{n-k^*+1} = \cdots = p_i = p_{i+1} = \cdots = p_n = C_n$；当 $i < n - k^*$ 且 $m = n - k^* - i$ 为奇数时，政府对各成本类型 C_i 的规制定价为：

$$p_i = \frac{a}{b} - \left(k^* + \frac{m+1}{2}\right)\Delta C, \ m = n - k^* - i \ 为奇数时，政府对各成本类型 \ C_i$$

的规制定价为：

$$p_i = C_{n-(m/2)}$$

第三，规制与未进行规制的效率比较。当政府未进行规制时，企业进行垄断定价，企业在不同成本状态下的垄断定价 $p'_i = \dfrac{a + bC_i}{2b}$，将各种成本状态下的垄断定价与规制定价比较：

当 $i \geqslant n - k^*$ 时，$\dfrac{a + bC_i}{2b} = \dfrac{bC_n - a + (n-i)b\Delta C}{2b} \leqslant 0$

当 $i < n - k^*$ 且 $n - k^* - i$ 为奇数时，$p_i - p'_i = \dfrac{a}{b} - \left(k^* + \dfrac{m+1}{2}\right)\Delta C -$

$\dfrac{a + 2bC_i}{2b}$。进行整理得到：

$$p_i - p'_i = \frac{a}{b} - C_n - (k^* + 1)\Delta C < 0$$

$m = n - k^* - i$ 为偶数时，

$$p_i - p'_i = C_{n-\frac{m}{2}} - \frac{a + bC_i}{2b} = -\frac{1}{2}\left(\frac{a}{b} + k^*\Delta C - C_n\right) \leqslant 0$$

由此可见，规制虽然可以使自然垄断行业的产品价格降低，企业利润减少，但是却可以使消费者剩余增加，社会福利增加。

由上述分析可知，尽管信息的不对称性使自然垄断行业的政府规制产生一定的效率损失；但是存在政府规制时，产品价格仍低于未进行规制时的产品价格，因此对自然垄断行业的规制仍能提高经济效率。实际上，在自然垄断行业价格管制中，除了政府和企业之间的双方博弈之外，还有一个第三方的博弈参与，即民众（消费者）。但是民众方参与博弈的范围非常有限，只能在价格听证环节有限参与，其他环节几乎听不到民众的声音。即使在价格听证环节，因为价格听证本身就是一个定价必经程序，而不是决定程序，所以民众一方在价格管制博弈中的作用极为受限。

（五）尽量规避不对称信息动态博弈

信息不对称在特定的环境下，会对决策认识主体制定科学的决策认识方案产生不利影响，如降低决策认识方案制定的效率、提高决策认识的成本、增加决策认识的失误等。为避免因信息不对称所带来的不利影响，应该注意做好四个方面的工作。

一是加强决策认识信息的有效搜集，改变由于信息搜集不到位造成的决策认识信息不对称。决策认识信息搜集是决策认识的一项基础性工作，搜集的信息内容必须真实、准确、具体，搜集的范围必须尽可能广泛，搜集的层次必须尽可能丰富，搜集的方法必须尽可能多样。信息搜集的有效方法主要有：第一，定期检查。各个组织的日常工作场所是产生和形成决策认识信息的主要场所，根据第一线信息情况，按规定给予评价意见或建议，所有检查表格和数据填写要真实完整，以便作统计处理。第二，问卷调查。根据决策认识中的一些特定问题和事项的需要进行问卷调查。设计一组与调查内容相关的问题构成问卷调查表，向特定人群发放，通过调查对象的回答来采集信息；为了收集决策认识客体对决策认识方案的意见，可以在一部分客体中发放调查问卷，并邀请专家对问卷进行科学的分析，从中获取所需的决策认识信息。第三，设立电子信箱。设立覆盖面广的信息收集网络，通过网络及时快捷地从组织最底层成员中获取决策认识信息。

二是注重决策认识信息的处理与反馈，避免由于组织内部分工协作的不合理而导致决策认识信息不对称。第一，决策认识信息处理。决策认识信息的加工处理是以人为基础，必须充分发挥集体智慧，定期召开情况分析交流会，对采集的原始信息数据进行统计归纳、问题分类、分析判断、综合整理，对信息进行再认识和再加工。第二，决策认识信息反馈。加工处理后的信息反馈，对提高决策认识的效率有决定性的意义。一些重大决策认识信息，要直接向各个组织的主管领导汇报，组织的主管领导也需及时向下属部门转达反馈意见或决定；属于具体部门的特殊信息，甚至具体个人的有关信息，可主要通过口头和书面等形式，与有关部门、相关组织负责人进行意见交换；共性的信息，可通过工作简报、组织内部报纸、组织网站主页等公开发布，定期进行信息交流。

三是决策认识主体要善于在不对称信息动态博弈中，变劣势地位为优势地位。决策认识主体要善于学习和掌握一定的策略和方法，在主客体不对称信息动态博弈过程中主动抢抓机遇和时机，主动占领优势地位；一旦处于劣势，必须积极采用多种方法，通过各种渠道，广泛搜集和筛选信息，尽快变劣势为优势。掌握和搜集信息通常都会经历一个由简单到复杂、由肤浅到深入、由少量到丰富、由劣势地位变为优势地位的过程。

四是决策认识主体要综合考虑、具体分析、辩证思考不同客体的不对称信息。在不对称信息动态博弈过程中，在某种特定情况下信息占有量较少的一方，并不意味着属于错误的一方。在这种情况下，要采用具体问题具体分析的方法，对信息进行辩证思考和客观分析，特别是对处于信息劣势而又处于正义地位的一方，要充分考虑这种信息不对称的特殊性，不能以信息数量的多少定输赢，要进一步搜集、补充、丰富和完善各种信息，以免出现和发生错误和失误。

第三节　决策认识的抉择行为博弈

决策认识抉择行为博弈，就是决策认识主体综合各种因素，运用各种手段，分析各种利弊，规避各种风险，实现均衡制约，确定最佳模型，达到期望效用最大化。决策认识的抉择行为博弈应遵循三项原则：一是效益最大化原则；二是规避风险原则；三是满意原则。需要强调的是，在决策认识过程中，理论模型所提出的那些完全理性的假设前提并不一定全部存在；博弈的结果，有时会偏离效用最大化原则，因此要特别注意遵循"满意原则"，而不是"最优原则"。

一、期望值与期望效用的博弈

在经过心理认知、信息博弈阶段后，决策认识进入到了抉择行为博弈阶段。这一博弈特征可以通过经济学中最有代表性的期望值理论模型（Expected Value Theory）和期望效用理论模型（Expected Utility Theory）进行对比分析予以说明。经济学中的期望值理论的数学表达公式为：

$$EV = \sum X_i \times P_i$$

其中，EV 表示期望值；X_i 表示选项 X 的第 i 种结果所带来的价值；P_i 表示第 i 种结果发生的概率。在诸多选项中，决策认识的抉择博弈的目标是追求 EV 的最大化。假如：现在有两种情况可供决策认识主体选择：A. 100% 的概率得到 800 元，20% 的可能性什么都得不到。B. 70% 的可能性得到 1000 元，30% 的可能性什么都得不到。根据期望理论公式，A 选项的数学期望值为 800 元（$800 \times 100\% + 0 \times 20\%$），B 选项的数学期望值为 700 元（$1000 \times 70\% + 0 \times 30\%$）。因此经过博弈，大多数决策认识主体会选择 A 选项。

期望效用理论是期望值理论的发展。美国数学家范・纽曼和美国经济学家摩根斯坦于 1944 年提出预期效用最大化原理（Expected Utility Maximization）。该原理假定，每个决策者都有一个实值的效用函数，效用函数以决策者行为可能产生的结果为自变量。自变量共有 i 个可能的取值（X_1，X_2，…，

X_i)。假设现有行为 a 和行为 b 供决策者选择。行为 a 将会使自变量 X_i 以 P_i 的概率实现，而行为 b 使 X_i 的发生概率为 Q_i。决策主体选择 a 而放弃 b 当且仅当选择 a 所导致的效用函数期望值大于 b 所带来的期望值。数学公式表达为：

$$\sum iP_i \mathrm{U}\ (X_i)\ > \sum iQ_i \mathrm{U}\ (X_i)$$

美国芝加哥大学商学院教授奚恺元曾设计一个题目，用以形象描述和具体说明期望值和期望效用的博弈原理和规则：设想一下现在你初到上海，赤手空拳，身无分文。但是你运气不错，刚到上海就中了个奖，奖励规则是这样的，你必须在下列两个选项中择其一：A. 确定性地得到 1000 元；B. 在一个装有相同数量的蓝球和黄球的箱子中摸球，摸到蓝球，你能得到 2000 元；摸到黄球，你什么也得不到。根据期望值理论，无论何种情况，EV（A）$=$ $1000 \times 100\% = 1000$（元），EV（B）$= 2000 \times 50\% + 0 \times 50\% = 1000$（元），A 选项和 B 选项的期望值相同，人们应该对选哪一项无所谓。然而奚恺元教授经过实验得出结论，在现实生活中绝大多数人会选择 A，而不选择 B，既表现出风险规避原则，又体现了期望效用原理。对此，奚恺元教授的解释是，"在你身无分文的情况下，第一个 1000 元对你的用途是非常大，你可以用它来解决基本的衣食住行问题，而第二个 1000 元对你的作用可能就没有之前那个 1000 元大了"。这恰好说明在决策认识过程中期望值并不是绝对的依据和标准，相比较而言期望效用得到更广泛的采纳和运用。期望效用可以用边际效用递减规律来解释。边际效用指的是将物品或劳务后一单位的效用与前一单位的效用进行比较，如果后一单位的效用比起前一单位的效用大则是边际效用递增，反之则为边际效用递减。边际效用的应用非常广泛。例如，经济学上的需求法则就是以此为依据，即用户购买或使用商品数量越多，则其愿为单位商品支付的成本越低，因为后购买的商品对其带来的效用降低了。就是说一样东西当你拥有得越来越多的时候，那最后一个对你的价值就越来越小。例如，当一个人饿极了的时候终于找到了食物，假设是一袋包子，那么吃下去第一个包子时，会感觉真是雪中送炭，从来没有这么好吃过；第二个包子吃起来也是同样的舒服；吃到第三个包子的时候，会觉得虽然好吃但最好还有别的什么东西换换口味；第四个包子已经让人得到了完全的满足；第五个包子就有点勉强了；硬着头皮吃完第六个包子是因为旁边有人在拿着棒子逼着；吃完第七个包子后会发誓今后再也不碰这东西了；至于第八个，打死也不吃了。每吃完一个包子给人带来的满足感的增加，就是从包子上获得的边际效用，也就是说边际效用是一个前后对比的变化量。而消费包子的感觉由好到坏，说明在消费这些包子的过程中，边际效用是递减的，开始是正数（感觉好），后来是负数（消费更多，感觉更坏）。边际效用是指人在消费最后一个单位物品时所得到的效用。边际效用递减规律指随着消费的增加，消费者从每个单位产品消费中得到的满足程度是不断减少的。在上例中，U（2000）×50% + U（0）×50% = U（2000）×50% < U（1000）×100%。因此，在奚恺元教授所举的例子中，大多数人经过博弈都选择 A。①

由上述分析不难看出，在决策认识中的抉择行为是期望值和期望效用博弈的抉择，但是经过博弈的结果并不一定是最佳结果，关键是要根据客观具体情况，科学选择和正确处理好期望值和期望效用的关系和原则。具体讲，在决策认识的期望值和期望效用博弈过程中，要注意坚持三项原则。

第一，坚持利益第一原则。通过对期望值和期望效用的博弈过程分析可以发现，人们的行为与其所期望的组织能给予的利益有直接的关联性。人们都希望通过服从组织的安排来得到组织所应允的给予个人的物质和精神利益。组织能给其成员带来的利益越大，组织成员的工作动力就越大，工作热情就越高。这就提示决策认识主体在制定决策认识方案的过程中，首先要充分考虑到决策认识客体的利益诉求。决策认识方案的制订必须从决策认识客体的切身利益出发，采取切实可行的激励措施，使决策认识方案的选择直接影响到每个人的切身利益。

第二，坚持适度原则。适度原则是期望值和期望效用博弈过程中所应遵循的重要原则。在决策认识方案的形成过程中，决策认识的各参与主体为实现自身利益的最大化进行各种理性的"算计"，并在这种"算计"的指引下

---

① 奚恺元：《别做正常的傻瓜》，机械工业出版社 2004 年版，第 51 页。

展开各种博弈行为。从期望值与期望效用博弈的角度看，人们总是希望通过决策认识方案的选择与执行来达到预期的目标，如果个人主观认为选择某一决策认识方案，然后通过自己的努力达到预期目标的概率较高，就会有信心，就可能激发出很强的工作力量。若认为目标太高，通过努力也不会有很好的绩效时，就失去了内在的动力，导致工作消极。由此可见，在决策认识过程中决策认识主体的期望概率既不是越大越好，也不是越小越好，关键要适当，要跳一跳够得着。决策认识主体要自觉地认识到自身期望值按边际效用递减的规律，并按此规律适时做出抉择。

第三，坚持差异原则。由上文所论述的期望值和期望效用理论可知，如果某一决策认识主体把某种决策认识目标的价值看得很高，并且估计经过自身努力实现这一目标的概率也很高，那么这个目标激发动机的力量就特别强烈。因此，期望效用激励模式可以表示为决策认识方案的"执行—成就—奖励—需要"的实现。决策认识主体最佳的动机条件是：认为通过自身的努力，能够促使决策认识方案的顺利实现，极可能带来很好的成绩，很好的成绩极可能带来较高的物质奖励或精神表扬，从而满足各主体不同的需求。在此，特别要强调的是，决策认识主体在决策认识方案的制订和执行中会形成各种不同的需要，决策认识的形成也要考虑到主体不同类型和程度的期望值，按照差异原则，尽量全面考虑不同主体的期望效用模式，并在此基础上制定针对性很强的激励措施。那种抹杀或忽略需求差异性的决策认识，要么会践踏主体本身的积极主动性，使主体的个性发展遭到压抑；要么受到主体的各方面阻挠，得不到很好的成效。

二、最优原则与满意原则的博弈

所谓最优原则，是指人们在制定组织发展目标时，总是企图从理论上论述在有限的人力、物力、财力和时间等资源条件下，通过自然选择，尤其是人为的技术手段，使系统达到最佳状态，发挥最大功能，亦即以最小代价获得最大效益或产出最大。最优原则是从客观的、理性的、科学的角度，论述事物的发展变化。从某种程度上来说，最优原则职能是人们所企求的组织发展的理想状态。遵从最优原则的人往往认为人类是具有完全理性的。

所谓满意原则，是指人们在制定组织发展目标时，主要是追求该组织系统的变化、发展，能够满足大多数人的意愿、利益，从而可以调动他们的积极性，化解人为的阻力，促成组织内部各项事务的顺利发展。坚持满意原则的人认为，理论上的最优在现实中是不可能实现的，"最佳"在现实中只能是"满意"，因为在实际操作系统中，难以也不能达到理想的"最佳"，而只能是相对于某一特定环境条件下的"满意"。满意原则是从主观的、感性的、现实的角度看待组织发展的后果。遵循满意原则的人认为人类是不具有完全理性的，在现实的选择过程中人类只能是具有有限理性。

在决策认识过程中，由于决策认识主体往往受各种约束条件的限制和影响，知识完备是可望而不可即的。同时，决策认识主体行为认知偏差也会造成在信息搜集和定性时空的主观失真。再者，由于决策认识主体所处系统环境的复杂性、主体思维能力的不稳定性，恒定的偏好系统也难以形成。因此，从本质上来看，决策认识主体在认识过程中只能部分地、片面地反映现实状况，不存在像经济学理论模型所提出的那些完全理性的假设前提。在现实的决策认识过程中，由于博弈参与主体只能知道世界状态的一部分而不可能知道世界的所有状态，参与主体也不可能知道各种状态出现的客观概率及不同状态对自己支付的意义，在多数情况下参与主体并不能对环境的任何变化做出最优反应，其决策认识只能是基于有限理性而非完全理性的计算结果。也就是说，决策认识主体在选择决策认识方案的过程中，会出现追求最优原则和遵循满意原则之间的博弈。认知偏向会影响决策认识，那种按照效用函数计算出来的最佳方案在决策认识过程中有时并不一定就会被决策认识主体看做是他心目中的最佳方案，更不一定是决策认识主体最佳的博弈行为抉择。其抉择结果往往是大部分决策认识主体所遵循的原则会从"最优原则"转变到"满意原则"。

最优原则与满意原则的博弈普遍应用于各种决策认识实践中。这种博弈，可以从中国改革开放与20世纪苏联、东欧社会主义阵营剧变的对比中，得到充分说明和例证。在中国三十多年改革开放的进程中，党和国家领导人在做出重大决策之前的决策认识阶段，都是遵循基于有限理性基础之上的"满意"原则，采用"试点纠错"式的改革推进策略，在改革中追求满意目标而不是最佳目标。从博弈论的视角来看，改革开放的形成过程就是参与决策认识博弈的局中人在宪法、法律、行政机关的各种规定、决定、习惯以及传统观念等框架或规则范围内，根据所掌握的信息，在充分比较各种改革方案中自身支付大小后采取相对应的行动，以获得满足效用最大化结果的行为抉择过程。从宏观上来看，改革开放政策的制定与实施的过程表现为制度变迁和制度发展的过程。根据博弈论的观点，制度的变迁和发展主要是博弈参与主体为了应对外部冲击和内部危机，竞相进行各种试验，以寻求一种有活力的新的决策认识方案，替代原有的决策认识方案。中国改革开放的过程是一个渐进的"摸着石头过河"的过程，这种路径的选择最终源于决策认识形成过程中各利益主体之间基于有限理性的博弈模式的选择。这种选择，使我国在改革开放的过程中基本上保持了经济社会的平稳过渡并实现了经济的持续高速增长。我国在渐进式改革决策认识博弈的过程中选择了如图4—7所示的路径模型。

与此相反，20世纪社会主义阵营国家的传统计划经济体制改革，则出现了显著不同的结局：在1989年到1991年间，苏联和东欧国家发生了政权更替，共产党普遍失去了执政地位，南斯拉夫、苏联和捷克斯洛伐克等国家先后解体，并且这些国家都出现了剧烈的社会动荡和动乱，经济严重衰退，甚至局部地区还爆发了战争。产生这种现象的根本原因是苏联等国家在改革的过程中，决策认识主体在博弈抉择中所遵循的是最优原则，采取的是"完全理性化"的"休克式"方案。但是对于政府与社会等改革过程中的博弈参与主体而言，选择完全理性化的最优原则博弈模式并不完全科学，其理由主要有两方面：一是就政府而言，它是一个具有有限理性的组织。这是因为政府的生存环境——经济社会系统是一个开放的复杂巨系统，政府对它的认知是有限度的，这种限度来自于政府获取信息和处理信息的能力是有限的。这种有限性会使政府在进行决策认识博弈时具有一定的局限性，以及对自己管理行为效果的预测具有不确定性，从而带来风险。显然，这种风险会对平稳改

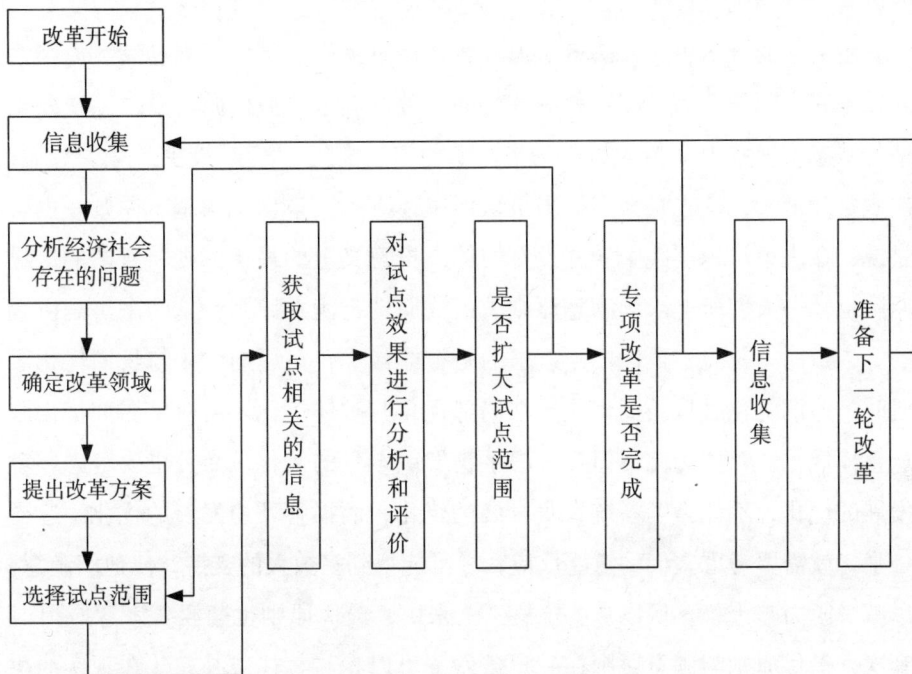

图4—7　中国改革决策认识的博弈过程

资料来源：《1978年以来中国改革成功的原因探究》。

革产生负面影响。二是就改革本身而言，它是一种新生事物，人们在此过程中并无经验和教训可以借鉴。改革涉及各种利益关系的调整，而中央政府所采取的改革措施相当于给经济社会系统施加了控制变量，必然会影响经济社会组织（包括中央政府的各部门、各级地方政府及其所属部门、企业等等）和居民的行为方式，进而引起经济社会的变化。众所周知，作为具有有限理性的政府不可能对这些改革措施的效果事先做出完全准确的预测。正如有些学者所说的，在总和的和个别的层面上，结果的不确定性都是改革的关键特征。显然，这种不确定性的存在无疑会增加实现平稳改革的难度。因此，对于有限理性政府来说，要在经济社会改革博弈的过程中发挥主导作用，使各博弈参与主体都能享受到改革的成果，就必须摒除急功近利的心态，从有限理性和满意标准的决策认识原则出发制定改革策略，尽可能减少或规避改革的风险性和不确定性。

由上文的分析可知，决策认识方案抉择过程中的最优原则和满意原则之间并不完全割裂，而是相互影响和协同一致的关系。最优原则要求系统处于最佳状态，即费力（指人力、物力、财力等）最小，耗时最少，路径最短，但效益却最大，这也是大多数决策认识主体进行决策认识的基本原则。也就是说，在决策认识实践中，并没有纯粹理论意义上的最优原则；所谓的最优原则也就是人们所追求的满意原则。最优原则与满意原则，总的来讲是协调的、一致的。首先，最优原则追求的是整体最优，在短期优化与长期优化矛盾时，短期优化服从长期优化；在局部优化与整体优化矛盾时，局部优化服从整体优化。整体优化不但要考虑事物发展本身的优化，而且也要考虑环境发展的优化，不能为了系统自身发展的优化，而损害环境发展的优化。这样一来，就需要考虑人们的意愿反应，尽可能得到多数人的支持，使他们满意，以减少阻力与干扰。所以从一定意义上来讲，最优原则也蕴涵着满意原则。①其次，最优原则与满意原则在一定条件下可以相互替代或补充。在现实的决策认识过程中，"最优"的定量有时难以准确把握和描述，或者从不同视角审视，人们对"最优"做出不同的甚至矛盾的评价标准。在这种情况下，最优原则的贯彻操作难度较大，这时就应以满意原则为准绳。例如，选举制就是按票数多少的比例来确定的（票数多少在一定条件下，反映了人们的意愿）。反之，在满意原则难以实施的情况下（如多数人的意愿并不一定反映正确的东西），则应以最优原则为准绳，按最优原则执行。由此可见，两个原则在一定条件下相互替代、相互补充，充分说明了两个原则的一致性。

因此，在现实的决策认识过程中，要因地制宜进行最优原则和满意原则二者之间的博弈抉择。决策认识过程是一个完整的过程，在总的决策认识目标下，还要进行各个分阶段的抉择。对具体的决策认识问题要具体对待，要因时、因地、因对象、因具体条件制宜，以增强决策认识的预见性、科学性。例如，在决策认识过程中，最优原则与满意原则基本一致时，而且实现最优

---

①　朱桂芳、宁昌：《论最优化原则与满意原则的差异协同》，《系统辩证学学报》2000 年第 10 期。

原则的客观条件较充分时，就要不失时机地大胆实践，以求最大限度地实现决策认识预期目标。如果最优原则与满意原则有较大差异，而且实现最优原则的现实条件不太充分时，就要遵循满意原则，谨慎从事，或分阶段进行，使人们对决策认识方案在心理上有一个承受、适应的过程。总之，对最优原则与满意原则的博弈与融合，应针对不同的决策认识现实，具体情况具体对待，以利于决策认识方案的顺利进行，并收到实效。

三、效益最大与成本最低的博弈

决策认识抉择行为博弈的过程，就是尽可能最大限度地降低成本，并在此基础上力求实现效益最大化的过程。在此过程中，要深入分析各种成本的构成要素，协调均衡、科学配置、合理取舍，不仅要想方设法降低决策认识的经济成本、执行成本、相对成本等显性的直接成本，而且还要尽可能降低决策认识的机会成本、风险成本、沉没成本等各种隐性的间接成本。

从最一般的意义上来说，决策认识最终目的是从各种备选的决策认识方案中选出相对满意的方案，以便解决现实问题。选优的标准主要是看效益的高低。决策认识过程中效益最大化原则假设每一个参与决策认识活动过程的主体，都以追求个人的利益为动机，面临选择时总是倾向于选择能给自己带来最大收益的机会，每个参与主体都依据自己的偏好，用最有利于自己的方式活动。这是一种基于"经济人"假设基础上的理论原则。经济人假设是经济学理论的重要组成部分，是经济学的一项分析工具。经济人以追求自身利益的最大化为根本的行为目的和活动准则。经济人有两个基本特点：自利和理性。人的自利性表现为：人是自私的，个人的行为只受个人利益的驱使；人的目的是追求个人收益的最大化，总是以尽量少的成本换取尽量多的收益。人的理性表现为：个人拥有很强的计算能力，能计算出在各种备选方案中哪个最符合自己的利益；个人既注重收益，也关注成本，或是取得最大收益，或是把所支付的成本降到最低。经济人假设不仅适用于经济领域，而且也对决策认识实践活动具有指导意义和借鉴作用。为了实现决策认识效益的最大化，不仅要考虑各类成本要素，而且还要考虑各种收益问题，以及决策认识成本与决策认识收益的关系。决策认识主体的理性预期或目标是：决策认识成本最小化，决策认识收益最大化。按照不同的标准可以把决策认识的收益分为不同的种类。按照收益的性质，可分为经济收益和政治收益；按照决策认识收益的对象，可以分为组织决策认识收益和组织中的个人决策认识收益。例如，在我国政府推行公车改革决策认识形成的过程中，不同的参与者和利益方有不同的认识收益。对于政府来说，决策认识的经济收益主要是节约财政支出；政治收益则是通过公车改革，可以遏制腐败，纠正不正之风，促进党风廉政建设，密切党群干群关系，获得人民的更大支持。对于公车改革中涉及的单位和个人来说，他们能得到一部分用车补贴。对于基层群众来说，由于公车改革可以减少一笔财政开销，可以减轻一定的税收负担，基层群众就可以直接或间接从中分享利益。

影响决策认识效益的决定性因素则是决策认识成本。从事物发展规律看，任何事情都存在成本与效益。成本大致可划分两个层次：一是直接的、有形的成本；二是间接的、无形的成本。首先，对于任何一个完整的决策认识方案来说，其直接的、有形的成本包括决策认识方案制定过程中所需要投入的时间、人力、物力和财力。例如，从决策认识目标的确立到决策认识方案的反复论证、调查研究、聘请专家咨询、领导精力付出等都是成本。其次，决策认识方案的确定与执行之间自然有一个时间跨度。在执行决策认识方案的过程中难免会出现一些问题，这样就需要有关人员及时地做出反馈和调整，形成一定的决策认识执行成本，成为决策认识的重要成本要素。这些成本是看得见或客观上存在的，因此在决策认识制定与执行的过程中首先要考虑到尽可能降低这部分成本，以实现决策认识效益的最大化。在决策认识过程中，除了有一些显性的、直接的成本外，还必须付出一些隐性的、间接的成本，如风险成本、沉没成本和机会成本。由于在大多数情况下，决策认识方案的制订并非只针对已经发生的问题，而更主要的是涉及对未来发展趋势的预测分析和判定判别，决策认识不可避免地要在不肯定的状态下做出，因而决策认识必然与风险相连。特别是前瞻性的决策认识涉及发展的问题，这样的决策认识更加难以避免风险，实现决策认识目标时也难免会产生负效应，这些情况可称为风险成本。人们在决定是否去做一件事情的时候，不仅是看这件事对自己有没有好处，而且也看过去是不是已经在这件事情上有过投入。由于决策认识面对以上成本，有时难免做出一些收益很小甚至无收益从而使成本无法收回的情况，这些已经发生、不可收回的支出，如时间、金钱、精力等称为沉没成本。当一种有限的资源具有多种用途时，可能有许多个投入这种资源获取相应收益的机会，如果将这种资源置于某种特定用途，必然要放弃其他资源的投入机会，同时也放弃了相应的收益，已经放弃的可能的最佳机会所能带来的收益，就是将这种资源置于特定用途所付出的机会成本。简单说，机会成本意味着"鱼与熊掌不可兼得"，必须有所割舍、有所扬弃。

在现实生活中，效益最大与成本最低的博弈普遍存在，其涵盖的范围和用途都非常广泛，涉及经济社会领域各个方面。例如，企业在产品设计的决策认识过程中，就优先考虑到了方案设计的显性成本最低与效益最大之间的博弈关系。几乎所有软性饮料瓶子，不管是玻璃瓶还是铝罐瓶子，都是圆柱形的。可牛奶盒子却似乎都是方的。方形容器能比圆柱形容器更经济地利用货架空间。那么，为什么软性饮料生产商坚持使用圆柱形容器呢？这其中就有显性成本最低与效益最大之间的博弈关系。经销商经过仔细的观察发现，软性饮料大多是直接就着容器喝的，由于圆柱形容器更称手，抵消了它所带来的额外存储成本。而牛奶却不是这样，人们大多不会直接就着盒子喝牛奶。退一步讲就算大多数人直接就着盒子喝牛奶，决策认识成本最低和效益最大的博弈结果亦显示，它们不大可能装在圆柱形容器里贩卖。因为虽然方形容器（不管容器里装什么东西）的确能节约货架空间，但是在牛奶一例中节约的空间，显然比在软性饮料一例中更容易降低成本。因为在超市里大多数软性饮料都是放在开放式货架上的，这种架子便宜，平常也不存在运营成本。但牛奶则需专门装在冰柜里，冰柜很贵，运营成本也高。所以，冰柜里的存储空间相当宝贵，从而提高了用方形容器装牛奶的效益。[①] 同样，在政治领

---

① ［美］弗兰克著，闾佳译：《牛奶可乐经济学：最妙趣横生的经济学课堂》，中国人民大学出版社 2008 年版，第 19 页。

域的决策认识中，依然存在效益最大化和机会成本之间的博弈。政治决策认识本身是一个复杂的博弈过程，政治决策认识主体要想实现自身效益的最大化，就必须考虑机会成本。在政治决策认识过程中，决策认识主体面临制定决策认识的各种方案，通常并不知道最终实施哪种决策认识方案将获得最大化的效益。也就是说，决策认识主体的选择未必是最佳的选择。然而，确定实施一种决策认识方案就意味着放弃另一种决策认识方案。有时候决策认识主体所放弃的决策认识方案也可能或恰恰是最佳的。这只有在政策实施过程中或政策实施很长一段时间才能得出结论。

　　综上所述，决策认识主体选择某一决策认识方案的主要缘由，就在于此方案的实施可以带来大于成本的额外预期收益。决策认识成本的高低决定了决策认识的成败。科学的决策认识总是致力于最大限度地降低决策认识成本。因此，在决策认识的抉择行为博弈过程中，决策认识主体要树立正确的成本和收益意识，实现决策认识成本最低与效益最大化二者之间的均衡。在此博弈过程中，决策认识主体必须注意和解决下列各种问题：提倡决策认识主体和决策认识客体协同进行抉择和创新活动；依照决策认识基本程序的相应顺序投入成本；增强决策认识方案的科学性，拟定决策认识方案时必须考虑成本的多级取向，评价决策认识方案时必须贯穿成本的必要性和可行性，即要认真研究确定决策认识方案应不应该做、应该怎样做的问题；驾驭决策认识方案执行中的不确定因素，将成本意识运用到决策认识方案执行过程中，全面考察各种利弊得失，合理推测成本，计划最大成本，运用最小成本；建立灵敏反馈系统，跟踪决策认识活动的全过程，发现偏差，立即投入成本予以纠正，提高决策认识的终极质量。

四、短期目标与长远目标的博弈

　　根据决策认识主体对预期结果的着眼点，可以把决策认识目标分为短期目标和长远目标。所谓决策认识的短期目标，就是决策认识主体按照决策认识的总体程序和安排，需要在较短时间内解决的问题和完成的事项。短期目标可以帮助决策认识主体有更多的机会评价成绩、改进方法。同时，短期目标可以提高决策认识主体的自我效能和内部动机水平，增加成就感，从而更加努力地去完成长远目标。所谓决策认识的长远目标，就是决策认识活动所要达到的最终结果，是整个决策认识的根本价值指向。长远目标一般具有根本性和方向性，可以为决策认识主体提供方向和指引。若一项决策认识活动没有长远目标，那么决策认识主体就像风筝在空中随风飘荡，不知何去何从，随时还会有断线的危险。在决策认识过程中，短期目标和长远目标始终处于博弈状态，需要妥善处理好两者之间的关系：

（一）短期目标的实现是长远目标实现的基础和必经阶段

目标是一种链式存在，长期目标是由多个中短期目标构成的。因此，决策认识主体应立足于现状，从自身的素质、能力及各种状况出发，为决策认识活动设定短期目标，并努力达到短期目标，这是维持决策认识活动的保障。从辩证唯物主义的视角看，决策认识的短期目标和长远目标之间是量变与质变的关系，长远目标的实现必须建立在正确的短期目标实现的逐步积累基础之上。短期目标可以给予决策认识主体更多的机会去评价当前工作中的经验和教训，并改进做事的方式和方法。与长远目标相比，短期目标能够更好地提高工作效能和动机水平。从决策认识目标的效果上来看，短期目标更容易使决策认识主体形成积极的期望，认为短期目标是可以达到的，短期目标有助于人们对自己的能力有一个准确的评价。

在现实的决策认识活动中，决策认识主体既要重视事关长远目标的设定，更要注重短期目标的设置。否则，如果短期目标设置不具有科学性与合理性，就会直接影响到决策认识长远目标的顺利实施，最终导致决策认识实践活动的功亏一篑。例如，在20世纪50年代"大跃进"时期，党和国家高层决策认识主体在制定"超英赶美"的长远目标时，忽视了短期目标实现的时间要求和现实环境要求，割裂了短期目标和长远目标之间的正确关系，以至于酿成了灾难性的后果。"大跃进"运动之前的第一个五年计划期间，党和国家领导人就开始考虑加快建设步伐的问题了。1955年11月，毛泽东同志在中共七届六中全会上，对中国未来的发展过程做过粗略的设想，计划大约用50～70年左右时间即10～15个五年计划，可以争取赶上和超过美国，设想50年以后出现一个共产主义的中国。从当时的政治经济环境来看，确立超英赶美的长远目标，具有深远的政治、经济意义和一定的现实可能性。首先，超英赶美是中国共产党人为实现带领全国人民最终实现共产主义政治承诺的一个重要阶段，具有重要的政治意义。其次，从当时我国国民经济的整个态势来看，实现超英赶美的长远目标具有一定的现实可能性。国民经济恢复时期，既有战争，又要恢复经济，只用了 3 年时间就取得了辉煌的成就。社会主义改造是一项复杂艰巨的任务，原计划 15 年左右完成，实际上只用了 4 年时间。从 1953 年开始的第一个五年计划，也超额完成，1957 年的工业产值为 1952 年的 223.4%，平均每年增长 17.4%，钢产量 524 万吨，煤产量 1.28 亿吨，发电量 190 亿度。① 然而令人遗憾的是，党和国家的高层决策认识主体并没有为"超英赶美"的长远目标设立科学合理的短期目标，最终导致大量"浮夸"、"冒进"的发生。首先，高层决策认识主体缺乏为达到长远目标做积累和准备工作的各个短期目标的具体时间设定，相反却一味地缩短实现长远目标的时间，逐步丧失了实现长远目标的可能性。例如，原本确立的要在 10～15 个五年计划的时间内完成的"超英赶美"目标，却缩短到 15 年即 3 个五年计划内完成。1957 年 11 月 18 日在莫斯科召开的各国共产党、工人党代表会议上，毛泽东同志郑重表示：赫鲁晓夫同志告诉我们，15 年以后苏联可以超过美国。我也可以讲，15 年以后，我们可以赶上或者超过英国……在 15 年以后，我们阵营中间，苏联超过美国，中国超过英国。其次，短期目标内容的设定和实现与长远目标综合要求的实现存在很大程度上的偏离。"超英赶美"作为当时我国经济社会发展的长远目标，本身是一个包含了政治、经济、文化和社会等方面的综合目标体系，但是党和国家高层决策认识主体在围绕这一长远目标制定短期目标时却只注重国民经济中的"某一方面"与美国或英国的片面比较。这就造成了"大跃进"运动时期全国上下热火朝天的大炼钢铁和农村丰产"卫星"纷纷上天的非理性局面，给当时和以后我国经济社会的全面发展造成了巨大的损失。

（二）长远目标为短期目标的设计和实现提供方向指导

决策认识活动不能在短期目标面前止步不前，实现短期目标是为了奔向

---

① 赖亦明：《"大跃进"失误的决策目标分析》，《江西社会科学》2000 年第 3 期。

长远目标，是为了使决策认识活动取得更大的成功。因此，科学合理设定长远目标，可以为决策认识主体设计短期目标提供总体方向上的指引。如果放弃长远目标，决策认识活动就会原地踏步，决策认识主体就会变得闭目塞听。一项决策认识活动在多大程度上积极向长远目标奔进，表明它们在多大程度上具有发展潜力和持久的生命力。在现实决策认识过程中，决策认识主体必须高瞻远瞩，各项短期目标的制定及其落实必须为最终的可持续发展的长远目标的实现奠定坚实的基础。

决策认识主体必须充分认识长远目标的重要性，在制定短期目标时，一定要自觉地服从长远目标的需要。例如，在资源开发利用问题上，决策认识主体要深刻认识到许多资源是不可再生的，在制定决策认识方案时必须有可持续发展的思想认识：上对得起祖宗，下不负于后人，不能吃尽遗产，断掉子孙活路。决策认识主体考虑问题一定要想到长远，不能只顾一时，更不能为了自己私利或个人政绩而给组织甚至国家留下无可弥补的遗憾。有一个以煤炭资源而兴起的小城市，在煤炭资源前景相当可观的时候，就想到再富有的资源也有枯竭的时候，不能等到资源枯竭再找出路，于是他们做超前准备，寻找对煤炭资源有接续意义的替代型产业，挖掘新的能源，创造新的资源，以实现可持续发展。这样的领导干部的工作业绩，尽管一时没有那些竭泽而渔的"明星"那样的轰动，而历史和人民群众将会铭记他们的深谋远虑。以长远目标为重，就是既要脚踏实地，一步一个脚印，努力向长远目标迈进，努力为长远目标的实现打下扎扎实实的基础。同时，又不能把长远目标说成玄乎其玄的事情。如果以长远目标为名，制定一些大而无当的决策认识方案，这就不仅损害了群众的短期目标，而且也难以实现长远的利益。例如，党中央提出西部大开发的战略是一个谋求西部长期持续发展的战略，因而是从打基础入手的。许多西部不发达地区的领导干部能够从实际出发，把劲用在打基础上，致力于加强基础设施建设，修建防灾路、经济路，就为经济发展奠定了基础。

（三）实现短期目标与长远目标的博弈与统一

短期目标与长远目标之间既相互区别、相互制约，又相互依存、相互促进，二者之间呈对立统一、相辅相成的关系。任何一项成功的决策认识活动，必须在长远目标和短期目标的博弈中达到有机统一，不可偏废一方。在长远目标与短期目标的博弈过程中，首先，要坚持一切从实际出发，自觉按规律办事，立足当前、着眼长远，量力而行、尽力而为，有重点、分步骤持续有效地推进短期目标的逐步实现和长期目标的最终实现。其次，要树立真抓实干的工作作风，进一步把心思凝聚到干事业上，把精力集中到办实事上，把工夫下到抓落实上，把本领用在促发展上，确保短期目标一个一个、一项一项落到实处。完成了这些短期目标和各项具体任务，也就意味着长远目标的最终实现。再次，要遵循历史唯物史观，既要防止犯超越历史阶段的错误，又要防止借口需要长期努力而无所作为，要在长远目标的指引下，为实现短期目标不懈努力，不断解决新情况、新问题，不断完成阶段性的历史任务，推动决策认识实践活动向更高的阶段发展。

坚持短期目标与长远目标的统一，还应该杜绝短期效应和个人效应。所谓短期效应既指决策认识主体奉行实用主义原则和"短、平、快"原则，只图一时的利益和一时的稳定；也指决策认识主体不顾长远发展，最大限度地或超限度行使决策权，动用各种人力、物力、财力，企图迅速地或短期内使各种面貌焕然一新。在现实的政府管理实践中，这种现象被称为劳民伤财的"政绩工程"和"形象工程"。所谓个人效应就是决策认识主体为个人荣誉得失，制造个人轰动效应。严格地讲，个人效应不仅属于短期效应之列，而且性质和后果更为恶劣。无论是短期效应还是个人效应，对长远目标实现的危害巨大，必须严格禁止、彻底纠正。

五、重点突破与统筹兼顾的博弈

博弈的理想目标是取得整体最优效果。取得最优效果的关键是科学地把握重点突破与统筹兼顾之间的博弈关系。重点突破与统筹兼顾之间的辩证关系可以运用"木桶原理"予以形象说明和准确概括。所谓"木桶原理"也即"短板效应"，其核心内容为：一只水桶盛水的多少，并不取决于桶壁上最高的那块木块，而恰恰取决于桶壁上最短的那块。根据这一核心内容，"木桶理论"还有两个推论：其一，只有桶壁上的所有木板都足够高，水桶才能盛满水。其二，只要水桶里有一块木板不够高度，水桶里的水就不可能是满的。①"木桶原理"告诉人们，在决策认识的抉择行为博弈中要遵循重点突破与统筹兼顾的原则，即找到决策认识过程中的"短板"并重点加强，在此基础上还要兼顾到其他"木板"，以便达到整体最优的效果。

（一）决策认识中的重点突破原则

决策认识的过程是一个分析矛盾和解决矛盾的过程。马克思主义矛盾论认为，矛盾既有主要矛盾，又有次要矛盾；既有矛盾的主要方面，又有矛盾的次要方面；矛盾双方既对立又统一。矛盾是普遍存在的，是事物发展的动力。矛盾存在于一切事物当中（事事有矛盾），矛盾贯穿于每一事物发展过程的始终（时时有矛盾），矛盾无处不在，矛盾无时不有。事物中的各种矛盾和矛盾的各个方面，在事物发展中是不平衡的。毛泽东同志也曾指出："在复杂的事物的发展过程中，有许多的矛盾存在，其中必有一种是主要的矛盾，由于它的存在和发展规定或影响着其他矛盾的存在和发展。"②"抓住了这个主要矛盾，一切问题就迎刃而解了。"因此，在处理各种矛盾时，一定要分清主要矛盾和次要矛盾，要把握矛盾的主要方面和次要方面。在决策认识过程中，决策认识主体所面对的问题都有其内部固有的矛盾，坚持强调重点突破原则，及时解决问题，就是借鉴了马克思主义、毛泽东思想关于抓住主要矛盾和矛盾主要方面的方法。

重点突破的方法在决策认识过程中受到广泛青睐。决策认识主体只有首先分清所面临问题的主要矛盾和次要矛盾，以及矛盾的主要方面和次要方面，然后再按照重点突破的原则各个击破，才能制定出正确的决策认识方案。例如，在和平建设和发展时期，决策认识主体所面临的问题和需要解决的矛盾大都属于人民内部矛盾，人民内部矛盾是矛盾的主要方面，决定着矛盾的性质，因此在社会实践中决策认识主体要集中解决人民内部矛盾的主要方面。

---

① 辛知编著：《劳心者定律全集》，哈尔滨出版社 2007 年版，第 283 页。
② 《毛泽东选集》第一卷，人民出版社 1991 年版，第 320 页。

又如，在制定有关城乡发展的决策认识方案过程中，决策认识主体要把"三农"问题作为重要突破点，大力发展新农村建设，切实增加农民收入，有效缩小城乡差距；在制定有关区域发展的决策认识方案过程中，决策认识主体要把中西部地区的发展作为工作重心，予以重点突破，东部先发展起来的地区要带动和支持中西部欠发达地区的发展，同时中西部地区也要依靠自身的力量不断发展壮大自己。

（二）决策认识中的统筹兼顾原则

马克思主义唯物辩证法和系统论认为，世界是由不同部分、不同要素组成，按照一定的结构相互联系和相互作用，并且具有特定功能的有机整体。人类社会同自然界相比较，更是一个复杂的系统，更具有特殊性。首先，社会系统不仅是一个由多因素、多层次、各种关系纵横交织起来的复杂的有机体，而且各个系统之间的联系更为紧密，存在着错综的交叉效应，牵一发而动全身。其次，社会系统具有开放性，无时不在同周围环境进行物质、能量和信息的交换，以维系自身的稳定，保证向系统的目的演变和推进。再次，社会系统有人的活动参与，不仅人们对客观规律的认识和运用程度会影响社会发展的速度和方向，而且往往许多局部的主观愿望会形成无数互相交错的力量。正是由于客观规律和人的主观因素交织在一起，使得社会系统的运行情况更加趋于复杂化。

马克思主义系统论为人们正确认识部分与整体的关系提供了方法和指导。系统论认为整体不是各个组成部分的机械堆积，系统也不是各个要素的简单相加，整体优大于部分优之总和。整体和部分、全局和局部的关系是对立统一的辩证关系，整体是部分的整体，部分是整体的部分，没有各个部分就没有整体，没有整体也就没有部分。整体高于部分，整体的变化将引起部分的变化，全局的利益决定着局部的利益，部分、局部必须服从整体、全局，部分、局部的利益才能从根本上得到保证。按照统筹兼顾的方法即系统方法解决问题，就要把决策认识对象作为系统来对待，着重从整体与部分、整体与外部环境以及部分与部分之间的相互联系、相互作用的关系中，通过分析和综合的辩证思维，正确地认识对象，合理地解决问题。

在决策认识过程中，决策认识主体要运用系统的方法即统筹兼顾的方法来观察、分析和处理其所面临的各种问题。决策认识主体对于所面临的诸多动态因素和错综复杂的问题，要从系统本身的客观规律出发，运用统筹兼顾的方法分析系统之间及其内部的因果联系和随机因素，在动态中把握系统事物的协调机制，对若干决策认识方案进行选择，以期达到预定目标，最大限度地发挥社会组织的系统功能。在这种意义上讲，统筹兼顾既是科学决策认识的出发点和着力点，又是决策认识过程中科学的认识论和方法论。

（三）实现重点突破与统筹兼顾的博弈与统一

马克思主义的矛盾论认为在事物发展过程中，总有许多矛盾存在，其中处于支配地位、主导地位的矛盾就是主要矛盾；其他处于从属地位、被支配地位的矛盾就是次要矛盾。正确认识主要矛盾和次要矛盾的关系，善于抓主要矛盾，工作才有中心和重点，才有主攻方向。在一对矛盾中，矛盾双方也有主要方面和次要方面的区别。主要方面就是处于支配地位，起主导作用的方面；次要方面就是处于被支配地位，起非主导作用的方面。事物发展中的主要矛盾和次要矛盾以及每一矛盾的主要方面和次要方面都不是僵死固定的，在一定条件下会发生相互转化。只有认识它们的相互关系，才能坚持两点论和重点论的统一。重点论要求抓住事物矛盾的中心，重点突破；两点论要求看问题坚持系统全面的观点，统筹兼顾。因此，在决策认识过程中，决策认识主体既要坚持统筹兼顾的原则，又要坚持重点突破的原则，实现二者的博弈与统一。在决策认识实践中，要处理好统筹兼顾和重点突破的博弈关系，必须善于运用两点论和重点论、系统论和控制论的观点和方法，正确处理整体和局部的关系，既要立足全局、统筹安排，把握事关整体性、全局性的问题；又要抓住主要问题及其症结和关键，实施重点突破，以此带动全局发展。例如，党的十一届三中全会之后，党和国家高层决策认识主体认为，我国社会主义初级阶段的主要矛盾是人民日益增长的物质文化需要同落后的社会生产力之间的矛盾。为解决这一主要矛盾，我国改革开放总设计师邓小平同志提出"一个中心，两个基本点"的战略决策，充分体现了决策认识过程中重点突破原则和统筹兼顾原则之间的相互博弈与统一。邓小平同志认为，在新的历史时期，社会的主要矛盾是落后的生产力与人民日益增长的物质文化需要的矛盾，中国的发展主要依赖于这一矛盾的有效解决。因此，必须始终突出经济建设的中心地位。只要抓住了重点，其他问题就会迎刃而解。抓不住这个重点，社会主义发展就会出现问题。正如邓小平同志在总结历史经验时所指出："近三十年来，经过几次波折，始终没有把我们的工作着重点转到社会主义建设这方面来，所以，社会主义优越性发挥得太少，社会生产力的发展不快、不稳、不协调，人民的生活没有得到多大的改善。"① 解决社会主义的优越性和人民生活改善问题，就要抓住重点，把它作为我们一切工作中的中心任务，要对此"扭着不放，'顽固'一点，毫不动摇"②。只有突出主要矛盾，才能提纲挈领，抓住问题的根本。邓小平同志还认识到在制定决策认识方案的过程中还要遵循统筹兼顾的原则，即要用系统的观点来看待主要矛盾。主要矛盾不是孤立的，它本身是一个群体，是一个整体，是一个系统。邓小平同志认为在党的基本路线中，"一个中心"、"两个基本点"不是隔绝的，而是相互联系的，是一个有机的整体。坚持四项基本原则、坚持改革开放就是为了更好地促进经济的发展，更好地为经济建设这个中心服务。而突出经济建设这个中心反过来也能有效巩固四项基本原则，进一步深化改革开放。两个基本点是一个中心本身的两个基本点，一个中心是建立在两个基本点之上的中心。这也就是说，改革开放是强国之路，四项基本原则是强国之本，以经济建设为中心本身包含着强国之路和强国之本，这三者构成了中国现阶段发展生产力的整体。由此可见，只有按照重点突破和统筹兼顾相互博弈、相互统一的原则制定决策认识方案，只有完整地理解和把握主要矛盾，才能有效地应对和解决主要矛盾。

六、风险与规避风险的博弈

博弈与风险并存；要取得博弈的胜出，就要设法规避风险。风险与规避

---

① 《邓小平文选》第二卷，人民出版社 1994 年版，第 249 页。
② 《邓小平文选》第二卷，人民出版社 1994 年版，第 249 页。

风险成为博弈的主体与客体。决策认识风险与规避风险的博弈，可以用马太效应进行描述和概括。马太效应的名字来自于圣经《新约·马太福音》中的一则寓言。一个国王交给三个仆人每人一锭银子，吩咐他们去做生意。第一个人用一锭银子赚了10锭，于是国王奖励了他10座城邑；第二个仆人赚了5锭，于是国王便奖励给他5座城邑；第三个人把那锭银子包在手巾里保存得好好的。于是国王命令将第三个仆人的一锭银子也赏给第一个仆人，并且说："凡有的，还要加给他叫他多余；没有的，连他所有的也要夺过来。"1973年，美国科学史研究者莫顿用这句话概括了一种社会心理现象："对已有相当声誉的科学家做出的科学贡献给予的荣誉越来越多，而对那些未出名的科学家则不承认他们的成绩。"莫顿将这种社会心理现象命名为"马太效应"。①马太效应中所提到的三种类型的仆人分别代表了三种不同类型的决策认识主体，他们之所以做出不同的选择和得到不同的结果，就是因为他们在决策认识过程中对风险的认知态度以及规避风险的能力不同。

（一）决策认识中的风险

决策认识方案的形成过程就是决策认识主体为解决现在或将来的问题对各种"设计"的抉择，这就必然具有一定的风险性。因此，在决策认识过程中，风险是普遍存在的，无论什么样的决策认识都会冒一定的风险，只不过所冒风险的程度不同而已。关于何谓风险，1901年美国学者威雷特第一次为风险下了定义："风险是关于不愿发生的事件发生的不确定性之客观体现。"美国经济学家奈特认为，风险是"可测定的不确定性"；美国学者威廉和汉斯认为，风险是客观的状态，对任何人都是同样存在、同等程度的，但不确定性却是认识者的主观判断，不同的人对同一风险会有不同的看法。所谓决策认识风险，是指在决策认识过程中由于主、客体等多种不确定因素的存在，而导致决策认识活动不能达到预期目的的可能性及其后果。在决策认识过程中，风险具有如下特征：第一，风险是客观存在的，是不以人的意志为转移的；第二，风险会导致损失；第三，风险具有复杂性；第四，风险是可以认

---

① 门睿主编：《劳心者定律》，经济日报出版社2005年版，第237页。

识和控制的。

在决策认识过程中，不同的决策认识主体对风险拥有不同的认知和态度。一般来说，决策认识主体对待风险的态度基本上可划分为三种。一是厌恶风险型决策认识主体。这是一种不求大利、避免冒险、谨慎小心、厌恶风险的保守式决策认识主体。这种类型的决策认识主体对于损失的反应比较敏感，而大量的收益对他的吸引力却不是很大。在现实的决策认识过程中，由于主体害怕或讨厌风险，使得他们主张"谨慎行事"。在这种情况下，就会妨碍主体做出最佳的决策认识方案。二是冒险型决策认识主体。这种类型的决策认识主体专注于想获得大的收益，而对于损失的反应比较迟缓，是一种追求大利、不顾风险的赌博式决策认识主体。三是权衡风险型决策认识主体。相对于以上两种主体而言，这种类型的决策认识主体是一种循规蹈矩的中立稳妥式决策认识主体。他们对风险抱中立态度，对风险的后果与利益进行权衡分析，根据得失轻重对风险进行取舍。

按照决策认识本身特性来分，决策认识又可以分为创新性决策认识和模仿性决策认识。创新性决策认识存在较大和较多的风险。美国经济学家熊彼特指出，创新（innovation，也可译作革新、改革）是指对系统内部各要素的重新组合。创新是一个民族兴旺发达的不竭动力。例如，对于一个企业来说，在经济全球化的竞争形势下求生存、谋发展，进一步提高经济效益，就必须创新。为企业引进一种新技术，开辟一个新市场，获得原材料的新供给，生产组织方法的新发明及其应用都叫创新。而所有这一切最终都源于企业决策认识主体的决策认识创新。创新性的决策认识往往都没有先例可循。尽管创新性决策认识的形成过程都经过严密的科学论证，但是每一个决策认识方案都有一个主观符合客观的过程，风险性很大。在改革开放进程中，上至我国政府机构改革，下至微观企业改制都经历过许多挫折，走过许多弯路。在改革向前推进的关键时期，都需要一些敢于冒风险的有魄力的决策认识主体来进行决策认识上的创新。因此，对一个组织的决策认识主体来说，制定创新性的决策认识需要冒很大的风险，在风险中求突破、求生存，这可以说是创新性决策认识的形成规律。

模仿性决策认识同样存在一定的风险。模仿一般是将本组织与其他组织相比，在组织制度及其运行效率落后或低于其他组织时，学习其他组织的先进经验，迅速赶上并谋求超越的一种方法。与创新性决策认识相比，模仿性决策认识有其他组织的经验或教训可借鉴，因此风险相对较小。但严格地说，在模仿性决策认识的形成过程中，决策认识主体也要承担一定的风险。有句俗话说：经是正经，让歪嘴和尚念歪了，说的就是这个道理。例如，在我国改革开放的过程中，有些组织的决策认识主体不顾自身的实际发展状况，死搬硬套国外相关组织的发展模式，结果造成了巨大的损失。另外，当决策认识主体面临多种经验和方法的选择时，决策认识如果不得当，就会直接产生各种风险，从而影响组织自身的发展进度。

由此可见，所有决策认识方案的形成过程中都存在风险。因此，要正确对待决策认识中所面临的风险，自觉增强风险意识，敢于创新，勇于改革，努力寻求组织自身内部各系统运行的最佳方式和状态，提高组织的经济和社会效益，以微观促进宏观，促进整个社会生产力的不断提高。

（二）决策认识过程中的风险规避

风险在决策认识的过程中永远存在，但正是由于风险的存在以及不加控制的发展，使得组织运行的成本提高。按照经济学成本与收益的原理，为了降低决策认识的成本，实现收益的最大化，在决策认识方案的制订过程中，决策认识主体必须尽可能地规避风险。这里所指的规避风险，既是一种积极的在保证组织收益最大化前提下尽可能地减少风险带来损失的一种理念，也是一种巧妙地规避风险的方法，即"风险规避"。

由韩国学者 W. 钱·金（W. Chan Kim）和美国学者莫博涅（Mauborgne）提出的"蓝海战略"（Blue Ocean Strategy），为决策认识过程中的风险规避提供了很好的思维借鉴和方法指导。蓝海战略中的蓝海是相对于红海来说的，用简单的话来解释：红海就是红色的大海，防鲨网的范围之内，水质混浊，营养贫乏，但是人很多，在这个范围之内不能出围，竞争激烈；蓝海就是蓝色的大海，防鲨网之外海之深处，范围广阔，水质很好，营养丰富，竞争较弱，如果蓝海成为竞争胜利者将得到比红海更多的利益。由此可见，"红海"

是竞争异常激烈的场域，但"蓝海"也不是一个没有竞争的领域，而是一个通过差异化手段得到的崭新的竞争与合作的空间，在这里，组织凭借其创新能力获得更快的增长和更高的收益。① 依照蓝海战略的思维逻辑，任何一个组织无论其规模大小，不论是在某一领域中占有重要地位的大型组织，还是刚刚进入某一新领域的小型组织，都不应当也不能够过度冒险。因此，蓝海战略要求决策认识主体带领自身的组织突破传统的血腥竞争所形成的"红海"，拓展新的非竞争、弱竞争性的生存空间。与已有的、通常呈收缩趋势的竞争空间或领域需求不同，蓝海战略考虑的是如何创造需求，突破竞争。决策认识主体实施蓝海战略的目的是在当前的已知生存和活动空间的"红海"竞争之外，构筑可操作的蓝海战略，并加以执行。只有这样，组织才能以明智和负责的方式拓展蓝海领域，同时实现机会的最大化和风险的最小化，因此蓝海战略是一种新型的规避风险的决策认识思维方式和操作方法。

从一般的意义上来说，决策认识过程中的风险规避是指决策认识主体应对风险的一种方法，是指决策认识主体通过适时观察决策认识方案执行过程中的环境变化，相应地改变原来的计划来消除风险或风险发生的条件，保护决策认识目标免受风险的影响。风险规避并不意味着完全消除风险，所要规避的是风险可能造成的损失。一是要降低损失发生的概率，主要是采取事先控制措施；二是要降低损失程度，主要包括事先控制、事后补救两个方面。决策认识过程中的风险规避，主要有以下几种类型：第一，完全规避风险，即通过放弃或拒绝合作、停止业务活动来回避风险源。虽然潜在的或不确定的损失能就此避免，但获得利益的机会也会因此丧失。由于此种方法会造成巨大的机会成本，因此在现实的决策认识过程中很少运用。第二，风险损失的控制，即通过减少损失发生的概率来降低损失发生的程度。第三，转移风险，即将自身可能要承担的潜在损失以一定的方式转移给对方或第三方。第四，自留风险，可以是被动的，也可以是主动的；可以是无意识的，也可以是有意识的。因为有时完全回避风险是不可能或明显不利的，这种采取有计

---

① 〔韩〕W. 钱·金、〔美〕莫博涅：《蓝海战略》，商务印书馆 2005 年版，第 2 页。

划的风险自留不失为一种规避风险的方式。

（三） 实现风险与规避风险的博弈与统一

在现实的决策认识过程中，风险与规避风险总是既对立又统一，既矛盾又协作，既排斥又吸引，既相互作用又相互反作用。在古今历史上，风险与规避风险之间相互博弈的例子不胜枚举。例如，我国历史上三国时期的刘备和曹操之间的博弈过程，充分体现了决策认识过程中的风险和规避风险的博弈。刘备不甘寄身于曹操门下，只做一个徒有虚衔的左将军，所以甘冒风险，背离曹操。曹操在风险与规避风险的博弈过程中，详细地分析了双方所面临的现实环境，形成了正确的决策认识，做出了合理的抉择。刘备背离曹操时自认为有三大优势：第一，天时。建安四年，曹操已经在官渡和袁绍铆劲干上了。刘备认为曹操此时腾不出手来对付自己，自己可以在徐州得到比较宽松的发展环境。第二，地利。徐州北接青州，那里是袁绍的地盘，青州刺史袁谭还是刘备举荐的"茂才"，和刘备的关系非同一般。按照光武帝提倡的"恩主"道德，受恩惠应该对恩主感恩戴德，甚至绝对忠诚。刘备是袁谭的恩主，刘备有望得到袁谭乃至整个袁氏集团的支持。徐州南面的扬州是孙策的地盘，孙策此时也有意对曹操发起攻势，可以成为刘备的潜在盟友。第三，人和。曹操三次征伐徐州多有屠戮。尤其是在第二次东征时，曹操在徐州搞了一次三国时期空前绝后的大屠杀，这就将徐州的民心集中推到了曹操的对立面上。刘备则相反，他在徐州当过州牧，施布了一些恩德，基本上是受人爱戴的。刘备虽然拥有三大优势，最后却没能在徐州落住脚，其原因不妨从曹操那里探寻。曹操对刘备的行动很快做出了反应，而且其反应相当强势。曹操在做出强势的行动之前也进行了一番深入的风险与规避风险博弈。当时曹操面临两个敌人。一个是袁绍，势力强大；一个是刘备，刚得到地盘，还没站稳脚跟，但却是一只潜力股，假以时日必然能够做到根深蒂固。当时曹操的实力弱于袁绍，强于刘备。关于先攻打谁的问题，曹操做出了以下分析：第一，假定先攻打袁绍，曹操得到的结果是：刘备在徐州得到了巩固发展的机会，以后就很难再解决掉他；而袁绍的实力又过于强大，自己很难在短期内击溃他。如果任凭刘备站稳脚跟，一旦日后袁、刘二人联手夹击自己的话，自己就死定了。第二，假定先攻打刘备，曹操可能有两种结果：一是如果袁绍趁自己攻打刘备的时候出兵攻打自己，自己肯定失败。二是如果袁绍没有出兵，自己在击破刘备后就还有机会。经过博弈，曹操决定选择先攻打刘备，赌袁绍决策失误。曹操的部将们也参与了这场决策认识博弈，他们得出的答案和曹操的截然相反。他们劝曹操说："与明公你争夺天下的人是袁绍，如今袁绍的大军已经开了上来和我们对峙。我们回头去打刘备，假如袁绍趁机攻击的话，我们该怎么办呢？"曹操回答说："刘备是个人物，今天不趁早干掉他，日后必成祸患。袁绍的志向虽然远大，但是为人料事比较迟钝，在我们攻打刘备期间，肯定不会出兵攻击我们。"曹操前半句分析得很对，但后半句话给自己壮胆，给部将们鼓气的成分居多。毋庸置疑，曹操形成这样的决策认识是冒着很大风险的，是在充分地进行风险和规避风险博弈之后做出的选择。曹操也确实担忧袁绍，为了最大限度地规避风险，他到徐州后对刘备采取的是超强的攻势，力求速战速决。刘备的天时优势因为曹操来得太快而没有发挥出来。曹操攻击刘备时，田丰劝袁绍袭击许都，袁绍却说："这个事先缓一缓，我的儿子生病了。"所以刘备的地利优势也成为空谈。徐州地区战乱频繁，曹操此前有过三次东征，再加上后来刘备、吕布、袁术之间纠缠不清的三角战，徐州百姓虽然厌恶曹操，但是相比之下，更厌恶战争。此前拥戴刘备的徐州士大夫们要么投靠了曹操，要么避乱下了江东。所以刘备在徐州的"人和"优势已经不再。在双方的这次博弈中，由于刘备低估了自己所处的决策认识环境的风险，导致他的这次叛变得来的是一个赔了夫人又折兵的下场。而曹操在充分认识到决策认识风险的基础上，积极地采取措施，在规避风险的同时取得了收益的最大化。

决策认识成功的至关重要的因素是不仅要充分掌握信息，而且还要有创新的思维和强烈的社会责任感，要具备富有冒险和挑战的精神。例如，我国改革开放的总设计师邓小平同志在形成我国改革开放的重大战略决策认识过程中，就恰到好处地利用了决策认识过程中风险与规避风险之间的博弈关系，领导全国各族人民走出了一条中国特色社会主义道路。正如邓小平同志所说："不要怕冒一点风险。我们处理问题，要完全没有风险不可能，冒点风险不怕；不冒点风险，办什么事情都有百分之百的把握，万无一失，谁敢说这样的话。"邓小平同志认为决策认识过程中必然存在风险，因此他鼓励各级各类的决策认识主体要敢于冒风险，允许犯一些对组织发展有利的创新性"错误"。他要求人们要敢冒风险，胆子要大，看准了的就大胆地试、大胆地闯；另外，邓小平同志又鼓励人们尽最大可能地规避风险。他说步子要稳，走一走，看一看；处理具体事情要谨慎小心，及时总结经验。小错误难免，避免犯大错误。邓小平同志之所以敢于冒一般领导者所不敢冒的风险，除了有很大的勇气和魄力外，关键是他在决策认识的过程中正确处理了下列几方面的关系。① 首先，正确处理决策认识过程中"敢冒风险"与"解放思想，实事求是"的关系。"解放思想，实事求是"是邓小平同志重新提出并为党的十一届三中全会确立的党的思想路线，是邓小平同志对马克思列宁主义、毛泽东思想的继承和发展。解放思想、实事求是不仅是马克思列宁主义、毛泽东思想的精髓，也是邓小平理论的精髓和哲学基础，是邓小平决策认识风险观必须首要处理的关系之一。解放思想与实事求是是辩证统一、不可分割的两个方面，两者互为前提并互相作用于邓小平决策认识风险观中。解放思想是邓小平决策认识风险观的"胆"。邓小平同志说："思想不解放，思想僵化，很多的怪现象就产生了。"思想一僵化，"条条框框就会多起来了"，"随风倒的现象就会多起来了"，"不从实际出发的本本主义也就严重起来了"，并尖锐指出其严重性。他说："一个党，一个国家，一个民族，如果一切从本本出发，思想僵化，迷信盛行，那它就不能前进，它的生机就停止了，就要亡党亡国。"② 他说，我们今天所处的时代同马克思、列宁、毛泽东等老一辈革命家所处的时代大不相同，国际形势日趋缓和，科学技术迅猛发展，和平与发展已成为时代主题。在这种新的历史条件下，如果我们仍是抱残守缺，顽固地、教条式地照搬过去的理论，不敢创新，不敢发展，我们就不能取得社会主义建设的

---

① 吴瑞坚：《决策新范式：邓小平决策风险观探析》，《中共天津市委党校学报》2002 年第 2 期。

② 《邓小平文选》第二卷，人民出版社 1994 年版，第 143 页。

成功。由此可见，"解放思想，实事求是"是邓小平决策风险观的"胆"，正因为有这个"胆"，邓小平同志才能在马克思主义指导下，打破习惯势力和主观偏见的束缚，研究新情况，解决新问题；才敢于在重重困难中最早提出反对"两个凡是"，做出改革开放、建立社会主义市场经济等一系列要冒一定风险的重大决策。其次，正确处理决策认识过程中"敢冒风险"与尊重实践、不搞无谓争论的关系。邓小平同志继承和发展了马克思主义实践观。他尊重实践，提倡在干中学，在实践中探索，不搞无谓争论，让事实说话。他说："我们现在所干的事业是一项新事业，马克思没有讲过，我们的前人没有做过，其他社会主义国家也没有干过，所以，没有现成的经验可学。我们只能在干中学，在实践中摸索。"① 他又说："不搞争论，是我的一个发明。不争论，是为了争取时间干。一争论就复杂了，把时间都争掉了，什么也干不成。不争论，大胆地试，大胆地闯。"② 正因为有勇于实践、大胆创新、敢于试验的胆识，邓小平同志才敢于在变化了的环境中继承前人又突破常规，从而在实践中推动了我国改革开放的快速发展，使国民经济上了一个台阶，人民生活上了一个台阶，综合国力上了一个台阶，加快了我国"四化"建设的进程。

（四）风险与规避风险博弈应遵循的一般规律

从邓小平同志正确处理决策认识过程中风险与规避风险关系的历史事实中，可以发现决策认识风险与规避风险博弈应遵循的一般规律。

一是决策认识主体要树立正确的风险意识。竞争是残酷的，博弈是无情的；机遇与风险共存，不敢冒风险，也就抓不住机遇。对于国家与国家来说，彼此之间综合国力的竞争也是残酷无情的，谁先抓住了机遇，谁的经济发展就快，经济实力就强大，在国际事务中就有发言权；谁落后，谁就得挨打。但要想抓住机遇，就必须树立风险意识，敢于冒风险。邓小平同志说："改革是中国的第二次革命。这是一件很重要的必须做的事，尽管是有风险的事。

---

① 《邓小平文选》第三卷，人民出版社 1993 年版，第 258～259 页。
② 《邓小平文选》第三卷，人民出版社 1993 年版，第 374 页。

六届人大三次会议的政府工作报告指出了我们已经遇到的一些风险。我们在确定做这件事的时候，就意识到会有这样的风险。"① 无论是党和国家的高层决策认识主体还是普通企业的决策认识主体，树立敢于冒风险的意识非常重要，不敢冒风险，就闯不出一条新路。"我总是告诉我的同志们不要怕冒风险，胆子还要再大些。如果前怕狼后怕虎，就走不了路。"② 一个企业从它建立的第一天开始，就面临着各种各样的风险；在它的整个生产经营过程中，就充满着各种类型的风险。同样，对于我们这样发展中的大国来说，经济要发展得快一点，不可能总是那么平平静静、稳稳当当。他还强调，干革命，搞建设，都要有一批勇于思考、勇于探索、勇于创新的闯将。没有这样一大批闯将，我们就无法摆脱贫穷落后的状况，就无法赶上更谈不到超过国际先进水平。我们希望各级党委和每个党支部，都来鼓励、支持党员和群众勇于思考、勇于探索、勇于创新，都来做促进群众解放思想、开动脑筋的工作。创新就是在继承前人的基础上突破常规。在某种程度上讲，敢于创新就得敢于冒险，因为固定的模式是没有的，也不可能有。墨守成规只能导致落后，甚至失败。邓小平同志说："如果固守成规，照过去的老框框一模一样地搞，没有一些试验、一些尝试，包括受一些挫折、有一些失败的尝试，肯定达不到我们的战略目标。"③

二是要科学估量风险程度。风险有大有小，其程度是不以人的意志为转移的。要在冒风险中争取主动、成就事业，必须对风险程度有科学的估量，有些大风险我们必须敢冒。邓小平同志曾指出："实行开放政策必然会带来一些坏的东西，影响我们的人民。要说有风险，这是最大的风险。"④ 但是即便如此，我们也要继续执行开放政策，要物质文明和精神文明两手抓，两手都要硬。风险程度的估量不能一厢情愿、完全靠主观想象，必须根据客观的实际状况，分析风险的形成因素和我们自身抗风险的能力。邓小平同志在谈

---

① 《邓小平文选》第三卷，人民出版社 1993 年版，第 113 页。
② 《邓小平文选》第三卷，人民出版社 1993 年版，第 263 页。
③ 《邓小平文选》第三卷，人民出版社 1993 年版，第 318 页。
④ 《邓小平文选》第三卷，人民出版社 1993 年版，第 156 页。

到改革问题时指出:"这是有风险的事情,但我看可以实现,可以完成。这个乐观的预言,不是没有根据的。"① 1988 年 6 月,他在谈到深化改革的风险问题时指出:"过去十年的发展速度不算低,如果今后这些年也保持比较好的速度,我们深化改革的风险就小得多了。"② 1990 年 12 月,邓小平同志在同几位中央负责同志的谈话中指出,要善于利用时机解决发展问题。他分析说:"我们已经形成了一种能力,承担风险的能力。为什么这次治理通货膨胀能够见效这么快,而且市场没有受多大影响,货币也没有受多大影响? 原因就是有十一二年改革开放的基础。改革开放越前进,承担和抵抗风险的能力就越强。"③

三是要有稳妥的规避决策认识风险的对策。虽然风险是客观存在的,是不以人的意志为转移的,人们无法回避它、消除它,但是人们能通过各种手段来规避风险。面对风险要树立信心。自信作为决策认识主体的非能力素质,对于每一位决策认识主体尤其是高层的决策认识主体来说尤其重要,因为自信是领导行为的一个重要条件。如果没有自信心,前怕狼后怕虎,什么事也办不成。在重大决策认识上没有自信,步子就迈不开,该断不断,左右摇摆,结果延误时机。邓小平同志说:"我们的改革有很大的风险,但很有希望成功。有了这样的信心,才能有恰当的决策。"④ 不能因为改革有很大的风险就因噎废食,做不出果断的决策认识,一味地因循守旧,自以为这样就可高枕无忧;其实恰恰相反的是,不敢开放,不适应世界历史发展的潮流,只能是死路一条。因此,有应对风险的信心是每位现代决策认识主体所必备的素质之一。面对风险,胆子要大,步子要稳。针对改革中出现的风险,邓小平同志说,胆子还是要大,没有胆量搞不成四个现代化。他进一步强调:"试第一个就要准备失败,失败也不要紧。"⑤ 胆子要大,不但体现了邓小平同志解放思想的一面,同时也体现了邓小平同志的

---

① 《邓小平文选》第三卷,人民出版社 1993 年版,第 267 页。
② 《邓小平文选》第三卷,人民出版社 1993 年版,第 268 页。
③ 《邓小平文选》第三卷,人民出版社 1993 年版,第 364 页。
④ 《邓小平文选》第三卷,人民出版社 1993 年版,第 268 页。
⑤ 《邓小平文选》第三卷,人民出版社 1993 年版,第 367 页。

远见卓识；步子要稳，走一走，看一看，可以防止盲目的大胆和急躁冒进所造成的不必要损失。在知识经济时代到来的今天，竞争日益激烈，面临的不确定因素和风险也不断增加，固定模式不可能有，不敢冒风险，不敢创新，就走不出一条新路，但是在冒风险过程中，也要"走一走，看一看"，因为一步不慎，造成的损失可能就会更大。

第四节　决策认识的主客体博弈

决策认识的主体包括具有决断能力的领导集团或高层领导者个人、在决策认识方案形成过程中承担参谋咨询职能的智囊团成员以及社会各界人士和群众代表。决策认识的客体是指决策认识活动所指向的利益相关对象以及在决策认识方案实施过程中所影响到的社会利益集团、个人和事物，是能够对主体产生影响和制约的客观条件。从本质上来说，决策认识的制定和实施过程是决策认识主体运用可以支配的权力对社会资源做权威性分配的过程。从博弈论的视角看，这个过程就是决策认识的主客体之间利益博弈的过程。利益的追寻是博弈参与主客体之间展开博弈活动的动力源泉。在利益冲突和利益竞争的情况下，博弈参与主客体都遵循个人利益最大化并把损失减小到最低限度的原则。

在决策认识过程中，决策认识主体和客体之间不断展开的各种博弈，实质上也就是一个创建新型关系的过程。在此博弈过程中，博弈双方都意识到了对方的重要性。所以，要构建新型和谐的决策认识主客体博弈关系，必须从以下几个方面入手：一是科学合理地进行利益分配，实现决策认识主体与客体的利益均衡。注意合理区分整体利益与局部利益，局部利益要服从整体利益，但必须坚持统一性与灵活性的协调。决策认识客体必须克服狭隘的本位主义和个人主义观念，坚决贯彻和执行决策认识主体从整体利益出发制定的各项决策认识方案，服从和服务于组织的全局利益。同时，决策认识主体要尽量照顾各个不同的决策认识客体的特殊利益；决策认识客体所具有的利益诉求，要在决策认识方案的制订、执行和评估等过程中得到适当的体现；

决策认识主体制定方案必须尽可能地照顾各方利益，使发展中出现的利益差别在不同的客体间实现合理分布。二是加强信息沟通，完善利益表达机制。只有充分地交流信息，才能制定出科学合理的决策认识方案。决策认识主体与客体之间加强信息沟通，一方面有助于决策认识主体在听取各方不同的利益诉求后，制定出平衡各方利益的决策认识方案，便于决策认识方案更加趋于合理；另一方面有助于决策认识客体在了解决策认识主体的意图后，结合实际情况更加合理地执行决策认识方案。所以说，决策认识主体必须加强信息沟通，完善利益表达机制，使决策认识客体的利益都能够得到充分的表达。只有这样，决策认识主体和客体才能出现"双赢"的局面。三是制定法律法规，确立博弈规则。决策认识主体与客体之间良好的博弈模型的建立必须遵守一定的博弈规则。如果缺乏必要的法律法规，就会导致决策认识主体与客体之间众多的矛盾和纠纷。制定相关的法律法规，必须对决策认识主体与客体的相关权责进行划分，以提供坚实完备的制度保障。在博弈规则下，建立合理的奖惩制度。对于遵守博弈规则、积极执行决策认识方案的客体，应对其提供必要的政策倾斜和优惠，鼓励其积极性；对于违反博弈规则的，必须采取惩处措施，从政治、经济、法律等多方面加以处罚。

一、决策认识主客体之间合目的性与合规律性的博弈

目的决定方向。合目的性是指决策认识主客体之间的博弈首先要符合决策认识主体的目标愿望，满足决策认识主体的利益诉求。规律制约行为。合规律性是指决策认识主客体之间的博弈必须遵循客观规律，按客观规律办事，否则就会受到惩罚。"在唯物史观看来，历史发展的客观规律性即它的不以人的意志为转移的特性，与人在历史发展中的作用和地位这两者是统一的。没有人的创造历史的活动，就没有历史，但人的活动又受到客观条件的制约，每一代人所遇到的客观历史条件都是给定了的，任何人都不能随心所欲地创造历史；而历史发展的客观规律又不是在人的活动之外，而是通过人们的活动体现出来的，这种历史发展的客观规律性与人在历史活动中追求的目的性

是内在统一的。"①

从最一般意义上说，决策认识是人类日常生产生活过程中的一种主观见之于客观的活动。主体在决策认识的过程中必须遵循一定的尺度和标准，以便把人的决策认识思维同动物适应自然的本能区别开来。总的来说，主体在决策认识的过程中所应遵循的尺度有客体尺度和主体尺度两类。决策认识的客体尺度指向决策认识的客体或对象，决策认识客体的本性、规定性和规律性要求决策认识主体活动合规律性、合历史必然性。决策认识的主体尺度指向人或决策认识主体的结构、本性、目的、利益、需要等内在规定性，它要求主体的决策认识活动应当是合目的性的。

在主客体博弈过程中，决策认识主体要采取有效措施，确保预设目标、结构特性、利益诉求等方面符合决策认识目的性的内在规定和要求；与此同时，还必须尊重客体的本质特性和客观规律，实现合目的性与合规律性的统一。首先，要尊重客体的客观性。决策认识的客体具有辩证唯物主义认识论所讲的一般认识客体的客观性特征，对认识主体具有制约作用。决策认识主体的主导作用，只能建立在顺应客观规律和认识规律的基础之上，必须始终把客观实际作为决策认识的出发点，实事求是地分析情况，探求问题产生的根源，力求准确、深刻地反映客观事物的运行规律，只有这样才能制定出符合实际的决策认识方案。其次，要尊重客体的多样性。任何事物都具有多种性质，决策认识的客体也不例外，同样具有经济性、社会性、政治性等多种性质。决策认识主体既要准确把握客体的主要性质，又要充分了解客体的次要性质，只有这样才能形成全面、客观、准确的决策认识。

（一）决策认识主客体博弈的合规律性

决策认识主客体博弈的合规律性，要求决策认识合乎客体本身的客观性。客观性是所有客体的基本属性。决策认识的合规律性考察的是工具、手段和方法是否合理的问题，属于理性认知方面的范畴。马克思主义指出："人并

---

① 张天学、陈树文：《合规律性与合目的性：科学发展观之于和谐社会——纪念改革开放 30 周年》，《理论探讨》2008 年第 5 期。

没有创造物质本身，甚至人创造物质的这种或那种生产能力，也只是在物质本身预先存在的条件下才能进行。"在人类的各种社会实践活动尤其是在决策认识活动中，证明了并将继续证明着上述论断的正确性。

辩证唯物主义认识论肯定主体对客体的能动作用，是以承认客观物质世界的客观性为前提的。决策认识客体虽然不等于物质世界的全体，但终究是物质世界的一个部分，即使是以观念形态存在的认识思想，其内容也是来自物质世界的。决策认识客体就其物质属性而言，仍然是不以主体的主观意志为转移的客观实在。因此，决策认识主体能动性作用的发挥，就不能不受制于客体。根据以往的决策认识实践经验，决策认识主体在整个决策认识过程中无论是搜集信息、发现问题、确立目标，还是拟订方案、抉择方案、实施方案，每一步的进行都不能完全地事先确定事态发展的所有情况，不能按照决策认识主体个人的主观意识和感受来做，而必须充分尊重客体的客观性，始终坚持把客观实际作为决策认识的出发点，公正客观、实事求是地分析具体情况，积极探索和求证问题产生的根源，力求准确、深刻地反映客观事物的运行规律，只有这样才能制定出符合客观实际的决策认识方案。例如，党的十六大提出的我国在新世纪头二十年全面建设小康社会的目标，就是我们党通过对国际形势的深刻把握，又实事求是地研究我国的具体国情，以我国现实的经济社会状况的实际为背景做出的重大决策。这一重大决策客观地反映了我国社会主义现代化建设的经济规律，符合十三亿中国人民的愿望。它将作为一种强大的精神动力推动我国各族人民在新世纪进一步搞好改革开放。因此，实事求是是决策认识主体正确把握决策认识客体的首要前提。只有坚持实事求是，才能实现主体与客体、主观与客观的统一，也才能保证决策认识的科学性。

任何事物都显现出它的多种性质，决策认识活动所指向的事物本身也有它的多种性质，如经济性质、社会性质、政治性质等等。纯粹的经济问题，或者自然问题，或者社会问题，或者政治问题，基本上都是不存在的，决策认识客体往往包含多重属性。决策认识就是要准确把握事物的主要性质，在此前提下同时也把握事物的其他次要性质，这样形成的决策认识才能够正确。

相反，不能准确把握事物的主要性质，却夸大事物的某个次要属性，并且引向极端，就会把事情性质搞错，最终导致决策认识的失误。例如，政治领域中的决策认识，主要遵循的是政治发展规律，着重要实现的是统治阶级的政治利益；而经济、社会领域的决策认识，着重要维护的是社会公众的经济利益和社会利益，是要按照经济的、社会的发展规律来进行的。把经济和社会领域的问题强行拉到政治领域，并完全按照政治领域的规律来进行决策认识就会导致失误。当然，许多经济和社会领域的问题，也往往与政治问题分不开，但与纯粹的政治问题有本质的区别。同样，有些属于政治领域的问题，按照经济领域中的规律来进行决策认识，也会造成决策认识上的失误。因此，决策认识主体与客体的博弈，必须符合客观规律。

（二）决策认识主客体博弈的合目的性

决策认识主客体博弈的合目的性，主要关注的是动机和目的是否正当、是否合理的问题，属于价值论的范畴。决策认识是对即将进行的决策实践活动的设计和预演，主体的决策认识活动总是带有明确的目的性，人们在决策认识过程中必然会通过对决策认识目标的选择体现出这种目的性，它是与决策认识主体的需要紧密联系在一起的。价值是一个标志着客体的功能和属性对主体的需要给予满足的范畴。价值的大小是由客体对主体需要的满足情况决定的。决策认识的目的是为了创造越来越多的价值，从而使主体的需要得到最大限度的满足。为此，就必须遵循一定的价值原则，选择好决策认识目标。由于价值是一个关系范畴，它是由主体和客体共同决定的，因此在选择决策认识目标时就要分别考虑到主体与客体的现状或需要。首先，主体是分为各种层次的，有以决策认识客体的立场存在的，也有以决策认识主体的立场存在的；有个体主体，也有群体主体。其次，不同的主体有不同的需要，从主体需要的特点出发来选择和确定决策认识目标，需要遵循多样性和同一性相统一、动态性和确定性相统一、个人需要和社会需要相统一的原则。决策认识主体在选择和确定决策认识目标的过程中，必须考虑到需要的多样性和同一性，只有按照它们二者相统一的原则选择和确定决策认识目标，才能使各种不同主体的需要得到满足，也只有这样才能充分调动起主体配合决策认识目标实施的积极性。主体的需要是无止境的，旧的需要满足了，新的需要又产生了，这是推动社会进步的原动力；但是各种需要是逐步得到满足的。因此，在选择和确定决策认识目标时，必须注意到它在一定阶段的确定性，否则朝三暮四，变化无常将一事无成。个人是生活在一定社会里的，在现代社会无论哪一个人也不能生产出自己需要的全部物品，个人需要的满足是通过社会交换实现的。因此，在选择和确定决策认识目标时，为了满足个人需要，就必须考虑到社会需要，二者不可偏废。总之，决策认识主体与客体的博弈，必须满足和实现主体的某种需求和要求，必须合目的性。

（三）实现合目的性与合规律性的博弈与统一

合目的性与合规律性的统一，是在决策认识过程中通过决策认识主体与客体的博弈来实现的。在决策认识过程中，"主体客体化"和"客体主体化"不是两个孤立的环节，而是同一个决策认识主体与客体博弈的两个方面，在这个博弈过程中实现和达到目的性与规律性的统一。"主体客体化"是决策认识主体从"自我利益"出发，确立决策认识过程中主体与客体之间的关系，决策认识主体根据其内在的价值尺度的作用，通过认识、改造决策认识客体，使客体趋向于主体，接近主体，为主体价值目的服务。"客体主体化"是决策认识客体以其自在规定性为主体创造一切必要条件，但同时决策认识客体以其自身规律的变化作为条件，参加并制约决策认识主体活动，要求决策认识主体在决策认识活动中对客体进行反映、接近、服从。否则，决策认识客体就会以其自在规律性对主体目的性进行完全或不完全否定。可以说，决策认识过程体现了决策认识主体利益诉求与客观规律的相互对立和矛盾，为决策认识活动提供前提；决策认识主体的目的目标与决策认识客体提供的条件相互统一和转化，是决策认识的现实要求；决策认识主体的目的目标得到客体的肯定还是否定，由决策认识实践做出总结评价。总之，合目的性与合规律性是决策认识过程中的主客体博弈的重要内容和组成部分，二者在决策认识主客体博弈过程中最终达到统一。

（四）科学发展观是合目的性与合规律性博弈与统一的结晶

合目的性与合规律性是决策认识主体与客体之间博弈的永恒主题，是决策认识必须遵循的原则和把握的方向，对客观实践具有很强的现实指导意义。凡重大的决策认识无不体现了合目的性与合规律性的博弈与统一。胡锦涛同志在党的十七大报告中提出，发展中国特色社会主义、构建社会主义和谐社会，必须坚持以人为本，深入贯彻落实科学发展观。科学发展观之所以成为我们党和国家的重大战略决策，成为指导经济社会发展的根本指导思想，很重要的一点就是其制定和执行的过程充分体现了决策认识形成过程中主体与客体之间合目的性与合规律性的博弈与统一。

首先，科学发展观充分体现了主体与客体博弈的合目的性。"坚持以人为本"、"促进经济社会和人的全面发展"，是科学发展观的根本出发点和归宿；"树立全面、协调、可持续的科学发展观"，归根结底是为了满足人民的生存和发展需要，是合目的性的具体体现。表现为两方面：一方面，在唯物主义历史观中，"以人为本"的合目的性与承认社会发展的合规律性是有机地、辩证地统一在一起的。人类社会发展包含主体的价值取向、主体力求超越现存状况的目的性，这同作为实践主体的人都是有意识、有目的的存在物直接相关，本质在于人的理想总是指向自由和全面发展的，充分体现了合目的性。另一方面，人的生存和发展的需要及其现实满足程度是社会发展的基本出发点。因为人类追求发展的根本目的就是为了满足人类生存和发展的需要，正是人类需要无限递增的丰富性和不断再生性，促成了人类社会的持续性发展。科学发展观强调，一切经济活动和社会发展都是为了人，不是为了活动而活动，为了发展而发展。发展的目的是为了人的素质的提高、人际关系的升华、人与自然关系的和谐、人的物质和精神需求的满足，即建设社会主义和谐社会。因而，科学发展观是决策认识主体与客体博弈合目的性的具体体现。

其次，科学发展观充分体现了主体与客体博弈的合规律性。科学发展观首先是以人为本的发展观，就是要以实现人的全面发展为目标，从人民群众的根本利益出发谋发展、促发展，不断满足人民群众日益增长的物质文化需求，切实保障人民群众的经济、政治、文化和社会权益，让发展的成果惠及全体人民；科学发展观是全面的发展观，就是要以经济建设为中心，全面推进经济、政治、文化和社会建设，实现社会主义物质文明、精神文明和政治文明共同进步和社会的和谐发展；科学发展观是协调的发展观，就是要统筹城乡发展、统筹区域发展、统筹经济社会发展、统筹人与自然和谐发展、统筹国内发展和对外开放，推进生产力和生产关系、经济基础和上层建筑相协调，促进人与人、人与社会、人与自然的和谐；科学发展观是可持续的发展观，坚持走生产发展、生活富裕、生态良好的文明发展道路，为子孙后代营造更好的发展空间，保证一代一代地永续发展。由此可见，科学发展观正是我们党的高层决策认识主体在尊重决策认识客体客观性和客观规律的基础上提出的新型发展观，它既贯穿着唯物辩证法，要求人们全面地而不是片面地、联系地而不是孤立地、发展地而不是静止地看待发展问题；又贯穿着唯物史观，立足人类历史活动的实践过程特别是人民群众创造历史的实践过程，对人与社会、人与自然两大关系系统进行了科学归纳，深刻揭示了社会有机体系统相对于经济、政治、文化的独特运动规律和特点，进一步深化了对经济社会发展一般规律的认识，反映了我们党对发展问题的新认识，是马克思主义发展理论的重大创新，是合规律性的发展观。

科学发展观内在地包含了社会主义和谐社会的价值诉求，内在地包含了社会主义和谐社会必须始终遵循的基本规律，包含了建设社会主义和谐社会的目的和手段，为构建社会主义和谐社会提供了重要保证。因此，科学发展观与构建社会主义和谐社会具有内在的一致性，是一个辩证统一体，是决策认识主体与客体博弈合目的性与合规律性的统一。[①]

二、决策认识主客体之间作用与反作用的博弈

作用与反作用是马克思主义哲学视阈中的一对重要范畴。作用与反作用范畴的含义可规定如下：作用是指一事物、现象向另一事物、现象传递、输送物质、能量、信息和运动，从而对其状态和性质、存在和变化发生制约和影响。反作用是指一事物、现象向作用于它的事物、现象必然反过来传递、输送物质、能量、信息和运动，从而对其状态和性质、存在和变化发生制约

---

① 张天学、陈树文：《合规律性与合目的性：科学发展观之于和谐社会——纪念改革开放30周年》，《理论探讨》2008年第5期。

和影响。发出作用的事物、现象称做作用体，因受激发而必然发出反作用的事物、现象称反作用体。作用的结果是反作用体的状态或性质发生某种程度的变化。反作用的结果是作用体的状态或性质也发生某种程度的变化。①

（一）决策认识主体遵循作用与反作用博弈辩证关系

在决策认识过程中，决策认识的主客体之间也必然存在作用与反作用的关系。从某种意义上说，决策认识的过程就是决策认识主体与客体之间，围绕作用与反作用关系展开博弈的过程。对决策认识主客体之间的作用与反作用范畴做出了相应的规定之后，还必须对它们之间的辩证关系进行必要的考察和分析，深刻地揭示出决策认识主客体之间作用与反作用的博弈机制。决策认识主体要高度重视和切实尊重遵循主客体之间作用与反作用的博弈：首先，要尊重客体的"属人"性。决策认识主体是矛盾的主要方面，处于主导地位，发挥主要作用，通过博弈赋予客体"属人"的特性，把客体由"自然存在物"变成"为我存在物"，对博弈结果产生决定性影响；决策认识客体是矛盾的次要方面，处于被动地位，只有和主体联系在一起，才能进入人类决策认识系统，并且可以对主体产生影响和制约。其次，要尊重客体的能动性。决策认识客体对主体的能动作用是全方位、多层次、宽领域的，任何决策认识过程都要受到决策认识客体的制约和影响，客体的能动作用渗透到决策认识的每一个步骤和环节。决策认识主体要充分考虑客体的能动性，积极主动地与客体进行物质能量交流和信息理念互动。由此可见，决策认识主体对决策认识客体发挥决定性机制和主导作用，必须充分认识、切实遵循和妥善处理好主客体作用与反作用的辩证关系，必须以正确认识和适应决策认识客体的特性和需要为前提，必须正确对待和处理决策认识客体的能动性和巨大的反作用。

第一，在决策认识过程中，作用与反作用既对立又统一，并在这种对立统一中共同构成相互作用与反作用。作用与反作用分别由决策认识主体和客体发出，作用在各自的对应面上，逻辑先后有别，方向相反，意义相异。因

---

① 励秋生：《作用与反作用范畴初探》，《学习与探索》1985 年第 2 期。

而，决策认识主体与客体的作用与反作用是互相对立、互相排斥的；但同时他们又是互相统一、互相依存的。没有决策认识主体的作用，决策认识客体的反作用无从产生，只要有决策认识主体的作用就必然会有决策认识客体的反作用，没有反作用的单程作用是不存在的。

第二，决策认识主客体之间的作用与反作用是通过中介来实现的。从最一般的意义上讲，中介是两个对立的双方互相联系、相互作用的中间环节、中间形式、中间桥梁与纽带。例如，生产力与生产关系以经营管理方式为中介，物质与意识的作用与反作用以实践为中介。在决策认识中，连接主客体的中介为他们"共在场域"中的制度规范、制约因素以及支持他们共同存在和相互作用的各种物质条件和基础。

第三，决策认识主客体之间的作用与反作用的机制和地位不同。一般地说，在两个物体运动的变化机制中，作用力显然处于主导地位，如果没有作用力，两物体只能保持原来的运动状态。因而，作用力具有决定性机制，反作用力具有非决定性机制。在决策认识主客体的作用与反作用博弈机制中，决策认识主体的作用是决定性机制，决策认识客体的反作用是非决定性机制。这里的决定性机制与非决定性机制的含义是指：在态势上，决策认识主体的作用处于主动态势，而决策认识客体的反作用是被激发出来的派生作用；在地位上，决策认识主体的作用处于基础、主导地位，而决策认识客体的反作用处于非基础、非主导地位。

第四，在一定的特殊条件下，决策认识主客体间作用与反作用的决定性机制与非决定性机制是可以转化的，决策认识客体的反作用也可以具有反决定性机制。反决定性机制的含义是指：作为反作用体的决策认识客体，对作为作用体的决策认识主体的状态和性质的重大或根本变化，具有主导意义和决定意义。当决策认识主体制定的决策认识方案违背客观规律或极大地损害了决策认识客体的利益时，决策认识客体就会产生消极的应付情绪，甚至反对决策认识方案的实施和执行。这时决策认识客体的反决定性机制就起着主导作用。当然，反作用机制的产生需要一定的条件，没有一定的特殊条件或这种特殊条件已经消失，反作用的反决定性机制就不能产生或随之消失。

第五，决策认识主体的作用与决策认识客体的反作用相结合推动整个决策认识过程向前发展，并且他们之间的作用与反作用博弈关系是无限循环往复的过程。从决策认识问题的确定，到决策认识方案的形成，再到决策认识方案的执行，每一环节都充斥着决策认识主客体之间的作用与反作用博弈关系。作用与反作用之间的博弈不是一次性、单程式的，而是多次重复、多程发展、无限循环的，而且作用与反作用作为一个有机整体共同作用、一体推动，两者不可或缺、缺一不可。

（二）决策认识客体能动性对主体发挥博弈反作用

自从有了人类认识活动，就相应地产生了认识主体的问题和认识客体"被认识"的问题。认识和被认识，是人类观察事物的两种视角，依照这两种不同的视角需要研究的问题也不相同。能动性指的是一切事物都具有的内在活力，源于事物自身的矛盾运动，是一种能够对外界或内部的刺激、影响做出相应反应的本质属性。任何事物都存在着矛盾和矛盾所引起的运动，认识事物就要认识事物的矛盾运动，离开事物自身所具有的这种能动性即事物的矛盾运动，就不能正确科学认识事物。如果说，认识事物主要是认识主体发挥能动作用的话；那么解决"被认识"问题，便主要是靠认识客体发挥能动性即认识客体对主体的反作用的积极合作。在决策认识过程当中，决策认识客体的能动性是指决策认识客体在主体主导的或客体自主的思想意识指导下进行的配合性的或自觉性的行为和活动，是决策认识客体为了使决策认识主体能够按照自己的需要，更好、更容易地认识自己而做出或表现出的自觉努力。决策认识主体在制定决策认识方案即对决策认识客体产生作用时，必须仔细考察客体的能动性即反作用的特点。决策认识客体的能动性对主体作用发挥的博弈，主要表现在客体适应决策认识主体、表现自身、利用中介及对自身的认识和改造四个方面。

第一，决策认识客体要积极适应决策认识主体。所谓适应决策认识主体，是指决策认识客体要努力创造被主体认识所需要的条件。首先，引起注意。决策认识主体所面对的现实世界无限丰富，而主体的认识能力相对有限，因此决策认识主体在认识过程中必然会有所选择。只有引起决策认识主体注意的事物才有可能成为其认识的对象。从决策认识客体的角度来说，要想被决策认识主体所认识，就要想方设法创造能够引起主体注意的各种各样的办法和方法。引起注意的方式有不同的层次。适当加强对感官的刺激是最简单的、较浅层次的办法；进一步的较深层次的办法是以易于接受的方式表明决策认识客体与决策认识主体的内在联系，从而调动起主体关注的积极性。其次，便于观察。认识始于观察。从决策认识主体讲，要认识事物，必须从观察入手，善于透过现象看到事物的本质。对于决策认识客体而言，其自身的本质不能直接被决策认识主体把握，要想他们深知，就要千方百计创造条件，使决策认识主体能够和便于观察自己。决策认识现象是丰富多彩的，它与事物本质的联系也不一样。有的鲜明地、直接地反映本质；有的曲折地、间接地反映本质；有的甚至是歪曲地、颠倒地反映本质；有的能反映事物本质的主流方面；有的只能反映事物本质的支流方面。因此，对于决策认识客体而言，则应根据自己的需要，尽量选取具有典型意义的、能鲜明地正确地反映事物本质的现象呈现于决策认识主体面前，使决策认识主体能够比较容易地、迅速地从这些现象中得出应有的结论。再次，易于理解。所谓理解，就是掌握事物的内部联系，达到理性的认识。对于决策认识客体来说，要想使决策认识主体理解自己，可以有两种途径：一是提供适当的感性资料，由决策认识主体自己去达到对于事物内部联系的理性认识；二是把对于事物内部联系的认识以决策认识主体易于接受的方式直接提供给主体。在许多情况下，往往采取将二者结合起来的办法，一方面提供"理念"，即提供关于决策认识客体本质的认识；另一方面又提供相应的感性材料，从而为决策认识主体迅速、准确、全面地把握客体提供充分的条件。

　　第二，决策认识客体要主动能动地表现自身。决策认识客体表现自身是客体能动性的主要方面。所谓客体表现自身，不仅是指表现客体的状况，而且也指表现出客体或与客体相联系的人的意向。直接表现出的是客体自身的状况，但是这种表现往往会受到客体或与客体相联系的人的支配和影响。客体状况本身是复杂的、多面的，表现哪一方面，取决于决策认识客体或与决策认识客体相联系的人的需要和意向。决策认识客体或与客体相联系的人可以根据自己的需要和愿望对所要表现的内容加以选择。这种选择，不仅包括选择不同的方面加以表现，还包括选择隐蔽客体，使之不被认识，这在军事战斗中是常见的。另外，决策认识客体以虚假的状况示人，以达到自己的愿望，也是客体能动性的一种特殊的表现形式。这些，都是需要决策认识主体在实践中认真加以分析和具体加以把握。

第三，决策认识客体要充分利用中介来体现自身能动性。决策认识客体利用的中介包括两类，一类是表现形式，另一类是表现渠道。表现形式有两种，一种是直接表现，一种是间接表现，不便于直接表现的客体，可以利用符号，即借助于中介来间接地加以表现。符号可以使不能直观的对象变得可以直观；可以突出对象的某一或某些方面；可以使对象超越时空的障碍得以展示。总之，符号可以反映客体意愿以及用便于主体接受的方式表现客体。客体表现的渠道也可以根据需要进行选择和改变。采用不同的渠道可以达到不同的效果。随着科学技术的发展，决策认识客体表现自身的渠道得以不断地拓宽，成为推动决策认识社会化的一个重要方面。

第四，决策认识客体要自觉认识和改造自身。决策认识客体的能动性更突出地表现在对自己的认识和改造上。决策认识客体的能动性是一种自觉的能动性。它的发挥要以其对决策认识主体、对环境以及对自身的深刻认识为前提，并以适应现代决策科学发展的需要为目的。为了达到这个目的，作为决策认识客体，也需要不断地对自身性质特征、目标愿望、适应环境、与主体能动互动等主要方面和重要状况进行认真审视、客观评估、合理调整、积极改造和全面适应。如果仅对客体自身的认识和改造而言，可以认为是自己作为主体发挥的能动性。但是这种能动性的发挥，是为了适应被决策主体认识的需要，从这一点说它仍然属于决策认识客体的能动性。

在社会实践中，决策认识客体能动性的发挥也就是客体反作用于主体的事实广泛存在、屡见不鲜。例如，2004年初中央关于解决"三农"问题的"一号文件"，是近年来我国"三农"领域出台的一系列重大决策认识的开端，其形成过程充分体现了决策认识过程中认识主体与认识客体之间的作用与反作用的博弈关系。在此次一号文件出台之前的2003年9月30日，中央成立了以主管农村工作的国务院副总理回良玉为总负责人的起草小组，他们深入农村进行详细的调查研究，并把调查报告提交中央，为中央领导同志研究决策提供了理论指导和实践依据。与此同时，党和国家领导同志也在百忙之中深入田间地头，与农民亲切交谈，切实了解情况，充分体现了决策认识主体尊重决策认识客体的能动性。2004年中央一号文件出台后在农村引起了巨大反响，农民收入有了明显提高，充分反映了决策认识主体对决策认识客体的影响作用。随着时间的推移和社会实践的发展，在2004年中央一号文件的实施过程中出现了一些问题，如粮食主产区农民提出的"补贴不到位"、农民增收依然困难等。农民出于自身利益的考虑，发挥自身的能动反作用，积极向有关部门反映情况。针对这些问题，作为决策认识主体的中央领导同志及时总结经验、吸取教训，在2005年的中央一号文件中，做出了相应的修改。这就充分反映了科学的决策认识主体与客体之间作用与反作用的博弈关系。

三、决策认识主客体之间合作与对抗的博弈

任何社会资源都是有限的，一旦有限的社会资源被各类决策认识主体主导的决策认识方案通过和确认，被以公共物品和准公共物品的形式进行分配时，不同利益主体都会力图扩大自身及所在群体对社会资源份额的占有比例，不同利益主体之间的利益博弈也就由此产生了。决策认识主体在特定利益取向的指导下，回应决策认识客体的利益诉求，按照一定的标准，运用手中的权力对社会或组织内部资源进行再分配，在这种要求与回应的互动中，决策认识方案也就形成了。由此可见，决策认识的本质就是对利益的权威性配置，在此过程中决策认识主体与客体之间大体上会形成合作与对抗两种博弈关系。当然，任何决策认识主客体之间的博弈都不是单纯的合作博弈和单纯的对抗博弈，而是合作中有对抗，对抗过程中又伴随着合作；只是在一种情况下，合作的倾向较为明显，而在另一种情况下，对抗的倾向较为明显。

（一）决策认识主客体合作与对抗博弈的主要原因

"天下熙熙，皆为利来。天下攘攘，皆为利往。"利益是人们借助于生产

来满足的需要，是与生产力发展水平相适应的社会成员生存、发展和享受所需要的客观条件，反映了社会发展到一定阶段的生产力水平和生产关系状况。需要是利益的自然基础，而社会资源则是利益的载体和具体内容。正如前面所论述的一样，决策认识主体的利益诉求对其制定决策认识方案有重大影响。推而广之，利益是主体与客体之间的一种关系。在决策认识过程中，不管是处于主导地位并制定决策认识方案的决策认识主体，还是处于从属地位、接受方案的决策认识客体，都有其自身的需要，都要表现出一定的利益诉求。利益取向有一股无形的力量，影响和制约着决策认识主客体之间配置各自利益的目的、标准、原则和方式，构成决策认识活动的深层次行为依据。以谁的利益为本，如何实现这一根本利益，是决策认识的根本问题。因此，决策认识主体和客体各自的预期目标和利益诉求，主导、影响和制约着主客体之间如何配置和实现各自目标和利益的标准、原则和方式，成为决策认识主客体博弈的根本问题和行为依据。

决策认识的形成过程是决策认识的各主体以及主体和客体在公认的规则之下展开利益博弈的过程。决策认识的主客体之间具有不同的利益，必然要表现出不同的利益诉求。为有效维护自身利益，不同利益主体甚至包括客体往往会通过一定的途径参与和作用于决策认识过程，表达自身愿望和要求，使决策认识方案的制订和执行朝有利于至少是不损于自身利益的方向进行。当决策认识符合主体和客体的共同利益时，主客体之间就表现为相互配合与合作的关系，决策认识就能够得到迅速有效的实施；当决策认识不符合主客体之间某一方的利益时，主客体之间就会表现出相应的对抗与对立的关系，对决策认识的实施产生不利和消极影响。由此可见，利益诉求以及对人们之间利益关系的处理是决策认识主客体之间产生合作与对抗博弈的根本原因。在决策认识主客体博弈过程中，要科学合理地进行利益分配，不断地展开合作与对抗的博弈，实现主体与客体的利益均衡，创建一种科学的、和谐的、新型的主客体博弈关系。

（二）合作为主、对抗为辅的决策认识主客体博弈

从一般的意义上说，合作是各参与主体为了实现各自预期目标，在充分

认识到彼此目标间差异的基础上，"异中求同"进行广泛的、全面的协作。从博弈论的视角看，以合作为主的博弈也可称为正和博弈，即博弈双方的利益都有所增加，或者至少是一方的利益增加，而另一方的利益不受损害。博弈中的所有理性的博弈方要考虑自己的策略选择对自己有利，同时也要考虑其他博弈方的策略选择，因为他们的策略互相影响。在某种特定情况下，利益格局中的参与者不只限于两个对手，合作博弈不是"非此即彼"的你赢即我输或我赢即你输的零和游戏，而是"多赢"或"共赢"的对局，不仅参与者的利益无明显的冲突，甚至有一部分利益是一致的。这里的利益一致性就是因合作博弈而产生的合作剩余。这种合作剩余就是从这种关系和方式中产生出来的，且以此为限。至于合作剩余在博弈各方之间如何分配，取决于博弈各方的力量对比和技巧运用。

决策认识过程中的合作博弈是由于决策认识方案所涉及的各参与主体及客体之间资源具有专有性，合作能够实现资源互补，发掘出合作性资源的潜在价值源泉，提高生产力和附加价值。在合作过程中，各参与主体通过有效磋商，协调彼此之间的利益分配并达成有约束力的利益分配协议和机制，约束彼此的行为，满足这些条件的战略联盟行为，一定会给各方带来大于不合作时所能获得的利益。任何破坏合作的行为都会导致其收益下降，只有真诚的合作才能获得更大的收益。在决策认识过程中，虽然各主体都想通过有效磋商使自己的获益尽可能的多，突出表现在各自利益最大化的冲突上。在决策认识方案中至少存在一种使各方均能接受的利益分配方案，它要求各参与方参与合作，并且在合作中获益较多的一方应给获益较少的一方一定量的利益补偿。在一定条件下，这个补偿是确定的，并且这种利益补偿机制有可能吸引更多的决策认识各利益相关方加入联盟中来。决策认识各参与方对各自利益最大化的行为和这种利益补偿机制之所以能促使外部效应的内部化，主要是因为他们不但可以使具有正向的外部效应的参与方踊跃参与，而且也可以使其他非正向的外部效应的参与者获得更大的合作收益。当某一决策认识方案的形成乃至进一步实施能够融合决策认识主体和客体之间的利益时，决策认识主客体之间就会积极拥护和支持，双方关系就表现为相互配合与积极合作的关系，决策认识方案就能够得到迅速有效的实施和执行。因此，决策认识主体在制定决策认识方案、与决策认识客体进行博弈的过程中，一定要意识到决策认识客体的利益、取得他们的认同，决策认识方案的执行才有保证。否则，决策认识主体就不得不承担因客体在认识方案执行中或明或暗的阻挠而带来的巨大成本，甚至导致失败。

（三）对抗为主、合作为辅的决策认识主客体博弈

当某一决策认识方案的制订和实施引起决策认识主客体之间利益冲突时，决策认识主客体之间就会表现出一定的对抗关系。为维护自身的利益，决策认识主体会利用手中的权力，强制决策认识客体执行决策认识方案。而决策认识客体也不甘心任人宰割，他们会找出各种理由，阻碍或"变通"甚至变样地执行决策认识方案，这就是日常生活中所常见的"上有政策，下有对策"现象。所谓"上有政策，下有对策"是指作为决策认识客体的地方政府和有关部门在执行作为决策认识主体的中央政府和上级政府及其有关部门的决策认识方案过程中，基于本地区或本部门的实际情况和利益得失的考虑，按照自己的理解和目的，有意识地运用讨价还价、交易交换、妥协变通等合法或不合法的手段和策略执行决策认识方案，进而导致决策认识主体的决策认识目标和计划不能圆满顺利实现，甚或完全落空的一种或明或暗、或强或弱的对抗性博弈活动。

这种对抗性博弈在我国的政府管理实践中屡见不鲜。其主要表现为对中央的指示和要求采取阳奉阴违的策略，做表面文章，搞形式主义，欺骗和糊弄中央；或者钻中央政策的空子，甚至对中央的政策断章取义，专挑对自己有利的执行，"打擦边球"；或者看似简单地照搬中央政策，"以会议贯彻会议，以文件贯彻文件"；或者对中央的政策直接采取回避甚至抵制的行为。在这种对抗性博弈的过程中，中央的权威和支配力受到了挑战，中央政策无法保证能得到有效落实，从而出现政策失控。例如，针对2003年以来中国房地产投资过热的情况，中央相继出台了国八条、国六条、国十五条等一系列政策，以规范房地产市场。然而，有些地方政府出于政绩、财政压力等因素的考虑，对中央的政策熟视无睹，反而与房地产商"结盟"，造成房地产价格一直扶摇直上、居高不下，中央的宏观调控政策无从落实，中央的权威进一步弱化。

第五章 决策认识的机制构建

著名的"鲶鱼效应"讲述挪威人喜欢吃沙丁鱼，尤其是活鱼。市场上活沙丁鱼的价格要比死鱼高很多，所以渔民总是千方百计地想法让沙丁鱼活着回到渔港。可是虽然经过种种努力，绝大部分沙丁鱼还是在中途因窒息而死亡，但却有一条渔船总能让大部分沙丁鱼活着回到渔港。船长严格保守着秘密，直到船长去世，谜底才揭开。原来是船长在装满沙丁鱼的鱼槽里放进了一条以鱼为主要食物的鲶鱼。鲶鱼进入鱼槽后，由于环境陌生，便四处游动。沙丁鱼见了鲶鱼十分紧张，左冲右突，四处躲避，加速游动。这样一来，一条条沙丁鱼欢蹦乱跳地回到了渔港。① 这个故事揭示的哲理是发人深省的：渔民们人为地"想尽了办法但总不成功"，没有解决"沙丁鱼的生存问题"，而聪明的船长发现了鲶鱼和沙丁鱼之间相互作用的自然规律，把一条鲶鱼放入鱼槽之后，就建立起了一个生存竞争的机制，沙丁鱼就活起来了。鲶鱼和沙丁鱼之间的相互作用概率就是一种简单的机制。由此可见，机制在事物的生存发展中发挥着重要的作用。机制是事物内在具有的原理、规律，它自发地对事物起作用，即机制是事物内在的因果关系。所谓决策认识机制是指决策认识的各主体以及主客体之间，形成相对科学和正确的决策认识而发生的所有制度性关系的总和，即由组织领导者、专家学者和组织成员，通过一定的组织机构和运作机制，共同处理所有涉及与决策认识相关联的各类问题，如命题构建、信息搜集、方案拟订、反馈修正、评价评判、监督检查、责任追究等。

决策认识机制构建是决策认识最终走向决策实践的必由之路。从马克思主义认识论的一般视角出发，认识的整个过程分为由感性认识上升到理性认

---

① 门睿主编：《劳心者定律》，经济日报出版社 2005 年版，第 18 页。

识，再由理性认识到实践两个过程。由此可见，认识的最终目的是为实践服务。在日常的组织实践中，有些决策总是走不出高层的办公大楼，落不到具体的实践当中，即使用行政命令强制执行，"上有政策，下有对策"的决策走样现象也是屡见不鲜。发生这种问题的根本原因在于决策认识主体缺乏决策认识机制构建的理念和具体构建对策。决策认识机制一旦形成，它就会内在地作用于决策认识的各主体和客体以及整个系统自身，使系统机能处于一定的状态，按一定的规律影响支配各种决策认识的产生、发展与变化。决策认识机制设置的科学合理与否，直接关系到决策认识过程中各主体参与决策认识的积极性，关系到决策认识的主体和客体之间分工与合作的效率，进而影响到决策认识的可行性、时效性、执行效率和执行程度。因此，决策认识机制构建是防止决策认识失误、确保决策认识科学高效、确保决策认识最终变成决策实践的根本保障。

决策认识机制构建是防止决策认识失误的保证。研究决策认识的目的之一，就是防止决策认识失误，最有效的办法就是尝试研究和建立防止决策认识失误的机制。决策正确与否，根本前提和基本出发点是决策认识要科学、合理与正确；只有决策认识没有失误，才能科学决策。在决策认识过程中目标设定、信息搜集、模型建立、专家咨询、社会公示等等，虽然从形式上看是属于物质客体性质的，是决策认识必需的手段，但都是为决策认识服务的，是科学决策认识必备的物质基础和形式，从本质上讲是从属于认识范畴的。从这个意义上说，做出决策的过程也就是认识的过程。虽然一项决策在执行中反馈回来很多问题，需要对决策进行修正，但是这同时也是对决策进行再认识的过程；通过对决策的修正完善，可以进一步提高、丰富和深化决策认识的理性高度。因此，要做到决策认识科学化、民主化，就必须建立一套导向鲜明、规范有力、监督有效的决策认识机制。

第一节　完善决策认识的认识机制

决策认识的科学认识机制，应该包括从决策认识问题的建构、信息的搜集、认识方案的拟订、认识方案执行的监督、认识方案的反馈修正、认识方案实施效果的评判以及重大决策认识失误的责任追究等环节。决策认识的科学认识机制正确地反映了决策认识各主体之间及决策认识主客体之间的相互制约和相互作用关系。它能内在地作用于决策认识的各主体和客体以及整个决策认识系统自身,激发各主体参与决策认识的积极性,提高决策认识方案的可行性、效率性和有效性。

一、完善决策认识修正制度

从马克思主义认识论的角度看,认识的过程可以概括为在实践的基础上,由感性认识发展到理性认识,再由理性认识而能动地指导实践。这样,实践—认识—再实践—再认识,循环往复,形成逐步深化的过程。在决策认识方案的实施过程中,人们根据决策实践的现实需要,适时地、反复地修正原来的认识方案,不断发展新的认识。因此,决策认识方案的修正是决策认识机制中的一个必不可少的环节。

从决策实践过程看,决策认识失误在所难免。决策认识失误防范制度制定得再严密,规定得再详细,也不能完全消除错误的存在。防范决策认识失误关键是通过信息反馈,时刻注意执行的动态,及时发现问题及时进行修正和纠错,力求决策认识达到在动态中平衡。如果一项决策认识方案在执行中反馈回来很多问题,就要进行修正。通过对方案的修正、完善,进一步丰富和深化决策认识的理性高度。完善决策认识修正制度,具体讲应该做到:规定修正或撤销方案的程序和方法;规定方案是适合修正还是适合撤销的衡量标准;规定行使修正或撤销方案的机关;配套建立方案的定期评价机制。通过相关的机构定期对方案的正确性、科学性、效益性等进行认定评价,提交上级机关和监督机关,裁定方案运行的实际效果,下发修正或是撤销的通知,将决策认识失误的损失降到最小。建立保障修正制度得以贯彻执行的责任制度,对由于延误决策认识方案修正或撤销的时机而造成失误的,根据具体情况认定相关责任人,并追究其相应的责任。

在我国的决策实践中,作为一种正式制度存在的决策认识修正机制还很不完善。制度预设总是落后于实践进展,这就使得总是在承受决策认识方案失误之后,才寻求对决策认识方案的修正,降低了组织管理的预期性,给国家和人民的生命财产带来不必要的损失。例如，我国著名的经济学家、教育学家、人口学家马寅初早在 20 世纪 50 年代就预见到了人口问题的严重性，但是我国当时的高层决策认识主体没有认识到人口问题的严重性，拒绝并错误地批判了马寅初先生的新人口论，在一个时期内采取了对人口不加控制的错误决策，造成了我国人口爆炸式的增长，给我国经济社会长远发展带来了严重的后患。20 世纪 80 年代，我国高层决策认识主体充分认识到人口快速增长带来的危害，明确规定把计划生育作为一项基本国策，就是建立在对当时我国人口问题严重性的再认识基础之上的。但与此同时，伴随着计划生育政策的实施，我国人口总体结构发生了变化，人口老龄化速度加快，又给我国的经济增长和社会保障带来了新的问题。历史和现实有力地证明，必须从根本上致力于构建决策认识方案的修正机制，及时发现决策认识方案实施中存在的主要问题，采取科学合理的应对措施，及时解决存在的问题，最大限度地规避各种风险，确保决策认识方案的顺利实施。

二、完善决策认识专家咨询论证制度

完善决策认识专家咨询论证制度，是规范决策认识行为的有效途径，是提高决策认识质量的重要保证，是确保决策认识科学正确的客观要求。对决策认识专家咨询论证制度相关理论进行研究探讨，十分必要、十分重要，具有很强的实践指导意义。

（一）决策认识专家咨询论证制度的内容和分类

决策认识的专家咨询论证制度是指依靠专家群体进行的咨询、论证，以提高决策认识的质量，保障决策认识科学化、民主化的规则体系。专家是指对某一领域有深入的研究、在相关领域具有较高的学识和经验、在学术技艺等方面有专门技能或专业知识的人。专家是咨询论证活动的核心，他们的专业知识水平在很大程度上决定了咨询论证结果的科学性和合理性，决定了其对现实的决策认识方案的制订完善所起的作用。作为一种社会实践活动，咨询已有几千年的历史。所谓"咨"，就是商量的意思；所为"询"，就是请教、考察的意思。咨询就是决策认识主体向专家征求意见的活动。专家咨询论证，就是政府以及企事业单位等组织的领导者围绕组织自身发展中遇到的全局性、战略性、综合性的问题，组织专家进行深入研究、科学论证、集思广益、提供多种解决方案，为本组织的决策认识提供科学的意见，以保证决策认识方案的科学性、民主性、合理性、合法性、正确性和实效性。专家咨询论证的范围，要有科学的界定。《中共中央关于加强党的执政能力建设的决定》指出：对涉及经济社会发展全局的重大事项，要广泛征询意见，充分进行协商和协调；对专业性、技术性较强的重大事项，要认真进行专家论证、技术咨询、决策评估。国务院《全面推进依法行政实施纲要》进一步指出：对涉及全国或者地区经济社会发展的重大决策事项以及专业性较强的决策事项，应当事先组织专家进行必要性和可行性论证。社会涉及面广、与人民群众利益密切相关的决策事项，应当向社会公布，或者通过举行座谈会、听证会、论证会等形式广泛听取意见。

按照决策认识所涉及经济社会问题的影响范围，可以把专家咨询论证分为高层和基层两个层面。对于政府组织来说，高层的专家咨询论证事项主要应包括：涉及国家经济社会发展全局的重大事项，如三峡工程、南水北调、西部大开发、振兴东北老工业基地等；一些专业性、技术性较强的决策事项，如载人航天飞船的发射、各种自然资源的勘测、重大科技攻关项目的实施等。在政府组织中，除上级政府明确的决策认识目标需贯彻实施外，地方各级政府可根据情况独立制定决策认识目标。各级政府组织制定的决策认识目标主要分为三大类型：政策性决策认识，如领导和管理行政工作、民族事务等；经济性决策认识，这是地方政府最主要、最突出的决策认识；社会文化性决策认识，包括教育、科学、文化、卫生、体育、计生、民政、侨务诸多方面。对企业来说，高层的专家咨询论证事项主要指事关企业生存发展大计的企业间的并购，企业发展战略的转换等。上述这些决策认识目标的确立和实施，都需要组织专家进行咨询论证。

（二）建立和完善决策认识专家咨询论证制度的现实意义

随着当今时代的快速发展，决策认识面临着日趋复杂的形势、大量的信息变化和各种不确定因素，决策认识主体即便是博学多识的"通才"，也不可能样样精通。专家的积极参与可以有效地提高决策认识的准确性和科学性，减少决策认识主体因能力有限而导致的决策认识失误。要切实保证专家在方案论证、方案评估、反馈修正等阶段充分发挥知识技术专长，充分发表参谋咨询意见，使决策认识主体真正从"拍脑袋"的经验决策认识转变为"群策群力"的科学决策认识。美国管理学家杜拉克说："管理者的决策不是从'众口一词'中得来。好的决策，应是以相互冲突的意见为基础，应从不同的观点中选择，应从不同的判断中选择。所以排除不同的见解，就不可能有决策。"① 由此可见，决策认识专家论证制度是人类社会文明演进的结果，也是现代组织民主化演进程度的重要标志。随着人类社会的进步与发展，社会公众对科学决策认识的要求越来越高，借助专家的专业知识进行组织决策认识必要性咨询论证也就日益显得突出起来。

建立和完善决策认识专家咨询论证制度是实现组织决策科学化的有效途径，是组织管理现代社会事务的重要条件，是发展社会主义市场经济的客观要求。随着现代社会的发展，社会公共事务的范围也越来越广，各类组织所面临的问题也越来越复杂。对于这些日益扩大的管理领域，决策认识主体并不一定都有很深的了解，尤其是一些专业性和技术性较强的领域，作为决策认识主体的组织领导者往往比较陌生。所以，要实现决策认识的科学化，就必须重视专家的参谋咨询作用，充分发挥他们的专业技术特长。市场经济是契约经济，同时又是知识经济。市场经济较之计划经济，更讲究客观经济规律，更倡导理性，更重视知识，更需要法制。这就要求决策认识主体充分借助"外脑"和智囊团，利用各方面专业技术人才和咨询论证机构，对决策认识提供科学的依据和多种备选方案，让专家对各种决策认识方案进行参谋咨询和评估论证，权衡利弊，以备选择。这正是市场经济条件下"小政府、大社会"的客观要求和具体表现形式。

把专家咨询论证作为一种制度引进政府决策认识过程并发挥其作用，在我国是近几年才逐步兴起的事情。自 2002 年 12 月至 2012 年 5 月，中央政治局组织了 77 次集体学习，共有 140 多位专家、学者走进中南海，就各自的研究领域向政治局委员们进行讲解，为决策提供咨询。成都市从 2005 年正式施行《成都市重大行政决策专家咨询论证办法》，面向全国公开聘请相关领域

---

① ［美］杜拉克：《有效的管理者》，台湾庆文印制有限公司 1978 年版，第 178 页。

的专家，并建立起总数 300 人左右的咨询专家库，对重大行政决策事项在提交成都市政府全体会议或常务会议讨论决定之前，先进行专家咨询论证。2006 年黑龙江省政府办公厅印发《政府重大决策专家咨询论证制度的通知》，规定了决策咨询论证的范围、分工、程序以及参与决策咨询论证制度的专家的待遇等。尽管如此，我国现行的组织决策认识咨询论证制度还存在许多问题，难以适应社会主义市场经济条件下各种组织自身发展的要求。首先，某些组织决策认识的决断主体对专家咨询论证缺乏足够的重视。在许多情况下，一些组织和部门的高层领导在出台重大决策、论证重大项目时，没有听取专家意见或对专家建议重视不够，也没有进行民意调查，导致决策认识失误或重大政策出台后未达到预期目标，造成被动局面。其次，没有形成独立的咨询论证体系。目前，虽然政府组织和大型国有企业在决策认识过程中都有自己的专家组，但是这些专家组独立性差，他们往往是在给决策认识主体及其决策认识方案唱赞歌、喝大彩，而不是提供实事求是的建议和意见。

（三）建立和完善决策认识专家咨询论证制度的具体措施

随着现代科学技术的大量应用和社会民主文明程度的不断提高，现代决策的理念、技术和方式已经发生深刻变化，传统的经验决策将被科学决策取代，个人决策将被群体民主决策取代，定性决策将被定量与定性相结合的决策取代。所有这些变化，必须依赖于咨询论证专家的经验、知识和奉献来支撑，必然呼唤科学、有序、完善的专家咨询论证制度来保证。在决策认识中，要以国家法律法规的形式确保专家参与到决策认识的全过程，将专家咨询论证贯穿于决策认识过程的每一个环节，提倡全程参与、规范运行、适时咨询和科学论证。

一是成立专家咨询论证机构。实现决策认识专家咨询论证制度，前提条件是需要建立和完善专家咨询论证机构。专家咨询论证机构的设立或其产生途径，主要有通过立法而设立、通过强制性的行政措施而设立、通过组织领导者的委任而产生以及民间选举产生等几种途径。一旦政治条件、制度条件、社会条件、经济条件等主要因素和要素具备，专家咨询论证机构就应该通过有关立法的形式予以确立。

二是专家咨询论证制度的运作应当规范。没有规矩，不成方圆。为了确保专家咨询论证制度行之有效，就必须建立一套科学、合理的规范以引导这一制度健康、有序、高效的运作。首先，应当确定一项原则，凡是有关重大科技、经济及社会管理问题，不经专家机构的咨询论证，不得进行决定。在组织体制不断通过改革而从旧体制中脱胎换骨以形成符合市场经济要求的新体制的客观条件下，以立法的形式确定这一原则十分必要。其次，应当建立两类规范，即组织规范和行为规范，这是规范专家咨询论证机构所必备的要素。组织规范包括专家咨询论证机构的设立条件、设立程序、专家咨询论证机构的组织形式和基本类型等；行为规范确立专家咨询论证机构的职责范围、工作方式、工作程序和行为效果等。最后，应在立法中体现权利、义务、责任的三极均衡。决策认识专家咨询论证制度直接涉及决策者和咨询者，涉及社会的各个方面，必须十分细致地设计各类规范，以确保各方面的权利、义务、责任的均衡。

三是建立专家咨询论证制度的激励约束机制。专家咨询论证制度运转的动力源泉，依赖于一个有效的激励机制：既要对决策认识主体产生激励，使之自觉地向专家进行咨询；又要对专家产生激励，使之勤勉、谨慎、忠诚地为决策认识提供参谋意见。而启动这一制度的激励机制主动权掌握在决策认识主体手中。从善如流、从谏如流、不耻下问，是启动这一自发反映过程的最好催化剂。为了使决策认识专家咨询论证制度能够有效地发挥作用，还必须建立相应的约束机制。这一约束机制，既包括对专家的约束，要求专家必须遵守本行业操守规范，不能越俎代庖代替领导，不能无原则地干扰对决策认识方案的选择，不能用陈腐的观点和虚假的陈述误导决策认识主体；同时，也包括对决策认识主体的约束，要求决策认识主体在决策认识过程中负有向专家咨询论证的义务，认真听取和采纳专家参谋咨询的意见。

三、完善决策认识听证制度

决策认识的听证制度是社会各界参与决策认识的一种有效方式，是防止决策认识违反民心民意的重要保障制度。决策认识听证制度是现代决策体制民主化发展的必然趋势，近几十年来受到世界各国的特别重视。

（一）决策认识听证制度的发展方向

"听证"（Public Hearing）一词，来源于英国古老的"自然公正原则"。从一般意义上说，决策认识是指组织在做出直接涉及组织成员利益的决策之前的认识阶段，应当听取利害关系人、社会各方及相关专家的意见，以实现良好治理的一种必要的规范性程序设计。它包含两个最基本的程序规则：一是任何人不能成为与自己有关案件的法官；二是任何人的辩护必须被公正地听取。在一些国家，听证制度在决策认识过程中发挥着重要作用，大到政府制定涉及全社会公共利益的法律，小到退休金、福利补贴的发放和交通违章处罚等，都可以依法申请召开听证会。我国 1996 年公布的《行政处罚法》开启了我国听证制度之先河，它是引进国外先进法律制度和经验的一次有益尝试，在我国民主法制建设史上具有重要意义。我国的组织决策听证制度源于 1998 年实施的《价格法》的规定："制定关系群众切身利益的公用事业价格、公益性服务价格、自然垄断经营的商品价格等政府指导价、政府定价，应当建立听证会制度，由政府价格主管部门主持，征求消费者、经营者和有关方面的意见，论证其必要性、可行性"。2000 年通过的《立法法》规定在行政法的起草过程中为广泛听取意见可以采取听证会的形式，将听证的范围由政府定价扩展到行政立法领域。2004 年 7 月 1 日起施行的《行政许可法》对听证程序做出了详细具体的规定。听证制度实施的主要方式是举行听证会。听证会是针对特定决策认识问题，主要以会议的形式听取社会各方面人士和有关专家的意见，它不仅符合公共善治的原则要求，而且还有比直接选举和广泛求谏以及座谈会形式更多的优点，其中最大的优点就是克服代议制的不足，实现各方利益主体、官员、专家与百姓之间面对面的直接交流和沟通，从而发扬民主，维护公平，达成共识，有效提高决策的质量与水平。上述这些听证制度，虽然没有明确其对象是决策认识，但是已经暗含了对决策认识方案进行听证的有关内容，而且更为重要的是为探索建立决策认识听证制度指明了发展方向、提供了有益经验。

（二）决策认识听证制度是经济社会发展的客观要求

决策认识听证制度的建立适应了社会转型时期我国社会公众利益表达方式多元化的现实要求。在我国由计划经济体制向市场经济体制转变的过程中，各种不同的利益主体相继产生。同时伴随着我国市场经济体制的确立，我国的社会民主化进程明显加快，即使是同一利益主体也开始追求除经济利益之外的政治利益和文化利益，开始寻求更高质量的生产条件和生活环境，开始追求物质和精神上的双重享受，开始寻求更多的公共决策参与，开始追求社会声望以及社会地位的提高。决策认识听证制度本身具有沟通意见、协调社会利益的功能，这恰恰符合社会转型期我国社会公众多元化利益表达的现实需要，只要公众的不同声音和不同愿望能够客观公正地通过听证制度向上反映，即使是日趋严重的社会两极分化问题和地区差距拉大问题，也能够经过长期努力、公正务实地协商解决。

决策认识听证制度的建立是 WTO 透明度规则对经济社会发展的现实要求。WTO 规则尤其是其中的透明度规则，既给行政法制的完善与改进提供了良好的发展机遇，也给现存经济制度和社会制度提出了严峻挑战。透明度原则适用于整个 WTO 规则，是 WTO 最基本的原则之一。这里所讲的透明度原则，主要是界定对组织程序方面的要求。它要求政府及其他组织的领导者行使自身权力的过程与结果要公开，并且势必将这种要求扩展到全部组织活动之中，要求组织的一切行为符合透明度原则，实现组织管理的公开化和程序化。因此，各级组织内部事务公开，特别是决策认识过程的公开，在中国各种组织体制改革当中必将占据日趋重要的地位。因此，在中国的决策认识中引入听证程序，树立起以组织听证为核心的决策认识公开观念，打破原有的决策认识行为暗箱操作，实现决策认识程序的公开化与透明化已成为不可阻挡的历史潮流。

决策认识听证制度的确立是当前我国各种组织体制改革的战略选择。组织决策体制通常属于整个国家政治体制当中的核心和关键环节之一。因此，建立中国特色社会主义民主政治首先就是要建立民主决策认识机制。江泽民同志指出，决策的科学化、民主化是实行民主集中制的重要环节，是社会主义民主政治建设的重要任务。各级组织中的领导干部要认真听取组织成员意见，充分发挥各类专家和研究咨询机构的作用，加速建立一套民主的科学的决策认识制度。因此，决策认识听证制度的建立，对于完善民主决策认识机制和推进政治经济体制改革，对于促进组织权力公正运作、保护组织成员的权利、维护社会公众利益具有巨大的作用。

（三）建立和完善决策认识听证制度的具体措施

建立和完善决策认识听证制度，是决策认识客观现实和未来发展的必然要求；但是从目前实际操作看，还存在众多问题和缺陷。例如，听证代表缺乏广泛性；单纯针对决策认识主体已规定好的方案进行听证；听证流于形式，只是一种程序。这种把举办听证当成目的的做法，不但起不到应有的作用，反而给不当的决策认识披上一件似乎"科学、民主、合法"的外衣。所以，必须采取有力措施，建立和完善科学的听证制度，扩大群众的参与程度，防范决策认识失误。

第一，扩大决策认识听证范围。目前，听证制度在决策认识领域中的应用范围是非常有限的。除政府定价和行政立法领域外，还应在其他领域，如教育、税收、财政和文化等方面引入听证制度，真正把听证这一理论性、制度性很强的东西运用到实际工作中，以此来完善决策认识领域的听证制度，进而推动决策认识的科学化、民主化和法制化进程。具体而言，应该从现在的价格听证和行政立法听证，逐步扩大到土地开发、城市规划、环境保护、教育发展、卫生保健、住房改革、社会福利等与人民群众利益密切相关的决策认识听证领域。

第二，健全决策认识听证代表选择机制。听证代表选择机制的健全主要有两个方面的问题，一是选择标准，二是选择方式。综观我国各种决策认识听证程序的参加主体，大都被概称和泛称为抽象的"公众"或"社会各界"。而在具体实施听证会的场合，这些公众或社会各界会被具体化为利害关系人或者专家。尽管利害关系人和专家都可以成为听证会的参与主体，但是应该注意的是利害关系人和专家在听证会中所居的立场并不相同。这种不同也决定着他们所要表达的意见即使最终的主张一致，但是其基础则不尽相同。因为在听证会中，利害关系人是以自身的利益为基础对相应的决策认识方案提出意见，专家则并非以自然人的利益为基础，而是以其自身所具备的专业学识参与听证程序、建言立说、影响决策。概而言之，前者的基础是利益，利害关系人是通过听证会寻求自身利益被公共过程吸收的可能性；后者的基础是专业知识，其所追求的是决策认识结果的科学性和技术合理性。因此，对于这两类人，应该采取不同的选择标准。对于前者，应以利益为标准。所有利益群体都应该有代表参加，即代表有一定的广泛性，并兼顾到不同利益群体的代表比例相当，即整体代表结构均衡；同时也要注意到同一利益群体内部组成人员之间比例的均衡协调。对于后者，应以专业素质为标准。由于社会的发展，科学技术的日新月异，决策认识的专业性、技术性日益增强，组织内部各部门虽然具有丰富的组织管理经验，但是对某些专业性、技术性较强的决策认识独自承担显然力不从心，因此保证听证会中有一定的专家代表，往往对听证会的成功与否起到决定性作用。关于选择方式，应该打破现今的组织主管部门对听证代表选择主导权的垄断格局，建立一种由各种利益群体及社会中介组织与各组织内部主管部门双向互动、共同协商选择听证代表的机制。就政府组织而言，其职责应当回归到"定规则、当裁判"上来，不应该直接插手具体的选择事务；就各利益集团而言，其职责就是严格按照事先公布的听证代表选择规则具体组织实施选择事务，并及时将自行产生的能够代表本集团利益的合适人选报组织各部门进行资格审查。具体做法可以设计为：①组织内部各主管部门合理划分利益群体，并根据各利益群体的规模和数量合理确定每个利益群体可以出席听证会的具体代表数量。在此基础上，各利益群体内部再进行各阶层的划分，各阶层内部进行民主推选，在保证每一阶层都有代表出席听证会的基础上，尽量遴选有一定专业水准和参政能力的人士作为正式代表出席听证会。②专家代表应当逐步过渡到从专家库中随机抽取的方式产生，即分别在各相关专业领域建立听证代表专家库，通过随机抽取的方式确保专家代表客观公正地行使话语权。

第三，明确规定决策认识听证会召开的条件。当决策认识客体是众多而不确定范围的公众时，则应当召开适当规模的听证会，并明确规定和公布听证会的时间、形式、规模、议程等一系列相关内容和要求。除了有正当理由议定公正不能实现或危害国家安全和有损于公共利益外，不能随意取消听证程序，否则追究责任人的有关责任。

第四，规范决策认识听证组织结构及主持人的选定和行为。听证组织者及其机构要保持利益上的中立，只有这样才能以不偏不倚、客观公正的态度对待听证。听证主持人主要由专家、学者、人大代表等组成，他们要负责对听证参加人进行引导并对其所提供的证据进行初步评估，他们要参与到听证的整个过程，对听证的全过程进行监督，这样才能保证客观、公正。在与政府组织决策认识有关的听证会中，设立一个非政府的中间机构，有利于政府对决策认识做出全面通盘的考虑。要避免听证会组织者与听证申请人有密切的关系，以保证听证会的公信力，否则就容易出现问题。

第二节 规范决策认识的程序机制

程序是指按时间先后安排的行动顺序，它反映了事物内部各个环节之间以及事物与事物之间客观的内在联系，体现了人们有目的的行为过程，因此可以把决策认识程序看做是决策认识主体对决策认识过程进行安排和设计的一个合理体系。它是由一定方法、步骤、时间与顺序所构成的行为准则，是保证决策认识主体依照相关的规章制度进行科学决策认识的前提和保障。从某种意义上说，不管任何时代和任何类型的决策认识都离不开一定的决策认识程序。由于决策认识程序的缺失、不完善以及没有强力约束性，致使许多决策认识不受程序的约束，造成大大小小的失误，所以应尽快建立和完善决策认识程序。

一、规范问题构建程序

决策认识所应遵循的原则首先不是单纯地发现问题，而是确定构建问题的程序，应当就决策认识的目标是什么、确定该目标的理论和事实依据是什么、采取的方法是否具有可行性等问题进行深入分析。

决策认识的最终目的是解决实践中存在的问题，而解决问题的逻辑前提是问题本身的"合法性"。因此，要想保证决策认识正确，首先就要做到对问题是否正确做出决策认识。决策认识的首要步骤是将决策认识问题本身的目标进行深入分析。以往人们总是投入大量的时间和精力来确定和评价问题的解决方案，而忽视对问题是否是一个正确问题进行研讨，从而导致围绕一个错误的问题进行严密的可行性论证，结果可想而知。因此，决策认识所应遵循的步骤不是首先发现问题，而首要问题应该是构建问题，应当围绕决策认识本身的目标是什么进行深入分析，认真思考选择该目标的理论和事实的根据是什么，采取的方法措施是否具有可行性。在确立问题之前多问几个为什么，一定要保证真正的问题被列入组织议事日程，只有首先选取正确的事情，才能保证将事情做好。在决策认识的起始阶段，首先要深刻认识做正确的事和正确的做事二者之间的关系。前者是目的、目标和世界观；后者则是手段、工具和方法论。在决策认识的过程中特别是在决策认识的起始阶段和进入阶段也即情报阶段和建构阶段，一定要严格规范和执行问题构建程序，真正坚持好做正确的事与正确地做事二者的辩证统一。例如，转型期转变政府职能问题的实质，就是在决策认识的过程中首先要解决政府做什么事才是正确的问题。政府应该从过去计划经济管经济、管生产、管分配的那样一个全能型政府，逐步向市场经济提供公共服务型政府转变。政府在日常管理中遇到问题时首先要问这个问题是什么性质的问题，应该由政府、社会还是市场来处理。

二、规范信息搜集程序

信息是人们为认识和改造世界的需要而获取的表现有关事物特性及其运动状态的消息、情报、数据、信号等的总称。一旦问题被纳入议事日程，就必须深入调查研究，了解和掌握有关情况的第一手信息资料。信息质量的高低决定决策认识的正确与否，进而决定或影响决策的可靠性、可信性、科学性。信息越多、越准、越及时，决策认识主体思维的广度和深度就越大，决策认识的质量就越高，可以在很大程度上避免决策认识失误发生。信息搜集是决策认识的前提，只有围绕决策认识所要解决的问题搜集充分的信息资料，从庞杂的原始信息中选择有利于实现决策认识目标的信息进行认知和研究，才能进一步看清问题的本质，并在此基础上进一步制定科学的决策认识方案。规范决策认识信息搜集程序，除及时、详尽、全面了解、掌握和运用各种信息资料之外，更重要的是分析研究、尊重遵循和把握运用信息资料本身固有的各种特性和搜集信息主要原则。

一是遵循信息的针对性原则。信息时代的各种信息可以说是纷繁芜杂、包罗万象。在决策认识的过程中，搜集信息的最终目的是解决决策认识所面临的问题。所以在信息搜集过程中，要始终保持一定的针对性。从搜集工作之始就要以决策认识目标为基点，划分出较为准确的搜集范围，亦即所搜集的信息都应与这一利用目的相关，尽管它们各自与利用目的相关联的紧密程度有所不同。

二是遵循信息的可靠性原则。一般说来，由信息源直接产生的原始信息可靠性较高，而在信息流通过程中看到的信息，可能会有较多的误差成分。为了制定科学合理的决策认识方案，必须对所搜集的信息进行鉴别，剔除虚假信息和尽可能最大限度地剔除信息中的虚假成分，以保证决策认识应用使用的信息真实可靠。

三是遵循信息的时效性原则。时效性是信息本身的一个重要属性。每一个特定的信息都会在一定的时间跨度内起作用，若超越了这一时间跨度，则该信息就会失去了它的实际应用价值。因此，在决策认识过程中，一定要搜集那些仍在效益时间跨度内的信息，并尽可能搜集那些在时间跨度内尚有较长运行距离的信息。

四是遵循信息的调整性原则。调整性原则是针对信息搜集与信息反馈的关系而言。已经搜集到的信息，经过加工就可以服务于某一特定的人群或事物，通过服务后效果的反馈可以发现信息搜集与加工过程中所出现的漏洞，据此对搜集工作的范围、可靠程度、时间跨度做及时调整，可以有效改进信息搜集工作质量，提高决策认识水平。

五是遵循信息的连续性原则。持续不断地对某一范围内的信息进行连续搜索，则可以在信息的数量与质量上得到一定的保证和持续的提高。同时，连续搜集信息还是信息研究工作的基础，只有连续搜集得到全面详尽的决策认识信息，才能形成一定的体系，才能保证信息分析工作的深度和精度。

六是遵循信息的实用性原则。为提高工作效率，节约信息存储空间，在决策认识信息搜集过程中要坚持以实用性为指导的原则，对那些切实有用的信息进行搜集，而对那些没有实际内容、貌似重要实则信息含量小的"大信息"要精致加工，充分提取其有用的内核，对附加部分予以剔除。

七是遵循信息的主动性原则。信息主动性原则就是要求决策认识信息搜集人员要主动地深入信息源进行搜集，主动地寻找决策认识信息线索，主动地对决策认识再生信息进行认真的筛选、剔伪，以保证信息搜集工作的扎实、可靠和卓有成效。

三、规范方案拟订程序

决策认识方案就是对事物未来发展的不确定性态势所做出的超前预测。为此，要在尊重客观事实和客观规律的基础上，充分发扬创新精神，广泛运用综合技术，设计多个备选方案，以供决策认识主体选择。只有方案多样才能进行比较，有比较才有鉴别、有优选。对拟定出的决策认识方案既要进行可行性论证，又要进行不可行性论证，力求避免为一个错误方案而努力寻找数据支持、理论依据、市场导向等支持条件。对于简单的决策认识问题，决策认识主体可以直接预设和拟定出几个方案来；但是对于复杂的决策认识问题，则很难一下子直接设计包括一些复杂细节在内的各种解决方案。因此，在方案拟订特别是解决某一复杂问题而拟订多种决策认识备选方案的过程中，一定要严格遵循和认真执行规范的方案拟订相关程序。具体讲，决策认识方案拟定的规范程序一般包括两个步骤。

第一步，多种方案的初步设想、轮廓勾画。这一步的主要任务是保证预选方案的多样性和全面性，在尽可能全面收集整理相关信息和研究论证其充分必要性等条件的基础上，依据客观事实和科学理论，运用一定的逻辑方法，从不同角度和多种途径设想出多种多样的备选方案来。多种备选方案的设想，一般总是先从过去的经验入手，而且应该沿着如下方向进行：先从过去熟悉的经验方案中寻找，然后再到别的方面寻找；先找简单的方案，后想复杂的方案；先找较有把握控制实施结果的方案，后找不易控制结果的方案；先找估计可以较快解决问题的方案，后找需要较长期才能解决问题的方案。例如，第二汽车制造厂在1981年前后遇到了产品严重滞销的困难。针对这一问题，他们通过市场调查和科学预测，初步设想了三种解决问题的方案：大幅度减产；依靠国家和物资部门经销；改善经营管理。这正是拟订方案的首要一步——轮廓设想。在初步设想多种备选方案的过程中，对于某些重复出现的常规性决策认识，可依据经验设想出几种可能方案来，但对于较复杂的问题，则应寻找新的方案，这就是创新。例如，香港回归问题之所以解决得比较好，邓小平同志"一国两制"新构想起到了关键作用。如果没有一国两制新构想，其结果恐怕就另当别论了。另外需要指出的是，传统逻辑中的假说就是提出决策认识设想最基本的形式；而提出决策认识方案设想的过程，就是建立假说的过程。

第二步，对设想的多种方案进行精心设计，拟出预选方案提纲。第一步的多种方案设想，只是方案的毛坯，还谈不上选择，只有着力于研究制定出多种可行性方案，充实完善每个方案设想的细节，方案优选才有良好的基础。对设想出的方案进行精心设计，应按照以下两个环节逐步进行：一是列出某一方案设想的各种制约条件，根据条件寻找差距。明确了差距，才能具体地拟定出解决差距的措施办法。再以上述二汽为例，在设计改善经营管理这一方案设想时，他们首先摆出了条件，要改善经营管理，适应市场需求，必须在产品质量、品种及系列化、服务内容等方面下工夫。对于二汽来讲，产品质量是不会有多大问题的，因为二汽有20世纪70年代末自筹数亿元资金打下的技术基础，关键是发展多品种和系列化，增加服务内容，以适应不同层次的市场需求。二是针对差距，寻找消除差距的措施、手段。消除差距的措施和手段，主要包括实施方案的时间、计划、人员配备、技术攻关、实施中可能遇到的情况的初步估计、应变对策的初步计划等等。对于二汽来说，他们认真估算了发展多品种及系列化、增加服务内容应具备的条件，生产工艺的改造、技术人员的引进和培训等，并相应规定了生产什么、生产多少、生产线设计、技术攻关步骤、技术人员配备、资金筹措和使用，以及在执行中可能遇到的困难等等。正是经过这样的分析研究，"改善经营管理"这一方案就基本形成了。

按照上述的逻辑程序而进行的针对某一个决策认识问题的方案设计完成以后，一个较完善的备选方案就诞生了。还需指出的是，在整个拟定备选方案的过程中，都必须对方案进行"可能"与"可行"两个方面的筛选，淘汰掉那些主客观条件不允许实行的方案以及对解决问题用处较少的方案，最终确定的方案才可能进一步供优选备选之用。因此，可行性分析是规范方案拟订程序的一项十分重要的工作。对备选方案拟订过程中的可行性分析主要包括：对方案所涉及的约束条件的可行性分析，也就是具体研究某一方案若付诸实施需要具备的起码的内部、外部条件是否具备了；对决策认识方案所涉及的各个局部、各个阶段和整个过程的可行性分析；对方案所规定的各种行动措施，包括应付多种可能变化的若干措施的可行性分析等。[①]

四、规范评估优选方案程序

评估优选方案是决策认识中的关键阶段，它直接关系到决策认识的实施

---

① 王新建：《拟订预选决策方案的逻辑程序、要求和方法》，《淮北职业技术学院学报》2007年第6期。

效果，并将产生直接或间接的社会后果和影响。所以，在评估优选方案中一定要依据科学的标准，采用成本效益分析法、经验判别决断法、专家咨询论证法等多种分析方法，广泛集中民智，充分借助民力，对决策认识方案进行多角度、全方位的论证和评估分析，然后由决策认识主体依据客观实际，最终确定优选决策认识方案。

评估优选决策认识方案是指对所拟定的决策认识方案，经过客观的分析、论证和评估之后进行抉择，选优汰劣。优选方案的前提条件是：必须有两个以上的决策认识备选方案可供选择。选择方案的过程是决策认识主体主观对客观的认定和判断的过程，具有较大的主观随意性。因此，要求决策认识主体在选择方案之前，必须再对各个备选方案的优缺点进行客观全面科学的分析和评估。优选方案涉及评估和优选的标准问题，因此规范评估优选决策认识方案程序的中心问题便是确立评估、优选方案的标准。一般来讲，评估、优选方案应遵循三项原则，亦称程序。

一是可行性原则。这是决策认识方案评估、优选的首要原则。决策认识方案是否可行，所依据的因素十分广泛，其中既包括备选方案本身是否合理，人力、物力、财力等基本条件是否具备，也包括决策认识的性质特征、时代背景、政策法律、形势要求、客观环境等诸种因素是否允许某一备选方案实施等。某一备选方案看起来很好，但是如果它违背了国家的大政方针、政策规定、法律法规，就是不可行的；某一备选方案从各方面去评估，它可能都是理想的方案，但是因实施方案的主体不具备实施该方案的人财物等基本条件，那么这个所谓理想的方案也是不可行的。衡量一个方案是否可行，要充分考虑和切实遵循可行性原则，从多个角度、多个层面、多种因素综合考察、科学评估。

二是效益原则。这是一个比较复杂而且较难把握的准则。其基本含义是指在选择决策认识方案时应考虑方案实施后所产生或所带来的效益。这里所说的效益不但包括政治社会效益，而且还包括经济文化等各种效益。也就是说，在评估、衡量、选择决策认识方案时，应综合考察方案所带来的各种效益。在某一特定的时期、针对某些特定的决策认识问题，应把政治效益放在第一位；而在同一时期、针对另外一些决策认识问题，则首先要考虑的是经济效益或其他效益。在评估、选择方案时，不能受传统、落后观念的束缚，尤其是在社会主义市场经济条件下，一些保守、错误的观念应受到挑战、摒弃。决策认识主体在选择方案时应综合考虑各种效益因素，应根据政治要求、政治影响、法律规定、经济形势、社会发展程度等要求，按照原则性和灵活性相统一的原则衡量效益标准。

三是满意原则。满意原则是一条主观色彩很浓的综合性准则。任何决策认识方案都不可能包罗万象，也不可能百分之百的正确，在多数情况下令人满意是一条适用标准。当然，这一满意是经过多种标准衡量之后产生的，它不单纯是决策认识主体主观心理感受，而且还是决策认识主体的主观观念对客观实在的一种好坏评判、优劣选择。这种"满意心理"是以上述两条原则为基础而做出的心理感受和心理暗示，只有当决策认识主体认为某一认识方案基本上接近或达到了两条标准，才可能在决策认识主体主观心理上产生一种平衡，一种满意的心理。如果一种方案与上述两条标准不相符合或排斥、抵触，决策认识主体无论如何也不会抛弃他所"满意"的方案而去偏爱和选择他不"满意"的方案。

五、规范实施反馈修正程序

决策认识是一个动态过程，在此过程中会出现各种新情况和新问题，所以要密切关注决策认识的实施情况，及时规范实施反馈修正程序，发现问题和偏差，及时解决和纠正。一般来说，在决策认识方案执行中可能会面临三种应急情况。首先，决策认识方案本身错误，使得决策认识方案一开始执行就偏离了目标。这种情况并不少见，如何避免此类现象的产生，变被动为主动，除了提高决策认识主体本身素质外，还必须对决策认识方案的执行情况及时反馈了解，发现错误立即停止执行，避免因决策认识方案失误造成更大损失。其次，决策认识方案基本正确，但在人员、经费、物资、措施等方面不完备。这种情况也时常发生，在决策认识方案执行过程中要不断收集、整理、分析有关反馈信息，根据新情况及时补充完善决策认识内容。最后，有些决策认识方案在当时历史条件和社会背景下是正确的，但是由于社会不断发展变化，也可能随着社会的变迁而走向反面，只有不断跟踪评估，把握社会脉搏，及时纠正校正，才能最大限度地保证决策认识的正确性。

规范实施反馈修正程序的方法有多种多样。不同情况、不同类型的决策认识方案，其反馈修正程序和方法也各不相同，不能一概而论。在此以政府管理实践为例加以说明。政府管理实践中可采用的决策认识方案反馈修正的方法有以下几种：第一，建立固定的调查点。这种调查点不同于下基层临时蹲点，它是长期固定不变的。就像自然科学的实验室作用一样，能够以点观面，它的优越性不仅是使各种决策认识方案的执行情况以及产生的实际效果随时可以直接反馈回来，而且可以观测到决策认识过程中持续的、连贯的、系统的、综合的变化。这些变化的资料对制定或调整决策认识，是十分重要的依据。第二，派遣调查组。领导机关为了掌握下情、发现问题，除通过正常渠道听取工作汇报、情况反映外，还必须派员深入到基层，实行面对面的了解。第三，决策认识主体亲自调查和巡视。俗话说：百闻不如一见。实际中的情况，只有在实际中才可能有较深的体会和感受。决策认识主体亲自调查和巡视，有助于克服主观主义、官僚主义，能够获得真实、可靠的第一手资料。第四，充分发挥人民代表大会的作用。人民代表可以根据实际提出各种提案，也可以直接向政府提出"质询"，从而参与国家的决策管理。常设机构征询人民代表的意见和反映，可以纠正发生的决策认识偏差。第五，确定"接待日"。它使各级主要决策认识主体有机会直接倾听人民群众的声音，在与人民群众的接触中，可以逐步适应和调整不切实际的思想，及时发现决策认识方案执行中出现的问题并采取相应解决对策。第六，建立民意测验机构。主要是采用统计分析技术，广泛收集人们的意见，了解和掌握大多数人的想法，使决策认识尽可能符合大多数人的愿望。第七，充分发挥新闻媒体的作用。各种新闻媒体是决策认识主体与人民群众联系的一个纽带和桥梁，是一条不可忽视的重要的反映情况的渠道。例如，内部参考、记者调查采访等等，都能够起到承上启下、沟通情况的作用，能够及时地收集人民群众的反映，从中发现问题，有利于决策认识方案的执行和调整。第八，重视群众来信来访。它是使人民群众可以越级向高层决策认识主体反映情况的反馈方法和渠道。一般来说，由这里反映的问题，都是较大的政策性问题，或者是关系到群众切身利益的问题，需要认真对待。除上述八种方法外，还有顾问制、各级政策研究室、党的纪律检查委员会、社会学的各种调查方法等等，都是反馈的有效方法和机构。经济社会高速发展需要形成正确的决策认识，决策认识方案的切实执行又离不开反馈，尤其是经济全球化时代，时常面临着一些前所未有的新问题。因此，只有深入实际，调查研究，了解问题的本质，才能提出切实可行的解决办法，形成正确的决策认识。

第三节　构建决策认识的评判机制

决策认识的评判机制是指为实现决策认识评判功能、优化决策认识方案、确保决策认识的科学性、可行性，评判主体（组织领导者、专家学者、人民群众）和评判客体（决策认识方案）之间相互作用的动态过程。决策认识评判机制不是静态的评价体系，具有特定的动态性特征；不是孤立的评判活动，在决策认识形成过程中具有整体联动性。决策认识评判机制是决策认识评价工作的系统化、动态化与科学化的发展形式，是基于决策认识评判过程的一种决策认识管理体系。构建决策认识评判机制应从理论、过程和实践三个方面着手。

一、实行理论评判

所谓理论评判，即在决策认识付诸实施之前对其进行理论上的分析评估。其主要内容包括两个方面：一是对决策认识的价值取向进行分析，最重要的是看其是否符合社会公德和公众利益；二是对决策认识方案的可行性进行分析论证，主要从目标方法、实现途径、预期效果、环境条件、执行者的能力水平等方面进行评判，及时发现和纠正影响决策认识的错误因素。通过理论分析和评价，进一步确立方案中正确的内容，特别是把一些显然是错误的决策认识方案否定掉，这对及早发现和防止决策认识失误有着十分重要的意义，这也正是理论评估的真正价值所在。

（一）对决策认识的价值取向进行分析评判

任何一项决策认识首先需要考虑的是价值问题，它是决策认识主体做出"需要不需要"、"值不值得"的判断。决策认识的价值目标包含了多种向度，是一个复杂的价值体系，总体上可以把种类繁多的决策认识价值归纳为三种：一是决策认识方案本身的价值，即事项本身的有用性，或者实用性。例如，要修一条路，其自身的应用价值是可以用于行车、走路，这是事物本身的价值，可以称为"原始价值"。二是决策认识方案的社会价值，即应用价值所产生的社会影响，包括对于社会带来的效能价值。三是决策认识方案对决策认识主体的价值，即能否表现决策认识主体的政绩业绩。后两种价值是第一种原始价值的扩散与延伸，即延伸价值。对决策认识方案的分析与评判不仅要看原始价值，更重要的是要看延伸价值。决策认识主体在选择价值时，首要应考虑社会价值，而不是决策认识主体自身的价值，但决策认识主体人性的一面决定了其可能会选择偏离社会价值的取向，从而造成一项决策认识降低其原始价值，失去其社会价值或者社会价值甚微，或者只是代表了某一部分社会集团的利益，而不是整个社会的利益价值。因此，正确的价值取向是评判决策认识方案正确与否的前提。在评判决策认识时，首要任务是必须研究决策认识方案对于利益关系的处理妥当程度、是否有利于维护或促进公共利益、所产生的道德示范作用如何、程序是否合法等等。

（二）对决策认识方案的可行性进行分析评判

在决策认识方案通过价值评估即将付诸实施之前，还必须进行可行性与不可行性分析。西方学者对决策认识方案可行性论证概括为五个方面的内容，即目标是否具有可行性，也就是要干什么；选择目标的根据是否靠得住；采取什么样的方法达到目标，这一方法是否具有可行性；由谁来执行，执行者的能力、责任机制是否得当，是否可行；地点、环境是否有利于目标的实现。对决策认识方案可行性进行分析论证，主要从目标方法、实现途径、预期效果、环境条件、执行者的能力水平等方面进行评判，及时发现和纠正影响决策认识的错误因素。

不可行性论证就是决策认识主体在对决策认识方案进行可行性论证的同时，组织另外一批人员进行该方案的反向论证，以便给决策认识主体提供全方位的、有价值的意见和建议，对决策认识方案实施后可能带来的负面影响或不可预测的突发事件，提前采取预案处理和防范措施。从认识论的角度看，不可行性论证与可行性论证是相对应的一种思维认识方式，其本质上并不是对可行性论证的否定和反对，而是决策认识主体按照系统论的方法，对决策认识方案进行辩证认识的过程。在这个反向认识过程中，决策认识主体可以充分发挥各种外脑的作用，对决策认识方案付诸实施的不利因素、制约条件、潜在风险、隐性矛盾以及投资效益、环境影响评估、综合评价等诸多方面进行客观比较论证，反复权衡利弊，给决策认识主体提供全方位的参考，进一步规范决策认识程序，更加科学、更加有效地减少决策认识失误。由此可见，不可行性论证对决策认识方案的实施具有重大的现实意义。

在决策认识过程中，实行不可行性论证应做到以下几点：首先，决策认识主体要转变观念，正确认识不可行性论证的合理性。决策认识过程中不可行性论证程序推进的主要障碍之一，是一些组织领导者即决策认识主体对不可行性论证存在偏见，认为这是在有意跟自己作对，"唱反调"，"找茬子"。解决这一问题首先要从思想观念上摒除错误的认识，树立求真务实的工作态度，坚持用辩证思维的方法和观点看待问题。其次，充分发挥组织内部参谋咨询机构和"外脑"的作用。例如，各级政府要充分调动本级政府组织内部的政策研究室、信息中心、社会发展研究中心等政策研究组织的积极性，使之能够积极主动地对决策认识问题进行可行性与不可行性等方面的跟踪研究，主动提供意见和建议。最后，不可行性论证的法治化。科学的认识规律作为一种隐性的存在，往往是在人们违背了它并为此付出代价时才能引起和得到重视。更有甚者，有些决策认识主体对这种教训的认识只存留于一时的意念之中，时过境迁就会再犯同样的低级错误。人们对决策认识方案不可行性论证的认识同样存在这种情况。摆脱这种困境的主要出路就是实行不可行性论证的法治化。要把不可行性论证设定为决策认识过程的必备程序和制度，对不可行性论证项目的范围、组织实施机构、具体实施办法、实施保障措施、监督机制以及重大事项权属等，都要以法律、法规的形式规范和确定下来。

二、实行过程评判

实行过程评判就是对决策认识过程是否符合科学的决策认识程序进行评价和判断。规范的决策认识程序即过程主要划分为情报、建构、抉择、审查四个阶段共十六个环节。实行决策认识过程评判，主要就是认真分析、评价和判断决策认识的过程是否严格遵循和执行了决策认识的主要程序的四个阶段和十六个环节。在这一过程评判中，要坚持标准、严格程序，防止与避免程序缺失和异化，进而导致决策认识失误现象的发生。决策认识的过程即科学的决策认识程序，具有决策过程和认识过程的双重特征，即决策认识程序除了应符合一般的认识规律外还应符合决策科学的规律。决策认识的程序是决策认识过程的逻辑表述。对决策认识过程进行评判，就是按照科学的决策认识过程来评价和定位现实的决策认识进程。四个阶段共计十六个环节的科学决策认识程序，已经详细地描述了决策认识各阶段应该做的事情和每一步应该达到的程度。当然，在现实的决策认识程中，不可能完全像理论上阐释的那样各个阶段的边界特别清晰，各个阶段和环节并不是绝对地、彻底地独立分裂的，它们并存于一个完整的过程之中，更多的时候是你中有我，我中有你，相互交融。因此，按照决策认识程序对决策认识进行过程评判时，要根据实际情况和具体状况，遵循灵活变通的原则进行和开展。

决策认识过程评判针对的主要是两方面的问题和情况，一方面是过程的缺失。例如，本书前面提到的决策认识问题建构程序缺失导致的决策认识失误。科学的认识起源于客体对主体的制约作用和主体对客体的能动反映。决策认识作为一种人类特定的认识活动总是从解决现实面临的特定问题开始，并围绕着特定问题限域内的客体对主体的制约和主体对客体的能动反映展开进程。另一方面是过程异化。例如，本书前面提到的决策认识可行性论证程序的异化。决策认识主体由于对决策认识可行性论证的重要性认识不足或出于自身利益和其他各方面因素的考虑，只愿意听专家对决策认识方案的正面介绍，例如方案的优势、优点以及实施后的美好前景，而不愿听或根本不听决策认识方案实施的成本和风险，这就使得"可行性论证"异化为"论证可行性"，违反决策认识过程的正常秩序，以致造成了许多决策认识失误。

三、实行效果评判

对决策认识实施后所产生的效果进行评判，主要是看其是否能够实现预期目标、是否符合科学发展规律、是否顺应时代发展潮流、是否能够给社会大多数人带来切身利益。现实证明理论评判并不完全可靠，一项决策认识失误与否还必须通过实践来检验。因此，必须依靠效果评判来对决策认识进行最终的验证。效果评判即对决策认识方案实施后所产生的效果进行评判，主要是对其收益性进行评判。因为对决策认识效果的评判是具有总结性的评价，而且是最确切、最可靠的评价，① 也应该是最终评判。在一段时期内，我国的公共政策在某些地方、部门充当了实现政治理想的工具，即我们所说的"政绩工程"。正如美国经济学家萨缪尔森所说的"在政治上，如同在其他领域一样，千真万确的事实是，通向地狱的道路是用良好的动机铺成的"②。这种奉行政治理想主义的决策认识，给社会带来了不必要的痛苦和灾难。首先，这种以"动机论"决定决策认识的取舍，放弃对决策认识实施效果的评估，势必留给玩忽职守的决策认识主体以回避责任的借口，造成决策认识过程中的"长官意志"盛行和胡乱拍板的现象。其次，又因事后缺乏必要的监督机制追究其责任，不仅带来了不必要的损失，还造成决策认识主体缺乏相应的责任意识。自决策科学诞生以来，科学技术和数学模型被广泛地运用于决策过程中，但无论是"理性选择模型"还是"有限理性模型"，无不是通过对各种预备决策认识方案实施后可能产生的后果进行预测和比较，对方案的投入和产出进行估价，最终选择"最佳的方案"或"令人满意的方案"，其决策认识的功利取向得到不断的强化。③

改革开放以来，我国大部分决策认识的价值取向也越来越趋于此。邓小平同志系统地提出了建设中国特色社会主义理论，开创了我国社会主义改革开放和现代化建设的新局面。他认为一项决策认识方案的优劣，最根本的是要看对人民群众产生的实际效益、实际效果、实际影响。对政治体制和政策的价值如何，主要以政局是否稳定、人民是否团结、是否促进生产力发展、人民生活是否改善为标准。这一点最集中地体现在他所概括的"三个有利于"的伟大论断中，即是否有利于发展社会主义社会的生产力，是否有利于增强社会主义国家的综合国力，是否有利于提高人民的生活水平。④ 江泽民同志在继承和发展邓小平理论的基础上，总结概括出"三个代表"重要思想。胡锦涛同志以前瞻性的目光高屋建瓴地提出了科学发展观。这些都是评

---

① 周树志：《公共政策学》，西北大学出版社 2000 年版，第 17 页。
② ［美］萨缪尔森：《经济学》，商务印书馆 1979 年版，第 78 页。
③ 方琳：《试论现代公共政策的价值冲突》，《中国行政管理》1998 年第 12 期。
④ 《邓小平文选》第三卷，人民出版社 1993 年版，第 372 页。

判一项决策认识成败得失的标准。因此，一项决策认识是否正确，最重要的是看效果是不是符合社会大多数人的根本利益，如果一项决策认识给大多数组织成员的利益带来损害，那就属于决策认识失误。判断决策认识是否失误除了看决策认识效果标准外，还要利用政策成本标准来做进一步的考察和判断。政策成本也叫做政策经济标准，是指在政策制定过程中从政策信息调研到政策实施所投入的全部政策资源，包括智力、权力、人力、物力等。如果政策成本与政策效果不成正比的话，也就是说得不偿失或得失相当，也是一种决策认识失误。这里需要注意的是除了要核算政策成本外，风险成本也是一项十分重要的指标。如果决策认识的风险成本大到了几乎难以控制的程度，这个决策认识肯定是一次失误的决策认识。

第四节 强化决策认识的监督机制

要确保决策认识正确无误，对决策认识过程进行监督并建立相应的监督机制必不可少。决策认识监督机制是指为保证决策认识方案的科学性、有效性、可行性，监督主体依据相关的制度和法律规定，对决策认识主体在决策过程中行使权利和履行义务、遵章依据的情况及产生的结果进行公开和公示，实现决策认识程序公开、过程公开和结果公开，将监督有效贯穿于决策认识的全过程。既要对决策认识是否按照程序办事进行监督，又要监督决策认识实施过程，形成有效的决策认识监督机制。既要有事前监督，事中监督，又要有事后监督；既要有外部监督，又要有内部监督；既要有自上而下监督，平行监督，又要有自下而上监督。建立决策认识的监督系统，构筑组织监督、法律监督、社会监督、经济监督的决策认识监督系统。通过国家授权，由人大机关、司法机关、行政机关、金融监督机构等对决策认识主体行为进行监督，扩大监督主体的范围，拓宽公民、法人参与监督的途径。通过制定相应的法规和制度，明确监督的主体、内容、对象、程序、方式等，将监督有效贯穿于决策认识的全过程。监督贯穿于整个决策认识过程的始末，是决策认识系统中不可缺少的一个组成部分。对决策认识过程的各个环节进行监督，既有助于实现决策认识的规范化，也有助于保证决策认识的贯彻落实，是实现既定决策认识目标的有力保障。监督只是一种手段，目的在于防止出现决策认识失误，从而形成决策认识过程良性循环。

从总体上说，实现对决策认识的有效监督必须从以下几个方面着手：首先，建立相应的监督制度、法规，明确职责，这是对决策认识进行监督的依据。有了一定的法规制度，明确了决策认识主体的职责，决策认识监督才会真正到位，才能有章可循、有据可依。其次，构建决策认识监督主体与客体之间制度化的沟通体系，以便了解决策认识的进程，增强决策认识监督的针对性和时效性。再次，在组织机构设置上应保持决策认识监督机构的独立性，使决策认识监督机构能够放开手脚，勇于监督。最后，对决策认识过程中违反制度、法规和政策者加以处罚，并责令其纠正决策认识过程中各种错误和偏差，使决策认识监督更有权威性和威慑力。强化决策认识监督机制，必须改变只注重自上而下的国家监督的传统方式，综合运用社会监督、群众监督、舆论监督等自下而上的多种监督方式，使监督行为具有最大的制约力和最好的时效性。

一、增加决策认识公开透明度

增加决策认识的透明度就要遵循"开诚布公"的"金鱼缸法则"。"金鱼缸法则"是指金鱼缸是玻璃做的，透明度很高，不论从哪个角度去看，都可以一目了然地观察到缸内金鱼的活动情况。它是一种比喻，也就是极高透明度的民主管理模式。按照"金鱼缸法则"的要求，公开是对决策认识进行有效监督的前提。

一是决策认识程序公开。程序公开是决策认识公开的主要内容。只有程序公开才具有确定力、执行力、约束力。目前，决策认识程序公开的主要发力点是会议公开。会议公开可以激发各个决策认识主体参与的积极性。会议公开的主要内容应当包括：其一，允许普通人员旁听，会议记录对外开放，允许新闻媒体全程报道会议内容，会议投票结果公开等。其二，会议文档开放。法律法规和各种规章制度文件、会议记录、档案资料等除了法律规定需要保密的以外，都要开放，允许自由查阅和使用。

二是决策认识方案执行过程公开。决策认识方案的具体执行，只有置于人民群众的视力范围之内，才能够有效消除执行中的歪曲、替代、损缺、敷衍现象，保证正确的决策认识方案得以公正的执行。具体做法：其一，建立执行公示制。决策认识执行所依据的法律、条例、规章以及执行程序都必须公开发布，保证决策认识对象的知情权；未经公开发布的，不能作为执行的依据。其二，执行过程要公开。可以充分利用现代信息技术手段，架起决策认识方案执行过程中主客体之间、参与各方之间互动沟通的桥梁。例如，开展网上投票、网上民意调查等，对决策认识方案执行过程进行监督。

三是决策认识结果公开。把决策认识执行的进展情况、阶段性结果以及最后结果及时公布，接受人民群众和社会各界的检验。可根据宪法和相关法律所赋予的知情权、投诉权、控告权、揭发权等权力，将决策认识失误行为上报到决策认识监督组织，监督组织依据相关法律规定对造成决策认识重大损失的相关责任人进行公开惩处。

二、建立相对独立的决策认识监督体制

依法赋予监督机构独立的监督权，关键是要按照权力制衡的原则，依照法律法规对决策认识主体实施监督，确保监督行为合法、程序合法和方式合法，使监督行为具有最大的效力。相对独立的决策认识监督体制是指监督机构独立于同级组织机构之外，不受同级组织机关和机构在权力来源和经济来源方面的影响和制约。监督机构的领导应该是上一级的最高权力机关，监督机构只受其指挥并对其负责，除此以外其他任何同级、上级的领导部门都无权干涉监督机构的工作。这样，就可以有效地避免多头领导和四面插手的现象，减少来自各权力部门和社会部门及"通天人物"的干扰。例如，香港的廉政公署查处违法贪污行为之所以富有成效，除了注意确保自身人员的廉洁和高效外，更重要的是它直属总督领导，地位高于其他公务部门，所以可以毫无顾忌地惩处所有政府机关的贪污行为。以政府组织为例，国家权力机关的性质和地位决定了它的监督在整个行政组织监督体制中应是具有最高权威的监督。行政机关由它产生，向它负责，受它监督。美国政治学家威尔逊在《国会政体》中，阐述代议机构的职责时指出："一个有效率的，被赋予统治权力的代议机构，应该不只是像国会那样，仅限于表达全国民众的意志，而还应该领导民众最终实现其目的，做民众意见的代言人，并且做民众的眼睛，

对政府的所作所为进行监督。"① 所以，强化决策认识监督体制，必须依靠现有的监督机关和监督体系，必须与权力机关监督工作相结合、相统一，也就是说必须强化权力机关的监督力度。

针对我国国情，强化监督机关的决策认识监督力度，具体应该做到：首先，在权力机关系统内设置专门的监督机构，以统一领导包括对决策认识监督在内的各监督机构，真正实现以权力制约权力，让人民来监督政府的用权行为。具体思路是在人大系统设立在人大及其常委会领导下的人大监督委员会，其对人大及其常委会负责并报告工作，行使宪法和组织法赋予人大及其常委会的监督职权。人大设立专门的监督机构，配之以行政系统的监察机关、检察机关系统的反贪污贿赂工作局和审判机关系统的行政审判庭，弥补监督的薄弱环节，使其对决策认识的监督具备组织机构保障。其次，健全人大对行政机关的制衡内容。在建立人大监督委员会的基础上，扩大其对政府工作的审议范围，将人大对政府报告事项的审议从几十年一贯制的老三项即"政府工作报告"、"国民经济和社会发展计划执行情况"及"中央和地方预算执行情况的报告"形式，扩展为对所有涉及全局性利益和公众最关注的重要事项进行审议，并依法行使听证、质询以至弹劾。

三、转变决策认识监督方式

决策认识监督方式理论研究虽然尚处于初步探索阶段，但是仍然有必要转换思维，创新思路，积极探索建立科学合理的监督方法和监督模式。对决策认识的监督方式由上级监督和下级监督两种方式组成。除由上级监督即自上而下的监督代替平衡制约的监督以外，更重要也是最需要建立和完善的是要群众监督即辅以自下而上的监督。完善上级监督和人民群众监督机制是保证决策认识监督的最有效方法。所谓上级监督机制，就是指上级组织可以在各层级建立有"特权"的决策认识监督机关，从而监督下级组织的决策认识行为，各级监督机构只对它的上级机关负责，从而解决监督机构因受同级组

---

① ［美］威尔逊著，熊希龄、吕德本译：《国会政体：美国政治研究》，商务印书馆 1986 年版，第 164、167 页。

织机构制约而无法起到真正监督的困境。同时，各级监督机构和人员只需要
向他的上级监督机构直接负责，和同级组织没有任何限制关系，这样有利于
监督机构不受限制，有利于对所要监督的决策认识对象进行切实有效的监督。
下级监督也就是普通组织成员监督是上级监督的有益补充。因为普通组织成
员是决策认识的实施对象，他们对决策认识的好坏有最直接的感受，所以应
通过建立决策认识方案的预告制度、重大事项社会公示制度和公众听证制度
等一系列决策认识群众监督制度的实施，从而形成能够保证决策认识方案得
到准确、有效执行的管理机制。

第五节　建立决策认识的责任机制

在决策认识过程中，由于决策认识主体的认识水平及主观原因、决策认
识制度的不完善、决策认识条件和环境等因素的影响，决策认识失误现象难
免发生。更值得注意的是，对决策认识失误视而不见、见而不问、问而不责、
责而不果的问题尤其突出。这些现象和做法也纵容了盲目和随意等不良决策
认识现象的滋生蔓延，从而导致更多的决策认识失误。决策认识失误从根本
上来说源于决策认识主体的失误。因此，建立健全决策认识失误责任追究制
度，是一项十分迫切的任务。

决策认识责任的实现必须以健全的法律法规制度作保障。要保证决策认
识科学化、民主化，使决策认识更加合理，减少和避免重大决策认识失误，
必须要用健全的法律法规手段约束决策认识主体的行为，其中最重要的一点
就是要建立健全决策认识主体的法律责任制，明确规定决策认识主体的法律
义务和责任，使之对其所做的决策认识负责。决策认识失误的责任追究制度
可以理解为：在制定和执行决策认识过程中，由于未履行好职责而导致经济、
政治、社会、文化发展等方面的不良后果，侵犯了公众利益和公民的基本权
利，决策认识主体必须承担责任。决策认识责任追究并不是对决策认识方案
本身的追究，而是对做出决策认识方案的决策认识主体进行责任追究，因此
是一种间接的追究。决策认识责任追究制度重在失误的预防而不是失误后的
处理。但是对决策认识失误后的责任追究也非常重要，所以决策认识失误责

任追究制度有两重功效：一是威慑作用，防范决策认识失误发生；二是惩罚作用，警示后人少犯错误。

在决策认识责任机制构建过程中，要充分地考虑和借鉴"热炉法则"。"热炉法则"是一个比喻，是指惩处法则应该像烧红的炉子那样。"热炉法则"包括以下原则：第一，预警性原则。热炉通红，不用手去摸就知道炉子是热的，会烫伤人。这通红的"火炉"就好比党纪法规，是一柄闪着寒光的"达摩克利斯之剑"。第二，必然性原则。每当触摸到热炉时，无论是谁采取什么方式触摸，都肯定会被灼伤，也就是只要触犯了国家法律和党纪党规，就一定会受到严肃惩处。"树上有一只鸟被打死，其他九只鸟却吓不跑"。这些"菜鸟"就是抱着一种侥幸心理，以为自己摸了"热炉"，不一定会被灼伤。克服这种现象，必须树立起制度法规约束力的绝对权威。第三，即时性原则。当碰到热炉时，立即会被灼伤，也就是惩处必须在错误行为发生后及时进行。"刑罚不时，则民伤；教令不节，则俗弊。"这反映和体现的就是即时性原则和道理。第四，公平性原则。"热炉"没有任何"弹性"，无论什么人，无论何时何地，只要触摸了"热炉"，都会被灼伤。① "热炉法则"对于决策认识责任追究机制具有普遍的借鉴意义。

一、追究决策认识失误的政治责任

所谓决策认识的政治责任，是指行使权力并制定决策的决策认识主体制定符合民意的决策认识或推动符合公众利益的决策认识执行的职责，以及因违反政治义务而承担的政治上的否定性后果，它包括决策认识在违反宪法时的违宪审查与违宪责任追究：决策认识主体没有履行或违反政治义务而被迫下台、自动辞职或领导班子改组等等。决策认识的政治责任包括积极政治责任和消极政治责任两方面。及时地回应社会公众需求，制定符合组织成员意志的决策认识属于积极政治责任，因为它能有效保障决策认识活动的效果；因决策认识失误和决策认识方案的实施违反政治义务所承担的政治上的否定性后果，则是消极政治责任；因为决策认识方案已经开始实施并造成了一定

---

① 门睿主编：《劳心者定律》，经济日报出版社 2005 年版，第 222 页。

的后果，只能消极制裁。积极的政治责任是组织确认社会公众对组织的期望和需求，对公众积极回应，那么就需要及时了解社会公众的真实需求，这一方面取决于决策认识主体对自身的角色定位、对社会民众的态度，另一方面又取决于决策认识主体的信息收集能力、取决于在决策认识主体和公众之间是否存在较完善的利益表达和综合沟通协调途径、取决于社会公众能否自由而全面地进行利益诉求和意见表达。消极政治责任一方面可以看做是对积极政治责任的补救，是对尚不违法的决策认识行为的惩罚，另一方面又是对不合理的法律规章的一种补救。

追究决策认识失误的政治责任，前提是对政治责任的认定，这意味着决策认识主体及其所制定的决策认识方案，违反了特定的政治义务而导致了政治上的后果。首先，要追究决策认识政治责任就必须对政治义务有清醒的认识。所谓政治，是发生和运行于上层建筑领域中的一种社会历史现象，它是某些特定的社会主体维护自身利益的特定方式和由此结成的特定关系。决策认识所体现的政治义务就是它必须忠实地代表由某些特定的社会主体相互博弈所产生的社会公共利益。其次，要追究决策认识的政治责任就必须明确政治责任追究的主体。根据我国实际情况，可以将政治责任追究的主体分为人大机关、同级党委、上级行政主管部门和社会公众四类。人大机关追究是全国和地方各级人大及其常委会，对应该承担政治责任的政府决策认识主体的追究；同级党委追究是中央和地方各级党委，对应该承担政治责任的政府决策认识主体的追究；上级行政主管部门追究是在国家行政机关系统中，上级行政主管部门对应该承担政治责任的下级政府决策认识主体的追究；社会公众追究是民众对应该承担政治责任的政府决策认识主体直接进行的追究。

从人民主权论的政治视角来看，社会公众是最终的政治责任追究主体，马克思主义理论也认为代议机关的代表应对选民负责，选民可以随时追究代表的政治责任。但是在我国现实政治制度的设计中，选民一般不能对政府官员的决策认识政治责任进行追究。社会公众追究的意义通常在于产生一种动力，促使人大追究、同级党委追究、上级行政主管机关追究程序的启动，以达到追究决策认识主体政治责任的目的。在当今中国政府管理实践中，虽然对政治责任的追究，与人民代表大会、各级党委、各级政府机关和社会公众都有关，但是在我国对政治责任的追究主要基于政治惯例或政治斗争，而没有相对明确的法律规范。所以，目前对决策认识政治责任追究的讨论只限于对违宪违法责任的讨论，因为政府决策认识违宪违法，在实质上属于政治问题。目前，我国对政府决策认识违宪的追究方式主要有两种，一是撤销和纠正政府决策认识本身，二是罢免和撤销制定政府决策认识的主要责任人的职务。例如，国务院发布的行政法规以及具有普遍约束力的决定和命令等抽象行政行为，如果直接与现行宪法发生抵触，全国人大及其常委会有权予以撤销；各省（自治区、直辖市）国家权力机关制定的同现行宪法相抵触的地方性法规和决议，全国人大常委会有权撤销。国务院有权改变和撤销国务院各部委发布的不适当的命令、指示和规章，有权改变和撤销地方各级国家行政机关的不适当的决定和命令。

二、追究决策认识失误的法律责任

所谓法律责任是法学中的一个基本范畴，它是一种事后责任，它指的是行为主体由于违法而应承担的某种不利的后果，即司法机关通过司法审查来评判政府组织和政府官员的行为是否合法，并取缔不合法的行为，惩罚违法的机构、官员和个人。法律责任可以分为主动承担和被动承担两类。主动承担方式，是指责任主体自觉地承担法律责任，主动支付补偿、赔偿或恢复受损害的利益和权利。被动承担是指被动地承担法律责任。恩格斯曾指出，"一切公务人员在自己的一切职务活动方面都应当在普通法庭上按照一般法律向每一个公民负责"①。在决策认识中，法律责任包括如下含义：其一，决策认识主体依照规章制度履行相关职责，并依照各种规章制度做出相关的决策认识；其二，任何违反规章制度和法律规范的决策认识，都要承担相应的法律后果与法律责任。决策认识主体在决策认识过程中违反法律，应承担以下几个方面的法律责任：首先，违宪责任。宪法是国家的根本大法，又规定了国家制度的基本原则。如果决策认识背离了宪法的精神和原则，违反了宪法的规范，那么必然损害了国家的根本利益。决策认识主体应承担严重的法

---

① 《马克思恩格斯全集》第 34 卷，人民出版社 1972 年版，第 123 页。

律后果。此时各级司法审查机关和监督机关可以独立行使违宪审查权，确认决策认识主体的法律责任，并移交司法机关依法给予制裁。其次，行政法律责任。它是指有关当事人即决策认识主体因违反行政法律规范所引起的法律后果。例如，决策认识主体在决策认识过程中越权，不遵循法定决策认识程序，不进行可行性论证而导致决策认识失误等等。对负有责任的决策认识主体应追究其法律责任。最后，刑事责任。它是指有关当事人即决策认识主体在决策认识过程中，违反刑事法律规范，应当承担刑事法律责任。刑事法律责任的制裁性最为严厉。对于因决策认识失误造成重大责任事故，则应移交司法机关，并按照有关法律的规定给予制裁。

要保证决策认识的合理与正确，使决策认识更加科学或至少避免重大违法失误，必须用法律手段约束决策认识主体行为，其中重要的一点就是建立健全对决策认识主体的法律责任追究机制，明确规定决策认识主体的法律地位、法律义务和法律责任，做到位权责统一。

一是强化决策认识主体的法律责任意识，树立责任型决策认识理念。受传统文化的影响，各种组织中的决策认识主体认为决策认识失误只要不是主观上的故意就不应承担任何责任。他们认为决策认识失误只是"好心办坏事"，决策认识失误不过是交了一次"学费"，所以只需"批评教育"、"责成有关方面纠正"即可，这是非常错误的思想认识和思想观念。要建立责任型决策认识理念，首先要通过典型案例加强对决策认识主体责任意识的培养，同时加大决策认识失误责任的追究力度，施以法律惩戒，即要求其承担因其决策认识失误而产生的不利法律后果。

二是完善决策认识程序规章制度，以法律形式规范决策认识程序。应致力于将决策认识所应遵循的重要程序用法律法规和各种规章制度加以规范，防止少数决策认识主体草率行事、滥用职权。通过法律、法规和规章制度对决策认识整个过程的步骤、顺序、形式、程序，做出相互衔接的制度性规章和具体操作性规定，使决策认识具有明确的程序责任，促使决策认识主体在进行决策认识的过程中做到遵循程序、恪守规则。例如，可以将行政决策认识的一些重要程序用法律形式加以规范，即行政决策认识一般必须有调查程序、设计方案程序、可行性论证程序等。

三是建立和完善决策认识法律责任追究的相应保障制度。建立决策认识违宪违法审查制度，其基本思路为：首先，设立专门的违宪审查机构，由人大选举产生，对人大负责，但独立行使司宪权；建立违宪诉讼制度，将决策认识的违宪行为纳入司法程序予以追究。其次，应尽快完善行政诉讼制度，要建立行政公益诉讼制度，改变行政相对人只能就受损的个人利益而不能就受损的公共利益提起行政诉讼的状况，逐步建立和完善包括决策认识在内的抽象行政行为不可诉的规定。最后，要建立一整套完善的决策认识责任追究赔偿制度，对直接的决策认识主体行使追偿权，增加其不负责任而承担金钱赔偿后果的经济压力，促进决策认识向不断追求社会效益最大化发展。

三、追究决策认识失误的道德责任

人不是独立存在，而是社会化的存在。生活在特定社会环境中的人都应该能感受到对社会、对他人有一种使命、职责或任务。这种使命、职责或任务一旦被某一特定的社会集团用道德规范的形式明确肯定下来，就成为其中的成员应该拥有的道德义务。道德义务的产生萌生了人们对道德责任的追究。道德责任作为一种主观责任，其主要作用在于能够引起人们对其他应尽职责和承担义务的主观认同，因而能够引导和约束自身的行为。决策认识主体的道德责任是指决策认识主体必须对决策认识失误承担道德上的责任。具体包含两方面含义：一方面是其行为应遵守某些道德准则；另一方面是其行为造成不良后果应承担道德谴责。由于道德责任是从决策认识主体自身的内在感受而产生的对决策认识的自律，因此强有力的决策认识主体主观道德责任可以使责任机制的行使事半功倍。在决策认识过程中，必须提高决策认识主体的道德责任观念，强化其道德责任意识，加强其道德自律性，使自律机制发挥更大的作用。决策认识主体的道德责任观念的形成是一个渐进的过程，从总体上来说要经过三个阶段：第一阶段，决策认识主体在行使职务权力时，其行为意识仅仅停留于为义务而义务的按章办事上，这一阶段的责任意识只是具有某种基础性价值。第二阶段，决策认识主体开始觉察到不应沦为僵硬的组织规章制度的奴仆，而应自觉听从自身良心的指引，所谓"在其位，谋其政"，兢兢业业，勤勤恳恳，恪尽职守，即是决策认识主体良心作用的表现。第三阶段，决策认识主体着眼于价值目标的实现。从根本上讲，决策认识方案的实施最终是为了满足社会上绝大多数人的共同幸福，要切实把握决策认识主体内在责任意识的形成规律，用各种物质和精神上的有力措施使决策认识主体尽快完成责任意识和道德观念的转换过程；要不断激励决策认识主体在决策认识过程中始终以社会公众的利益为准绳，始终怀着强烈的使命感和责任感从事决策认识活动。由此可见，对由于道德责任缺失而造成决策认识重大失误和损失的决策认识主体，进行必要必需的道德责任追究，是保障决策认识科学正确的重要手段和方法。

　　本章从五个方面对构建新型的决策认识机制进行了论述，可以用如图5—1所示理论模型进行直观说明和形象描述。

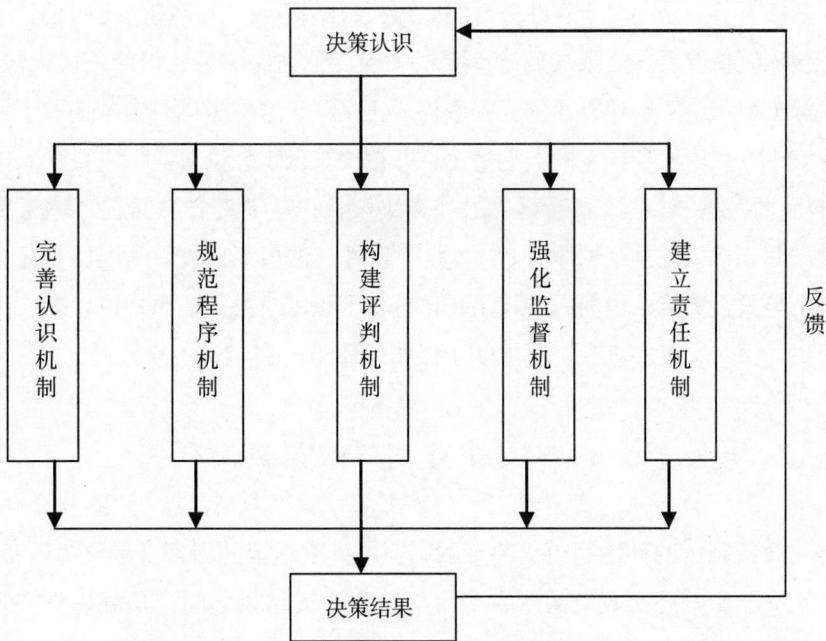

图5—1　新型决策认识机制构建示意图

资料来源：作者整理。

第六章   决策认识的典型案例

理论研究不仅要为社会实践提供理念模型和理论指导，而且要为社会实践活动的切实开展提供可供借鉴的方法。案例分析就是一种把理论和实践有机结合起来的具体方法，它具有很强的实践性和可行性。决策认识作为一种崭新的理论，其最终目的是用之于实践并对实践进行科学指导。在新的历史时期，决策认识主体面临着更加复杂的问题，要最大限度地确保决策认识的正确无误，就必须深刻地总结正反两方面的经验教训。正是基于这种考虑，本章选取了历史和现实中一些重大和热点的典型案例，并用决策认识理论对案例进行深入细致的分析，特别是对建国以来新中国外交决策认识、"三农"问题"一号文件"决策认识以及三鹿奶粉事件、"非典"事件、汶川大地震、美国雷曼兄弟公司破产等重大决策认识问题进行了具体分析，以求对决策认识理论及其应用有一个更加深入、更加直观、更加便于操作的理解。

第一节   新中国外交决策认识案例研究

外交政策制定的环境是纷繁芜杂的，影响外交政策的因素更是异常活跃。决策认识介于影响外交政策的所有变量与外交政策结果之间，是分析外交政策的最重要视角之一，甚至在某种程度上超越了各个层次而成为外交决策研究的核心。寻找新中国外交决策认识的佐证，就必须从分析新中国建国以来各个时期不同的决策认识开始。这里，我们以新中国外交为例，将建国以来的外交决策认识划分为五个时期并进行具体分析研究，从而对决策认识的理论观点进行实例验证。

一、20 世纪 50 年代新中国外交决策认识

20 世纪 50 年代初期，新中国刚刚成立。在国内，我们所面临的首要任务是巩固新生的人民民主政权、恢复生产、建设社会主义。在国际上，两个世界阵营的对立和对峙已经确立，新生的社会主义力量受到帝国主义的敌视和封锁。美国伙同其盟国对我国进行政治上遏制、经济上封锁和军事上包围，如拒绝给予我国外交承认，拒绝恢复在联合国的合法席位，实行经济制裁，构筑"新月牙形"的军事包围圈。基于对世界和国内形势的正确认识，毛泽东同志做出了"一边倒"的外交战略决策。一边倒，即倒向社会主义一边。我国把发展同苏联的关系放在首位，同苏联签订了《中苏友好同盟互助条约》。与此同时，我国同其他社会主义国家的友好合作关系也获得全面发展，从而大大加强了社会主义阵营的力量，对维护远东和世界和平起到了重要的积极作用。

毛泽东同志在 1950 年 6 月召开的七届三中全会上指出："帝国主义阵营的战争威胁依然存在，第三次世界大战的可能性依然存在。但是，制止战争威胁，使第三次世界大战避免爆发的斗争力量发展得很快，全世界大多数人民的觉悟程度正在提高。只要全世界共产党能够继续团结一切可能的和平民主力量，并使之获得更大的发展，新的世界大战是能够制止的。"① 当时做出这样的分析，表现出毛泽东等中央领导同志并没有局限于战争时期形成的思维定式，而是根据形势准确判断出世界战争有可能避免和不可能避免的两重性，而且偏重于可能避免。正是认识到了和平的趋势，并倡导这一趋势，所以尽管 20 世纪 50 年代中国的周边环境并不安定，但是这一阶段中国始终积极开展对外贸易，并同西方各国和邻近国家建立正常的外交关系。1955 年 5 月 26 日，毛泽东同志在会见印度尼西亚总理沙斯特罗·阿米佑约时，从历史和现实相结合的角度，提出了"和平为上"的外交主张，阐明了社会主义中国与民族国家虽然思想信仰有异、社会制度不同，但这并不妨碍国与国之间正常交往，重申中国欢迎民族国家采取中立立场，中国不仅要与民族国家结成和平统一战线、维护世界和平，而且愿意与周边国家在和平共处基础上建立睦邻友好关系。从 1955 年

---

① 中华人民共和国外交部、中共中央文献研究室编：《毛泽东外交文选》，中央文献出版社 1994 年版，第 136 页。

至 1959 年，中国同 12 个亚非国家建交，中国同周边民族主义国家关系不断加强，领导人互访明显增多。中国在发展与一些国家的关系时，往往从经济和文化关系入手。1956 年 6 月，中国和柬埔寨两国政府发表关于中国给予柬埔寨援助问题的联合公报，这是中国对民族主义国家大金额经济援助的开始。从 1956 年至 1962 年，中国除了给予柬埔寨经济援助外，还与尼泊尔、缅甸和印度尼西亚等民族主义国家订有经济援助的正式协定，其后对民族主义国家给予经济援助成为中国政府的一项长期国策。

毛泽东同志认识到在制定外交决策时要始终坚持独立自主原则，不能盲目照搬苏联的经验和受苏联外交政策的左右。1954 年 8 月毛泽东同志在回答英国工党代表团提出的中国与西方国家能否和平共处的问题时说："我认为可以和平共处。……（只要）双方愿意共处，……我们认为，不同的制度是可以和平共处的"。毛泽东同志还特别提到"希望美国也采取和平共处的政策"。[①] 基于这一认识，1954 年中国正式在外交关系中提出和平共处五项原则，并且将其应用于中国与不同制度国家的外交关系中。为了使中国的国内建设获得一个和平的国际大环境，新中国还提出希望能与包括美国在内的西方国家签订和平条约，以保证几十年内不打仗。通过上述认识并采取的相应决策，使新中国可以集中精力搞经济建设，在国际上树立了独立自主的和平外交新形象，赢得了越来越多国家的尊重。从 20 世纪 50 年代中期，因为正确的决策认识，中国外交进入一个迅速发展的新时期。

二、20 世纪 60 年代新中国外交决策认识

20 世纪 60 年代，毛泽东等中央领导同志对和平与战争的认识出现了类似的"复归"认知。随着苏联与奥地利《中立条约》的缔结，日内瓦四国首脑会议及随后的外长会议的召开，美、苏开始寻求通过外交手段来维护欧洲安全，解决彼此矛盾的途径。在美苏寻求解冻尖锐矛盾，世界形势趋于缓和的背景下，毛泽东同志认为世界形势是"东风压倒西风"，社会主义的力量对帝国主义的力量占了压倒的优势。"我们的天上是一片光明，西方的天上是一片乌

---

① 中华人民共和国外交部、中共中央文献研究室编：《毛泽东外交文选》，中央文献出版社 1994 年版，第 160 页。

云"，"西方世界被抛到我们后面去了……永远地抛下去了"。① 毛泽东同志之所以认为"东风压倒西风"，是因为"社会主义国家在人心归向、人口众多方面已经对帝国主义国家占了压倒的优势；而在苏联发射人造卫星以后，就在最重要的科学技术部门方面也占了压倒的优势"。② 这时，毛泽东同志对战争与和平的认识是"我们希望和平。但是如果帝国主义硬要打仗，我们也只好横下一条心，打了仗再建设"。他一直认为"帝国主义是不怀好心的，总是要捣鬼的"；"他们的'爱好和平'，和我们的爱好和平是不完全一致的"；"缓和"只是因为"冷战"政策对他们不利了，当"缓和"对他们不利时，他们就会又挑起紧张局势。所以，"决不可以对他们怀抱一些不切实际的想法"。③ 他认为"缓和"只是暂时的，不能放松对帝国主义发动大战的警惕，并采取两条腿走路对待帝国主义的办法，即在反对世界大战的同时，支持各国人民起来反对压迫者。但是当时苏联领导人在对世界形势判断上的决策认识却截然不同。"解冻"、"缓和"成为当时苏联外交政策的重心，为达到目的苏联还希望各殖民地、半殖民地国家和资本主义国家的共产党放弃武装斗争，以免影响美苏间的缓和气氛。如此一来，中国和苏联在外交决策认识方面开始背道而驰，出现了不协调的局面。最典型的就是 1958 年 8 月为了声援中东人民的反美斗争，反击蒋介石集团在美国支持下在台湾海峡的战争挑衅，中国人民解放军对金门、马祖进行了猛烈的炮击。毛泽东同志认为："金门、马祖打这样几炮，……世界闹得这样满天风雨，烟雾冲天，如此壮观何乐而不为？"④ 而苏联则认为，中国这样做给苏联"造成了困难"，"不符帝兄弟国家相处的准则"，"美国宣布支持蒋介石，我们宣布支持你们，这样就造成了大战前夕的气氛"。⑤ 1959 年 8 月，发生中印边界冲突事件后，苏联又将这一事件与赫鲁晓夫即将访问美国联系起

---

　　① 中华人民共和国外交部、中共中央文献研究室编：《毛泽东外交文选》，中央文献出版社 1994 年版，第 291 页。

　　② 中华人民共和国外交部、中共中央文献研究室编：《毛泽东外交文选》，中央文献出版社 1994 年版，第 361 页。

　　③ 中华人民共和国外交部、中共中央文献研究室编：《毛泽东外交文选》，中央文献出版社 1994 年版，第 281、384 页。

　　④ 中华人民共和国外交部、中共中央文献研究室编：《毛泽东外交文选》，中央文献出版社 1994 年版，第 344 页。

　　⑤ 曲星：《中国外交 50 年》，江苏人民出版社 2000 年版，第 248 页。

来，认为中国反击印度的军事行动不利于苏联推行缓和政策，并以塔斯社声明的方式公开表明了不赞成中国的立场。毛泽东同志对此反应相当激烈，认为那是赫鲁晓夫以牺牲中国利益为代价而送给艾森豪威尔的"见面礼"①。毛泽东同志分析了当时的国际形势，提出了"两个中间地带"的思想。指出："中间地带有两部分：一部分是亚洲、非洲、拉丁美洲的广大经济落后国家，一部分是以欧洲为代表的帝国主义国家和发达的资本主义国家。这两部分都反对美国的控制。在东欧各国则发生反对苏联控制的问题。我们的战略应该是依靠第一中间地带，争取第二中间地带，反对两个超级大国的霸权主义。"在上述认识的指导下，中国外交战略和外交政策呈现出了新的变化。中国的外交决策认识战略开始从反对美帝国主义向既反美又反苏的两面开弓演变。在外交实践中实行"斗字当头、四面出击、打倒一切"的极"左"外交路线。这些决策认识严重影响了中国外交的正常发展，造成中国与大多数建交国家发生外交纠纷，使中国的国际形象受到损害。也正是这一决策认识导致中国内政外交决策偏离了正常的轨道，给新中国的建设、发展造成了严重影响。

三、20 世纪 60 年代末至 70 年代新中国外交决策认识

20 世纪 60 年代末至 70 年代，世界形势又发生了新的变化，处于战争一触即发时代。1968 年 8 月，苏联以捷克斯洛伐克的改革背离了社会主义的普遍规律和社会主义性质为借口，采取突然军事行动，武装入侵捷克斯洛伐克，粗暴地镇压了捷共旨在全面改革政治、经济的"布拉格之春"。1968 年 11 月，苏联又抛出所谓"勃列日涅夫主义"，宣扬"有限主权论"和"国际专政论"，为其已有或可能继续下去的对东欧国家主权的侵犯做舆论宣传。苏联侵捷事件引起中央领导同志的严重关注和警惕，对苏联在"有限主权"和"国际专政"论指导下表现出的霸权主义和社会帝国主义的本质，中央领导同志予以严厉谴责和揭露。周恩来同志在苏侵捷事件后发表的一次讲话中指出，"苏联侵捷是强权政治的最露骨、最典型的表现。"② 中国从苏侵捷事件得出了两点影响中苏关系乃至中国对外策略的认识：其一，苏联已经堕落为

---

① 曲星：《中国外交 50 年》，江苏人民出版社 2000 年版，第 248 页。
② 曲星：《中国外交 50 年》，江苏人民出版社 2000 年版，第 264 页。

社会帝国主义。其二，"反美帝反苏修的历史新时期已经到来。"苏联又于1969年3月和8月分别在中苏边境的珍宝岛和铁列克提制造了流血事件。中苏边界冲突后，西方通讯社盛传苏联正就袭击中国核设施问题征求其东欧盟国的意见并试探西方国家的态度。① 当时，中央领导同志对战争威胁的估计十分严峻，甚至认为苏联有可能对中国发动战争，尤其是在得到苏联正向东欧一些国家试探对中国实施核打击的反应的消息后，对战争危险性和可能性的认识更加紧迫。1969年4月，中共九大通过的政治报告以较大的篇幅讲到了国际形势和中苏边界问题。报告中指出："我们决不可因为胜利，放松自己的革命警惕性，决不可以忽视美帝、苏修发动大规模侵略战争的危险性。我们要作充分准备，准备他们大打，准备他们早打，准备他们打常规战争，也准备他们打核大战。"这个极力渲染战争爆发可能性的宣传，实际上激化了战争冲突的形势，在主观和客观上都起了负面的效果。对于这种战争的威胁，中国政府在1969年10月表明了严正立场，声明表示中国绝不会被战争威胁，包括核战争威胁所吓倒。"如果一小撮战争狂人敢冒天下之大不韪，袭击中国的战略要地，那就是战争，那就是侵略，七亿中国人民就要奋起抵抗，用革命战争消灭侵略战争"。中共中央、中央军委紧急发布文件，宣布成立由周恩来同志任组长的人民防空领导小组，迅速组织疏散城市人口，迁移工厂，号召厂矿企业职工和城市居民自力更生。一时间，各大中城市大挖人防工事，成千上万的城市居民相继卷入到这一紧急战备行动之中，全国上下气氛异常紧张。

正是由于对苏联入侵威胁可能性的严重认识，中国开始考虑调整对美、苏的政策，积极建立针对苏联的国际反霸统一战线。"一条线"的外交战略决策正是在这一决策认识指导下制定的。1974年，毛泽东同志在会见赞比亚总统卡翁达时指出："美国、苏联是第一世界。中间派，日本、欧洲、澳大利亚、加拿大，是第二世界。咱们是第三世界"，并且提出了从日本到欧洲一直到美国的"一条线"的战略，团结一切可以团结的力量集中对付苏联的威胁。所以，几乎在20世纪整个70年代，中国对苏联入侵都处于高度戒备

① 曲星：《中国外交50年》，江苏人民出版社2000年版，第264～266页。

状态，直到 80 年代初中国调整对外政策前，"一条线"都是中国在处理国际事务时的首要考虑。这种认识对中国的外交政策产生了两方面的影响：一是中国打破与美僵局，改善了两国关系，从恢复中美大使级谈判，开展"乒乓外交"，接待基辛格秘密访问，直到实现尼克松总统对中国的访问，中美双方先后发表《联合公报》、《建交公报》和《八·一七公报》，并于 1979 年 1 月 1 日，中美正式建交。在此影响下，中日关系也开启了破冰之旅。1972 年 7 月，田中角荣首相访华，双方签署联合声明，宣布从同年 9 月 29 日起建立外交关系，后经谈判，又于 1978 年 8 月签署《中日和平友好条约》，两国关系迅速发展。同一时期，中国还积极发展同其他国家的外交关系，同西欧、加拿大、澳大利亚和新西兰等国的关系也得到全面发展。这些外交策略有效抵制了苏联在国际上孤立中国的企图。中国在国际上的影响也越来越大。1971 年 10 月，在广大发展中国家和其他主持正义国家的支持下，第二十六届联合国大会以压倒多数通过了关于恢复中华人民共和国在联合国的一切合法权利，并把国民党集团的代表从联合国一切机构中驱逐出去的提案，帝国主义孤立中国的政策彻底破产。二是由于"一条线"建立的前提是认为苏联要发动侵华战争，所以其关键环节就是与以美国为首的西方世界建立针对苏联的战略关系。这就造成了中国这一时期的对外政策"以苏划线"，凡事以"反对苏霸"为前提。在与其他国家签订建交条约时，特别强调"反霸"的内容，使中国的和平形象受到影响。在处理与第三世界国家关系时，视其对苏立场来决定中国的政策，使中国外交的回旋余地受限，[1] 同时毛泽东同志在强调反对苏霸，提高对战争危机的警惕时，把苏联发动战争的可能性无限扩大。他反复强调，要"用战备的观点，观察一切，检查一切，落实一切。"他不但认为战争威胁不可避免，而且这一日期也越来越近。他在 1975 年提出，像"燕子低飞"预兆着大雨即将来临一样，大战已经临近。这种看法同当时中国认为苏联社会资本主义复辟，苏联成为社会帝国主义的看法是相关联的。正因为当时对战争的决策认识，使中国当时的外交政策与当时的客观实际出现差距。

---

[1] 曲星：《中国外交 50 年》，江苏人民出版社 2000 年版，第 440~452 页。

四、20 世纪 80 年代至 90 年代新中国外交决策认识

进入 20 世纪 80 年代，世界形势发生了新的变化，第二次世界大战后世界形成的美苏两极外交格局受到强大冲击，逐步走向瓦解，东西方关系趋向缓和，世界朝着多极化的方向发展。美苏地区争夺到处碰壁，美国开始对苏联采取强硬态度：在军事上大力扩张军备，争取对苏优势；在外交上恢复对苏强硬姿态，升级新一轮军备竞赛，对苏展现了进取之势。而此时苏联则陷入阿富汗战场的难以自拔的尴尬境地，它所支持的越南在柬埔寨也处于同样的窘境。邓小平等中央领导同志迅速捕捉到国际形势的新变化，及时改变了对国际格局、对战争与和平的决策认识，为外交战略的调整提供了依据，并根据形势变化对世界形势做了如下分析：首先，当时世界有资格打世界战争的只有美国和苏联两个超级大国，它们都拥有大量的核武器和常规武器，足以多次相互摧毁。由于彼此都了解这种军事形势，所以都清楚谁都无法取得能够消灭对方而自己不遭报复的绝对优势和可靠保证。尽管美苏两国拼命进行军备竞赛，但一时难以打破所谓"恐怖平衡"，都感到核战争打不赢，也不能打，双方都在尽量避免迎头相撞。其次，美苏都在争夺战略要地，进行战略部署，但是都受到各方面的反对和牵制，都没有占到什么便宜，他们的战略部署难以完成。最后，和平力量的增长超过了战争力量的增长，包括中国在内的占世界人口 3/4 的第三世界已成为维护世界和平的主要力量。西欧、东欧、日本、加拿大等发达国家也都不愿打仗，是制约战争、维护和平的重要力量。全世界的人民，包括美苏两国人民在内，都要和平，不要战争。因此，世界战争是可以避免的，只要一切和平力量去努力争取，比较长期的和平是可能维护的。根据这些情况邓小平等中央领导同志形成了如下决策认识：通过各国人民的努力世界战争是可以延缓的，在相当长的时期内和平是可能的，虽然国际形势很复杂，非常动荡，充满危机，但延缓战争，争取和平时间更长一点，这是可能的。这种对战争与和平的认识，特别是对战争爆发可能性的认识到 20 世纪 80 年代中期更加明确。1984 年至 1985 年，我国领导人在思想上正式确立了对时代特点的新认识。尽管美国掀起了新一轮冷战，但邓小平等中央领导同志通过冷静观察现实和总结历史经验，认为在较长时间内不发生

大规模的世界战争是有可能的，维护世界和平是有希望的。这些关于对世界大势的分析，以及对周围环境的分析，成为调整中国外交战略的依据。首先，对苏联，认为其不再是战争威胁的策源地，中国已不再把苏联作为主要敌人来加以反对，从而改变了70年代针对苏联威胁的"一条线"外交战略。其次，对美国，开始调整对美政策，拉开距离，不搞战略关系。同时，抓住时机，适时改善与苏联的关系，但绝不重返大家庭。最后，对东欧、西欧、日本及第三世界国家，切实地执行了和平共处五项原则的外交政策，不再"以苏划线"或"以美划线"。由于中国对战争与和平问题有了新的看法，中国对裁减军备的态度也有了相应的变化，中国首先明确表示"不参加军备竞赛"，承诺不主张、不鼓励、不从事核扩散，也不帮助别的国家发展核武器，并采取了相应的裁军和军控措施。1985年，中国单方面宣布裁军100万，以表明中国不参与军备竞赛和维护世界和平的决心。同时，中国还积极参与国际裁军会议，加入一系列与裁军、军控有关的国际条约，在国际舞台上树立了中国维护和平、制约战争的形象。

1989年4月起，东欧各国的共产党纷纷下台，离开执政地位，或者自身分裂、力量削弱，出现政治转轨和经济改制的现象。苏联在动荡分裂中崩溃解体，世界范围内社会主义事业遭到了前所未有的巨大挫折，力量对比严重失衡，世界原有的两极格局不复存在，世界局势出现了重大的转折，国与国之间的关系变得更为复杂。苏联和东欧剧变以后，以美国为首的西方国家加快了对中国的和平演变，妄图使中国成为下一个"苏联"，这对中国产生了巨大的冲击和影响。在这特殊艰难的时刻，中国发生了"六四"风波，在美国带头下西方大国对中国实行所谓"制裁"，来势凶猛。面对这种严峻的形势，邓小平同志对国际形势进行冷静的观察和分析，认识到苏联的解体并不是完全由西方国家的和平演变政策造成的，苏联解体的根本原因是其长期不注重经济结构比例的合理，不注重改善人民生活，不注重经济发展，使得苏联共产党在党内逐渐失去了执政的合法性。另外，西方和平演变中国的政策并没有变化，他们逐步加大了对中国内政的干涉，妄图使中国脱离社会主义道路，并对中国的经济政策指手画脚，破坏中国发展的稳定局面。在这种不利于中国发展的外部环境之下，如何能够坚定信心、不怕外部干涉、创造一个和平的国际外部环境、继续发展经济是制胜的关键。邓小平同志还认识到，国际上的敌对势力对中国发展已有很大的戒心，认为中国的发展会影响到他们在国际上的影响力，并认为中国的发展是一个重大的经济和军事威胁。基于以上认识，邓小平同志制定了"冷静观察"、"沉着应付"、"韬光养晦"、"有所作为"的外交决策。基于我国还是一个发展中国家，在很多方面与发达国家还有差距，应该把经济发展放在重要位置上。只有经济发展了，国家实力增强了，才有能力提高国家的影响力，才能显示社会主义优越性。同时还可以利用中国市场庞大等因素来分化资本主义国家，使他们之间的政策出现重大分歧，以挫败其干涉中国的政策。在西方国家和平演变的威胁面前，一定要坚定自己对社会主义事业的信念，并继续走自己独立自主的外交路线，不被西方的干涉所吓倒，顶住一切外部压力，继续走社会主义道路。中国永远属于第三世界，永远不当头，不称霸，以和平共处五项原则为基础发展对外关系，不干涉别国内政，不搞结盟政策，不做过头事，不搞集团主义，不打西方国家的第三世界"大旗"，友好地交往一切国内外朋友，发展与一切国家的对外关系，创造一个和平发展的国际环境。

进入 20 世纪 90 年代后期，我国的国际环境十分不利，强邻环伺。北有强邻俄国，东邻日美同盟，西南有印度，东南及南部海洋国土屡遭侵犯，海上交通线处于日美潜在威胁之中。面对这种情形，以江泽民同志为核心的党的第三代领导集体即党和国家高层决策认识主体认为，只有对国际形势做出有效的判断，形成正确的认识，才能制定出科学的外交决策，才能掌控复杂多变的国际形势。在坚持邓小平"和平与发展仍然是当今世界的两大主题"的时代观以及"韬光养晦"的外交战略思想的同时，对世纪之交国际形势发展的新趋势有了新的认识。1992 年 9 月，中共十四大报告指出："当今世界正处在变动的历史时期。两极格局已经终结，各种力量重新分化组合，世界正朝着多极化方向发展。新格局的形成将是长期的、复杂的过程。"① 1996 年 12 月，江泽民同志在访问巴基斯坦时发表演讲指出："以广大发展中国家的崛起为重要特征的多极化趋势，犹如滚滚的洪流势不

---

① 《江泽民文选》第一卷，人民出版社 2006 年版，第 241 页。

可挡。"① 1997年4月，江泽民同志在访问俄罗斯时又一次强调：世界正在
走向多极化，这是当今国际形势的一个突出特点。② 1997年9月，中共十五
大报告明确指出："多极化趋势在全球或地区范围内，在政治、经济等领域
都有新的发展，世界上各种力量出现新的分化和组合。大国之间的关系经
历着重大而又深刻的调整，各种区域性、洲际性的合作组织空前活跃。广
大发展中国家的总体实力在增强。多极化趋势的发展有利于世界和平、稳
定和繁荣。"③ 正是基于这种认识，推动世界多极化趋势的发展成为中国外
交主要目标，中国的外交策略实行"全方位"外交路线。在美俄之间，搞
等距离外交，加强同欧洲的合作，与一体化的欧洲共同在新的多极化格局
中发挥重要作用。对待其他周边邻国，则尽量避免冲突，主张以谈判方式
解决领土争端。中国同俄罗斯结为面向21世纪的"战略协作伙伴关系"，
中俄两国于1997年发表联合声明，表示中俄努力推动世界多极化的发展和
新秩序的建立。中俄交好是出于双方内政外交的需要，是面对远东地区的
共同威胁——日美同盟而暂时结成的有限度的合作关系。两国都处于改革
的艰难时期，经济上均有求于西方，故在政治和外交上均保持较低姿态，
都把发展对西方尤其是对美关系置于外交关系的首位。对内积极发展经济，
不断增强经济实力，赢得外交基础。正是这种建立在对世界和平与发展趋
势的正确决策认识，使中国外交有了更为广阔和灵活的施展空间，中国在
国际上的地位也更加主动，日趋成熟的中国外交为国内的发展建设提供了
良好的国际环境，掀开了中国外交发展的历史新篇章。

五、新世纪中国外交决策认识

从20世纪90年代中期起，尤其是进入21世纪以来，随着中国经济和社
会的稳定发展，"中国威胁论"在西方各国开始盛行和迅速蔓延。根据2001
年7月美国广播公司的一项调查，有35%的美国人认为中国对世界和平的威
胁最大。美国2002年的《中国军力报告》，甚至蓄意把中国的"韬光养晦"

---

① 江泽民：《世代睦邻友好，共创美好未来》，《人民日报》1996年12月3日。
② 江泽民：《为建立公正合理的国际新秩序而共同努力》，《人民日报》1997年4月24日。
③ 《江泽民文选》第二卷，人民出版社2006年版，第39页。

战略说成是"在国际上进行战略欺骗"。① 国家形象犹如企业品牌一样，是国与国之间在国际间的政治、经济、文化、军事、科技等诸多方面相互交往过程中彼此给对方留下的一种综合印象。它是国家综合实力中的"软实力"。在当今国际社会中，国家形象作为一种可信度的标志，对于各国实施国际战略，并最终实现本国自身发展目标起着越来越重要的作用。它不仅关乎一国在国际事务中的影响，同时也关乎它的经济发展与社会进步，"形象重于生命"。然而，由于"中国威胁论"的鼓噪和西方媒体的炒作，中国的国际形象受到了不应有的损害。正是出于对国家形象重要性和"中国威胁论"危害的深刻认知，以胡锦涛同志为总书记的党的第四代领导集体即党和国家高层决策认识主体对中国的崛起进行了深入的思考。2003 年 12 月，温家宝同志在哈佛大学的讲演中，首先公开谈及"和平崛起"。他指出，"今天的中国，是一个改革开放与和平崛起的大国。人多，不发达，这是中国的两大国情。解决 13 亿人的问题，不能靠别人，只能靠自己……"即向世界表明我国已经开创出一条"在同经济全球化相联系而不是相脱离的进程中独立自主地建设中国特色社会主义"的和平崛起新道路。从总体上来说，"和平崛起"的理论是对"中国威胁论"的理论回应，仍然贯彻了中国"韬光养晦"、"不称霸"、"不当头"、不走战争和扩张道路的外交政策。后来，考虑到东西方语境中"崛起"一词的不同内涵，我们开始用更为低调的"和平发展"取代"和平崛起"。

　　进入 21 世纪以来，国际形势发生了显著的变化，虽然和平与发展仍然是时代的主题，但是在国际形势总体稳定的同时，和平与发展也遇到了新难题，这个世界还不安宁，冲突不断，两极分化严重，霸权主义和强权政治盛行。首先，世纪之初的国际环境中不稳定、不确定、不和谐的因素日渐增多，世界和平与发展面临着诸多新问题和严峻挑战，世界和平与发展两大问题仍未得到彻底的解决。在军事方面，美国仍然是当今世界唯一的超级大国，"9·11"后的 5 年多时间里，美国以反恐为名，制定并实施"先发制人"的武力策略，肆无忌惮地干涉其他主权国家的内政。整个世界都围着美国转，美国围着反恐和防

　　① 高飞：《从韬光养晦到和平崛起——评中国外交的策略调整》，《太平洋学报》2006 年第 1 期。

扩散转，结果恐怖活动不但没有被遏制，反而越反越恐，导致了恐怖袭击在全球范围内蔓延。美国在打赢阿富汗战争之后，出于一己私利推行强权政治和单边主义，竟然根据虚假的情报绕过联合国体系中唯一有权采取行动来维护国际和平与安全的安理会，悍然发动伊拉克战争，推翻伊拉克的合法政权并对其实施军事占领，使联合国的权威受到严重挑战。与此同时，以美国为首的部分西方大国以追求绝对的军事优势为目标，继续强化军事力量在维护和拓展本国利益中的作用。其突出表现就是继续扩大军费开支，加紧在欧洲和东北亚部署地区导弹防御系统，这必然引发全球和有关地区军备竞赛升温。① 在经济方面，虽然以中国和印度为代表的发展中国家经济建设取得了巨大的成就，但西方发达国家在国际经济格局中的主导地位并没有受到动摇，并且一些问题更加突出。最显著的表现就是随着经济全球化进程的加快，发达国家的贸易保护主义更加严重，部分欧盟成员国和日本在坚持对本国农业进行保护和补贴的同时，不断对包括中国在内的一些经济发展迅速的发展中国家进行反倾销调查以及对本国进口产品设限；美国则将经济问题政治化，在拒不放宽对华高技术出口的同时，经常以对华贸易逆差大为由而在诸如人民币汇率等一系列问题上对中国施压等等。其次，随着世界政治多极化与经济全球化的深入推进，要和平、促发展、谋合作的时代主旋律更加凸显。一方面，随着世界经济一体化进程的加快，国与国之间面临的公共问题越来越多，如保护生态环境和防止性疾病传染等。同时各国在打击恐怖主义、稽查毒品走私、防止核扩散、解决地区冲突等方面的合作空间也越来越大。绝大多数国家希望通过谈判协商解决国际纷争，务实合作逐渐增多。当今世界格局正处于多元化发展时期，基本态势是一个超级大国和多种力量并存。作为世界唯一超级大国的美国不论其如何调整对外政策，霸权主义本质始终不会改变。但是随着世界各国经济的增长和民主化浪潮席卷全球，国际社会反对霸权主义的意愿和力量不断增强，制约霸权扩张的因素逐渐增多。欧盟和亚洲各国的经济、政治竞争力和国际影响力逐渐增强，俄罗斯恢复和发展的步伐加快，发展中国家整体实力上升，中国、印度、巴西等发展中大国加速兴起，冷战结束初期那种国际力量对比严重失衡的局面大有改

---

① 李淑珍：《和谐世界理念的内涵、依据和意义》，《思想理论教育导刊》2007 年第 2 期。

观。在世界格局的飞速转变中，出现了多种力量的兴起以及大国之间既相互合作与尊重、又相互竞争与牵制的态势。国与国之间的相互依存度增加，整个世界呈现出"你中有我，我中有你"相互交融的局面，协调与合作成为国际关系的主流，共赢、合作成为各国谋和平、促发展的必由之路。而以主权平等、相互尊重、和平共处、反对霸权为主要内容的国际关系民主化的推进和以联合国为核心的国际交往机制的发展，无疑为世界的和平与发展提供了重要的现实支撑。另一方面，国际局势基本稳定，经济全球化趋势深入发展，促进了生产要素在全球范围内流动的加快。这就为中国走和平发展的道路提供了机遇，也为建立和谐世界创造了条件。正如胡锦涛同志指出的："在人类漫长的发展史上，各国人民的命运从未像今天这样紧密相连、休戚与共。共同的目标把我们联结在一起，共同的挑战需要我们团结在一起。"[1]

在准确把握和正确认识世界和平与发展新形势的情况下，胡锦涛同志在我国原有和平发展外交决策的基础上提出了和谐世界的外交新理念。2005年4月22日，胡锦涛同志在参加雅加达亚非峰会的讲话中提出，亚非国家应"推动不同文明友好相处、平等对话、发展繁荣，共同构建一个和谐世界"[2]。这是"和谐世界"理念第一次出现在国际舞台。2005年7月1日，胡锦涛同志出访莫斯科，"和谐世界"被写入《中俄关于21世纪国际秩序的联合声明》，第一次被确认为国与国之间的共识，标志着这一全新理念逐渐进入国际社会的视野。2005年9月，胡锦涛同志在出席联合国60周年首脑会议上发表了题为《努力建设持久和平、共同繁荣的和谐世界》的讲话，对中国构建和谐世界这一主张进行了诠释。在胡锦涛同志和谐外交理念的指引下，我国的外交决策认识实现了两大历史性的转变：一是外交策略和方式由斗争为主转为强调谋求合作与协商。国际上有很多问题，特别是国家之间的矛盾、纠纷和分歧，不可能单纯靠对抗和斗争来解决，需要寻求新思路和新方式。中国在这方面做出了表率，形成完整的外交决策方针。这就是有关方面在相互平等的基础上，通过对话和磋商，本着互相理解、合理互让的精神，寻求

---

[1]　胡锦涛：《努力建设持久和平、共同繁荣的和谐世界——在联合国成立60周年首脑会议上的讲话》，《人民日报》2005年9月16日。
[2]　李洁：《中国与周边唱出共赢戏》，新华网2008年9月3日。

各方能够接受的解决方案。一时达不成协议，可求同存异，发展合作，为最终解决创造条件。中国遵循这一精神，妥善处理了同许多国家历史遗留下来的问题，包括敏感的领土纠纷，以及与他国关系中出现的一些新问题。对国际上发生的争端，中国坚持原则，伸张正义，积极劝和促谈，推动有关方以和平的方式解决问题，而不主张诉诸武力或以武力相威胁。① 二是外交态势由总体的被动应对转为主动参与。出于历史原因和客观条件的限制，中国外交在相当长时期内基本采取守势，在不直接涉及中国根本利益的一些国际事务中，大都是低姿态应对，尽量回避介入其中。随着改革开放和经济发展的继续推进、利益的不断外延，中国与世界的关系更加紧密。中国对世界人民的历史责任感、国内发展的需求、国际社会的期望，促使中国外交日益积极和主动，更加自觉地为人类进步事业贡献自己的力量。中国在国际组织和机构中的建设性作用，在促进地区安全和发展中的积极行动，在解决全球热点问题以及普遍关注的各种问题上的巨大努力，都充分展示出负责任大国的风范。中国在处理国际事务中更加操作自如，具有更大的主动性。

在以"和谐世界"为核心的决策认识理念的指导下，我们党和国家的高层决策认识主体做出了许多英明的外交决策。近年来，中国领导人出访了大多数周边国家，特别是对印度、朝鲜、越南和巴基斯坦等国的访问，对巩固和加强睦邻友好关系意义重大。中国与美、俄、欧等大国力量之间的关系都有新的提升，从建立"战略伙伴关系"到进行"战略对话"。中美、中俄、中欧领导人频频聚首，高潮迭起。除了中美之间有战略对话外，中俄之间有安全战略磋商机制，中欧、中日也启动了战略对话机制。此外，我国还积极参与周边区域合作，中国—东盟自由贸易区建设已进入实质性阶段。在中国的积极推动下，上海合作组织已经延伸到中东和印度次大陆，成为欧亚大陆上地理空间最大的组织，中国的外交进入全新的发展时期，如图6—1所示理念模型图对其进行了直观说明和形象描述。

---

① 马振岗：《中国外交30年的鲜明特点》，《人民论坛》2009年第9期。

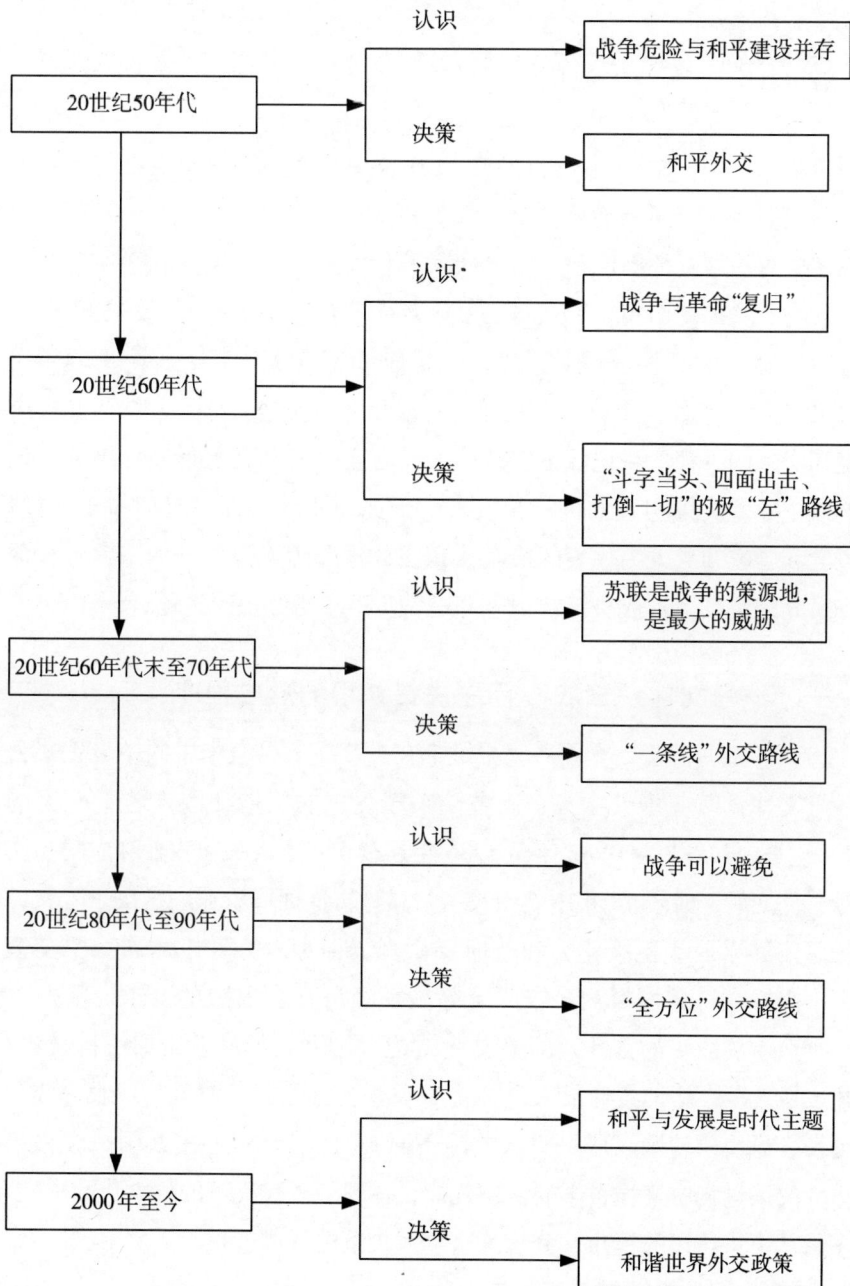

图6—1　新中国外交决策认识发展图

资料来源：作者整理。

第二节　一号文件"三农"问题决策认识案例分析

自 1978 年十一届三中全会以来，中国农村发生的两次巨变都与中共中央的"两组"一号文件有着密切的联系。我国有关"三农"问题的各项政策都围绕着中央一号文件制定和实施。从某种程度上说，中央一号文件改变了农业、农村、农民的面貌。十一届三中全会召开至今，中央共下发了 13 个关于农村问题的一号文件，分别为 1982 年至 1986 年连续 5 年各一个和 2004 年至 2012 年连续 9 年各一个。每个文件的起草和下发实施，都是一系列重大决策制定和实施的过程。认识源于实践；人们在实践的基础上形成的决策认识又影响或主导着决策实践的进一步发展。因此，一号文件的起草和实施过程，是以党和国家领导人为代表的决策认识主体本着为人民服务的宗旨，在深入调查研究的基础上形成决策认识，并进一步落实与修正的过程。

一、一号文件"三农"问题决策认识的形成程序

2004 年 2 月 9 日，全国各大报纸都在头版头条报道了中共中央正式公布的一号文件，即《中共中央、国务院关于促进农民增加收入若干政策的意见》，这是中共中央在 1982 年至 1986 年连续 5 年下发关于农业和农村工作的一号文件之后，时隔 18 年中共中央一号文件再次回归农业。这次一号文件设立的总体目标是"各级党委和政府要认真贯彻十六大和十六届三中全会精神，牢固树立科学发展观，按照统筹城乡经济社会发展的要求，坚持'多予、少取、放活'的方针，调整农业结构，扩大农民就业，加快科技进步，深化农村改革，增加农业投入，强化对农业支持保护，力争实现农民收入较快增长，尽快扭转城乡居民收入差距不断扩大的趋势"。中共中央在做出这次重大决策过程中遵循科学的认识规律，体现了现代决策的科学化和民主化。本书将从决策认识的视角，分析这次重大决策的形成过程。

（一）一号文件决策认识的情报阶段

在这个一号文件起草过程的情报阶段，中共中央充分考察了当时我国农村的发展状况，并在此基础上确立了我国当时农村问题的症结所在。中共中央

2003 年 9 月 30 日成立了以回良玉同志为总负责人的起草小组，成员由党中央、国务院 9 个部门和地方的有关人员构成。起草小组的成员都深入典型省份的农村进行详细的调查研究，并把调查报告交给中央领导裁决。特别是在此过程中，以胡锦涛同志为总书记的第四代领导集体刚刚履新就多次奔赴全国各地农村进行调研。2003 年 10 月 1 日至 4 日，胡锦涛同志到湖南农村，深入田间地头，了解当地的粮食生产和农民收入情况。12 月 12 日至 17 日，胡锦涛同志又专程来到粮食主产区河南、山东两省调研，同当地干部群众一起探讨如何促进农民收入较快增加。温家宝等同志也多次就农民增收等问题进行调研。据当时的宏观数据和经济分析显示，收入低且收入增长缓慢是农民面临的普遍问题。从 2000 年到 2003 年的 4 年中，全国农民人均纯收入分别只比上年增长 2.1%、4.2%、4.8% 和 4.3%，与"十五"计划确定的年均增长 5% 的目标差距较大。在 2003 年之前的 7 年中，城镇居民收入增长 7% 至 8%，城乡收入差距不断扩大。中国扶贫基金会 2003 年 3 月发布了这样一组数据：截至 2002 年底，农村人均年收入在 500 元以下的绝对贫困人口有 1459 万；人均年收入在 1000 元以下的贫困人口有 9033 万；人均年收入在 1000~2000 元（相当于每月 100~180 元的城市低保水平）的人口有 31079 万。如果按 625 元/年的标准计算，全国有近 3000 万农村人口没有解决温饱问题；如果按 825 元/年的标准计算，全国有 6000 万农村人口徘徊在温饱线上；如果按城市低保标准计算，全国有 3 亿多农村人口处于贫困状态。此外，由于天灾人祸、农副产品价格长期低迷、缺少资金支持和必要技能等多种原因，加上贫困地区的管理体制与市场环境尚未从根本上得到改变，扶贫方式和资金及项目的选择与市场规律相悖等因素，扶贫攻坚的目标未能如期实现。在我国西部地区和经济欠发达地区，刚刚脱贫的农民因经济基础和承受能力极其脆弱，出现了触目惊心的返贫现象，返贫农民无粮下锅、无钱看病、无钱送子女入学、无衣被御寒。

当时中央农村工作领导小组的唐仁健等同志到湖南洞庭湖区调研的时候，有一个农民告诉他们，现在什么都不缺，就是缺钱，因为农产品太多，卖不掉。这番话给起草小组留下了很深的印象，本来他们写的第一稿里面，农林牧副渔面面俱到，是一个综合性草案，后来经过 10 多稿修改，这些内容都去掉了。起草小组的目的越来越明确，就是要围绕增加农民收入，提高一号文件的含金量，让农民得到实惠。另外，中央领导同志根据现实的情况，做出了正确的判断。根据当时的起草小组成员韩俊同志所讲，"回良玉副总理还用了两个'最'来深刻地描述当前的农业和农村经济的形势。第一个'最'是改革开放以来农民增收形势最严峻的时期；第二个'最'是当前农业和农村发展面临的最根本、最突出的问题，是农民增收难的问题。"正是由于国务院领导同志在充分研究和分析农村现实情况的基础上，明确地做出了"两个最"的认识判断，起草小组的成员才最终决定把农民增收作为决策认识所要解决的核心问题。

(二) 一号文件决策认识的建构阶段

在一号文件起草的建构阶段，起草小组充分发挥自身组成人员知识背景多元化、经验丰富等优势，针对问题提出了相对全面的备选方案。起草小组中既有德高望重的专家、思维活跃的学者，又有来自中央、国务院各部门和地方基层单位的经验丰富的领导干部。除此之外，在文件形成过程中，国务院主管农业工作的回良玉同志亲自深入农村调研，并多次亲自召集农业农村问题专家、长期从事农村工作的老同志、各省区市主管农村工作的领导和中央、国务院各有关部门的负责同志分别座谈，当面听取大家的意见和建议。在起草文件的过程中，起草小组内部成员按照"群策群力"的原则畅所欲言，提出了各种惠农的实招。例如，在一号文件的起草过程中，怎么样为失地农民提供补偿和保障始终是起草小组讨论的一个焦点。为此，起草小组成员曾经到全国很多地方进行调研，听取农民和其他各方的意见，最后形成了保护失地农民权益的总体政策："加快土地征用制度改革。各级政府要切实落实最严格的耕地保护制度，按照保障农民权益、控制征地规模的原则，严格遵守对非农占地的审批权限和审批程序，严格执行土地利用总体规划。要严格区分公益性用地和经营性用地，明确界定政府土地征用权和征用范围。完善土地征用程序和补偿机制，提高补偿标准，改进分配办法，妥善安置失地农民，并为他们提供社会保障。积极探索集体非农建设用地进入市场的途径和办法。"与以前的一号文件相比，这次的一号文件中关于征地补偿的政策变动很大。①

---

① 李卫兵：《中央一号文件的决策背景》，《决策与信息》2004 年第 3 期。

（三）一号文件决策认识的抉择阶段

在这次决策认识的抉择阶段，起草小组成员充分利用头脑风暴法和对演法等先进的决策认识方法，对各自形成的"惠农"方案展开激烈的争论。通过集体公开讨论摒除了一些错误的决策认识方案，避免了重大决策认识失误，提出了相对科学的惠农政策。中央首先明确要按照"多予、少取、放活"基本方针，来解决好"三农"问题。有的专家就毫不讳言地提出"多予、少取、放活"是好政策，但是一定要有实招，于是就向国务院领导同志提出要"咬牙跺脚"出实招。例如，对于直接补贴农民，有几种不同的意见。有些专家建议说好像钱并不是很多，意义不大；也有些学者认为没有能力补，各种意见都有。但是主导的意见还是认为，中国现在已经进入工业化的中期阶段，可以说是在新的阶段，农业不应该继续成为一个受挤压的部门，应该成为一个受补助的部门，直接补贴农民是对农业支持和保护的一种比较有效的途径，后来这个意见就被采纳了。当时关于直接补贴农民的争论的焦点问题就是到底应该拿出多少钱来补贴农民。有人讲要至少拿出粮食风险基金的一半，粮食风险基金是3200亿，要拿出1500亿；也有人认为，拿出1/3即可，后来是采纳了1/3的政策主张。

（四）一号文件决策认识的审查阶段

在这次决策认识的审查阶段，起草小组成员本着求真务实的态度对文件中惠农方案的可行性进行论证和评估，经中央领导同志批准后选取试点地区付诸实施。例如，关于一号文件中的第十八条："继续推进农村税费改革。要巩固和发展税费改革的成果，进一步减轻农民的税费负担，为最终实现城乡税制的统一创造条件。逐步降低农业税税率，2004年农业税税率总体上降低1个百分点，同时取消除烟叶外的农业特产税。"各个地区根据中央一号文件精神，结合本地实际情况切实落实。2004年，吉林、黑龙江、北京、上海、天津、西藏等六个省区市全面免征了农业税，浙江、福建两个省对计税土地面积上的粮、油作物免征农业税，另有16个省的310个县免征了农业税。此外，河北、内蒙古、辽宁、江苏、安徽、山东、湖北、湖南、广东、四川、江西、河南、宁夏等十三个省区将农业税税率降低了3个百分点，山西、贵州、云南、陕西、甘肃、青海、广西、海南、重庆、新疆等十个省区

市将农业税税率降低了 1 个百分点。除了让种粮的农民尝到减免农业税的
"甜头"外，种植农业特产品的农民也得到了取消农业特产税的实惠。2004
年 7 月，财政部、国家税务总局联合下发通知，决定从 2004 年起对烟叶仍征
收农业特产税，取消其他农业特产品的农业特产税，其中对征收农业税的地
区，在农业税计税土地上生产的农业特产品，改征农业税，农业特产品的计
税收入原则上参照粮食作物的计税收入确定；在非农业税计税土地上生产的
农业特产品，不再改征农业税；对已免征农业税的地区，农业特产品不再改
征农业税。同时，在文件落实的过程中也出现了一些新问题。例如，2004 年
中央财政要拿出 300 亿元资金扶持"三农"，但真正进户落实到农民手上的
钱却很少；农业上的减负已到位，但农民的增收却难上加难；文件中对农民
的补贴目标不清，出现了有些种粮食的农民没有得到补贴，而一部分不种粮
食的农民反而得到了补贴，还有补贴标准的区域差异较大，不利于缩小业已
存在的农民收入的地区差距等问题。中央农村工作领导小组的成员深入基层，
适时地跟踪决策认识方案在具体实施中遇到的问题，并根据实际情况对方案
做出相应调整。

　　针对 2004 年一号文件执行过程中出现的农民增收依然困难的问题，中
央在 2005 年的一号文件中做出了相应的调整。例如，为进一步解决农民缺
钱问题，2005 年的一号文件规定"支农的力度要不断加大"，要"进一步
扩大农业税免征范围，加大农业税减征力度"，"继续对种粮农民实行直接
补贴，有条件的地方可进一步加大补贴力度。中央财政继续增加良种补贴
和农机具购置补贴资金，地方财政也要根据当地财力和农业发展实际安排
一定的良种补贴和农机具购置补贴资金"等。针对 2004 年粮食主产区农民
提出的"补贴不到位"的问题，2005 年的中央一号文件提出"粮食主产县
通过转移支付给予奖励和补助。建立粮食主产区与主销区之间的利益协调
机制，调整中央财政对粮食风险基金的补助比例，并通过其他经济手段筹
集一定资金，支持粮食主产区加强生产能力建设，有关部门要抓紧研究提
出具体实施方案。"

　　从以上对 2004 年中央起草和出台一号文件的决策认识形成过程各阶段的
分析，可以发现作为中共中央关于"三农"问题重大决策的一号文件的形

成，经历了一个情报、建构、抉择、审查的决策认识过程。正是由于中央对"三农"问题高度重视，有关部门组织高水准的专家学者和有经验的基层工作者在全国范围内展开深入的调查研究，才形成了正确的决策认识，并在此基础上做出了科学的决策。

二、一号文件"三农"问题决策认识的影响因素

改革开放以来，有关我国农村的各项政策以及农村发生的重大变化，都与中共中央的两组一号文件有着极为紧密的联系。1982 年 1 月 1 日，中共中央发出第一个关于"三农"问题的一号文件，对迅速推开的农村改革进行了总结。文件明确指出包产到户、包干到户或大包干"都是社会主义生产责任制"，同时还说明它"不同于合作化以前的小私有的个体经济，而是社会主义农业经济的组成部分"。1982 年一号文件与之后的连续 4 个中央关于农村政策的一号文件，在中国农村改革史上成为专用名词"五个一号文件"。它们有效地调动了农民的积极性，使农民连续 7 年收入增加，成为当时我国农村改革迅速推进的强大动力。时隔 18 年之后，2004 年 1 月，针对近年来全国农民人均纯收入连续增长缓慢的情况，中央下发《中共中央、国务院关于促进农民增加收入若干政策的意见》，这是新中国成立以来中央首次就农民增收问题出台文件，一号文件再次回归农业。2004 年至 2012 年，中央连续出台了 9 个指导农业和农村工作的中央一号文件，它们共同形成了新时期加强"三农"工作的基本思路和政策体系，构建了以工促农、以城带乡的制度框架，促进农业和农村发展取得巨大成就，给广大农村带来了巨大的变化。翻开历史的篇章，重温一号文件的形成过程，会发现一号文件出台的背后有许多影响和制约因素，对这些因素进行全面深入分析，有助于理解和体会中央一号文件决策认识的形成过程。

（一）一号文件出台背后的决策认识主体主导决定作用

以邓小平同志为核心的党的高层决策认识主体在改革开放的初期就把决策认识的注意力集中到了"三农"问题上。邓小平同志以无产阶级革命家的高瞻远瞩和深谋远虑，全面规划和设计社会主义现代化和改革开放的宏伟蓝图，他首先认识到全国 80% 的人口在农村，必须把农村的改革和发展放在整

个经济改革和发展战略的首位。他曾多次指出，中国的稳定和发展，首先取决于农村，我们制定政策，规划蓝图，必须考虑农业、农村和农民问题。"从中国的实际出发，我们首先解决农村问题。中国有百分之八十的人口住在农村，中国稳定不稳定首先要看这百分之八十稳定不稳定。"① "中国经济能不能发展，首先要看农村能不能发展，农民生活是不是好起来。"② 邓小平同志说："对内经济搞活，首先从农村着手。"③ 早在 1975 年 8 月，邓小平同志就指出，在谈工业问题的时候，不要忘记了农业，不要忘记了中国是个农业国，必须"确立以农业为基础、为农业服务的思想"④。他亲自给四川等省的同志写信，指出"工业越发展，越要把农业放在第一位"⑤。他在总结我国经济建设的经验教训时指出：基本解决几亿人口的吃饭穿衣问题，使粮食达到自给，这是很了不起的事情。这个成就的取得，离不开广大农民的辛勤劳作。农业是国民经济的基础，以后不管我们的国家怎样发展，农业的基础地位不能动摇。重视发展农业，既是我们的一条基本经验，又是我们今后发展的基本战略。"不管天下发生什么事，只要人民吃饱肚子，一切就好办了。"⑥ 1979 年 3 月，邓小平同志指出："现在全国人口有九亿多，其中百分之八十是农民。……耕地少，人口多特别是农民多，这种情况不是很容易改变的。这就成为中国现代化建设必须考虑的特点。"⑦ 1980 年 5 月，他作了《关于农村政策问题》的专题讲话，肯定一些适宜包产到户的地方推行包产到户的政策，效果很好，变化很快，并指出关于这样搞会不会影响集体经济的担心是不必要的。

　　尽管当时党中央对我国农村改革和发展提出了一系列指示要求，出台了一系列政策措施，但是由于长期禁锢的原因，干部中仍有一些人思想跟不上形势的发展。邓小平同志在做了充分的调查研究之后指出："总的说来，现

① 《邓小平文选》第三卷，人民出版社 1993 年版，第 65 页。
② 《邓小平文选》第三卷，人民出版社 1993 年版，第 77～78 页。
③ 《邓小平文选》第三卷，人民出版社 1993 年版，第 77 页。
④ 《邓小平文选》第二卷，人民出版社 1994 年版，第 28 页。
⑤ 《邓小平文选》第二卷，人民出版社 1994 年版，第 29 页。
⑥ 《邓小平文选》第二卷，人民出版社 1994 年版，第 406 页。
⑦ 《邓小平文选》第二卷，人民出版社 1994 年版，第 164 页。

在农村工作中的主要问题还是思想不够解放。除表现在集体化的组织形式这方面外，还有因地制宜发展生产的问题。"许多干部坚持人民公社化的体制，对实行家庭联产承包为主的生产责任制持怀疑态度，不积极，不支持，消极地观望等待。"现在有些干部，对于怎样适合本地情况，多搞一些经济收益大、群众得实惠的东西，还是考虑不多，仍然是按老框框办事，思想很不解放。"① 他说，其实，这样那样的担心是不必要的，我们总的方向是坚持社会主义，发展集体经济。安徽肥西县绝大多数生产队搞了包产到户，增产幅度很大。"凤阳花鼓"中唱的那个凤阳县，绝大多数生产队搞了大包干，也是一年翻身，改变面貌。实践告诉我们，在农村推行双包到户的生产责任制是对的。另外还有一些干部，刚刚取得一点成绩就满足了，以"稳"为借口故步自封，这也是思想不解放的一种表现。他希望各级领导干部尤其是农业战线的干部，思想要解放一点，要在增产粮食、增加农民收入、改变农村落后面貌等方面多想办法、多出点子、多闯路子。当时，党内外确实有一些人对党的政策不理解。邓小平同志指出，对此应该做好两个方面的工作：一是积极引导农民，推行生产责任制，用事实来说明问题；二是进一步肯定这一政策的正确，并以中央一号文件的形式，号召全党支持、拥护，切实把这件利国利民的大事办好。对于那些暂时不理解的同志，不打棍子，不戴帽子，允许他们看一段时间。他在《拿事实来说话》一文中，提到当时的情况时说："对这个政策有一些人感到不那么顺眼，我们的做法是允许不同观点存在，拿事实来说话。农村改革，开始的一两年里有些地区根本不理睬，他们不相信这条路，就是不搞。观望了一年，有的观望了两年，看到凡是执行改革政策的都好起来了，他们就跟着走了。这里指的不是农民群众，主要是一些领导干部。所以，改革的政策，人们一开始并不是都能理解的，要通过事实的证明才能被普遍接受。"② 由此可见，正是由于以邓小平同志为核心的党的领导集体的认同、支持和推动，才导致了从 1982 年起中央连续 5 年下发 5 个指导农村改革的一号文件的出台，我国农村的面貌也开始有了翻天覆地的变化。

时隔 18 年之后，2004 年中央一号文件重新回归农业，并且又是连续 9

---

① 《邓小平文选》第二卷，人民出版社 1994 年版，第 316 页。
② 《邓小平文选》第三卷，人民出版社 1993 年版，第 155 页。

年占据了党和国家经济发展政策的首位，这同样与新一届以胡锦涛同志为总书记的党中央高层决策认识主体的积极引导和推动分不开。2003 年，是新一届党和国家领导集体的施政元年。"亲民"是这届领导人执政的最大亮点。以胡锦涛同志为总书记的新的第四代中央领导集体，高举邓小平理论伟大旗帜，认真实践"三个代表"重要思想，在繁重的内政外交中将解决好"三农"问题作为全党工作的重中之重。2003 年 1 月 8 日，胡锦涛同志在中央农村工作会议上的讲话中指出："中央反复地强调没有农民的小康就没有全国人民的小康，没有农村的现代化就没有国家的现代化。……更加重视农业、农村和农民问题，自觉把全面建设小康社会的工作重点放在农村。"① 2003 年底，中央又一次召开农村工作会，将政治局常委会专门开会讨论通过的《中共中央、国务院关于促进农民增加收入若干政策的意见》文件确定为 2004 年中央一号文件。中央一年召开两次中央农村工作会议，下发两个文件，这是近 20 年来所没有见过的。新一届中央领导对"三农"问题情有独钟，不仅在情感上重农，而且求真务实，重视调查研究，在行动上重农。中央要求从中央到地方各级党委和政府部门，都要把解决好"三农"问题摆上重要议事日程，在制定发展规划、安排资金投入和研究重大政策时都要认真贯彻把解决好"三农"问题作为全党工作重中之重这一指导思想，要把中央关于做好"三农"工作的方针政策真正落实到实际工作中去。胡锦涛同志在 2003 年"七一"讲话中指出："群众利益无小事"。在新一届中央领导心中，中国农民是最大群体，农民的事最大，农民的利益最重。在 2004 年中央一号文件起草过程中，中央领导同志多次奔赴全国各地农村，就解决"三农"问题、增加农民收入等问题进行调研。2003 年国庆期间和元旦节前，胡锦涛同志两次分别专程到我国粮食主产区湖南和河南、山东调研。在调研中，胡锦涛同志强调了解决"三农"问题的重要性，并要求各级党委和政府要进一步深刻认识解决好"三农"问题的重要性和紧迫性，真正在思想上、工作上更加重视"三农"问题，扎扎实实地做好各项工作。他每到一地，都同当地干部群众一起探讨如何增加农民收入，他对农民们说"党和政府惦记着你们"，一句

① 中共中央文献研究室：《十六大以来重要文献选编》，中央文献出版社 2005 年版，第 114 页。

深情的话语，让农民感到十分温暖。正是由于新一届党和国家领导集体对"三农"问题的正确认识和高度重视，才促使其做出了英明的政治决策，从2004年至2012年又连续9年中央一号文件聚集"三农"，形成了改革开放以来农村快速发展的又一个高峰。

特别是2010年中央一号文件，即《中共中央、国务院关于加大统筹城乡发展力度，进一步夯实农业农村发展基础的若干意见》，是新世纪以来的第7个中央一号文件，是中央站在战略和全局的高度，认真研判"三农"形势，广泛听取各方面意见，经过慎重考虑做出的重大决策和部署。分析这一文件的形成过程，可以充分看到决策认识主体对决策认识的主导性作用和决定性影响。作为党中央最高层次的决策认识主体之一，胡锦涛同志对如何做好新形势下农业、农村、农民工作十分重视。无论是中央政治局集体学习，还是在各地考察调研，"三农"问题都是胡锦涛同志时刻关注的重点。2009年1月23日，中央政治局举行第十一次集体学习，胡锦涛同志强调必须坚持把解决好农业、农村、农民问题作为全党工作重中之重，坚定不移走中国特色农业现代化道路，加快推进社会主义新农村建设，更加扎实地做好农业、农村、农民工作。2009年5月22日，中央政治局举行第十三次集体学习，胡锦涛同志又专门强调，加快健全社会保障制度体系，要适应统筹城乡发展新形势的要求，抓住社会保障制度薄弱环节加以推进，开展新型农村养老保险制度试点，制订实施适合农民工收入低、流动性强特点的参加养老保险办法。从春到夏，从秋到冬，胡锦涛同志在江西、北京、黑龙江、云南、新疆、山东、河北等地考察调研。他一次次走进田野察看庄稼作物，一次次深入农业龙头企业大棚，一次次同农业院校师生座谈，一次次同少数民族群众拉家常。从返乡农民工恢复就业到培养高素质农科管理人才，从抓好粮食生产到改善民族地区各族群众生产生活条件，从推广优良作物品种到推进农业产业化，凡是涉及"三农"的问题，胡锦涛同志总是十分挂念、高度重视。2009年2月初，当小麦主产区发生严重旱情时，胡锦涛等中央领导同志专门批示，要组织动员一切力量，落实各项抗旱措施，打好这场硬仗。11月初，当了解到河南推行"四议两公开"工作法成功加强农村基层民主建设的经验时，胡锦涛同志做出重要批示，强调要在总结各地实践经验的基础上，进一步完善符合中国国情的农村基层治理机制。温家宝同志也强调，当前应对国际金融危机，最重要的还是先把农业稳住。农业稳住了，经济就稳住了，人民生活也就稳住了。要站在全局和战略高度，下更大决心、花更大气力、采取更有力的措施，解决好"三农"问题。

上述一号文件出台的实事充分说明，作为决策认识主体往往不是单一的，但是不论是具有决断能力的组织领导者，还是参与决策制定的专家咨询人员，真正让决策认识运转起来的是作为决策认识主体的人。在决策认识过程中，无论采取何种决策认识形式和方法，决策认识主体的利益诉求、基于利益诉求之上的价值取向、文化素质、专业技术、情感直觉、个性特征以及知识、智慧、能力、经验，在决策认识中具有主导性作用和决定性影响，这也进一步说明决策认识主体是决定决策认识成败的关键。

（二）一号文件出台的环境因素对决策认识的影响

中共中央关于农业、农村、农民发展的一号文件是有关每年农村经济和社会发展的重大决策，经济环境对一号文件决策认识方案的出台有着重大的影响。在一号文件决策认识形成过程中，党和国家领导人总会按照决策认识形成的科学程序具体考察过去一年来农村的发展状况以及所面临的各种经济环境，其中详尽真实的农村经济形势分析是一号文件起草过程中的必备参考资料，对中央关于农村经济发展的一号文件的形成发挥着基础性作用。中共中央2005年一号文件，即《中共中央、国务院关于进一步加强农村工作提高农业综合生产能力若干政策的意见》指出2005年农业和农村工作的总体要求是：认真贯彻党的十六大和十六届三中、四中全会精神，全面落实科学发展观，坚持统筹城乡发展的方略，继续坚持"多予、少取、放活"的方针，稳定、完善和强化各项支农政策，切实加强农业综合生产能力建设，继续调整农业和农村经济结构，进一步深化农村改革，努力实现粮食稳定增产、农民持续增收，促进农村经济社会全面发展。文件中各条款的形成，都是建立在专家组对2004年农村经济发展形势的细致分析基础之上。例如，粮食、棉花等重要农产品普遍大幅度增产，2004年粮食单产达到每公顷4620.3公斤，比上年增加288公斤，增长6.6%，单产创历史最高水平，粮食单产的提高对粮食增产的贡献率达到 75% ；棉花平均单产为每公顷 1111 公斤，比上年增加 160 公斤，增长 16.9% ，单产提高对全国棉花增产的贡献率达 62.2% 。畜牧业和水产业均保持良好的发展态势，全年肉类总产量达到 7260 万吨，比上年增长 4.7% 。其中，生猪产量增长，养猪效益处于近年来最好的时期，农民养猪积极性较高；牛羊肉生产效益稳定，产量分别增长 7.9% 和 10.6% ；奶业产量继续保持高速增长，牛奶产量达到 2190 万吨，比上年增长 25% 左右；养禽业克服了年初禽流感疫情的不利影响，呈持续性增长的趋势，其中蛋类总产量达到 2700 万吨，比上年略有增长；水产品产量稳步增长，达到 4855 万吨，增幅为 3.2% ，其中淡水产品产量增长高于海水产品产量，养殖产品产量增长高于捕捞产品产量。[①] 但是由于 2004 年农业生产尤其是粮食生产效益明显提高，农业结构调整有放慢的趋向，部分地区片面强调发展粮食生产，甚至在个别地方出现了在已经退耕还林、还草的土地上重新种植粮食的现象。通过对这一经济形势的分析和认知，党和国家高层决策认识主体在 2005 年的一号文件中制定出了"继续推进农业和农村经济结构调整，提高农业竞争力。进一步抓好粮食生产，大力发展特色农业，加快发展畜牧业，重点支持粮食主产区发展农产品加工业，发展农业产业化经营"的决策认识方案。

同样，2005 年中央一号文件做出关于加强小型农田水利基础设施建设的决策认识，也是在认真总结研究和科学分析判断 2004 年农村经济发展状况的基础上做出的重大决定。2004 年，国家农业固定资产投资超过 500 亿元，其中安排专项资金 285 亿元用于农村"六小"工程建设。此外，全社会固定资产投资总量为 70073 亿元，比上年增长 25.8% ，其中农村全社会固定资产投资为 11452 亿元，占 16.3% ，比上年增长 17.4% 。但是由于农村税费改革后，取消"两工"，加上农村青壮年外出务工人数增加，农田水利建设投工投劳明显减少，影响建设资金发挥效益。再者政府支农资金来源多，但是相互之间缺乏沟通和协调，造成了国家对农业投入大幅度增加，但未取得预期效果的现实状况。基于对这种现实状况的认识，2005 年中央一号文件提出了

---

① 陈劲松：《2004 年中国农村经济形势分析与 2005 年展望》，《中国农村经济》2005 年第 2 期。

相应的对策，即："要在继续搞好大中型农田水利基础设施建设的同时，不断加大对小型农田水利基础设施建设的投入力度。中央和省级财政要在整合有关专项资金的基础上，从预算内新增财政收入中安排一部分资金，设立小型农田水利设施建设补助专项资金，对农户投工投劳开展小型农田水利设施建设予以支持。预算内经常性固定资产投资和国债资金要增加安排小型农田水利基础设施建设项目。土地出让金用于农业土地开发部分和新增建设用地有偿使用费，要结合土地开发整理安排一定资金用于小型农田水利建设。市、县两级政府也要切实增加对小型农田水利建设的投入。要尽快立法，把国家的重大支农政策制度化、规范化。"

从 2008 年 9 月开始，受国际金融"海啸"的冲击，国内经济增长受到了一些负面影响，也波及了农业和农村经济。鉴于对这一经济环境变化的深刻认识，中央高层领导集体做出了科学的决策认识，2009 年的中央一号文件开门见山地提出"保持农民收入较快增长"的方案，具体总结为"三个大幅度"增加，即大幅度增加国家对农村基础设施建设和社会事业发展的投入，大幅度提高政府土地出让收益和耕地占用税新增收入用于农业的比例，大幅度增加对中西部地区农村公益性建设项目的投入。同时，受国际金融危机的影响，沿海外向型企业大量倒闭，造成大批农民工失业。针对这种现实境况，2009 年的中央一号文件进一步提出，有条件的地方可以将失去工作的农民工纳入相关就业政策支持范围，落实农民工返乡创业扶持政策。保障返乡农民工的合法土地承包权益，对生活无着落的返乡农民工要提供临时救助或纳入农村"低保"等。

2010 年中央一号文件的形成，同样受到了环境因素的重要影响。一号文件出台之前，中央对影响发展的各种环境作了深入、冷静、客观的分析，主要包括三方面：一是我国已经进入一个新的发展阶段，有很多项改革，如果不统筹城乡就无法推进。农业农村工作不能就"农"说"农"，要与整个国家经济社会发展大局结合在一起、与世界经济发展趋势联系在一起。解决"三农"问题，必须按照中央提出的形成城乡经济社会发展一体化新格局这个根本要求，加大城乡统筹发展力度。二是国际金融危机还没有见底，尽管我国经济率先回暖向好，但是基础不牢，进一步应对国际金融危机冲击的任务还非常繁重。保持宏观经济持续稳定健康发展将为"三农"发展提供良好条件，而农业农村经济发展又将为国民经济发展提供坚实支撑，这两个方面是互动的。2010年在国际经济环境更加复杂的条件下，务必要做好"三农"工作，这一基础支撑绝不能出问题。三是形势越好，越要居安思危。连续6年增产增收后，容易产生麻痹思想和松懈情绪。我国农业农村发展能有今天这样的好局面来之不易，农业受自然因素、市场因素影响大，基础还很脆弱，对此必须有清醒的认识。农业基础脆弱，不仅仅是生产力基础脆弱，对"三农"的基本认识、农村的基本政策、基础设施、基层服务体系和基层组织建设都应当进一步夯实。通过对各种环境的分析，中央形成了一致共识：要有效应对国际金融危机冲击，农业绝不能出问题；要有效扩大国内市场，农民就必须有购买力；要有效保持整个社会稳定，农村就必须稳定。做好农业、农村、农民工作，关系着我国应对国际金融危机冲击的实际能力，也关系一系列刺激经济政策能不能充分发挥作用。面对国际金融危机的严重冲击以及"三农"工作出现的新形势，2010年中央一号文件明确提出，要在落实2009年强农惠农措施的基础上，进一步增加涉农信贷投放，积极推广农村小额信用贷款；进一步完善县域内银行业金融机构新吸收存款主要用于当地发放贷款政策，加大政策性金融对农村改革发展重点领域和薄弱环节支持力度；进一步加强财税政策与农村金融政策有效衔接，引导更多信贷资金投向"三农"；抓紧制定对偏远地区新设农村金融机构费用补贴办法，确保三年内消除金融服务空白乡镇；创新农村金融产品和服务方式，建立农业产业发展基金，扩大农业保险保费补贴品种和区域覆盖范围，健全农业再保险体系，建立财政支持的巨灾风险分散机制，支持符合条件的涉农企业上市。通过一系列措施的贯彻实施，进一步提高农村金融服务质量和水平，进一步增强有效应对国际金融危机冲击的实际能力。与此同时，2010年中央一号文件还明确指出，要继续加大国家对农业农村的投入力度，完善农业补贴制度和市场调控机制，积极引导社会资源投向农业农村，健全强农惠农政策体系，推动资源要素向农村配置；要提高现代农业装备水平，促进农业发展方式转变，加快改善农村民生，缩小城乡公共事业发展差距，协调推进城乡改革，增强农业农村发展活力。通过一系列措施的贯彻实施，进一步加强农业基础设施建设力度，进一步加大城乡统筹发展力度，进一步提高农村消费市场对国内经济发展的拉动作用。

上述实事分析充分说明，环境因素对决策认识具有十分重要的影响。要制订和实施正确的决策，必须形成正确的决策认识；要形成正确的决策认识，离不开对经济环境、政治环境、社会文化环境及自然资源环境的深入分析和准确把握。

三、一号文件实施对农民工与企业博弈关系的影响

2004 年的一号文件是新中国成立以来中央首次就农民增收问题出台文件。文件的出台源于中央决策认识主体在对种粮农民收入低下和农民工生活状况的深刻认知。文件中多管齐下的惠农决策方案和政策措施打破了农民工和企业原有不合理的博弈关系，体现出决策认识过程中进行主客体间博弈分析的重要意义。

农民工的求职过程可以看做是劳资双方主客体非合作博弈过程。为了便于分析，在不影响结论的前提下，我们先作如下基本假定：首先，在这个博弈过程中存在两个博弈主体（从另一种意义上，也可以认为是主体与客体）：农民工和企业，且二者都是具有理性的"经济人"。农民进城务工的根本目的是为了获取相对于农村较高的收入，企业招聘农民工的目的是获取最大化的经济利润。其次，农民工和企业在决策之前都不知道对方的行动，可以认为他们的行动是在不完全信息环境下同时独立进行的。最后，缺乏工会之类的组织来切实维护劳动者的权利，没有政府干预企业行为。[①] 依据上述假设，可以建立企业与员工的非合作性博弈模型。农民工采取的策略有两个，即进入企业和离开企业。企业选择的策略也有两个，即支付高工资和低工资。对于企业来讲，支付低工资会是其首选策略。劳资双方的策略选择及各自收益如表6—1 所示理论模型。

---

① 周伟忠：《农民工与企业的劳资博弈研究》，《特区经济》2004 年第 4 期。

表6—1 劳资双方的策略选择及各自收益

企业策略 农民工策略	企业	
	高工资	低工资
进入企业	HW, Y	LW, Y'
离开企业	HW, $-C$	LW, $-C'$

资料来源:《农民工与企业的劳资博弈研究》。

从表中可以看出,劳资双方可以形成4种不同组合,分别对应农民工进入企业,企业支付农民工高工资(HW)时,企业获得的收益为(Y);农民工进入企业,企业支付农民工低工资(LW)时,企业获得的收益为(Y');若企业支付高工资(HW),农民工离开企业时,企业的收益为($-C$);企业支付低工资(LW),农民工离开企业时,企业的收益为($-C'$)。当$Y>Y'$时的博弈解,即农民工进入企业工作,企业给农民工支付高工资比给农民工支付低工资能获取更大的收益。其原因可能是高工资策略能提高农民工的积极性,从而使其产出得到提高;或对一些有特殊技能的农民工支付高工资,其边际产出会很高,上述博弈存在唯一的纳什(Nash)均衡点(HW, Y)。对企业而言,支付高工资比支付给农民低工资能获取更大的收益,作为理性的经济人,企业肯定会选择(HW, Y)这一策略,并且一旦选择,便不再更改其策略;对于农民工而言,若企业支付低工资,其会离开企业,但企业已然选择了高工资策略,农民工便没有理由选择离开企业,因此(HW, Y)是该博弈的均衡稳定解。当$Y<Y'$时的博弈解,即农民工进入企业工作,企业给农民工支付高工资比给农民工支付低工资获取的收益要小。其原因可能是高工资策略提高了企业的成本,从而使其收益下降,上述博弈存在唯一的纳什(Nash)均衡点(LW, Y')。对企业而言,支付低工资比支付给农民高工资能获取更大的收益,作为理性的经济人,企业肯定会选择(LW, Y')这一策略,并且一旦选择,便不再更改其策略;对于农民工而言,若企业支付的工资低到超出其忍耐的限度,其会离开企业,形成(LW, $-C'$)组合,在此组合下由于企业选择支付给农民工低工资策略,农民工选择离开企业,企业的收益不是(Y'),而是($-C'$),并且进一步变为现实中的($Y'<-C'$),所以双方博弈的结果是从(LW, Y')过渡到(LW, $-C'$),并且双方在(LW, -

C'）状态下实现博弈均衡，博弈的结果是劳资双方利益都受到损失。

改革开放以来，我国东部沿海城市经济发展迅速，其 GDP 增速及人均收入高出农村地区，企业支付给农民工的工资虽然不高，但与其在农村种地所获得的收入相比，在城市打工获得的工资要高很多，农民工在进城务工和回乡务农之间进行选择，他们会理性的选择前者，这就形成了（LW, Y'）博弈组合，特别是有少量的掌握一技之长的农民工，还有机会获得较高的工资和企业形成（HW, Y）博弈组合，加之中国农村大量剩余劳动力的存在，所以会有大量的农民工涌向东部城市，这就是我国 20 世纪 80 年代末期形成"民工潮"的原因。然而，2004 年初以来，劳动力迁移出现了一种非同寻常的现象，珠三角、长三角、福建等沿海地区劳动密集型企业都出现了"民工荒"，即农民工与企业的博弈从（LW, Y'）组合最终转为（LW, $-C'$）组合。若深究其根源，会发现是中央 2004 年一号文件的下发和落实改变了农民工与企业之间的博弈条件，从而出现了"民工荒"。2004 年 1 月中央下发了一号文件，即《中共中央、国务院关于促进农民增加收入若干政策的意见》，国家通过粮食直补、减免农业税、取消农业特产税、安排更多农村基本建设项目等措施加大了对农业和农村的投入，加上粮价大幅度上涨，农民收入增长势头良好。2004 年上半年，农村居民人均现金收入 1345 元，同比增长 16.1%，扣除价格因素，实际增长 10.9%，同比增长 8.4 个百分点；农民的工资性收入增长 13.9%，出售农产品现金收入增长 18.9%，家庭经营收入增长 15.4%。与此同时，农民人均税费负担减少 27.2%，其中农业税减少 11.3%。相反，据国务院发展研究中心的报告指出，珠三角地区农民工的工资增长幅度 12 年中只有 68 元。例如，当时东莞的最低工资限制虽有上涨，从 1995 年的 320 元上涨到 2003 年的 450 元，8 年来递增 4.35%。但与同期该市 GDP 每年递增 21% 相比，其最低工资增幅显然远远落后。这样对于农民来说一方面是在城市打工收入增长缓慢，并且承担着被拖欠的风险；另一方面是随着中央一号文件中惠农政策的落实使务农的相对效益提高，农民增收的预期相对较好，原先在城市打工的部分农民工自然会选择"用脚投票"，返回农村，这样就出现了"民工荒"。"民工荒"直接导致我国城市化进程的减慢，给城市居民的社会生活带来诸多不便，对我国经济高速增长产生消极影响。

当然，"民工荒"的出现并不利于我国经济社会发展，这也不是 2004 年中央一号文件决策的本意。在一号文件的起草过程中，起草小组成员就得到一组数据：根据第五次人口普查的资料，在我国第二产业就业人员当中，农业户籍的就业人员已经占到 46.5%。在制造业就业人员当中，农业户籍的就业人口已经占到 57.6%；在建筑行业，农民工已经占到 80%。由此可见，农民工在我国经济社会发展中发挥着巨大的作用。但是与其巨大作用极不相称的是农民工的各方面待遇却没有相应的跟上，他们的合法权益没有得到应有的保护。正是基于这一认识，中央高层领导集体制定了双管齐下的方案。一方面加大对种粮农民的补贴，另一方面又出台各种措施保护进城务工人员的合法权益。例如，2004 年中央的一号文件指出"进城就业的农民工已经成为产业工人的重要组成部分，为城市创造了财富、提供了税收。城市政府要切实把对进城农民工的职业培训、子女教育、劳动保障及其他服务和管理经费，纳入正常的财政预算，已经落实的要完善政策，没有落实的要加快落实。对及时兑现进城就业农民工资、改善劳动条件、解决子女入学等问题，国家已有明确政策，各地区和有关部门要采取更得力的措施，明确牵头部门，落实管理责任，加强督促检查，健全有关法律法规，依法保障进城就业农民的各项权益。推进大中城市户籍制度改革，放宽农民进城就业和定居的条件。"这样就打破了农民工与企业之间原有不合理的博弈链条，使得企业为应对"民工荒"带来的损失而加大企业内部人力资本的投入。再者，如果用发展的眼光来看待问题的话，"民工荒"也可以激励企业优化产业结构，提升产品结构，增加产品附加值，有利于企业长远发展。

第三节　决策认识的七个具体案例

近年来，国内外重大突发事件层出不穷，金融危机和经济秩序动荡不安，不同利益组织和集团之间各种利益博弈较量日趋激烈。虽然这些现象和事件的发生，都有其特定的背景、特殊的原因、特别的过程和特有的结果，但是从决策认识论的理论视角去对其进行审视和分析，则可以找出一些共有的原因、共同的特征、共性的规律。因此，对国内外重点、焦点、热点、难点问题和事件进行决策认识理论视域角度方面的深度研究和案例分析，具有十分重要的实践指导作用和历史借鉴意义。

一、在"非典"和汶川地震事件中信息对决策认识的影响

2002 年 11 月 16 日，广州市的医学专家到佛山市禅城区为一名身患"怪病"的患者会诊。该患者持续高热、干咳，肺部经 X 光透视呈现阴影。然而，使用各种抗生素却毫不见效（该患者后来被认为是广州市也是全国首例 SARS 患者），当地医院救治过该病患者的医务人员均有感染发病，症状与病人相同。以此为始，这种当时被人们称为"非典型性肺炎"的"怪病"逐步蔓延肆虐，在全国乃至全世界掀起了一场极大的波澜。从 2002 年 11 月 16 日广州发现第一例非典患者开始，到 2003 年 8 月 16 日中国最后两名非典患者走出北京地坛医院为止，中国内地共有 24 个省、自治区、直辖市报告非典病人 5327 例，死亡 348 例。"非典"肆虐的初期，由于虚假和失真的信息导致的决策认识失误，及其造成的经济上的巨大损失、社会秩序的极其混乱以及人民群众内心的极度恐慌，都成为我国建国以来的典型事例。

2008 年 5 月 12 日，是一个惨痛的日子。这一天，我国四川的汶川一带发生了 8 级大地震。汶川大地震震动了中国，也震动了世界。与几年前"非典"爆发期间不同，各级政府和有关部门快速反应、及时公开信息的表现令人瞩目。汶川地震发生后，中央和各地权威部门通过报纸、电视、广播、手机短信等各种渠道，第一时间向社会发布震情、灾情。及时、通畅的信息披露，极大地消除了社会的焦虑和恐慌。

同样是面对史无前例的巨大灾难，决策认识主体对信息的不同态度和处理方式，使得决策认识的结果以及人们对决策认识主体的评价大相径庭。本书运用比较研究的方法，从不同的视角分析这两次重大危机事件处理过程中决策认识主体截然不同的信息处理方式及其产生的后果，以进一步凸显和印证信息对决策认识的重大影响。

（一）信息真实性决定危机事件决策认识的正确性

信息在决策认识过程中担当了重要的角色，对决策认识的科学性、正确

性起着举足轻重的作用。没有丰富的、真实的信息作为基础，决策认识就成为无源之水、无本之木。从决策认识失败的教训中不难发现，导致决策认识失误的一个非常重要的原因就是决策认识信息的虚假。虚假的信息使决策认识主体对需要解决的问题形成了错误的认识，从而使决策认识所依据的事实前提出了差错，在这种情况下产生决策认识失误也就是意料之中的事情了。

　　"非典"疫情发生初期，决策认识的阶段性失败即源于此。据介绍，2003 年 4 月初北京的"非典"疫情已经相当严重了，仅 309 一家医院就收治了 60 例"非典"病人；到 2003 年 4 月 3 日，已有 6 人死亡。然而，就在当天的国务院新闻发布会上，卫生部却宣布：截至 3 月 31 日，北京"非典型肺炎"感染病例为 12 例，死亡 3 例。2003 年 4 月 7 日卫生部公布的数字是：北京"非典"病例 19 例，死亡 4 例。2003 年 4 月 10 日，在国务院新闻办举行的记者招待会上，卫生部公布：北京"非典"病例 22 例，死亡 4 例。针对某些记者的质疑，卫生部有关官员的回答是："今天通报的疫情包括地方医院和部队医院所有目前能够确诊的病例数字，包括广东、北京、山西等几个省的数字，这个数字是准确的"。2003 年 4 月 20 日，随着卫生部与北京市两位主管官员的去职，政府在"疫情"统计、发布机制方面进行了重大调整，在纠偏、堵漏的基础上，将准确的疫情数字公布出来。根据统计，这一天北京确诊的"非典"病例为 339 例，疑似病例 402 例。仅仅 5 天的时间，"非典"病例从 37 例一跃而至 339 例，多出 302 例，增加了 9 倍多。突然增加的 9 倍多的数字和其后每日以 3 位数跃升的新增病例数，使人们感到了前所未有的恐慌，人们不再完全相信政府公布的数据，各种谣言占据了人们行为选择的依赖中心。例如，传言北京要封城，要封闭机场、高速公路，要实行"戒严"。为此，大批北京市民涌向超市抢购大米、油、盐和醋等生活用品。口罩、板蓝根、温度计甚至消毒液严重缺货，2003 年 4 月 13 日北京同仁堂推出"新型肺炎用药水"的"预防药"后，两万瓶在 4 小时内售光。

　　与"非典"事件相反，汶川地震从发生一直到随后的抢险救灾，我国各级政府决策认识主体都遵循了真实的信息处理原则，做出了科学的决策认识方案。首先，每天公布统计的最新伤亡数据。电视新闻、广播电台不间断 24 小时直播抗震救灾一线动态，卫生部等权威部门每天公告最新地震受伤住院治疗人数、出院人数、遇难人数、失踪人数、转移治疗人数，以及捐赠情况、灾后次生灾害及防治工作进展情况等。为保证数据的真实性和准确性，有关部门还邀请中外记者团前往地震灾区采访。由数十家中外新闻媒体组成的记者团抵达四川地震灾区采访。其中既有美联社、路透社、《纽约时报》等外国媒体记者，也有《香港经济日报》、澳门澳亚卫视、台湾中央社等港澳台媒体记者。国务院新闻办每天都举行一场新闻发布会，四川省政府也举行多场新闻发布会，中央及地方的广播电台、电视台都全天候直播抗震救灾的最新进展，其他平面媒体、网络媒体等也都高度关注并及时报道有关的灾害和救灾信息。[①] 特别是开放境外媒体及时赴灾区参与报道的做法，不仅使各种谣言不攻自破，而且使中国政府的公信力、号召力和影响力在世界范围内迅速提升。其次，主流媒体及时发布权威信息，主动公开辟谣。地震无疑是一场重大灾难，关系众多民众的切身利益，信息的不确定和滞后很容易造成谣言四起。在汶川地震发生后的 5 月 12 日下午，北京就盛传晚 10 时到 12 时北京有地震，重庆网上传言晚上会有余震，上海也谣传沪浙交界处发生 5.7 级地震。面对谣言，各地地震部门都很快进行了辟谣，谣言在权威信息下立刻停止了传播。震感也引起贵州一些群众的猜测和不安，贵州有关部门迅速通过手机短信和网络等现代传播手段，及时告知公众"贵州处于非地震带"，"此次地震对贵州没有大的影响"等安民信息，使不实传言迅速消失，人心很快趋于安定，生产生活秩序几乎没有受到干扰。

（二）信息处理效率影响危机事件决策认识的形成速度

信息处理的效率对于决策认识的形成具有催化和促进作用。一方面，基层决策认识主体以其特有通达灵敏的判断能力，将上下左右、四面八方传来的信息迅速汇集筛选，为高层决策认识主体形成决策认识方案提供必要的条件。另一方面，信息传递过程中程序鲜明，有助于减少行文数量和行文环节，加强部门、地区之间的沟通，加速工作运转，从根本上提高信息传递的效率，为决策认识方案的快速形成提供时间保证。

"非典"疫情发生初期，有关决策认识主体对突如其来的疫情信息缺乏

---

① 杨学文：《从汶川大地震看我国政府危机管理的六大特点》，《长江论坛》2008 年第 3 期。

充分认识，没有形成正确的决策认识，没有对身染"非典"的患者进行隔离，导致了疫情的扩散。早在 2002 年 11 月中旬，广东便发现了 SARS 病人。但令人遗憾的是，直到 2003 年 2 月 11 日左右，广州市政府才公布疫情，宣传预防办法。直到 2003 年 3 月中旬，广州白云机场才要求出境旅客缴交健康登记表，对有类似 SARS 症状的旅客进行检查。在此期间，即 2003 年 1 月到 2 月初，恰逢中国农历新年，广东 1800 万外省籍职工春节回乡探亲。他们对可怕的疫情一无所知，染病者还毅然回乡，造成了疫情在全国范围内的传播和扩散。2003 年 2 月 17 日，湖南省报告的首例病人，即为在广东打工的湘籍打工者，染病后返回家乡。2003 年 3 月 1 日，北京接收的第一例 SARS 患者即是在广东从事珠宝生意的山西籍女子于某，她来北京求治。宁夏的首例输入型 SARS 患者赵某即是 3 月 28 日从北京出差染病归来，医治无效死亡，最终导致了 SARS 在宁夏的蔓延。与此类似，我国绝大多数省区的首例 SARS 患者都是病患者在地区间流动导致的输入型病例。[①]

与非典期间决策认识主体对危机信息处理的低效迟钝截然相反，汶川大地震发生在 2008 年 5 月 12 日下午 14 时 28 分，在地震发生后 18 分钟，即 5 月 12 日 14 时 46 分，新华网便发布消息：四川汶川发生 7.8 级强烈地震（后修订为 8 级）。紧随其后，国内各主要门户网站的头条都是此条消息。不到 1 个小时，中共中央总书记胡锦涛同志立即做出重要指示，要求尽快抢救伤员，保证灾区人民生命安全，并立即缩减出访行程，提前回国指导抗震救灾。国务院总理温家宝同志第一时间赶赴灾区第一线指导救灾工作。之后，距地震发生 2 小时 21 分钟，国家地震局召开新闻发布会，针对汶川地震中国地震局已启动一级预案。解放军紧急启动应急预案，成都军区 5000 人赴汶川地震灾区……而地震波及的地区，地方政府则及时发布地震之后的最新情况。例如，广东、广西等地迅速启动应急预案，免费发送 420 万条地震应急短信，及时发出权威声音解释情由，稳定民众的情绪，进行有组织的应对，维护市场和社会生活秩序等，免致谣言四起。[②] 汶川地震发生后政府决策认识主体对信

---

① 何海燕主编：《危机管理概论》，首都经济贸易大学出版社 2006 年版，第 283 页。
② 张庆娜：《从 5·12 汶川大地震看政府信息公开》，《新闻知识》2008 年第 6 期。

息的及时处理，并在此基础上形成的科学有效的决策认识方案，为随之展开的抢险救灾赢得了时间，为党和政府赢得了民心。

（三）信息处理原则影响危机事件决策认识的价值取向

在决策认识方案的制订过程中，决策认识主体会面临许多错综复杂的信息，不同的信息处理原则和方法直接影响决策认识的价值取向。我国现行的管理体制和绩效考核体系的局限性，导致各级部门的行为自然倾向于尽量"报喜不报忧"，主管官员往往倾向于瞒报灾难的真实情况，以免惊动上级部门，影响自己的切身利益。

这种"报喜不报忧"现象在"非典"肆虐的初期尤为明显，导致了严重的后果。从已确认的数字看，2003年4月初北京市的"非典"疫情已经呈扩散的趋势，继发性的"非典"患者人数不断增加。然而，在2003年4月3日召开的关于非典型肺炎的国务院新闻发布会上，卫生部却向与会的200多名中外记者表示："中国局部地区的非典型肺炎疫情已得到有效控制"。为了便于记者充分报道，还特意将这句话在不同的回答中重复了多次。自此，"中国局部地区的非典型肺炎疫情已得到有效控制"，就成为媒体报道的一个基调。这一信息通过中央电视台直播出去，通过新华社的通稿传播出去，通过首都各家报刊的大字标题传播出去，就形成了一种舆论定式。另外，在"非典"流行初期的宣传报道中，"输入性"也是政府有关部门及媒体反复强调的一个关键词。"输入性"一词的反复强调，给人两个印象：其一，"非典"是外来的；其二，"非典"疫情被阻断，没有形成传染链，不会造成大面积的传播。这些遵从"报喜不报忧"的原则所进行的信息传播和处理，麻痹了"非典"初期各个层面的决策认识主体对危机的高度警觉意识，使得他们在形成决策认识时错看了形势，造成了严重的决策认识失误。

与此相反，汶川地震发生后，主流新闻媒体本着对人民负责的态度，遵循"客观公正，实事求是"的信息处理原则，对地震灾区的各种情况进行真实的报道和反映。大量真实的信息，为决策认识主体形成正确的决策认识提供了真实、可靠的依据。地震发生后，胡锦涛同志立即做出重要指示，要求尽快抢救伤员，保证灾区人民生命安全。温家宝同志亲赴地震灾区，强调要争取用三个月时间，把灾区安排有序，使灾民能够过上正常生活。当最初统计出来确切的伤亡人数达 2 万人时，中央电视台在新闻中如实报道，并指出预计伤亡人数可能超过 5 万人。正是在真实信息的警示下，民政部和国家减灾委在地震发生约 1 个小时后启动了应急救灾二级响应，并在当日晚 10 时将响应等级提升为一级响应。中国红十字会立即启动自然灾害救助一级响应预案，迅速调拨物资救助灾民。解放军总参谋部也立即启动应急预案，要求按照应急预案做好抢险救灾准备，随时准备投入抢险救灾。对地震引发的次生地质灾害，国土资源部及时向社会通报。地震部门还发布了甘肃、陕西将会发生强烈余震的预告消息。此后，地方政府还及时公布堰塞湖位置，通告应对措施，引导组织人们向安全地区转移。

二、三鹿奶粉危机事件中政府和企业不同的决策认识

三鹿"肾结石"奶粉事件最早从 2008 年 3 月为公众所知。当时南京儿童医院发现全国首例肾结石婴儿病例，三鹿集团马上就接到消费者投诉，但是其坚称送专业检测没有问题。经媒体事后报道，河北三鹿集团 2008 年 4 月就发现其婴幼儿配方奶粉存在质量问题。6 月中旬，该集团已陆续接到食用三鹿配方奶粉的婴幼儿患"肾结石"的信息。6 月 30 日，国家质检总局食品生产监管司的"留言查询"栏目中，有消费者举报称湖南儿童医院有五名婴儿已被查出患有"肾结石"。7 月，在长沙治病的患儿多位家属获得了相关部门对三鹿奶粉的检测报告，检测结果皆为"合格"。7 月 16 日，甘肃省卫生厅接到了多起婴幼儿因食用三鹿婴幼儿配方奶粉而患肾结石的报告。该厅随即要求当地医疗机构进行流行病学调查，并上报卫生部。8 月 29 日，湖北省同济医院小儿科接收了三名"肾结石"婴儿，这三名患儿分别来自河南、江西和湖北。据其家长反映，其孩子食用的是"三鹿"牌婴幼儿配方奶粉。到 2008 年 9 月，甘肃、江苏、陕西、山东、安徽、湖南、湖北、江西、宁夏接连发生婴儿异常患上肾结石病例，初步调查这些婴儿患病前都食用三鹿奶粉。但是刚开始时媒体对此事件的报道一直都含糊其辞，从 2008 年 9 月 8 日甘肃《兰州晨报》等媒体以"某奶粉品牌"为名爆料"问题奶粉"事件开始，震惊国人的"奶粉事件"拉开帷幕。据卫生部副部长马晓伟介绍，截至 9 月 15 日，全国医疗机构共接诊、筛查食用三鹿牌婴幼儿配方奶粉的婴幼儿近万名，

临床诊断患儿1253名，其中2名已死亡。作为此次事件的始作俑者河北省石家庄市三鹿集团、负有直接监管责任的国家质检总局以及当地政府等相关部门，在处理此次食品安全事故的过程中所形成的决策认识和做出的决策各不相同，这就决定了他们在公众心目中的形象和各自为此次事件所承担的不同后果和责任。

（一）三鹿集团在处理奶粉危机事件中的决策认识

在危机事件爆发初期，三鹿集团从维护自身企业利益的决策认识出发，做出了一系列消极避祸的决策。事件爆发初期，三鹿集团决策层拒不承认自己产品有问题。"我们可以肯定地说，我们所有的产品都是没有问题的"成为三鹿集团各方对事件的统一回应口径。面对社会各界与媒体的纷纷质疑，三鹿集团传媒部声称："我们公司十分关注此事件，目前已派人员前往甘肃参与调查。三鹿是奶粉行业品牌产品，严格按照国家标准生产，产品质量合格，目前尚无证据显示这些婴儿是因为吃了三鹿奶粉而致病。如果真的有这样的问题，相信质检部门会查个水落石出。三鹿集团委托甘肃权威质检部门对三鹿奶粉进行了检验，结果显示质量是合格的。"① 中国西部天地商贸公司（三鹿集团合作公司）周浩义董事长对记者信誓旦旦地说："一个月前，我们听到了一些情况反映，也是消费者反映，他们的孩子食用了我们的奶粉后，身体不舒服。因此，我们主动找到省卫生厅，通过省卫生厅上报卫生部，把我们所有流放市场的系列产品送样进行了检测，结果是我们的产品没有一样不合格。因为我们的产品都是严格按照国家标准生产和检测的，我们的态度也是对消费者高度负责的。我们可以肯定地说，我们所有的产品都是没有问题的。""患病婴儿都在食用价格在18元左右同一品牌的奶粉"，就这一问题，周浩义声称："2008年，由于原材料价格上涨等因素，我们企业的奶粉最低零售价都在25～30元，今年我们企业没有18元价位的奶粉。至于市场上18元价位的奶粉究竟是怎么回事，我们不清楚。我们三鹿慧幼系列奶粉的价格也都在20多元每包，根本不存在18元的价格。而根据市场发展的情况，我们以后要将低端奶粉产品慢慢停掉，走高端产品之路是必然的。"三鹿集

---

① 刘华宾：《三鹿集团回应奶粉事件：产品质量经检测合格》，东方网2008年9月11日。

团传媒部崔彦锋部长告诉记者："作为具有 60 多年历史的国家知名企业，三鹿几乎成了我国奶粉的代名词，因此我们具有极高的社会责任感，婴儿奶粉是专门为婴儿生产的，在生产中对理化、生物、卫生等标准也是完全按照国家配方奶粉的标准执行并全面检测的。而这段时间我们听到的各种声音都有，由于原因不明，我们也觉得很困惑，这也是业界、专家的困惑，因此我们也希望消费者能够去检测，也希望国家权威检测部门能够尽快给出一个有力的检测报告，因为我们来就是为了解决问题的，而不是遮掩问题的。当然，我们可以肯定地说，我们所有的产品都是没有问题的。"

在事件爆发的初期，三鹿集团的决策认识主体虽然承认此次事件与自己有关，但由于考虑到企业赢利和业绩，他们只是派出一些人员到甘肃调查，而没有主动暂时停止市场销售该类奶粉，没有对已售出的进行召回，也没有与有关部门主动沟通进行进一步检验分析，以澄清事实真相。他们认为如果儿童的病因与三鹿婴幼儿奶粉有关，那么三鹿肯定逃不脱社会公众的谴责和法律的惩罚。如果国家质检总局检验结果证明不是奶粉的问题，停售和召回产品则会严重影响三鹿集团的利益。综合权衡，在处理此次事件过程中三鹿肯定要遭受一定的损失。但是为了把自身利益的损失降到最低，他们选择了推卸责任和消极等待处理结果。三鹿集团为这种消极避祸的决策认识付出了沉重的代价，几十年创业积累的在消费者心目中的良好形象一去不复返，公众纷纷抨击三鹿集团的决策认识主体缺乏社会道义和良知。

随着事件的演进，三鹿集团饱尝了其自身错误决策认识的苦果。2008 年 9 月 11 日卫生部指出，近期甘肃等地报告多例婴幼儿泌尿系统结石病例，调查发现患儿多有食用三鹿牌婴幼儿配方奶粉的历史，经相关部门调查高度怀疑石家庄三鹿集团股份有限公司生产的三鹿牌婴幼儿配方奶粉受到三聚氰胺污染。卫生部专家指出，三聚氰胺是一种化工原料，可导致人体泌尿系统产生结石。与此同时，三鹿集团的决策层看到事态进一步恶化，不得不发布产品召回声明，称经公司自检发现 2008 年 8 月 6 日前出厂的部分批次三鹿婴幼儿奶粉受到三聚氰胺的污染，市场上大约有 700 吨，并且声称是不法奶农掺入三聚氰胺。9 月 13 日，三鹿集团被有关部门通知立即停产整顿。9 月 15 日，三鹿集团副总裁张振岭通过媒体公开向全国公众道歉。9 月 16 日，石家庄市委决定，由于三鹿集团法定代表人田文华对事故负有很大责任，责成新华区委免去田文华三鹿集团党委书记职务，按照董事会章程及程序罢免田文华董事长职务，并解聘其总经理职务。

三鹿"问题奶粉"事件给我们的启示是，社会主义市场经济是法制经济，是契约信用经济，同时也是道德经济。企业作为一个与社会休戚与共的组织实体，不仅要关注自身的赢利，而且要承担相应的社会责任。企业的决策认识主体应该认识到自己的决策认识不仅要从企业自身的经营状况出发为企业及其员工谋取最大利益，而且要深刻地认识到自己的决策认识受经济、政治、文化、社会和自然资源环境以及社会生态文明等环境的影响和制约。企业的决策认识主体要为自己的决策认识失误负道德责任、法律责任以及政治责任。

（二）党和政府在处理三鹿奶粉危机事件中的决策认识

面对三鹿"问题奶粉"事件的爆发，各级政府部门基于不同的立场、目的和利益诉求，所采取的态度措施和持有的决策认识观点观念也不尽相同。

1. 党中央、国务院对人民高度负责的决策认识

三鹿"问题奶粉"事件爆发后，党中央、国务院反应迅速，在接到地方报告的第一时间，即2008年9月11日，国务院就立即决定成立"肾结石奶粉事件"联合调查组，农业、公安、质检、工商、食品药品监管等部门及相关专家当日赶赴奶粉生产企业所在地展开调查，并要求各地上报"有三鹿牌婴幼儿配方奶粉喂养史患泌尿系统结石婴幼儿有关情况"。9月13日，国务院启动国家重大食品安全事故Ⅰ级响应，成立三鹿牌婴幼儿配方奶粉重大安全事故应急处置领导小组，由卫生部牵头，国家质检总局、工商总局、农业部、公安部、食品药品监管局等部门和河北省人民政府参加。卫生部部长陈竺和卫生部党组书记、常务副部长高强共同担任领导小组组长。高强当日通报称，已初步查明肾结石患儿服用的奶粉中含有三聚氰胺是主要致病原因。国务院联合调查组认为，"这是一起重大的食品安全事故"。紧接着卫生部办公厅发出通知，要求全国各医疗机构做好肾结石患儿的诊疗工作，对患儿全部实行免费医疗。卫生部办公厅还组织成立卫生部婴幼儿泌尿系统结石诊疗专家组。国家质检总局组织对全国所有婴幼儿奶粉企业实施专项监督检查，

要求各级质检部门进入应急状态，要求把专项监督检查的范围扩大到"所有乳制品"。

中央政府的这一系列应急措施，都源于中央高层决策认识主体对人民生命财产的高度重视和负责。2008年9月17日，温家宝同志主持召开国务院常务会议，决定在全国全面检查奶制品，整顿奶制品行业。在这次会上，国家高层决策主体本着"向人民做出交代"的决策认识做出了一系列处理三鹿奶粉事件的重大决策：一是要认真落实中央最近做出的部署和各项政策。全力救治患者，落实免费治疗政策，尤其要重视对农村和边远地区婴幼儿患者的检查。二是不合格的产品要全部下架、封存和销毁，不留死角。三是对奶制品进行全面检查，整顿奶制品行业，使奶制品的质量安全和市场秩序有一个根本性的改变。四是严格监管奶制品生产企业，监管部门派出驻厂人员，对每一批次出厂产品进行严格检验，确保生产的乳制品质量安全。五是尽快修订监管法规，严格法律追究制度。六是对奶农实施扶持政策，支持产品质量好的企业增加生产，确保市场供应，尽快恢复奶制品行业的健康发展。七是彻底查明事故原因，及时公布调查结果。坚决依法惩处违法犯罪分子，对负有责任的企业、监管部门和行政负责人要严肃追究责任，向人民做出交代。① 9月21日，温家宝同志还身体力行，亲自到北京市医院、社区和商场，看望在"三鹿奶粉"事件中患病的儿童，了解救治情况和奶制品市场，并保证政府一定严查事故相关责任人，免费为患病儿童治病。"向人民做出交代"的决策认识以及在此基础上所做出的一系列决策，充分体现了中央政府是一个负责任的政府，是想人民之所想，急人民之所急，把人民的生命财产安全放在第一位的政府。特别是2008年9月19日，胡锦涛同志在全党深入学习实践科学发展观活动动员大会暨省部级主要领导干部专题研讨班开班式上发表重要讲话，进一步指出："今年以来，一些地方发生重大生产安全事故和食品安全事故，给人民群众生命财产造成重大损失。从这些事件中反映出，一些干部缺乏宗旨意识、大局意识、忧患意识、责任意识，作风漂浮、管理松弛、工作不扎实，有的甚至对群众呼声和疾苦置若罔闻，对关系群众生命

---

① 《国务院常务会决定全面检查奶制品整顿奶制品行业》，《人民日报》2008年9月18日。

安全这样的重大问题麻木不仁。我们对这些事件及其后果的严重性必须充分估计，对其中的惨痛教训必须牢牢记取。这些事件再一次告诫我们，只有抓紧解决党员干部队伍中存在的突出问题，使全党同志始终坚持立党为公、执政为民，始终坚持以人为本，始终把人民群众安危冷暖放在心上，我们党才能更好地带领广大人民群众为夺取全面建设小康社会新胜利而奋斗。"① 正是出于这种深切关心人民群众安危冷暖的决策认识，我们党和国家的领导集体责令各级政府严查事故责任人，从中央到地方刮起了一股强劲的官员问责风暴。2008 年 9 月 17 日三鹿集团原董事长、总经理田文华被刑事拘留，河北省省委常委、石家庄市委书记吴显国和石家庄市市长冀纯堂被免职，国家质检总局局长李长江引咎辞职。

2. 石家庄市委市政府责任缺位的决策认识

2008 年 9 月 12 日，时任三鹿集团董事长兼总经理田文华接受媒体采访时称，"我们在这次事件发生之前，已在内部检测出了相关的问题，我们也就检测结果跟有关部门进行过汇报。"事后石家庄市政府副秘书长、市政府新闻发言人王建国对记者说，8 月 2 日石家庄市政府领导接到三鹿集团《关于消费者食用三鹿部分婴幼儿配方奶粉出现肾结石等病症的请示》，称"怀疑三聚氰胺来源可能是所收购的原料奶中不法奶户非法添加所致，恳请市政府帮助解决两个问题，一是请政府有关职能部门严查原料奶质量，对投放三聚氰胺等有害物质的犯罪分子采取法律措施；二是请政府加强媒体的管控和协调，给企业召回存在问题产品创造一个良好环境，避免炒作此事给社会造成一系列的负面影响"。由于石家庄市政府的决策认识主体在政治上敏感性较弱，因此没有充分认识到三鹿"问题奶粉"事件的严重性，没有上升到事关全局、事关人民群众生命健康的高度去认识、去看待三鹿集团反映的问题。石家庄市政府作为决策认识主体在此次重大危机事件中缺乏详尽的、前瞻性认识和分析，错误地认为只要采取了必要措施、提高了产品质量，就能够挽回影响、减少损失。

---

① 《切实搞好深入学习实践科学发展观活动，把贯彻落实科学发展观提高到新的水平》，《中国青年报》2008 年 9 月 20 日。

在这种错误的决策认识下，石家庄市政府所形成的只是一些局部性的决策认识方案，如立即责成公安机关组织力量，对奶站、奶厅涉嫌非法添加三聚氰胺的行为进行调查，并由主管副市长带队，组成工作组，赶赴三鹿集团，帮助企业进行事故处理。对反映反馈到三鹿集团的婴幼儿患者进行走访和调查，对因食用三鹿婴幼儿配方奶粉产品造成疾病的患者给予帮扶救治；督促三鹿集团投资 500 多万元进口了专用检测设备进行专项检测，督促企业派出 400 名员工，对挤奶、储奶、运奶、交奶过程进行全程监控；回收市场上三鹿婴幼儿配方奶粉，到 9 月 10 日累计收回奶粉 8210 吨，封存 2176 吨，约占市场总量的 90%。然而，由于石家庄市政府向上级机关迟报信息，再加上三鹿婴幼儿奶粉的销售网点遍布全国，仅凭石家庄市政府自身的有限力量根本没有办法有效控制"问题奶粉"在全国的进一步扩散，最终导致了蔓延全国的重大食品安全责任事故，给消费者特别是食用三鹿婴幼儿配方奶粉的婴幼儿造成了巨大的伤害，给我国的乳制品行业带来了巨大的损失，严重影响了党和政府的形象。

与此次事故有关的石家庄市决策认识主体，为错误的决策认识承担了应有的责任。2008 年 9 月 16 日石家庄市及省有关部门对三鹿牌婴幼儿配方奶粉事件相关责任人做出处理决定，主管副市长及三名局长被免职。鉴于石家庄市政府分管农业的副市长张发旺对三鹿牌婴幼儿配方奶粉重大安全事故负有领导责任，2008 年 9 月 16 日石家庄市第十二届人大常委会第五次会议决定免去张发旺石家庄市政府副市长职务。鉴于石家庄市畜牧水产局对收奶小区、奶站、奶厅管理混乱负有责任，2008 年 9 月 15 日市委决定免去孙任虎石家庄市畜牧水产局党组书记职务，2008 年 9 月 16 日石家庄市第十二届人大常委会第五次会议决定免去孙任虎石家庄市畜牧水产局局长职务。鉴于石家庄市食品药品监督管理局和石家庄市质量技术监督局查处重大安全事故不力，2008 年 9 月 16 日河北省食品药品监督管理局党组决定免去张毅石家庄市食品药品监督管理局局长、党组书记职务；河北省质量技术监督局党组决定免去李志国石家庄市质量技术监督局局长、党组书记职务。①

① 石巍：《河北就三鹿奶粉事件展开"问责风暴"》，《中国食品质量报》2008 年 9 月 18 日。

三、"水源门"事件爆发与康师傅决策认识失误的关系

2008 年 7 月 24 日，一位网民发表一篇题为《康师傅：你的优质水源在哪里?》的帖子。从此，国内包装水行业龙头——康师傅控股有限公司便陷入了"水源门"事件。这位网民在此帖中爆料，他曾潜伏到康师傅公司位于杭州经济技术开发区四号大街 27 号的生产基地，考察后发现该基地附近根本没有所谓"优质水源"，唯一的自然水源就是污染严重的钱塘江，于是他判断"康师傅公司要么用自来水加工，要么用脏兮兮的钱塘江水"。由此可见，康师傅矿泉水根本就没有所谓的"优质水源"，而是用自来水经过纯净水生产工艺处理、灌装。此帖中矛头直指的"优质水源"是指康师傅公司在此前央视高频率轰炸的电视广告《优质水源篇》：广告一开始，就是一句"选取了优质水源"。此帖发出后引起了网民的公愤，纷纷发帖指责康师傅公司的虚假宣传。

（一）"水源门"事件源于康师傅非科学的决策认识

康师傅"水源门"事件的危机源头是康师傅公司不妥当的广告宣传措辞。众所周知，当前国内的包装水市场上，纯净水（包括从纯净水衍生而来的矿物质水）和天然水是主要的两大竞争阵营。与天然水阵营相比，水源问题是矿物质水的先天弱点所在。即使是与同样采用自来水作为原料的其他纯净水或矿物质水品牌相比，康师傅公司也难以占据水源上的话语优势。但是康师傅公司却敢冒天下之大不韪，把"优质水源"作为其最大的卖点。就如当年乐百氏用"27 层净化"来吸引公众一样，"优质水源"是一把"双刃剑"，它在给企业带来巨大利润的同时，也潜藏着巨大的风险。一旦人们知道其采用的不是优质水源，康师傅公司在公众心目中的形象将受到极大的损害。

国内外有关危机管理的专家都认为应对危机的最好方法就是"预防"。因此比较成熟的决策认识体系都有相对完善的"危机预警系统"。作为"优质水源"缔造者的康师傅控股有限公司的决策认识主体，应该比外界的媒体和消费者更早意识到决策认识危机的存在。更令人不可思议的是，康师傅公司在广告词方面的隐患在"水源门"事件之前早已有所征兆：2008 年 6 月康

师傅公司曾因标签上标注产品中含有"游离态钾"，被专业人士提出质疑，指出康师傅矿物质水包装上"水中含有游离态的钾"的说法，违背了化学常识。除此之外，标签上镁离子和钾离子写法也是不规范的。因此，法律专家指出康师傅公司涉嫌违规宣传。由于康师傅公司决策认识主体的认识不足，他们没有认识到"优质水源"中潜藏的危机，更没有建立一个相对完善的危机预警体系，最终导致了"水源门"事件的爆发。

（二）"水源门"事件中康师傅的被动源于失误的决策认识

在组织危机处理中的一个通用的常识就是："无论做什么，都比什么都不做好。"当组织因自己的产品或服务遭到质疑时，千万不要选择沉默或消极等待，不要一厢情愿地认为质疑会从此平息。当组织自身即决策认识主体选择沉默的时候，等于是把发表意见的话语权拱手让给别人。更为糟糕的是外界的谣传往往会给处理危机带来更大的困难。自从网民发帖爆料对康师傅公司"优质水源"的言论后，广大消费者便陷入了对康师傅矿泉水的迷惑与质疑当中，随后媒体的报道又铺天盖地而来，公众亟须康师傅公司说明真相。然而，康师傅公司的决策认识主体却认为自己在矿物质水行业里算是大规模企业，如果一开始就表态道歉，会造成不必要的影响。基于这种错误的决策认识，康师傅公司并没有在最短的时间和最佳的时机内给消费者一个满意的答复，这样就使得广大消费者产生了对康师傅公司的严重不满情绪，康师傅公司遭遇了严重的信任危机与品牌危机。

（三）康师傅危机事件源于一系列失误的决策认识

企业的形象最终取决于企业自身产品的质量及其在公众心目中的评价。在处理面临的危机事件过程中，无论企业组织为缓解危机做出多少努力，最后都要经过公众的"审核"，企业才能"过关"。企业无法替代公众进行选择和思考，更不能把自己的结论强加于公众。在危机处理的过程中，企业组织是否能走出困境取决于公众的意愿和立场，而不是企业自身。康师傅公司的决策认识主体正是由于没有正确认识到公众在组织处理危机事件中的作用，因此接连出现了重大的决策失误，致使其在事件中越陷越深。

在"水源门"事件中，康师傅公司不仅反应缓慢，而且在时隔半个月之后康师傅公司的决策认识主体给公众的答复也很牵强。2008年8月6日，康师傅公司发布了一篇"说明",为自己使用自来水作为产品水源的行为做出辩解,即《"康师傅饮用矿物质水"的说明》:"该公司生产之'饮用矿物质水',系以纯净水的基础再添加符合'食品添加剂与营养添加剂'国家标准的矿物质原料,完全符合国家标准 GB10789 饮料通则中有关'饮用矿物质水'品类的定义。同时,考虑产品安全与卫生,本公司使用水源,无论是使用自来水、地下水或其他天然水,都符合国家标准 GB5749'生活饮用水卫生标准'。生产完全符合国家质量安全标准相关规范。同时,我公司国内各生产基地,均以严格的生产工艺,在国家标准相关规范下制成具有全国一致标准的矿物质水系列产品,请消费者安心饮用。"[1] 康师傅公司试图向消费者强调一点:康师傅以司用自来水生产矿物质水,是符合国家规定的。从这一毫无歉意的"说明"可以看出,康师傅公司在决策认识的过程中没有充分考虑公众的立场和看法,他们根本没有认清公众对其质疑的症结即是因其广告词中的"选用优质水源"涉嫌对公众欺骗。相反,康师傅公司却自作聪明的运用了一个并不高明的诡辩术,企图把"符合国标要求的水源"解读为"优质水源"。在公众看来,康师傅公司没有对自己涉嫌做虚假广告误导消费者存有一丝的歉意。康师傅公司利用媒体发出的这一解释不但未令它赢得谅解和解脱,反而陷入更深的指责。这一错误的决策认识使得康师傅公司本来已经受损的企业形象雪上加霜。

直到时隔将近一个月之后的 2008 年 9 月 2 日,康师傅公司高层决策认识主体才首次集体出席新闻发布会,就其矿物质水产品广告中所标示的"选用优质水源"公开向消费者道歉,强调已经调整引发误解的广告及标用语。但是这次公开的道歉在社会公众的眼里不仅没有得到认可和谅解,反而却变成了康师傅公司的"公开狡辩"。当日,康师傅公司饮品事业部总经理黄国书向媒体表示,"康师傅矿物质水及大部分饮料行业及瓶装水行业所选用的水源皆为公共供水系统(自来水)。这主要是目前饮料行业及瓶装饮用水的水源只有两种,一种是天然水(含矿泉水、湖泊水、河川水、地下水),另一种就是经过公共供水系统的水——自来水。公共供水系统由政府监督,水质

---

[1] 王颖:《康师傅水源之辩透析:互联网时代的企业危机公关》,中国新闻网 2008 年 8 月 13 日。

指标已由以往的 35 项增加至目前的 106 项，显然是相对安全稳定的水源。天然水（如湖泊、河川取水）可能因污染与天气改变等因素，相对风险较大，且没有经过市政供水系统的专业处理，因此需要更为严格的把关与检测。"他还援引国家食品质量监督检验中心主任宋全厚的观点：不能说自来水就不能算是"优质水源"，也不能简单地说只有天然水源才是"优质水源"，只有符合国家标准 GB5749 "生活饮用水卫生标准"的水源才是安全可靠的用水。他进一步解释说，"但是，在推广过程中，公司的上述思路并没向消费者报告清楚，造成认知上的差距，导致部分消费者和媒体对于'优质水源'的误解，康师傅为此表示遗憾与抱歉。"他同时表示，康师傅公司已于 8 月 7 日停播了该则广告，也调整了广告宣传语，同时设计新的瓶标，新包装瓶身产品也陆续上市。话锋一转黄国书更进一步指责说，"少数媒体与网络炒手持续进行曲解事实的攻击宣传，使得事件不断远离真实。这不仅造成了对康师傅品牌形象的伤害，并波及了整个饮料产业的正常经营进展；而且更严重地混淆视听，破坏广大社会群众的知情权。"①

由黄国书的"公开道歉"可知，康师傅公司的高层决策认识主体又犯了一个认识上的大错，他们没有认识到这次道歉的主要目的是就自身在广告词上所犯的错误向公众道歉。再者，康师傅公司高层决策认识主体对"公开道歉"这种事关企业形象的公共活动缺乏正确的认识，道歉这种行为本身应该包含了企业对公众的一种重要态度，即向消费者表露出诚意的态度。因此企业在处理危机事件中的一个重要原则就是"道歉一定要响亮"。然而，社会公众在康师傅公司的"公开道歉"中听不到丝毫的歉意，康师傅公司根本没有认识到自己进行"虚假宣传、欺骗消费者"的错误，反而把问题归结为"认知差距"。更让人不可思议的是，康师傅公司决策认识主体把造成这种"认知差距"的原因完全归咎于媒体和网络，最多只是调整广告用语，而不是对消费者的健康负责。这种"道歉"更像是推卸责任的声明。在推卸责任的同时，康师傅公司还做出了更为大胆的举动，他们揭露出了"大部分饮料行业及瓶装水行业所选用的水源皆为公共供水系统（自来水）"这一供水行

---

① 孙杰：《康师傅就"优质水源"造成误解公开道歉并换瓶标》，人民网 2008 年 9 月 3 日。

业的"潜规则",这种"此地无银三百两"的举动不仅没有得到公众的同情,反而遭到了同行业和消费者的广泛抨击。消费者和法律界人士对康师傅进行了集体封杀,并呼吁工商部门介入检查。再加上康师傅公司高层决策认识主体在"道歉"内容中把媒体报道和公众的质疑理解为"少数媒体与网络炒手持续进行曲解事实的攻击宣传",这就使自身陷入了更加不利的境地。

鉴于以上因素,激愤的网友和广大民众对康师傅公司不怀好意的"公开道歉"表示深恶痛绝,开始抵制康师傅公司的全线产品,不仅仅是矿物质水,而是所有饮料、方便面等等,康师傅公司的社会形象急转直下。据新浪网截至 2008 年 9 月 3 日的网上调查显示:"水源门"事发后,79.71% 的网民表示不再信任康师傅品牌;而 81.13% 的网民表示不会再购买康师傅矿物质水。"城门失火,殃及池鱼。"不但康师傅矿泉水在各大超市中受到冷遇,康师傅公司的其他产品也被消费者打入冷宫。可见,整个康师傅品牌在"水源门"事件中元气大伤,其品牌危机和信任危机进一步加剧。① 从康师傅"水源门"事件的整个过程可以看出,正是由于其决策认识主体一次又一次的决策认识失误,导致了康师傅公司在"水源门"事件中越陷越深。因此,从某种意义上说,决策认识正确与否决定了其处理危机的能力,也就决定了企业能否在困境中转危为安。

四、次贷危机环境下决策认识失误导致雷曼公司破产

2008 年 9 月 14 日,是美国纽约华尔街历史上自 1929 年的"大萧条"之后最黑暗的一天。这一天,美国第四大投资银行雷曼兄弟公司因巨额亏损,申请破产保护;受其影响,美国道琼斯指数暴跌 504 点,创近 7 年来单日最大跌幅;紧接着,全球金融市场势如山崩,人们称之为金融大海啸。

雷曼兄弟公司于 1850 年在亚拉巴马州蒙哥马利市成立,至今已有 150 多年的历史。150 多年来,雷曼兄弟公司的业务从初始的棉花生产,进入金融市场,遍布证券、投资、资产管理、私人投资管理等各大领域。它曾历经美国南北战争、两次世界大战、1929 年经济大萧条、20 世纪 70 年代能源危机、

① 一言:《康师傅"水源门"事件引发行业信任危机》,中国网 2008 年 9 月 11 日。

"9·11"袭击等重大变故，显现出顽强的生命力与抗风险能力，演绎了一个不倒的神话，被经济学家喻为"有19条命的猫"。尤其是在2001年"9·11"袭击中，该公司设在世贸中心三楼的金融交易中心毁于一旦，但是它仅用了48小时就恢复了业务，此后更进入一个快速发展的时期，展现出一个150多岁"老人"的勃勃生机。2007年，它被《财富》杂志评为年度"最受尊重的证券公司"。然而，从2008年开始，它就由于"次级债风波"即次贷危机的影响，陷入苦苦挣扎之中，最终这家伴随华尔街成长起来的公司还是走到了破产的境地。雷曼兄弟公司的破产留给了人们太多的思考，尤其是从决策认识的角度研究分析雷曼兄弟公司破产的原因，以期为各行各业的决策认识主体提供一些可资借鉴的素材很有意义。

（一）次贷危机环境引发的错误决策认识导致雷曼公司破产

决策认识是决策认识主体根据出现的问题，并针对问题展开讨论，最后形成决策认识方案的过程。任何一项决策认识方案都不是在与世隔绝的环境下做出的，决策认识的形成过程以及形成后的特征都与其所处的环境有着千丝万缕的联系。在当前经济全球化带来的金融全球化以及信息技术高速发展的时代，决策认识主体所处的环境瞬息万变，各种外部环境对决策认识影响的广度和深度大大增强，使得决策认识过程变得更加复杂。决策认识的环境具有客观性、普遍性和属人性等特征。要形成科学的决策认识，必须对其所处环境进行细致的分析和研究。对其所处决策环境的把握和认识水平的高低，决定了决策认识成果的科学性。雷曼兄弟公司的决策认识主体在破产前的决策认识过程中，不仅受到从2006年春季开始在美国逐步显现的次贷危机的影响，而且与其有直接的因果关系和必然联系，成为导致雷曼兄弟公司破产的主要原因和重要因素。

次贷危机是指一场发生在美国因次级抵押贷款机构破产、投资基金被迫关闭、股市剧烈震荡引起的金融风暴。所谓"次贷"是指在20世纪60年代美国房地产热之际，商业银行在"金融创新"的旗号下推出的一种金融衍生品。"次贷"及其证券、衍生品的种类繁多，主要特点如下：第一，靠贷款实现现实消费。主要是借用投资人的钱满足自身的消费需求，然后用未来预期的收入偿还债主。第二，转嫁市场风险。设计这种金融衍生品的初旨，美其名曰"分散金融风险"。但是实际上是将市场经营风险转嫁到众多投资者和低收入群体身上，而且随着信息链条的延伸，一旦发生支付危机，将引起"多米诺骨牌"效应。第三，助推参与者的投机性。设计此类衍生品是以对住宅市场持续升温和房价攀高，购房者和债券持有者能够实现资产增值，从而能够承担高利率负担为预期前提。但是在现实生活中这样的前提根本不可能持续，投资者一旦落入圈套便千方百计靠投机脱身。第四，经济虚拟化、泡沫化。"次贷"上市，在住宅市场之旁形成了一个以"次贷"证券为交易对象的金融市场。在这个市场上，起主导作用的不是消费者，而是债权证券的投资人，他们的行为服从于证券收益最大化。过度投机造成"次贷"证券市场脱离实体经济而虚拟化、泡沫化。次贷危机之所以在美国爆发与其居民的消费观念和消费环境有很大的相关性。在美国贷款是非常普遍的现象，从房子到汽车，从信用卡到电话账单，贷款无处不在。美国人很少全款买房，通常都是长时间贷款。对于那些收入并不稳定甚至根本没有收入的人，他们怎么买房呢？因为信用等级达不到标准，他们就被定义为次级信用贷款者，简称次级贷款者。所谓"次级住房抵押贷款"是指贷款人面向信用级别低的客户，以房产作抵押提供贷款，而贷款人则将债权打包，用资产担保证券的形式出售给投资者。当利息上升，导致还款压力上升时，很多本来信用不好的用户感觉还款压力大，就会出现违约的可能，就会对银行贷款的收回造成影响。由于之前的房价很高，银行认为尽管贷款给了次级信用借款人，如果借款人无法偿还贷款，则可以利用抵押的房屋来还，拍卖或者出售后收回银行贷款。但是由于房价突然走低，借款人无力偿还时，银行把房屋回收出售，但却发现得到的资金不能弥补当时的贷款加利息，甚至都无法弥补贷款本金，这样银行就会在这个贷款上出现亏损。而与"次贷"相关的证券等衍生品的价格也随之下跌。在美国大的金融环境下，从事"次贷"业务的金融机构承担着很大的经营风险。这就要求决策认识主体在抉择行为博弈阶段，要充分地进行风险与规避风险的博弈，尽可能地考虑到影响形成正确决策认识的各种风险，并采取相应的规避对策。雷曼兄弟公司的决策认识主体正是由于没有充分考虑决策认识的风险，不加控制地快速发展，最终导致了决策认识的失败、公司的破产。

作为一家顶级的投资银行，雷曼兄弟公司在很长一段时间内注重于证券发行承销和兼并收购顾问等传统的投资银行业务。进入20世纪90年代以后，随着固定收益产品、金融衍生品的流行和交易的飞速发展，雷曼兄弟公司也大力拓展了这些领域的业务，并取得了巨大的成功，被称为华尔街上的"债券之王"。特别是在2000年以后房地产和信贷这些非传统业务蓬勃发展之后，雷曼兄弟公司和其他华尔街上的银行一样，开始涉足此类业务。这种决策认识方案本身并没有错误，但是决策认识抉择行为博弈中风险与规避风险之间的博弈，最主要的就是要求决策认识主体掌握一定的度，雷曼兄弟公司的决策认识主体正是违背了这一原则。他们在这一风险极高的投资领域扩张速度太快，且投资业务相对集中，这就使得自身投资的风险过高，一旦遇到外界环境的影响，其负面效应马上体现出来。例如，近年来雷曼兄弟公司一直是住宅抵押债券和商业地产债券的顶级承销商和账簿管理人。即使是在房地产市场下滑的2007年，雷曼兄弟公司的商业地产债券业务仍然增长了约13%。这样一来，雷曼兄弟公司面临的系统性风险非常大。雷曼兄弟公司在次贷危机爆发前，持有大量的"次级债"金融产品以及其他较低等级的住房抵押贷款金融产品。在市场效益好的年份，整个市场都在向上，雷曼兄弟公司所持有的这些风险性较大的金融产品给他们带来了巨大的收益，投资者被乐观情绪所蒙蔽；可是次贷危机爆发后，由于次级抵押贷款违约率上升，造成"次级债"金融产品的信用评级和市场价值直线下降。随着信用风险从次级抵押贷款外溢，则较低等级的住房抵押贷款金融产品的信用评级和市场价值也开始大幅下滑。由于雷曼兄弟公司自身持有的产品结构出现了问题，随着整个"次级贷"市场崩溃，高系统风险给雷曼兄弟公司带来了巨大的亏损。雷曼兄弟公司"债券之王"的称号固然是对它的褒奖，但同时也暗示了它的业务过于集中于固定收益部分。近几年，虽然雷曼兄弟公司也在兼并收购、股票交易等其他业务领域有了进步，但是缺乏其他竞争对手所具有的业务多元化，最终导致其破产倒闭。

与此同时，雷曼兄弟公司的投资决策认识中还有另外一个致命的风险。以雷曼兄弟公司为代表的投资银行与综合性银行不同。它们的自有资本太少，资本充足率太低。为了筹集资金来扩大业务，它们只好依赖债券市场和银行间拆借市场；靠在债券市场发债来满足中长期资金需求，靠在银行间拆借市场通过抵押回购等方法来满足短期资金的需求（隔夜、7天、一个月等）。然后将这些资金用于业务和投资，以赚取收益，扣除要偿付的融资代价后，就是公司运营的回报。就是说，公司用很少的自有资本和大量借贷的方法来维持运营的资金需求，这就是杠杆效应的基本原理。借贷越多，自有资本越少，杠杆率（总资产除以自有资本）就越大。杠杆效应的特点就是，在赚钱的时候，收益是随杠杆率放大的；但是当亏损的时候，损失也是按杠杆率放大的。雷曼兄弟公司的决策认识主体没有意识到杠杆效应是一柄双刃剑，他们在利用杠杆原理、冒着风险赚取巨额的利润的同时，忘记了规避因此而带来的风险，最终导致决策认识失败。

（二）富尔德的决策认识失误导致雷曼公司破产

富尔德毕业于美国科罗拉多大学，并取得纽约大学史坦商学院企管硕士，1969年进入雷曼兄弟公司，将近四十年从未离开过这家公司，直至其最后破产倒闭。1993年，交易员出身的富尔德临危受命，接管了从美国运通剥离出来已经面目全非的雷曼兄弟公司。富尔德是雷曼兄弟公司的英雄。在他的领导下，雷曼兄弟公司在1994年通过IPO在纽约交易所挂牌。在接下来的14年中，面对资金短缺引发的资产缩水危机、1998年长期资本管理公司破产引发的金融危机和"9·11事件"，富尔德都能当机立断，力挽狂澜，把雷曼兄弟公司重新拉回到华尔街的顶端行列。2007年，雷曼兄弟公司已经和高盛、摩根士丹利平起平坐，成为第四大国际投行巨头，全年收入为193亿美元。而14年前，富尔德接手时这个数字仅仅为30亿美元。同时，大多数人也认为，正是这位激进喜好冒险的"救世主"，让这股喷涌了150多年的"绿色"血液干涸殆尽。[①]

1. 对物质利益的无限崇拜和狂热追求导致富尔德决策认识的失败

决策认识主体自身的价值观在决策认识的形成过程中起着重要作用。雷曼兄弟公司的成功与失败，都与其高层决策认识主体——富尔德自身的价值观和性格特征有着很大的相关性。交易员出身的富尔德有喜好冒险的天性，

---

① 张锐：《雷曼兄弟破产的台前幕后》，《中国外资》2008年第10期。

他自信、高傲、凶狠、果断，做任何投资决策认识方案，都会追求投资方案的速度与准确性，被称为"华尔街最凶狠的斗牛犬"。竞争和金钱是他进行决策认识，并推动其进一步实施的原动力。他曾对员工说："雷曼兄弟员工都流着绿色的血，那是雷曼标志的颜色。"是的，美钞是绿色的，富尔德身上流着的其实是美钞颜色的血。

富尔德坚信物质利益的力量，他高薪聘请大量优秀人才，鼓励他们发挥主人翁精神。他利用"员工持股"等极具诱惑力的物质刺激，激励员工为自身也为企业赚取尽可能多的利润。1994年雷曼兄弟公司上市时，员工持股比例为4%，到2006年已经上升到30%。员工持股制在雷曼兄弟公司造就了一大批富翁，持股市值超过1000万美元以上的员工就有200多人。在富尔德这种决策认识的指引下，雷曼兄弟公司积极拓展业务，到处寻找利润增长点，大量涉足各种复杂的金融衍生品市场。在繁荣时期，这意味着高额利润：雷曼兄弟公司在债券行业狠赚了一大票。然而，巨大的物质诱惑也是"诱致犯罪"的"定时炸弹"。强大的财富激励为富尔德积极冒险的决策认识方案推波助澜，因为只有不断冒险才有可能不断推高股价，让公司和职业经理人从中获利。这就使得雷曼兄弟公司在美国房地产泡沫高峰期，仍然继续向房地产开发商投资。富尔德及其员工在物质诱惑下所形成的疯狂的决策认识为雷曼兄弟公司的垮台埋下了隐患。

2. 富尔德在决策认识过程中过度依赖直觉导致决策认识失败

直觉是指决策认识主体对客观事物的本质及其关系的直接反映和理解，是一种认识能力和认知形式，是人们在潜意识中根据过去实践过程中积累的经验知识突发性地把握事物本质的能力。直觉作为一种认识能力具有洞察力，它在决策认识活动中起发现和预见等创造性作用。富尔德曾经用自己的直觉做出过"伟大"的决策认识，带领雷曼兄弟公司走向辉煌。有人称赞富尔德"在市场发生变化之际，有独特的第六感"，这种直觉让他从数次大危机中走来，有惊无险，而且赚钱神速。1993年自立门户之初，让雷曼兄弟公司活了下来。1998年他更是力挽狂澜，面对俄罗斯卢布贬值，俄罗斯债券发生违约，对冲基金长期资本管理公司面临崩溃的关头，挨家挨户游说借贷机构，证明雷曼兄弟公司有足够资金，希望不要挤兑。雷曼兄弟公司奇迹般地活了下来。2001年互联网泡沫破裂时，领路人富尔德再一次用胜利证明了自己。但是富尔德却在这次应对次贷危机的决策认识过程中，过度地依赖自己的直觉，不顾市场变动的现实和公司其他员工的建议，导致其一次又一次地做出了错误的决策认识，最终葬送了雷曼兄弟公司。在华尔街，富尔德是任期最长、生命力最顽强的投行总裁。在公司内部，他行事傲慢自大，在讨论决策认识方案时常常由他一人拍板决定。没有人敢反驳他，员工私底下给他取了个外号"大猩猩"。2007年美国次贷危机爆发，次年全面铺开。然而，刚愎自用一向相信自己直觉的富尔德并不愿低头。其实从雷曼兄弟公司2007年财务报表中已露出衰败先兆，它有多达市值7380亿美元的衍生工具合约，这种金融产品因为难以准确估价，所以交易员和高层可以夸大收益，其实则有如暗藏的定时炸弹。富尔德却迟迟未采取必要措施，次贷危机爆发之际他拒绝大幅冲减雷曼兄弟公司的地产资产价值。当其他同行四处奔走、寻找援手之时，他依然高高地仰着那颗高傲的头颅。

富尔德在进行决策认识的过程中，对自身直觉的坚信和独霸权力使雷曼兄弟公司丧失了最后的一根救命稻草。在他40多年雷曼兄弟公司生涯中，富尔德有一种思维的定式，即他似乎永远都在抗拒出售公司。2008年8月，韩国产业银行曾有意购买雷曼兄弟公司的资产。若谈判成功，富尔德有机会卖出雷曼兄弟公司25%股份给对方，并获得约60亿美元资金，但是最后富尔德却以价格过低为由回绝，谈判正式破裂。富尔德凭直觉认为，当情况好转了，他手上的债券又会让公司一飞冲天。结果2008年9月10日，雷曼兄弟公司股价暴跌45%，创下成立158年来的最大单日跌幅。11日，富尔德在总部设置"战略室"，卖力推动分拆出售计划，将公司整体出售之议也搬上台面。12日，在雷曼兄弟公司岌岌可危的气氛弥漫之机，美联储召集华尔街金融大亨进行紧急会议，但是就在这关键时刻，在决策认识上一直刚愎自用的富尔德毅然缺席，丧失了挽救雷曼兄弟公司的最后机遇。14日，当美国政府表示不愿为收购雷曼兄弟公司的交易担保，美国银行和英国巴克莱银行相继离去后，此时的富尔德才刚刚从噩梦中惊醒，他开始给能想起的任何人打电话，包括有可能在最后时刻达成交易的摩根士丹利。午夜临近，他还在那里不停地拨出电话。15日正午12点，雷曼兄弟公司发出公告，宣布公司申请银行破产保护。曾经不可一世的富尔德也消失了。

　　虽然人们不能把雷曼兄弟公司的破产倒闭全都归罪于富尔德本人，但是在雷曼兄弟公司应对危机的关键时刻，富尔德因其独特的品行"代表"雷曼兄弟公司的全体员工做出了错误的决策认识。因此，事后人们纷纷谴责富尔德的独裁。由此可见，决策认识主体自身的直觉、能力和价值观在其决策认识过程中起着十分重要的作用。

五、构建我国国际金融博弈战略的决策认识

　　美国是世界上最大的经济体和最主要的经济增长引擎，美国的次贷危机带来全球金融市场的动荡以及美国经济的减速。通过金融全球化，美国已经把次贷危机的风险转移到了世界的各个角落。中国作为美国金融资产的主要持有国之一，不可避免地会受到次贷危机的冲击。根据报道，中国外汇储备中有60%多是美元资产，其中大部分是美国国库券。据最新统计，中国持有美国机构债高达11700亿美元。美国次贷危机对中国的冲击到底有多大现在还很难量化。但是，不管怎么说中国作为美国的最大债权国之一，存在为美国金融危机买单的严重危险。目前，我国已经因美元资产价格暴跌、美元贬值、美国通货膨胀率上升和部分债券违约而遭受损失，今后这种损失可能会更大。我们应该保持清醒的头脑，深入地分析我国当前面临的金融状况，吸取美国金融危机的教训，及时恢复投资者的信心，构建有利于我国经济发展的金融国际博弈战略。

　　自改革开放以来，我国经济始终保持持续快速发展。尤其是近几年，经济更是基本上保持了8%以上的速度增长，综合国力不断增强，人民生活水平逐渐提高。但是，伴随着经济的高速发展和各项改革进程的不断推进，我国的金融体制改革凸显出一些问题。例如，经常项目和资本项目顺差多年持续增加，加大了中央银行在外汇市场对冲而被动投放基础货币的压力，造成了市场上的流动性过剩，形成对人民币的升值预期。由于2005年以前实行人民币盯住美元的汇率政策，造成了人民币实际汇率偏低，再加上国内资源价格改革滞后，使国内出口厂商获得了价格上的优势，造成了投资冲动，国内投资比例过高，顺差较大，经济结构失衡。我国金融体制改革与发展事业中

遇到的这些问题不仅与来自国家内部的各种因素有关，而且还受到国际社会外部因素的干扰，有时这些外部因素甚至重新改变了改革和开放的日程，使开放的步伐快于国内改革的进程，出现内外经济不协调不均衡的错配现象，致使金融主管部门处于对内对外双重博弈的地位。

制度变迁理论中的利益格局变化论认为：制度变迁是由于制度环境变化导致各参与主体间利益格局发生变化，通过相互博弈达成新的制度安排。一国政府或货币政策当局对汇率制度的选择过程是一个博弈的过程，它反映着一国汇率政策制定者与和汇率变动有关系的不同利益集团之间的博弈。具体而言，就是政策制定者同本国的贸易部门和非贸易部门、外国直接投资者、国际投机商甚至本国政策制定者与外国政府之间的博弈行为。由于汇率变动将产生收入再分配效应，会影响相关利益集团的切身利益，因而在汇率制度的选择抉择过程中，各利益集团对汇率制度的选择有着不同的政策偏好，各利益集团为了各自的利益最大化而进行讨价还价，并对货币政策当局的决策做出有影响力的反馈，而货币政策当局为了达到最优或次优决策目标，也必须考虑各利益集团对其政策的反应，形成了一个博弈的过程。目前，我国金融制度改革中面临的内外经济不协调、不平衡的错配问题与我国金融主管部门在制定汇率决策之前的决策认识过程中，对汇率制度形成过程中各个博弈环节的认识不够有关。我国的国际收支不平衡和与之有镜像关系的汇率改革艰辛探索的现实，不仅是中国改革开放发展的阶段性结果，而且一定程度上还是大国金融博弈的结果。因此，我们有必要对当前我国所面临的国际金融博弈形势进行分析，以便为我国金融主管部门形成正确的国际金融博弈决策认识提出一些可供借鉴的路径。

（一）金融博弈替代贸易博弈成为各国利益角逐的重要工具

作为对路径选择进行落实的中心环节，金融博弈对国家金融战略的实现具有至关重要的作用，应当引起高度重视。在现代信息技术和经济技术条件下，金融成为连接各行各业、连接各国的重要渠道。通过这个渠道，资源根据效率优先的原则进行配置。与传统社会不同，金融和技术成为项目运作的前奏，成为调动生产资源的主导因素之一。金融通过生产要素市场更加快捷地调集所需的资源，比贸易手段具有更大的灵活性、隐蔽性。正因如此，作为金融行业的先行者，发达国家扬长避短，多通过金融创新来转嫁危机和风险。其中，美国次级债危机就是一例。发展中国家金融运作实践较少，防范风险的意识淡薄，极易在与发达国家的金融博弈中处于劣势。所以，发展中国家更应该清醒地认识到金融博弈的杠杆作用，防患于未然。

首先，金融外交比商务外交具有更大回旋余地和影响力，操作灵敏并具有隐蔽性。商务外交是针对产业市场开放和物流发展需要而展开的交涉，涉及具体市场开放的条件和物流产品，谈判较为细致。而金融外交多涉及大类的金融产品或准入等等，达成的协议较为概括、笼统，变通性高，回旋余地大，操作灵活，以小搏大。正因为如此，金融外交的涉及面广，影响范围宽，影响力大。商务外交则针对性强，而在灵活性和影响力上不够。所以，金融博弈的杠杆作用远大于贸易博弈，金融谈判远比贸易谈判更具有威力和控制力。例如，在第二次世界大战后期，英美两国的金融博弈，主要是通过签订布雷顿森林协议，确定了以美元和黄金为基础的金融汇兑本位制的国际金融体制，其实质是确定了美元的世界货币地位。可以说，布雷顿森林的一纸协议就确定了美国可以通过印钞机的运转吞噬其他国家实体经济。这种影响，在牙买加体系确立之后的今天依然没有消除，而是变换形式根深蒂固地影响着当今国际金融的走向。金融博弈有时比贸易谈判更容易达成协议，而且能掩人耳目，其影响力巨大，是商务外交所不能企及的。

其次，发达国家凭借其金融霸权、金融外交、金融博弈和金融谈判独特优势，致使尚处于经济转型、体制改革和工业化进程中的新兴经济体和广大发展中国家处于劣势地位。金融博弈同样遵循强者为王、优胜劣汰的市场游戏规则。作为金融领域的后来者，新型经济体和广大发展中国家往往在发达国家设定的轨道上运转，话语权小，缺乏创新能力，而且其专业技术人员多倾向于微观理财的操作，缺乏金融战略思维，受眼界的限制往往南辕北辙，很难保护好自己的国家利益。而发达国家在浮动汇率制的牙买加体系框架下，借助信用货币体系的币值欠稳定性，总是在操纵国际金融市场，在国际金融市场的波动中榨取发展中国家的财富。美国的次级债危机，就是美国借助金融创新把劣质的债权进行包装分发到世界各国。在危机到来之时，美国依靠购买债券的国家分担损失。当然，这次危机的受害者多是欧洲发达国家。发达国家之间的金融博弈尚且如此，可想而知参与博弈的发展中国家的境况会是如何。在 20 世纪后半叶的债务危机和金融危机中，发展中国家的财富多被一夜之间席卷而去。但是，金融全球化是客观规律，势不可当，发展中国家也难于置身事外，不能采取鸵鸟政策，退缩是躲不过的，只能加入游戏，按游戏规则参与博弈。因此，发展中国家一定要在这个领域奋起直追，有战略、有意识地利用金融外交保护自己的国家利益。

总之，商务外交多集中在实体经济层面，影响较小，涉及面有限。而金融博弈不仅对经济生活有直接的影响，而且潜在的、内隐性的影响还很多，具有持续时间长、影响深远的特点。在国际竞争的主战场由实体经济转向虚拟经济的今天，我们应当切实给予金融博弈充分的、高度的重视，以便更好地维护国家的经济安全。

（二）我国面临的错综复杂的国际金融博弈形势的客观分析

当前，我国面临的国际金融博弈形势错综复杂、异常激烈。总体上讲，与西方发达国家相比，我国处于相对劣势，被动卷入西方大国金融博弈漩涡之中，在许多方面受制于人。

1. 从国内外竞争环境看我国被迫提前卷入大国金融博弈格局

从国际上看，就我国参与金融全球化的深度与广度而言，人民币汇率并不应该成为各大国和国际金融组织关注的重点，但是由于国际经贸与市场格局的结构性变化，却使我国过早地卷入到大国之间国际金融博弈之中。一方面，1997 年 7 月爆发的东南亚金融危机对人民币汇率形成机制改革产生了深远的影响。在这场波及世界许多国家的危机中，几乎所有东南亚国家都采取了货币贬值的政策，以降低危机对本国的不利影响。与此相反，我国政府坚定不移地奉行了人民币不贬值政策，使人民币发挥了“定海神针”的作用。这有力地稳定了东南亚金融形势，给处于金融风暴漩涡中心的东南亚各国以有力的支持。但是人民币不贬值也使人民币汇率形成机制改革因汇率波幅收窄而事实上处于停顿状态。另一方面，2001 年中国入世谈判成功意味着美国依靠贸易特别是实物和服务贸易的大棒，从实体经济发展和贸易市场开放上制约中国的贸易博弈等手段已走到尽头，美国再也不能像以往那样自如地利用不公平贸易手段牵制中国。所以，美国一直在寻找掣肘中国的替代工具，并最终选择了以操纵汇率为借口对中国进行干预的政策。从国内来看，自1994年以来中国政府始终坚持不懈地把稳步推进人民币汇率市场化改革，把逐步实现人民币资本项目可兑换作为金融体制改革与对外开放的重要目标。但是1997年的东南亚金融危机和2003年春天突发的"非典"却把注意力转移了。一段时间内，中国无暇顾及汇率问题，汇率改革相对滞后。另外，2001年中国入世以后，外部贸易条件转好，推进全方位对外开放战略，再加上贸易上"奖出限入"和资金流上"奖入限出"的政策严重不对称，出口迅速增加，外资大量流入，贸易和投资项下顺差出现加速增长态势，并进而形成国际收支双顺差同时出现的异常局面。在这种国际、国内大背景下，人民币汇率形成机制改革的相对滞后以及由此形成的国际收支双顺差局面，在国际因素的推动下，就酝酿了中国干预，甚至操纵汇率的鼓噪。

当时，我国贸易顺差的状况首先被受汇率升值之苦的日本捕捉到。日本方面认定中国实行低价倾销，鼓噪人民币汇率被低估了。紧接着，追新猎奇的英国《金融时报》发表长篇文章，称中国实行廉价货币政策。美国则见机把汇率工具纳入其制衡中国的工具箱。"汇率升值"成为继"贸易大棒"之后的又一牵制中国的工具，从而也把中国推向了更具风险的国际金融博弈的风口浪尖。美国借助金融霸权，发动了一场带有国际联盟性质的金融博弈外交攻势。先是通过中美经济联委会（JEC）和继之而起的中美战略经济对话（SED）来凸显中国汇率问题。而后，推动国际货币基金组织通过操纵汇率条款，在国际范围内组成对中国汇率调整施压的准国际联盟，一如当年用中国复关入世的市场准入开放和贸易谈判对中国施压的故伎重演。这标志着中美经济战略博弈由实体经济层面开始进入虚拟经济层面，由边境措施到境内措施，由行政干预到价格控制，由贸易领域到金融领域，中国被过早地拉入到大国之间国际金融博弈之中。这是处于体制模式和发展模式双转轨的关键时刻的中国金融管理部门的决策认识主体所始料不及的，并且更为严重的是这样一来就使得中国在实力对比极其不对称的未来较量中，金融外交不可避免地要替代贸易外交走向对外开放战略自卫的前沿。

我国国际收支双顺差局面加剧，造成国际市场上的异常资金纷纷涌向我国，导致人民币供给更加紧张，人民币升值压力日益加大，央行不断投放基础货币买进外汇增加了央行宏观调控成本, 也增加了执行货币政策独立性的难度。当然, 顺差和人民币升值预期会对外资流入起刺激作用, 但根本的诱因还是中国良好的经济基本面和廉价的要素价格共同形成巨大套利机会所致。所以, 应逐步淡化汇率对货币政策的影响, 同时货币政策也不应过分受制于汇率作用。更为主要的是, 在当今国际金融货币霸权体系下, 中国的这种国际收支 "双顺差" 现象的实质则是中国在物流与资金流上的 "双输出" 和美国相对应的 "双输入"。这种不平衡得以存在的根本原因和前提有两个: 一是美国金融货币霸权, 其国际大背景是全球化所引发的不以领土为边界的全球产业结构大调整; 二是中国经济正处在工业化、城市化、市场化和国际化的转型发展阶段, 金融体制改革、汇率机制改革相对滞后。

2. 我国存在遭受美国 "广场协议" 式金融博弈战略制约的潜在危险

面对各国的迅速崛起, 美国惯常借贸易逆差和世界经济不平衡为名打击潜在竞争对手, 以巩固和维护自己的金融货币霸权地位。我国拥有广阔的领土、众多的人口和较为完善的国民经济体系, 具备世界大国和货币国际化的潜质, 是其主要潜在挑战者之一。近年来, 我国在经济建设、国防建设和国家统一等方面都卓有成效, 在东亚对美国霸权形成了巨大挑战, 这无疑强化了美国人的这种意识。所以, 我国对美出口在美国贸易逆差中的占比虽然很小, 但还是被选为遏制的对象。美国通过组建施压人民币升值的国际联盟, 操纵国际货币基金组织通过针对中国的议案, 故伎重演, 力图迫使人民币升值。虽然今天的中国出口旺盛, 但是经济发展状况还与当年的日本尚无法相提并论。当年日本的出口强势是日本经济成熟和核心竞争力强的表现, 日本经济技术已经达到世界先进水平; 而今天中国出口增多, 虽说某种程度上是产业竞争力提升的表现, 但是关键的原因还是劳动力等要素价格便宜使然。当年美国针对日本采取 "广场协议", 迫使日本资本像蒲公英似的遇土生根, 开花结果, 并没有伤及其实体经济, 反而促进了日本经济的国际化, 增强了经济实力, 甚至日元套利资金的风吹草动都能引发一场世界级的金融危机（亚洲金融危机）。据中科院测算, 2003 年中国分别消耗了占全球 31%、30%、27% 和 40% 的原煤、铁矿石、钢材、水泥, 创造出的 GDP 却不足全球的 4%。中国消耗每吨标准煤实现的 GDP 仅为世界平均水平的 30%。可见,我国的经济技术基础还是极其薄弱的，经不起风吹草动。如果一旦美国和西方国家联手形成针对中国的所谓"广场协议"的话，就会打断国内脱贫的资金链条，堵塞中西部廉价劳动力转移的渠道，引发国内社会稳定问题，给处于发育成长中的国民经济以严重打击。基于人力成本优势，新中国成立之初中国经济成长基本模式是以农养工，现在是以低端产品的生产积累高科技产业发展的资金。一旦低端产品的生产受阻，则意味着国民经济发展战略全局失去了源头之水。中国大量出口的低端产品是发达国家不愿生产的劳动力密集型低端产品，中国廉价产品的出口不仅满足了世界市场的需求，而且有利于抑制通货膨胀。所以，意在抵制中国产品出口的"广场协议"的负面影响是难以估量的，后果是严重的。可以说，谁忽视中国经济的承受力，谁就可能铸成大错。何况中国经济社会的发展已经进入敏感期，连续持高的基尼系数的警示，我们绝不能熟视无睹、视而不见。

当然，我们也应该看到从另一种意义上说美国把对付日本的模式照搬到中国头上，可谓选错了对象。中国是个实行市场经济导向、改革刚刚30年的转型经济大国，既没有日本那样多的市场经济运作经验，也没有像西方发达国家那样健全的现代金融体系，参与国际金融博弈的经验可谓不多。面对西方国家囤积黄金，我们的思想还停留在消化牙买加体系规则的水平上，不敢碰黄金非货币化的禁区。如果美国套用"广场协议"金融博弈模式压人民币快速升值，过早地把中国拉入国际金融博弈的前沿阵地，无疑是在加速制造和引发区域性或全球性金融危机。虽然世界上的金融危机该发生的还是要发生，危及也并非全是坏事，但是人为地推动危机的到来，则是损人不利己的行为，我们应当对此保持高度警惕，居安思危，未雨绸缪，防患于未然，确保国家金融安全。针对美国的金融战略企图，我们不能停留在扬汤止沸的层面上，仅仅是进行点滴的币值调整，或者不明智地与其公开叫板，唱对台戏，而是要对人民币升值因素从制度和结构入手进行釜底抽薪。我们既不与美国抗争，也不伤及我国财富积累的渠道，并学会金融博弈与周旋；同时，加快国内优良宜当的市场经济制度构建和经济结构调整以及内需扩大的步伐，推动经济增长与发展方式转变，实现体制转制转轨，从根本上解决国际收支不平衡问题，赢得参与国际金融博弈的竞争优势。

3. 我国陷入较为被动的国际金融博弈困境的主要表现

在这种将要持续相当长时间的全球经济不平衡的结构中，中国在经济高速发展与增长进程中面对出现的一系列阶段性问题，陷入了一种较为被动的国际金融博弈困境，其主要表现有：第一，中国经济在发展的转型与领先阶段，出现贸易与外资双顺差现象是必然的，也是一个国家积累可持续发展资本的必须，但是也导致相对立的一面因素的出现和存在；第二，面对国内外汇储备增多而导致的流动性充裕（人民币升值压力）和国际金融博弈的双重压力，维护和促进国际收支平衡又成为国际宏观调控的重要目标；第三，中国金融与汇率体制改革和金融服务业对外开放正在进行当中，参与金融全球化与国际金融博弈的能力不高、程度不深，中国经济社会正处在工业化、城市化和市场化的前中期阶段，实体经济的成熟度尚不高，与此相对应是不成熟的金融货币体系；第四，中国经济当前的发展阶段与以发达国家为主体的金融全球化出现时空上的错位，而且金融博弈的能量与杠杆作用远胜于贸易博弈，中国在国际金融博弈中因缺乏发达的实体经济和成熟的虚拟经济的依托而自然处于劣势；第五，制度安排上的缺失造成外汇供求关系上的扭曲和资金、土地、劳动力等要素市场价格的长期背离，致使汇率、利率形成机制改革与完善缺乏坚实的市场基础和强有力的市场驱动，造成不灵活的汇率对货币政策独立性的严重制约。事实上，汇率和利率的均衡如同经济发展的均衡一样，必须深深地扎根于发达成熟的市场土壤。只有通过市场自由交易，才能通过供求关系发现合理价格，也才能形成均衡汇率和利率；如果限制过多，交易不充分，就无法形成合理均衡的市场价格。

从国际金融发展史来看，发达国家特别是美国无论是在发展培育发达成熟的金融系统、构建金融服务业发展优势、参与国际金融合作竞争力、抢占国际金融博弈制高点方面，还是在防范和应对金融危机方面，均走在发展中国家和新兴市场经济体的前面，具有开创性和超前性。所以，中国在这种国际金融博弈的两难困境中，如何从发达国家特别是美国金融霸权与金融博弈的实践中汲取有益的经验和策略，以建构中国参与国际金融博弈的对外战略，是我们亟待解决的战略问题。

（三）美国培育和创建国际金融博弈战略优势的历史进程

从某种角度来讲，通过单纯在金融外汇领域里来调节平衡国际收支，以实现国际收支基本平衡，阻止人民币过度升值，只是一种战术意义上的选择。在中国被美国强行拉入国际金融博弈的条件下，如果仅从战术上进行应付是远远不够的，还必须在制度安排战略上做好准备和选择，才能彻底走出国际金融博弈的困境。作为由普通国家走向霸权宝座的国家，美国参与国际金融博弈的战略战术对发展中的我国具有很大的启发意义。只有洞悉美国金融外交的手腕，我们才能理性地、准确地把握中美金融博弈的格局，并力争逐步掌握和运用平等参与权。

在崛起的过程中，美国多次挥舞金融大棒。在第一次世界大战后，美国的这种行动冲动表现为威尔逊总统的"十四点计划"。虽然该计划没有完成美国登上世界霸主宝座的宏愿，但是却真正使美国成为影响战后国际关系的轴心，战争债务问题直接决定了战后国际关系的走向，极大地牵制了英国和法国霸权权力的行使。在第二次世界大战期间，美国政府就在战争硝烟中建立了直属于国务院的规划战后国际政治经济秩序的班子（"和平与重建问题委员会"，后更名为"对外关系问题顾问委员会"），谋划战后有利于美国的经济金融秩序，并依托经济发展带来的国际金融体制的决定权，利用资本主义各国对其经济依赖，依靠金融外交成功地从英国手中"和平"地夺得世界经济霸权，在没有硝烟的"怀特计划"和"凯恩斯计划"的角逐中主宰了国际金融秩序和国际贸易秩序，建立了布雷顿森林体系，确定了金融汇总本位制的国际金融体制，确立了美元的世界货币地位，形成了以关贸总协定为基础的多边贸易体系。作为世界经济霸主，美国丝毫也没有忘记自己的国家利益，国家间金融博弈深刻地打上美国国家利益的印记。布雷顿森林体系的确立是建立在美国独霸世界经济基础上的，随着第二次世界大战之后西欧各国和亚非拉国家经济走向复苏，美国经济的独特优势逐渐丧失，布雷顿森林体系的两根支柱相继倒塌而走向解体。国家综合实力的变化是美国无法控制的，只能在式微甚至逐步衰落中理性地谋求与之相适应的国家利益，毕竟生产力是国家实力的根本。在旧的国际金融体系逐渐解体、新的体系逐步确立的过程中，美国充分发挥金融外交的优势、真正利用自己的大国地位选择了有利于自己的规则和制度体系。

首先，虽然从表面上看，由于国际经济形势发展变化导致了布雷顿森林体系的逐渐解体，但是由于美国在布雷顿森林体系下组建起来的国际金融调节机构的本质没有改变，美国利用这支隐形的手继续操纵国际金融市场，谋求美国国家利益，实际上获利颇巨。在20世纪80年代发展中国家的债务危机中，国际金融机构开出的救治药方都为美国掠夺这些金融危机中的国家提供了有利契机。

其次，黄金非货币化也为美国搜刮"铸币税"准备了条件。由于黄金自由兑换意味着布雷顿森林体系的终结，所以迫不得已启用的牙买加体系就废除了黄金的货币地位，改用信用货币。而信用货币是不受价值总量限制的货币，只要开动印钞机就行了。黄金非货币化政策在解决国际社会清偿能力不足问题的同时，也给美国利用印钞机换取财富打开了方便之门。所以，我们看到目前国际金融体系内的一大怪现象：一方面，美元兑黄金已采用市场化价格，实行黄金非货币化政策，各国普遍实行信用货币；另一方面，世界各主要大国又买进黄金，把黄金作为国家储备的重要组成部分，以应对各主要货币的任意贬值。这里最值得一提的就是美国在美元危机中实行美元贬值政策，在经济恢复后又大量吃进黄金作为货币储备，巩固自己的金融霸主地位，现已经成为世界黄金储备第一大国。可见，世界货币体系在失去定值之锚后更加动荡，而世袭的国际货币——美元的主权国则趁火打劫，利用美元在确定国际货币币值的"篮子"中的主体地位，采用贬值政策，向市场滥发流动性，剪除其他国家的"羊毛"，极大赚取了世界各国的血汗钱，致使美元泛滥，国际流动性过剩。信用货币是以国家信用担保的货币，一旦国家失去了信用，奉行机会主义的货币政策，势必造成国际货币体系的混乱，并引发人们对定值之锚的寻找。目前，越来越多的国家正用黄金替代美元充实自己的外汇储备，这不能不是一个天大的讽刺。国际货币体系的规则设计藏有这样大的漏洞，不能不让人佩服美国金融外交手腕。

最后，牙买加体系下的国际收支协调机制被滥用，成为超级贸易保护主义的避风港。在牙买加货币体系下，国际收支调节机制主要有以下几种：汇率机制、利率机制、基金组织干预和贷款、商业银行的活动、有关国家外汇储备的变动、债务、投资等等。在实际操作中，这些机制并不是单独起作用的，往往是多个机制联合运用。一是利用基金组织的干预和贷款调节国际收支，主要是向逆差国提供贷款，帮助逆差国克服国际收支困难，并指导和督促逆差国与顺差国双方"对称地"承担调节国际收支的任务，消除全球性国际收支极度失衡现象。由于基金组织的实力有限，这一机制的调节作用发挥的并不充分。二是国际金融市场中国际商业银行的存贷活动对调节各国国际收支也起着巨大作用。除了动用上述调节机制外，逆差国还可动用外汇储备，或依靠借外债或吸引投资来应付国际收支逆差；顺差国也可利用增加外汇储备，或用顺差余额增加对外贷款或对外投资进行调节，使国际收支状况保持在可接受的状态。美国的金融外交把这些国际收支调节措施变成了攫取国家利益的工具。例如，本来属于自发调节的汇率调节机制，被美国的金融外交改造成了强力工具。20世纪80年代，美国联合其他几个同样对日逆差的国家一起对日本施加压力，使日本接受日元升值的"广场协议"，达到了维护美国国际收支平衡的目的，而日本则由于汇率升高而出口受阻，出现了长达十年的金融经济低迷，表面上给日本经济以沉重打击。之所以说是表面上的，是因为日本在"广场协议"的框架下与欧美国家进行了成功的金融博弈：随着日元的升值，大量日元兑换成美元或进行国外投资，或购买有增值潜力的海外固定资产。于是，出现日本人在国际市场上的购买狂热。同时，日本的生产资金大量流往国外进行生产增值，而国内出口能力降低，呈现低迷状态，表面上国际收支也平衡了，甚至出现了逆差。但是，日本本土经济并不能代表日本的整个实体经济。日本的实体经济还应包括其投资于海外的经济部分。从这个角度看，当年的日本实体经济并没有因"广场协议"而伤筋动骨，反而促成了日本经济的区域化、国际化和全球化。在这个过程中，日本国际收支回归平衡，实体经济不但没有衰退反而实力大增。这全仰仗日本版的企业"走出去"战略。①

---

① 刘光溪、徐长春：《制度宜当与竞争优势——论构建金融国际博弈优势的战略选择》，《国际贸易》2008年第4期。

（四）调节国际收支平衡是赢得国际金融博弈战略优势的主要路径

　　调节国际收支平衡，是参与国际金融博弈的基本路径和主要手段，对于赢得国际金融博弈具有非常重要的意义。随着世界经济体系和全球统一市场的形成，国际收支平衡表所体现的顺差或逆差与该国的实体经济增减并不总是完全吻合。在重商主义时代，国际投融资很少或几乎没有，顺差或逆差与该国实体经济增减是相吻合的。但是，在现代经济全球化、区域化和一体化的条件下，国家间的投融资现象已经十分普遍，各国的实体经济之间也出现了我中有你、你中有我的局面，顺差的意义已经发生了根本的变化。国家完全可以在实体经济增加的条件下保持国际收支逆差。顺差国家的实体经济不一定有增量，逆差国家的实体经济也不一定没有增量。例如，一个国家国际收支虽然表现为逆差，但是其海外投资大，并且利润也没有汇回国内，那么该国的实体经济规模的增大就没有在国际收支平衡表上体现出来。一个国家国际收支为顺差，但是这些有可能是外国企业在本国的加工和转口贸易所致，可能是一种具有一定或较大程度虚假的顺差，本国实体经济并不一定有增量。因此，在经济全球化条件下，特别是跨国公司的全球化生产、销售与订单，国家可以通过国际投资、转移生产基地等方法实现国际收支平衡或不平衡条件下的实体经济扩张，即达到本国实体经济扩大的目的，而不一定表现为国际收支平衡表上的顺差。

　　中国要实现和平发展，就必须增加国家的物质财富，因为只有这样才能实现国民生活水平的提高；而要增加国家财富，就要增加物质财富的生产。增加国家财富，即扩大实体经济的方式有两种：一是以国内为生产基地，把国内的生产要素组织起来进行产品的生产，并把过剩产品通过国际市场实现经济剩余。这样，既保证了财富的积累，也保证了国民的就业率，但同时也增加了我国的顺差。二是通过国际投资，把生产基地转移到国外，通过在当地生产、当地销售的方式，实现生产的国际化、全球化，并在国外的不断再生产中实现我国经济的再生产，扩大我国实体经济的规模，增加国民就业的国际化。这种方式由于就地取材、就地销售，两头在外，很少在我国国际收支平衡表上显示。所以，这种生产方式增加了我国实体经济但对国际收支顺差几乎没有什么影响。因此，通过转移生产基地的方式，就可以在国际收支顺差不增加甚至减少的条件下，增加我国的国民财富，实现国际收支所谓平衡条件下的国家财富增加。当然，调节国际收支平衡的方法很多，可以回旋的余地还比较大。除了汇率、利率调节机制之外，还有商业银行的存贷活动、有关国家外汇储备的变动、债务、投资等方式。我们既可用对外投资抵消国际贸易盈余，也可以用商业银行的跨国存贷活动进行冲销，还可以通过控制国际债务来实现。除此之外，从国内看在消除城乡二元经济结构的过程中，特别是我国广阔的中西部地区市场还有待开发，这给我国在国际市场吃紧的情况下转向国内市场，通过提高国内消费水平，拉动经济增长提供了广阔的空间。只要在国际收支的"调节"上下工夫，必要时转向开发国内市场，就能够回避中美在人民币升值问题上迎头相撞的局面，就能走出国际收支平衡与国家财富积累之间的"两难困境"。

从长远看，国家金融霸权的基础是优良宜当的市场经济制度安排和坚实发达的实体经济。第二次世界大战结束前，别的国家从战败国得到的是财富、工业基础设施，而美国从战败国拿走的是大批科技尖端人才，这种人才优势为第二次、第三次科技革命在美国发源和兴起打下了坚实的基础。美国依托优良的制度安排和科技革命保持了世界头号强国的地位。所以，世界霸主虽然可以变换，但是成就世界强国的客观条件或路径依赖依然不变。凡是有利于国力积累的因素，都是赢得国际金融博弈优势的路径。

1. 优良的制度安排是国家金融博弈优势得以构建的首要因素

国家实体经济各要素的组合是通过制度安排来进行的，不仅微观经济的生产、分配和消费如此，宏观经济乃至整个社会的运行都是如此。从微观来讲，我国外汇管理领域的"奖入限出"政策在实行初期促进了我国经济的快速增长，可以说有利于积累有限的外汇资源用于国家重点建设，提高资金使用效率。但是当国际收支双顺差急剧增加时，这项制度的作用就走向了反面，不利于我国金融地位的提高。例如，股份制在荷兰的发明，推动了现代保险业的产生和发展，使得积小钱办大事成为可能，实际上由此产生的东印度公司是西方统治东方的咒语，东方的封建制度在与以市场制度的较量中明显落败。国家各领域的制度安排会通过各种渠道影响整个国家的竞争力，影响国家金融地位。从宏观角度看，我国传统的计划经济体制就是束缚生产力发展的根本性、制度性因素，直接影响了生产要素的配置效率。以市场化为导向的改革开放的强力推行，其精神实质就是在宏观上调整我国的制度安排。市场化理念主导的国家制度建设，建立在个人意愿基础上，便于草根性操作，便于调动各方积极性、凝聚各方力量，便于形成巨大合力、提高生产效率。我国的政治体制改革就是不断释放制度能量、促进生产力发展的过程。制度安排是决定国家财富积累效率的首要因素，理论上为制度经济学所证明，实践上为大国兴起和各国改革开放的实践所证实。

2. 强大的科技优势是国家综合实力成长的决定因素

科技和科技创新是宏观和微观经济生产得以进行的关键因素。科技因素决定了一个产品生产的生产函数，决定了该产品的生产效率，也就决定了综合国力积累的速度。因此，由一个科技群带来的科技优势就能整体促进国家财富的积累，使国家占据竞争的优势地位。第一次科技革命催生了英国的世界霸主地位，也催生了它在国际金币本位制中的金融霸权，享尽了金融霸权的好处。第二次世界大战后美国劫掠的科技人才催生了第二次科技革命，也缔造了美国统治下的世界经济格局和经济秩序。第三次科技革命则开启了美国金融霸权的新世纪。所以，科技优势是维护金融霸权、赢得金融博弈优势的主要因素，是世界各国争夺的战略制高点。

3. 雄厚的国民经济基础是决定国家财富积累效率的根本因素

国民经济产业结构、国民经济技术水平、国民经济具体布局都对国家财富积累效率产生深刻影响。科技对国家综合国力的作用主要是依托国民经济结构才能完成。蒸汽机的发明、电的发现、信息技术革命对国家财富积累和国家综合国力所产生的重要影响，都是通过对国民经济的影响而起作用的。要取得国际金融领域的竞争优势，国家必须夯实国民经济基础，优化国民经济结构，提高国民经济水平，调整国民经济布局，以期取得最大效率的国民财富积累。

4. 合理的金融市场结构是国家金融博弈优势成长的重要因素

与科技一样，金融是世界各国认可的国际竞争制高点。作为现代经济资源配置的重要工具，金融是实体经济的先导，具有配置生产资源效率高、主导性强、操作快捷灵活、适应环境变化迅速的特点，不仅能在国内市场上迅速组合资源，而且也能在国际市场上获取资源配置，能够迅速提高劳动生产率。更为重要的是，合理的金融市场结构能够增强国家金融系统承受外界冲击的能力，能够提高国家金融系统积极参与国际金融博弈的实力，便于维护金融市场秩序的稳定，有利于国民经济的健康持续发展。

（五）构建我国参与国际金融博弈战略优势的基本要求

中国金融体系建设、金融体制改革、金融市场完善、金融事业发展要立足现实、稳步推进，与我国市场经济体制改革和社会主义现代化建设紧密结合起来；要进一步解放思想、克服阻力，积极构筑参与国际金融博弈的战略优势，争取更多更大更重的主动权、话语权、参与权。

1. 影响我国参与国际金融博弈优势构建的内生因素

当前，影响我国金融博弈优势构建的内生因素很多，表面看起来似乎有许多困惑和苦衷，不可逾越，其实则不然。这主要表现在：一是转变经济发展方式虽有难度，但更难的是深化投融资体制改革和加大国有企业改革的力度；二是提高外向型经济发展质量虽有难度，但更难的是不愿意丢掉出口高速增长与外资大量流入等政绩光环；三是扩大内需的结构调整虽有难度，但更难的是不愿动真格破除行政和资源垄断；四是解决民生问题虽有难度，但更难的是政府自身瘦身简政，放弃过多经济干预与支配权，扩大教育、卫生、公用事业和社会保障的财政支出和转移；五是平衡国际收支虽有难度，但更难的是不想真正闯体制改革与结构调整之关口。正是由于这些思想观念的束缚、垄断权力的意识、行政干预的依赖以及对市场经济制度的误解，致使经济发展方式、体制转变以及结构调整进程步履维艰，由此而导致制度安排不良和体制机制扭曲长期并存，这也是中国面临收支、汇率、利率摩擦困境与尴尬境况的根本原因。这些足以说明，我们治国理政与经济发展的意识与思维必须转变，不能再让外向经济高速增长的特殊光环，来遮掩甚至美化国内发展中出现的亟待解决的结构性问题，来延迟让市场成为配置资源的基础性手段，来推迟生产要素价格体制改革，来拖延处于攻坚阶段的行政、财税、投资体制和国有企业改革，来延误把改革开放30多年积累的资源快速转换成国家参与激烈国际金融博弈实力的时机和机遇。

2. 构建我国参与国际金融博弈战略的具体措施

构建我国参与国际金融博弈的路径，要立足国内外实际状况，结合我国金融体制和经济体制改革实际，充分运用金融手段、经济政策和市场经济制度，多种办法、多种措施、多种渠道加以综合解决。

第一，坚定不移地树立优良宜当的制度安排是促进经济发展的首要因素的观点，大力推动和深化行政管理体制改革，确立市场经济为资源配置的基础性手段和协调社会经济生活的主体地位。这里所说的制度是从构建我国参与国际金融博弈战略优势来讲的，是指基于法治规范的市场经济制度，即市场经济体制、机制和规则。通过进一步深化国有商业银行改革、国有保险公司和国有证券公司以及与之相配套适应的金融监管体制的改革，逐步建立起以法制市场经济为基础的、充满竞争活力和高效的金融管理与运行体制，是决定今后我国能否摆脱国际金融博弈困境，构建国际金融合作优势，逐步抢占国际金融竞争与合作的战略制高点，并在国际金融货币体系中发挥主导作用的根本性要素。

第二，坚持把实体经济放在首要地位，真正使金融这一重要的市场调节手段能够围绕实体经济发展的需要充分发挥作用，做好资源配置工作。回顾整个国际金融发展史，可以看到把一个国家推上国际金融霸主地位的是国家的实体经济，英国是这样，美国也是这样。所不同的是，前者借助的是科技革命的力量，而后者则不仅借助了科技革命的力量，而且还借助了地理位置和外交智慧的力量。但是两者的金融霸权地位都是由其实体经济来支撑的，所以无论任何时候我们的金融发展都要服务于实体经济的发展，切实保证实体经济的市场化、国际化。我国目前的物流也已经取得了很大进步，但是贡献给国际市场的多是利润附加值相对较低的商品，科技含量不高。所以，我国的金融体系要服务于我国的科技发展和自主创新体系，夯实金融发展的物质基础，根据实体经济的需要完善我国金融体系，同时还要利用金融配置资源速度快的优势，实现实体经济的跨越式发展。

第三，以金融体制和汇率形成机制改革为契机，加快外向型经济发展方式，特别是贸易增长方式和利用外资方式的转变，从外汇供给和需求两个方面入手，弱化人民币单边升值预期。要有效借助我国金融体制和汇率形成机制改革提供的契机，应当提升我国产业结构，增加出口产品的科技含量和产品附加值，促进国内产业升级；进口科技含量高的先进设备和国民经济发展所需的战略资源，解决我国经济发展的瓶颈，并大力发展服务业，提升服务业的水平和开放度。以此为基础，依据我国新型工业化战略和产业发展规划的需要，引导外资进入我国重点发展的产业领域，逐步实现内外资企业税收、关税、投融资等方面政策的统一，变"招商引资"为"选商择资"，减少低层次外资的流入，提升利用外资的水平。同时，提高意愿结汇比例和用汇自主权，推动企业"走出去"，把国内过剩资金变为境外投资，有效理顺外汇供求关系，削弱人民币单边升值预期，尽快形成合理均衡的人民币汇率，为其他方面的配套改革争取宝贵的时间和充足的回旋空间。

第四，大力发展和培育发达、成熟的资本市场，进一步优化资本市场结构，加大直接投融资的规模。一是继续加强资本市场基础制度建设，不断提升资本市场运行效率和竞争力。二是稳步发展股票市场，采取切实有效的措施，提升股权融资比例，完善企业投融资结构。三是加快债券市场发展，不断完善企业债券和公司债券管理体制，实现规范有序运行和集中统一监管。四是提高上市公司质量，完善公司治理结构和社会责任信息披露制度，促进资本市场主体健康发展。

第五，从战略和策略的角度，稳步推进人民币周边化、区域化，最终实现人民币国际化。我国现在的人民币升值困境很大程度上是由我国企业国际化滞后造成的。在扫清资金流出渠道的基础上，应当挖掘外交、外贸、民间团体等资源，加强对外投资促进体系建设，配合人民币汇率变动，落实企业"走出去"战略，推动国内资金流向周边和与我国外交关系较好的国家和地区，实现人民币的周边化、区域化，最终实现国际化。这一方面可以解决国内流动性过剩、基础货币投放成本问题，恢复人民币存量与商品价值存量的对应关系，治理和控制通货膨胀；另一方面也可以解决这些国家和地区的资金匮乏问题，使当地人民共享我国经济社会发展成果。

第六，建立高级别的金融统筹协调机构，构建我国完整的跨境资本流动监测预警体系。为了统筹协调各部门的行动，有必要建立国际物流和资金流的高级别协调机构，由央行牵头，银监会、证监会、保监会、外汇管理局等与资金流相关的部门参加，发改委、商务部、建设部等与物流相关部门和外事部门参与。这个协调机构致力于我国跨境资金的监测预警体系和国际投融资促进体系的建设，逐步形成区域效应，实现人民币的区域化和国际化的有机统一。

第七，大力增强我国在国际金融货币体系的话语权和规则制定权，提升参与国际金融博弈的能力。美国通过对多边国际金融组织的控制，获得了很强的金融话语权和规则制定权，具备了很强的影响国际金融市场和国际金融博弈的能力。我国作为一个正在和平发展的大国，无疑也要逐步加强这方面的战略策划与建设，增加在多边国际金融组织中的存在，培育对国际金融组织的影响力，逐步增加在多边金融外交和博弈中的优势。为此，必须从完善制度、体制和机制入手，大力推进金融体制改革，发展和培育各类金融市场，继续完善人民币汇率形成机制，稳步推进资本项目可兑换，采取综合措施建立基于市场调节的国际收支平衡机制，形成多种所有制和多种经营形式并存的结构合理、功能完善、高效安全的现代金融运行与服务体系。①

六、中央与地方以及地方政府之间决策认识主客体博弈

关于政府组织是否应该追求自身的利益，即政府组织及其成员在决策认识过程中是否能成为利益博弈的参与主体，一直是学术界争论的焦点。近代西方资产阶级思想家，如英国哲学家洛克、法国哲学家卢梭等从社会契约论出发认为，人们之所以需要政府其主要目的是为了保护每个人的私有财产不

---

① 刘光溪：《构建金融国际博弈优势的战略选择》，《理论动态》2008 年第 23 期。

受侵犯，确保社会的福利得以实现，这样政府便只具有公共性，没有自己的利益，不具有自利性。但是现代经济学家从"理性经济人"概念出发，否定了这种说法，他们把政府当做追求经济利益的个体看待，认为政府最大化地追求自己的利益也是政府的基本属性。公共选择学派的奠基者美国经济学家布坎南（James M. Buchanan）指出，在公共决策或者集体决策中，实际上并不存在根据公共利益进行选择的过程，而只存在各种特殊利益之间的"缔约"过程。① 同时，公共选择理论的学者认为在经济市场和政治市场上活动的是同一个人，没有理由认为同一个人会根据两种完全不同的行为动机进行活动；同一个人在两个领域受完全相反的动机支配并追求不同的目标，是不现实的和不可理解的，在逻辑上是自相矛盾的。正是由于这种人性假说截然对立的"善恶二元论"，把政府及其官员也推向了自利性的一面。

首先，政府组织中个人的自利。作为一个社会中的人，政府官员与社会经济生活紧密地联系在一起，他们也具有自身的利益要求。非财政供养人员的利益需求主要是通过市场手段来解决，依据能力本位、效率优先原则进行一次分配，市场这种"看不见的手"自发产生作用，人在自利动机的引导下，努力提升自身素质，增强本领，提高技能，以期实现个人利益最大化。这种自利性不仅无可厚非，还需要倡导、鼓励。因为在个人效用最大化的过程中，不知不觉地增进了公共利益，增加了国家的财税收入。但是政府工作人员是财政供养人员，他们的利益诉求只能在职场（公共组织）内获得，即政府工作人员的自利主要通过组织的自利得到满足。政府工作人员既是行政权力的行使者，又是普通公民，具有为自己谋取利益的优越条件。澳大利亚政治学家欧文·休斯在分析政府官员的自利性时认为："一个理性的人必然受到对其行动有影响的刺激机制支配。无论他自己的个人欲望是什么，如果某种活动将带来惩罚，他必然会取消这种活动，如果能带来较大利益，将会吸引他趋于这种活动。胡萝卜和棍棒对科学家和政治家的支配作用与对驴子

---

① J. Bchanan, "A Contractran Paradigm for Applying Economics", *American Economics Review*, No. 5, 1975.

的支配作用是一样的。"① 由此看来，政府官员自利性是在理性指导下对欲望的满足，并且在规制力量软弱或有漏洞存在的情况下，政府官员会利用自己手中掌握的权力，扩张性地满足自己的利益需求，更有甚者会做出以权谋私、权钱交易等违法乱纪的事。

其次，政府职能部门的自利。政府职能部门是一级政府横向的机构配置，是为了完成政府的职能而建构的，其大都受到双重关系的制约。一是与上级政府对口职能部门关系，二是与地方政府的关系。由于如今很多职能部门实行垂直化管理，所以条块分割，作为"条条"的政府职能部门与作为"块块"的地方政府之间常常会出现摩擦。这是因为改革开放以来，我国的利益结构发生了重大变化，使得政府职能部门在充当公共利益代表者的同时，作为单位、部门利益代表者的角色越来越凸显出来。正因为政府职能部门作为一个利益共同体，是其成员共同利益的代表者和维护者，因而为了部门的利益而与国家或是地方争利的现象频频发生。例如，所谓的"行政权力部门化，部门执法产业化，创收成果私人化"，其实质是实现职能部门的利益，落脚点是个人利益，表现形式是以权"谋公"。

最后，地方各级政府的自利性。地方各级政府在中央政府的领导下，履行本地管理社会公共事务的职能。中央政府从全局的高度看问题，更多的是考虑全国的利益、全社会的整体利益。地方政府本着"造福一方"的理念，一般更多地考虑地方利益。一是不同地区政府利益之争；二是上下级政府的利益之争；三是地方政府为了实现政府目标而为本地企业或与本地企业争利；四是地方政府为了吸收外来投资而无原则地让利；五是地方政府为实现本地的经济社会管理职能而与中央争利。在我国政府决策认识的制定和实施过程中，同样存在着因各层级政府组织的自利性带来的中央和地方政府之间以及各地方政府之间的利益博弈。由于中央政府与地方政府、上级政府与下级政府以及各地方政府之间在决策认识方案的制订和实施中，尚未形成关于利益分配的有效博弈机制。因此，作为中央政府决策认识的主体和客体之间的利

---

① ［澳］欧文·休斯：《公共管理导论》，中国人民大学出版社 2001 年版，第 13 页。

益博弈，就表现为中央和地方政府之间关系的"一放就乱，一统就死"和各地方政府之间违反市场自由竞争的地方保护主义。

（一）中央与地方政府决策认识主客体博弈

中央政府与地方政府在决策制定和实施过程中，分别作为决策认识方案制定的主体和方案执行的客体，共同处在一个完整的以利益为特征的博弈进程中。一个完整的博弈进程至少应该包括三个方面的要素，即局中人特别是博弈活动的参与主体、策略与支付。策略是指局中人将在给定的信息集合中，进行决策时可以选择的方法或做法。例如，地方政府的各种"对策性"执行行为就是地方政府可能采取的策略选择；支付是指在一个特定的策略组合下，局中人得到或期望得到的效用水平，也就是具体的利益得失情况。博弈活动可以按照不同的特点划分成不同的类型。其中，按照局中人之间能否达成有约束力的协议，可以分为合作博弈和非合作博弈。"上有政策、下有对策"的博弈主要是指非合作博弈，也就是指在博弈过程中互相依赖的局中人在策略选择时尽量使与对方利益相冲突的个人效用最大化，而不是使集体收益最大化。按照博弈的时间或行动次序，可以分为静态博弈和动态博弈。"上有政策、下有对策"的博弈是有行动先后次序的，属于动态博弈。按照局中人拥有的信息结构，可以分为完全信息博弈和不完全信息博弈。"上有政策、下有对策"一般属于不完全信息博弈。在博弈活动中，局中人将遵循个人行为理性原则，在既定的博弈规则下每个局中人都把个人效用最大化作为自己行为和策略选择的出发点。由此可见，整个政府决策认识过程本质上是一种博弈过程。

在政府决策认识的形成阶段，各方的利益代表把自己的利益要求放进决策认识制定系统，围绕具体的利益安排和利益得失进行针锋相对地讨价还价、交易或妥协，在此基础上形成的决策认识方案实际上是利益均衡的体现。决策认识方案的执行过程，实际上是把有关利益分配的方案从观念形态转化为现实的过程，是决策认识制订过程的延伸。在决策认识方案制定阶段，利益需求没有得到满足的利益团体就会把自己的影响力转向决策认识方案执行过程。围绕具体的利益实现过程，各利益团体仍然会进行各种形式的利益博弈，通过改变决策认识方案实施的手段和条件，试图达到自己在决策过程中所预想的利益和目的，在执行过程中保护或增加自己的利益。例如，2001 年 6 月国务院下达了《关闭国有煤矿小井和煤矿停产整顿的紧急通知》，要求各地迅速关闭国有矿办小煤窑。但是在具体执行过程中，有些地方政府采取了种种"对策"行为来保护地方利益。这是在产业政策执行过程中存在的一个十分典型的"上有政策、下有对策"的博弈案例。为了分析方便，假设地方政府在政策执行过程中有"关闭"和"经营"这两种策略选择，中央政府也有"打击"和"不打击"这两种策略选择，双方在行为前对对方的策略选择、行为信息和收益结果等都有所了解。假设在小煤窑关闭前，地方政府从中获取的收益为 B，则关闭后地方政府在小煤窑经营方面的收益将为 $-B$。关闭后中央政府的收益为 $B1$，两者之间是非零和博弈，地方政府的不关闭行为给中央政府带来的收益为 $B2$，中央政府在打击地方政府继续经营小煤窑过程中花费的各种成本计为 C（主要表现为花费在监督检查等方面的人力、物力和财力等），不打击地方政府继续经营小煤窑将会给中央政府造成的损失为 $C1$（主要表现为影响中央政府宏观调控和产业结构调整的顺利实施、由于安全事故引发的社会不安定因素等方面），在中央政府的打击行为中，地方政府的可能损失为 $C2$（主要表现为地方政府遭受中央处罚、处理安全事故的费用以及因被新闻媒体曝光而影响地方形象等直接成本和机会成本）。在中央政府采取"打击"策略的情况下，地方政府违规执行中央政策被中央政府查处的概率为 P（$0<P<1$）。为了争取中央政府不打击地方政府继续经营小煤窑的行为，地方政府将要花费诸如因此而减少对中央政府税收减免、转移支付等方面的经济要求等额外的成本为 $C3$。假设中央政府的策略选择是在地方政府行为之后进行，则双方的动态博弈关系可以通过图 6—2 所示理论模型来进行形象描述和具体表示。

这个动态博弈实际上符合两个接近现实的经济学假设：首先，作为理性的"经济人"，行为个体不管是处于市场之中还是处于政府部门，都把追求自身效用最大化作为行为的主要目标；其次，在地方政府与中央政府信息不对称且双方行为缺乏有效制度约束的情况下，地方政府作为中央政府在政策

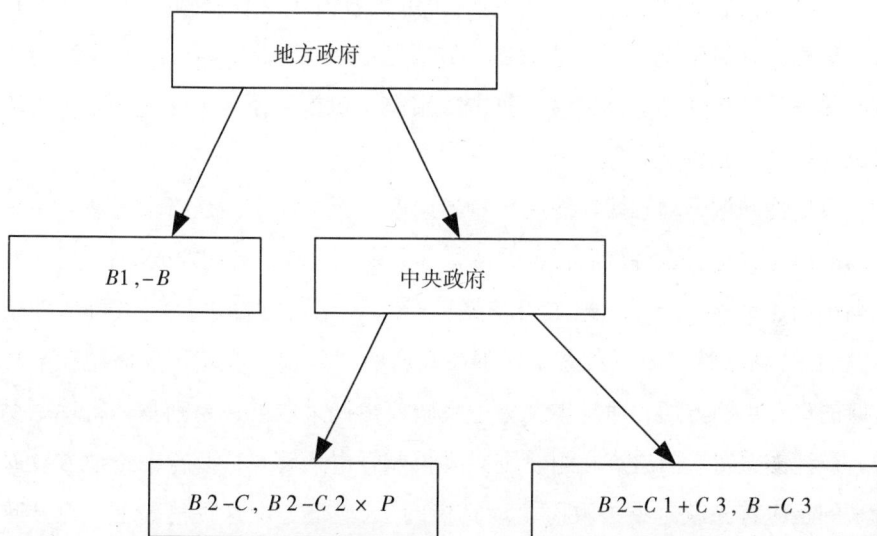

图 6—2　中央与地方博弈图

执行领域中的"代理人"会产生机会主义行为倾向，在损害委托人——中央政府利益的前提下追求自身的最大化利益。在这个动态博弈关系中，若地方政府在执行中央的关闭政策过程中直接选择"关闭"的策略，则双方的博弈关系结束。在现实中，地方政府从自己的利益考虑出发往往会选择"经营"。在这种情况下，则由中央政府针对地方政府的行为进行策略选择。依据逆推归纳法，中央政府进行策略选择的依据就是直接衡量在"打击"和"不打击"情况下的利益得失情况，也就是比较 $B2-C$ 与 $B2-C1+C3$ 的大小，这时就会出现两种情况：其一，若 $B2-C < B2-C1+C3$，即 $C1 < C3+C$，中央政府此时的最佳策略选择将是"不打击"；其二，若 $B2-C > B2-C1+C3$，即 $C1 > C3+C$，中央政府将选择"打击"的策略。就上面这两种情况来说，由于地方政府不执行中央政策所带来的损失不仅仅表现为中央政策调控意图的落空，而且还表现在地方政府由此而形成的对中央政府权威的挑战，以及因此而引起的一系列不良后果，这显然不是通过减少打击地方政府变通执行中央政策而花费的成本，以及获取地方政府为换取中央政府的不打击策略所提出的种种物质条件所能比拟的（当然，当地方政府因中央政策不具备可行性而根本无法执行而进行政策创新时，中央政府也会根据情况实行"不打击"策略，这种情况并不在本书的讨论范围内）。因此，中央政府通过衡量自己得失后的选择必定是采取"打击"策略。也就是说，中央政府的行为策略是一种"可信性威胁"。

可信性问题是动态博弈的一个重要问题，所谓可信性是指动态博弈中先行为的博弈方是否该相信后行为的博弈方会采取对自己有利的或不利的行为。根据有利还是不利，可以把"可信性"分为"可信性许诺"和"可信性威胁"。在"可信性威胁"状态下，中央政府的"打击"策略不仅体现在中央政府的口头声明方面，而且表现为中央政府由此采取的一系列具体行动。例如，往地方派遣专门检查小组、设立举报监督电话等，这些行动给地方政府带来的反应首先就是中央政府"动真格的了"。但是在这种情况下，地方政府是不是就会迫于中央政府的这种"打击"策略而必然选择"关闭"行动呢？其实也不尽然。此时，地方政府面临的约束条件将是 $-B$ 与 $B - C2 \times P$ 之间的比较结果，这时也会出现两种情况：首先，当 $B < C2/2 \times P$ 时，地方政府采取"对策"行为的收益将小于因此而需要承受的成本，这时地方政府觉得无利可图自然会执行中央政策。其次，只要 $B > C2/2 \times P$，不执行中央政策或变相执行中央政策的收益大于成本，地方政府就会选择继续经营小煤矿。这种条件和现象在现实中更为常见，本书也是以此作为分析的出发点进行理论研究和探讨。在满足这个约束条件的情况下，再结合中央政府的实际策略选择，双方动态博弈的子博弈完美纳什（Nash）均衡将是：打击、经营。这是一种非合作性质的均衡，具有稳定性，是由双方的最佳策略构成。在这种均衡状态下，每个参与人都确信，在给定其他参与人战略决定的情况下，他选择了最优战略以回应对手的策略。这种出于各自理性考虑所进行的策略选择最终使中央政府和地方政府陷入了类似于"囚徒困境"的状态，个体的理性行为最终导致集体的非理性结果，使双方的均衡选择成为一种无效的均衡解，造成社会资源和财富的浪费。

这里所说的"打击"、"不打击"和"经营"、"关闭"只是对中央政府和地方政府在政策执行博弈过程中策略选择的一个简要概括，其实两者可以选择的策略是多种多样的。但是不管采取何种策略，地方政府遵循的原则都是利益最大化原则，即只要不执行中央政策有利可图，地方政府就会采取各种手段阻挠中央政策在地方的实施。这说明，要使地方政府遵照执行中央政策，就必须使 $B < C2/2 \times P$。也就是说，在这个动态博弈关系中，在地方政府关闭小煤窑之前从中获取收益一定的情况下，制约双方策略选择的重要变量体现在地方政府在中央政府打击中的成本损失 $C2$（包括直接成本和间接成本——机会成本两个方面）与因违规而被查处的概率 P 上。在地方政府获取的收益一定的情况下（这基本上是符合现实状况的。例如，地方政府在私自允许或默许地方小煤窑经营过程中都会获取诸如税收、"租金"等固定的收益和收入），只要提高 $C2$ 和 P，使地方政府在执行中央政策过程中承受的成本大于获取的收益，地方政府就缺乏在政策执行过程中采取"对策"行为的动机。这里的成本 $C2$ 主要是地方政府在政策执行过程中因违反中央政策而不得不承受的各种损失和惩罚，以及因此而丧失的在今后得到利益补偿或政策优惠的机会；而被查处的概率 P 则主要是指地方政府因变通执行中央政策而被相关监督部门查处和处罚的几率。[①]

　　决策认识主客体之间的博弈总是在一定的制度环境下展开的，他们必须在充分考虑规则约束的条件下展开自己的决策认识活动，以便从中追求和实现自身利益。政府是制度和规则制定的主体，同时又是制度和规则实施的受益者。这就使得政府处于一个利益悖论当中。作为决策认识主体的中央政府出于全国或自身利益的考虑出台某项政策时，必须关注决策认识客体即地方政府和全体社会公众的利益才能保证政策的有效实施。依此类推，省级政府部门在制定地方发展战略时，也不得不同时考虑中央和其下级政府的利益。除顶层的中央政府和最底层的地方政府外，其他的政府都具有决策认识主体和客体的双重身份。在这种双重角色的转换中，进行决策认识活动的各级政府根据自身在利益博弈中的不同地位，进行着不同的选择。但是不管角色如

---

　　① 丁煌、定明捷：《"上有政策、下有对策"——案例分析与博弈启示》，《武汉大学学报》（哲社版）2004 年第 6 期。

何转换和策略如何选择，其前提是遵守规则，照章办事。因此，制度和规则能够通过对博弈参与者的违规行为施加惩罚和增加其违规成本的方式达到对其行为进行规范和约束的目的。制度约束不同、博弈参与主体的策略选择依据不同，导致的收益和成本就不同，进而决定了其博弈均衡结果的不同。可以在某种意义上说，正是由于我们在制定相关制度时没有充分考虑到决策认识主客体的利益，或者制度本身的约束力不强，才导致了中央和地方政府之间不良的博弈均衡结果。为此，要从根本上消除这种政策执行博弈的不良影响，必须在深入分析中央和地方政府之间的博弈关系的基础上，加强制度建设，构建中央和地方政府之间合理决策认识互动机制，在博弈规则的制定中加大博弈客体违反博弈规则的成本，通过制度的创新来使中央政府与地方政府在政策执行过程中形成有效的博弈均衡结果。

（二）地方政府之间决策认识主客体博弈

在市场经济条件下，处处充斥着"蝴蝶效应"。某一地方政府在进行决策认识并出台相关政策的过程中，不得不考虑决策认识的客体即现有的决策环境，如社会公众、其他政府的相关政策、决策认识方案付诸实施后对其他政府的影响以及在此影响下其他政府可能采取的行动等。因此，在政府管理过程中，决策认识的主客体博弈不仅包括垂直的中央和各级地方政府之间以及具有隶属关系的不同层级地方政府之间的博弈关系，还包括不相隶属的同级或不同级政府之间的博弈。改革开放以来，随着地方政府利益主体地位的确定，他们在相同的产业链竞争当中存在着利益的冲突，这就使得地方政府在制定产业发展决策认识的过程中自觉或不自觉地处于一个利益博弈进程当中。例如，2006 年媒体曝光的湖北汉川市政府下发文件要求各单位完成喝"小糊涂仙"酒任务。汉川市政府颁布《关于倡导公务接待使用"小糊涂仙（神）"系列酒的通知》，以任务分解表的形式，要求包括各局、各乡镇在内的 105 个单位需完成 200 万元"小糊涂仙"酒的指标。"喝酒文件"可以说是地方保护主义的典型案例。程度不同的地方保护主义，扰乱市场秩序，不利于地方经济长远发展和全国经济的整体发展，体现了利益驱动下的博弈选择。当然，这种局面并不可能无限期地持续下去，在各种政策规定和法律法规的要求和制约下，各级地方政府终将还是会面临做出正确抉择的时刻。但是，在这种利益博弈的情况下，如何做出最好的抉择，如何选择恰当的政策，成为一个重大的现实问题。决策认识的博弈理论可以为此类问题的解决提供有效的理论依据和实践工具。

博弈理论模型的建立与分析首先将上述问题用博弈论的语言表述出来，包括博弈的决策认识主体、主体的变量以及主体的收益函数的具体形式，然后借助于数学方法，去求该博弈问题的均衡解。为便于理解，假定现有 A 与 B 地方有重叠产业，A 与 B 地方政府为了自身经济发展而选择此重叠产业保护或者从社会利益最大化角度考虑对此产业不采取保护政策。为简化分析，假定只有地方政府 A 以及地方政府 B 参与此项博弈，双方为"理性人"，同时假设政策制定信息是完全的，即两个地方政府对相互的政策制定后的得益情况有准确的认知。

地方保护政策博弈导入完全信息静态模型，主要用于分析短期的、现行的、随着时间变化政府即将会采取的措施。由于中央政府禁止地方政府变相出台各项政策，地方政府也已逐渐认识到地方保护政策会给地区经济发展带来不良影响。据此，可以建立如图 6—3 所示得益矩阵博弈理论模型。

地方政府B

		保护	不保护
地方政府A	保护	$F(P_A), F(P_B)$	$U_A, 0$
	不保护	$0, U_B$	$0, 0$

图6—3 地方保护的博弈短期图

其中，（1）U_A 为地方政府 A 制定保护政策，地方政府 B 不制定保护政策时，地方政府 A 可获地方收益 U_A。（2）U_B 为地方政府 B 制定保护政策，地方政府 A 不制定保护政策时，地方政府 B 可获地方收益 U_B。（3）$F（P_A）$、$F（P_B）$ 分别为两地均制定保护政策，各自所获收益。在这里，根据实际的经济意义，认为当两个地方政府同时采取保护政策时，其带来的弊大于利，因此认为两者 $F(P_A)$、$F(P_B)$ 均为负值。其中 P_A、P_B 分别为两地该产业各自的政策保护系数，并且与该地区制定政策后获得的利益之间存在一定的线性相关性。在两个地方政府面临对制定保护和不保护策略选择时，将两者做出决策视为同时。时间上也许有先后，但两者互不知对方的决策，仍可视为同时。通过采用画线法寻求上述得益矩阵中的纳什（Nash）均衡，发现存在着两个纯策略纳什（Nash）均衡。两个纯策略纳什（Nash）均衡为当地方政府 A 选择制定保护政策时，地方政府 B 的最优策略为不制定保护政策；而当地方政府 B 制定保护政策时，地方政府 A 的最优策略为不制定保护政策。这一结果表明，地方政府制定保护政策与否在很大程度上取决于另一方。对于此问题，寻求混合策略纳什（Nash）均衡解，以此来解释该博弈问题，更为符合实际的情况。

以混合策略的有关理论对此进行研究，在两个地方政府面临保护、不保护政策选择时，地方政府 A 并不知道地方政府 B 的实际策略选择，只知道地方政府 B 会以一定概率选择这两种策略中的一种；地方政府 B 对地方政府 A 的了解程度同样也是如此。由于在该博弈中，两个参与者的决策内容不是确定性的具体策略，而是在一些策略中随机选择的概率分布，与这种混合策略相伴随的则是收益的不确定性，因为一个参与者并不知道其他参与者的实际策略的选择，此时参与者更为关心的则是期望收益。以 V_A 来表示地方政府 A 的期望收益，以 V_B 来表示地方政府 B 的期望收益。假定地方政府 A 以 α 的概率实行保护政策，以 $1-\alpha$ 的概率不实行保护政策，地方政府 B 以 β 的概率实行保护政策，而以 $1-\beta$ 的概率不实行保护政策。

由得益矩阵，分别可以求出地方政府 A 及地方政府 B 的期望收益如下：

$$V_A = \alpha\beta F(P_A) + \alpha(1-\beta) U_A$$
$$V_B = \alpha\beta F(P_B) + \beta(1-\alpha) U_B$$

分别对 α、β 求偏导并令偏导数为零解得：$\alpha' = U_B/U_B - F(P_B)$，$\beta' = U_A/U_A - F(P_A)$。当地方政府 A 以 $(\alpha', 1-\alpha')$ 的概率选择保护和不保护，地方政府 B 以 $(\beta', 1-\beta')$ 的概率选择保护和不保护时，双方无法通过单独改变策略，因此双方上述概率分布的组合构成一个混合策略纳什（Nash）均衡。这个均衡结果的经济现实意义在于，在均衡状况下地方政府 A 和 B 选用上述混合策略时，是一个最优选择。由均衡结果可以看出，地方政府 A 制定政策时的最优概率的表达式中含有两个参数 U_B 及 $F(P_B)$，分别为地方政府 B 在选择不同策略时所获的效用；地方政府 B 制定政策时的最优概率的表达式中的两个参数 U_A 及 $F(P_A)$，分别为地方政府 A 在选择不同策略时所获的效用。这也说明了对于混合策略的纳什（Nash）均衡而言，一个参与者选择不同策略的概率分布，不是由其自身的收益决定，而是由其对手的收益决定。

地方保护政策博弈导入完全信息动态模型，主要用于分析在静态博弈中由于受到短期利益的驱使，地方政府会实施保护政策，保护本地的产业获得局部利益。但是从长远来看，地方要有健康良性的发展，就必须置身于竞争的环境中。许多客观事实和历史经验也充分证明，开放可以取得持久发展，封闭就会导致贫穷落后。按照上述博弈理论模型体现的原理，地方政府在不采取保护政策的情况下，得益状况将发生变化。据此，可以建立如图 6—4 所示得益矩阵博弈理论模型。

地方政府B

		保护	不保护
地方政府A	保护	$F(P_A), F(P_B)$	$U_A, 0$
	不保护	$0, U_B$	U_{LA}, U_{LB}

图 6—4　地方保护的博弈长期图

从长远看，地方政府不实施保护政策的收益大于实施保护政策的收益。因此，有 $U_{LA} \geq U_A$，$U_{LB} \geq U_B$。通过采用划线法寻求上述得益矩阵中的纳什（Nash）均衡，发现存在唯一一个纯策略纳什（Nash）均衡，即当地方政府 A 不采取保护政策时，地方政府 B 也不采取保护政策，即 U_{LA}，U_{LB}。同时，这个唯一的纯策略纳什（Nash）均衡本身也是帕累托效率意义上的最佳策略组合。现将模型扩展为：两个地方政府在已经知道得益状况的情况下，长期进行有限次重复博弈。此时的博弈仍是完全信息动态博弈，博弈过程为长期

的有限次。因为根据唯物主义的观点，任何事物都有存在的极限，因此真正
的无限次重复博弈实际上是不存在的，所以现在引进有限次重复博弈，将两
个地方政府之间看做是一个长期的博弈过程，此时的博弈模型转化为动态博
弈下有限次重复博弈。根据唯一纯策略纳什（Nash）均衡博弈的有限次重复
博弈解容易得到，两个地方政府在各个阶段都重复采用原博弈唯一的纯策略
纳什（Nash）均衡，是这个重复博弈唯一的子博弈完美纳什（Nash）均衡路
径。这就意味着，两个地方政府为促进地方发展将一直不采取保护政策，由
于实现了帕累托效率意义上的最佳策略组合，因此整个社会的全局利益和长
远效益也得到了最大化。

七、运用 SWOT 态势分析法研究黑龙江大豆产业决策认识

黑龙江省是全国大豆主产省，大豆是黑龙江省农业的支柱产业，大豆种
植面积、大豆产量，均占全国三分之一以上。但在新的市场经济环境和条件
下，黑龙江省大豆产业面临着严峻挑战。目前，国内大豆产业受到国际市场
严重冲击，逐渐呈现衰落迹象，这一现实状况不仅对黑龙江省经济发展造成
不良后果，而且也将给国家粮食安全敲响警钟。同时，进口大豆逐步侵占国
内大豆市场，无论价格、产品质量、各相关产业的发展都将受制于国外企业，
对整个国民经济的发展产生巨大不利影响。要重新振兴黑龙江省大豆产业，
促进经济发展和增加农民收入，必须在切实了解现实竞争环境的基础上做出
正确的决策。决策认识主体在进行大豆产业发展决策认识过程中，不能单纯
地依靠经验的、简单的、手工的或直观的决策认识方法，要掌握和运用国际
先进的 SWOT 方法，即态势分析法对优势、劣势、机遇和威胁四个方面进行
科学分析，从而做出正确的决策认识。

在决策认识过程中，应用 SWOT 态势分析法对黑龙江大豆产业的竞争情
况进行研究，就是要根据不同情况对相关信息进行有重点地搜集、处理和分
析，提出相应的竞争策略；同时还要通过对不同时期的 SWOT 矩阵进行动态
对比分析，研究自己和竞争对手优势劣势的消长。这对振兴黑龙江大豆产业、
促进经济发展和增加农民收入具有重要的现实意义。

（一）黑龙江发展大豆产业的优势

黑龙江省大豆生产自然环境和技术条件十分独特，大力发展大豆产业优势非常明显。其一，丰富的自然资源优势。黑龙江省幅员辽阔，耕地集中连片，土质丰腴肥沃，黑土、黑钙土、草甸土等占60%，是世界上著名的、仅有的三大黑土带之一，适宜种植大豆。黑龙江省气候冷凉，雨热同季，大豆开花结荚期正处雨季，对大豆生长发育极为有利。多年来，大豆一直是黑龙江省的传统作物、主栽作物和优势作物，2006年大豆种植面积已经接近全省耕地面积的40%，2009年占35.09%。著名的三江平原和松嫩平原作为黑龙江大豆主产区，生态条件得天独厚，开发历史较晚，土壤有机质含量高，农药和化肥施用量远远低于全国平均水平，发展无公害大豆、绿色大豆、有机大豆的前景十分广阔。其二，雄厚的科研技术优势。黑龙江省从事大豆研究的中高级科技人员占全国的三分之一，有国家大豆工程中心、国家大豆改良哈尔滨分中心和两个农业科学院、两所农业大学以及近百所农业、水利、农机等中高等农技学校，有相对先进、相对完备的科研设备、科研基础和科研成果，在国内处于领先水平。黑龙江省已研究出一批成熟的、适用的和易于操作的先进栽培技术，这些先进栽培技术有些已经与国际接轨。另外，全省大豆种植广泛实行机械化，为大豆种植技术规范化、种植面积规模化打下了良好的基础。其三，可靠的大豆产品安全优势。转基因大豆一直是世界上很多国家排斥的对象。由于黑龙江大豆均是传统的非转基因大豆，大豆产品的安全性可以得到基本保障。国内外市场对转基因大豆所持的谨慎态度，使非转基因大豆需求旺盛，其价格要高出转基因大豆15%～20%。这不仅为黑龙江大豆出口提供了巨大的潜在市场空间，而且也为黑龙江省发展优势品牌大豆创造了有利条件。黑龙江省作为非转基因大豆的主产地，应该对这种独特的品质优势充分加以利用。其四，独特的地缘和市场优势。黑龙江省地处东北亚中心地带，与俄、日、韩、朝毗邻，与俄罗斯有3000多公里的边境线、25个国家一类开放口岸，尤其是北部的黑河地区还与俄罗斯阿穆尔州隔江相望，是中国对俄经贸最重要的窗口和通道，具有开拓俄罗斯及东欧国家市场的政策、交通、人文等独特的优势，具有较强的国外市场优势。另外，黑龙江省大豆在国内市场也有优势，东北及其周边地区是大豆的主销区，随着东北地区畜牧业发展，豆粕等附属产品消费量也较大，这些优势都将为黑龙江大豆的国内外贸易打下坚实的基础。

（二）黑龙江发展大豆产业的劣势

黑龙江省的大豆生产和发展大豆产业虽然具有多种优势，但就其发展的现状还存在一些不容忽视、必须高度重视的问题。其一，品质退化，缺乏竞争力。由于黑龙江省大豆生产长期以高产为目标，品种单一，追求高产，高蛋白、高油脂以及双高的品种种植面积较小，导致大豆总体品质欠佳。大豆加工生产70%是用做浸油，油脂含量的高低是大豆品质优劣的主要标志。我国大豆的含油量较进口大豆低，加之水分大，使大豆商品品质不如进口大豆。虽然黑龙江省已经育成并栽培了一些高蛋白、高油脂品种，但是目前种植的大豆平均含油率仍在18%左右，比美国大豆平均低1~2个百分点，并且部分大豆的蛋白质含量也不高，致使在国际市场上缺乏竞争优势。其二，生产成本高，效益低。与居于世界首位的大豆生产国——美国相比，黑龙江省大豆生产成本已达每亩500元以上，且增速迅猛，远高于美国，而斤粮成本则更是高于美国，主要原因是单产明显低于美国。虽然直接成本与国外相比具有一定优势，但是其间接成本却远远高于国际水平，由此致使大豆价格在国际上的竞争力处于劣势，效益不高。其三，缺少必要的政策支持。为了稳定生产和保护农民种粮积极性，我国对四个主要粮食品种中的玉米、水稻、小麦三个品种实行保护价和最低收购价制度，而对大豆品种则较早实行完全市场化。美国等大豆生产国一直对生产者实行补贴政策和限制进口政策，我国应认真研究和充分利用"绿箱"政策，由政府对大豆生产者进行积极的政策扶植，对大豆进口配额、关税、时机等也应进行科学的宏观调控。

（三）黑龙江发展大豆产业的机遇

大豆既是粮食作物，又是经济作物，具有很高的研究、开发及应用价值，产业化前景十分广阔。其一，产业结构调整机遇。大豆有很长的产业链条和巨大的加工增值潜力，同时又是我国供给缺口较大的农产品，大豆产业是新的经济增长点。发展大豆产业是黑龙江省农业结构调整的重点，也是农业和农村经济发展的必然选择，可以带动养殖业、加工业等相关产业发展，促进农业结构的战略性调整和升级。随着畜牧水产业的发展及人们生活水平的提高，国内对大豆的需求逐年增加。目前，我国大豆需求量已达年5700万吨，且呈继续扩大趋势，而大豆年生产量高低不稳，总体呈现逐年减少趋势，约为1250万吨，缺口高达4500万吨。我国作为世界大豆的消费大国，如果完全依赖进口，不但影响国内大豆经济和相关产业的发展，而且在国际市场上也将受制于人。大豆产业的发展，对黑龙江省农业具有举足轻重的地位，既可增强经济实力，增加财政收入，又可保证近1000万农民的稳定增收和5万大豆加工企业工人就业，实现农民增收、企业增效、社会稳定。大豆作为黑龙江省的支柱产业，具有广阔的市场前景和广泛的调节空间，是产业结构调整中发展的重点。其二，绿色食品发展机遇。黑龙江省自1990年以来就开始发展绿色食品产业。2003年，在农业结构调整上已将发展绿色、特色食品作为调整重点之一，本着"打绿色牌、走特色路"的发展思想，把绿色食品的开发作为农村经济结构调整的切入点，加大力度推进。截至2004年底，在全国6496个产品有效使用绿色食品标志商标中黑龙江省就占17%。目前，黑龙江省发展绿色食品生产落实面积已经达到120.7万公顷，其中绿色大豆占有重要的比例。尽管相对于整个农产品和食品总量来说，绿色食品的开发规模还很小，但是这项工作已经显示出广阔的前景。近年来，黑龙江省绿色食品每年以20%~25%的速度增长，发展绿色大豆将有助于提高黑龙江省大豆及其产品的市场竞争力。其三，非转基因机遇。目前，国际大豆市场抵制转基因大豆趋势越来越明显、越来越强劲，既显现出我国大豆的优势，又为我国大豆在国内外市场提供了广阔的发展空间。黑龙江省是种植非转基因大豆的净土，是农业部划定的非转基因大豆保护区，生产绿色非转基因大豆，以无污染、营养价值高等特性在国际上享有较高的知名度，深受日本、韩国等消费国的青睐。黑龙江非转基因大豆的大面积高产，提高了我国大豆在国际市场上的竞争力，更为黑龙江省大豆提供了发展机遇，黑龙江省大豆必将以其优质和无公害的特质而重振雄风，重登国际贸易舞台。其四，大豆振兴计划实施机遇。2002年初，我国启动《大豆振兴计划》，在全国1000万亩高油大豆示范面积中，有60％落实在大豆主产区黑龙江省。国家《大豆振兴计划》明确指出，形成东北高油脂大豆和黄淮海高蛋白大豆共同发展趋势，是提高我国大豆产业国际竞争力的必由之路。此计划的实施，加快了黑龙江省非转基因油脂专用大豆生产基地的建设，重新确立了黑龙江省大豆在国内外市场的优势地位，也进一步为黑龙江省大豆生产提供了机遇。其五，东北老工业基地振兴总体规划出台机遇。2004年11月，黑龙江省政府发布了《黑龙江省老工业基地振兴总体规划》，着力解决"三农"问题，加快发展现代农业，力争把黑龙江省建设成为全国最大的现代农业基地。该规划提出，黑龙江省大豆单产和品质力争提高到世界先进水平，大豆年产量力争达到900万吨；大豆精深加工比例达到60％以上，建成全国最大的非转基因大豆深加工基地；在大豆产品领域扶持培植具有较强拉动能力的大型龙头企业，这又为黑龙江省大豆生产提供了有利机遇。

（四）黑龙江发展大豆产业的威胁

黑龙江省虽然大豆生产和发展大豆产业优势较为明显，但是也存有一定的威胁。其一，来自国外大豆主产国的竞争压力。近些年，随着世界大豆的迅猛发展，特别是美国等西方发达国家针对中国等发展中国家大量出口转基因大豆，中国大豆明显优势逐渐弱化，中国的大豆总产已由原来的世界首位退居为继美国、巴西、阿根廷之后的第四位，外来大豆对我国大豆市场的冲击不断增大。至2004年底，我国许多农产品的关税普遍下降20％～30％，这导致外国农产品在中国市场的价格也大幅下调。入世之后，市场的开放引来了更多的竞争者，外国的大豆以其雄厚的资本、技术和品牌优势，成为国内大豆的最强有力的竞争者，并且不断增强市场占有份额，不断挤压中国大豆生产能力，有逐渐控制和左右我国大豆市场供销形势和市场价格走势之虞。虽然目前国内大多数农产品市场还由国产农产品所占领，但是也必须清醒地意识到，这在很大程度上与贸易壁垒有关，一旦时机成熟，低成本、低价格、包装精致、服务周到的国外品牌农产品就有可能大量涌入，那么国内农产品市场竞争的加剧将在所难免。其二，自然风险带来的威胁。农业是兼有自然风险和社会风险的弱质产业，农产品的生产深受自然风险的制约。一旦自然条件变化，便会造成农产品产量和质量的变化，农产品的减产、绝产和质量的波动会动摇农产品品牌建设的基础。黑龙江省的农业基础设施薄弱，抗御自然灾害能力不强，加之整个自然界生态系统日益脆弱，农业生产的自然风险也越来越大，致使大豆生产受到威胁。但是在面临严峻挑战的同时，也并存着许多的发展机遇，为此黑龙江省大豆生产和发展大豆产业应抓住机遇，发挥自身的比较优势，趋利避害，使大豆生产和发展大豆产业逐步进入一个稳定、协调可持续发展的新环境。

（五）黑龙江发展大豆产业的决策认识

按照 SWOT 态势分析法有关要求，在对黑龙江省大豆生产和发展大豆产业竞争环境的优势、劣势、机遇、威胁四个方面进行细致分析的基础上，可以对黑龙江省大豆生产和发展大豆产业形成各个方面的决策认识。第一，发挥自身优势，提高品质竞争力。充分发挥黑龙江省适于生产高油脂大豆的优势，以发展高油脂大豆品种为主，同时发展高蛋白、兼用型芽菜豆以及出口需要的特用大豆，力争尽快建成我国高油脂品牌大豆生产基地；发挥农垦优势，使垦区成为大豆生产加工和出口的最重要基地；利用黑龙江省地缘优势，大力发展"非转基因大豆"，以适应欧、日、韩等国市场对无污染、无公害、优质大豆的需求，增加在国际市场上的份额，逐步形成以中国特别是以黑龙江省为中心的国际非转基因大豆市场。第二，抓住发展机遇，打造"龙江"品牌。黑龙江省大豆生产目标是打造集优质、绿色、非转基因于一身，形成在国内、国际市场叫得响、过得硬的王牌。依托既有资源条件，以市场需求为导向，以精深加工为主线，以科技创新为动力，实施品牌战略。通过打造王牌产品，牢固地占领国内市场，积极地站稳国际市场。从生态环境、生产条件、社会需要、市场需求和具备的优势条件等方面，抓好非转基因高油脂大豆、高蛋白大豆、特用大豆的良种繁殖基地建设；在搞好区划的基础上，按照分级推进、分类指导的原则，选择生态环境适宜、生产潜力大的地区，集中建设大规模的无公害、绿色、非转基因大豆生产基地；选用非转基因的优质、高产品种，严格执行无公害、绿色生产技术规程，实行产前、产中、产后全程监控。第三，提高大豆深加工技术水平，大力发展大豆深加工工业。

要提升黑龙江大豆生产，增加产品附加值，必须在大豆的深加工上大有作为，必须大力推进大豆产业规模化、现代化、科学化发展。根据黑龙江省的大豆加工现状，需重点开发大豆纤维、分离蛋白、低聚糖、大豆肽及异黄酮等精深加工技术。除加工生产豆油、豆粕外，还要着重发展销路广、市场潜力大的豆奶、豆奶粉、分离蛋白、浓缩蛋白和组织蛋白等新兴大豆食品。以开发大豆磷脂、皂甙、异黄酮、食用纤维等功能性食品为方向，加快研究高质量、高附加值、高效益的具有特殊营养功能的大豆新产品。与此同时，还要加大大豆良种繁育体系建设，不断推出高油脂、高蛋白大豆新品种，实行标准化生产和专用品种规模化生产，提升传统豆制品生产技术的现代化、规范化水平，大力推广优质高产的栽培技术，推行合理的耕作制，减轻重迎茬危害。研究和推广绿色大豆生产加工配套技术，开发新兴大豆原料配料技术和新产品、大豆功能食品与保健食品，大力推进大豆产业化经营，积极开拓大豆营销市场，以更有效地提高大豆加工工业的生产效率，降低生产成本，使黑龙江省大豆产品大批量进入国际市场。①

---

① 刘莉丽：《用 SWOT 方法剖析黑龙江省大豆生产》，《黑龙江粮食》2007 年第 1 期。

核心概念要览

1. 决策

是指人们在改造客观世界的过程中,以对事物发展规律及客观条件的认识为依据,寻求并决定某种优化目标和行动方案的活动。决策的本质就是指决策者根据其所面临的条件和环境以及所要达到的预期目标,在多个可能的方案中做一种相对满意的抉择。按照决策性质划分,决策可分为规范性决策和非规范性决策。按照决策主体划分,决策可分为集体决策和个人决策。按照决策目标划分,决策可分为单目标决策和多目标决策。按照决策环境的可控性程度划分,决策可分为确定型决策、风险决策和不确定型决策。

2. 认识

是指人脑在实践的基础上,对外部现实和社会历史的能动反映,是从生动的直观到抽象的思维,并从抽象的思维到实践的辩证发展过程,认识包括感性认识和理性认识。认识的前提是世界的客观性和可知性。认识发生和发展的基础是社会实践。同时社会实践还是检验认识正确与否的唯一标准与认识的目的。

3. 决策认识

可以从特殊本质和操作规程两个层面对决策认识的科学内涵和定义进行概括,即决策认识是整个认识过程中相对独立的特殊阶段,是实现理性认识由普遍到特殊、由抽象到具体进而指导社会实践的能动反映活动,是决策科学对认识论的具体要求和明确规定,是连接决策和认识的桥梁与纽带,具有主体抉择性、问题求解性、思维创建性、知识系统性等鲜明特征。具体来讲,决策认识就是指组织中具有决断能力的主体,为指导行将进行的实践活动,在充分征求组织成员、参谋咨询机构以及社会各界人士和群众代表意见的基础上，综合运用抽象思维、逻辑演绎、科学推断、思想实验等手段和方法，对组织未来发展的目标、条件、手段、方法、结果等内容进行预先设定，并最终确定优化实施方案，以及形成这一过程的总和。

4. 决策认识的显著特征

是指决策认识本身特有的足以反映和体现决策认识本质属性、内容指向、表现形式的主要标志和主要特点。决策认识显著特征包括实践、认识的双重性特征，阐述、规制的跳跃性特征，形象、抽象的融合性特征，反思、预见的互动性特征。

5. 决策认识的程序

是决策认识过程的逻辑表述，是指将决策认识的全过程依照一定的次序划分为若干个阶段。从本质上来说，决策认识是一种特殊的认识活动，与普遍意义上的认识是特殊与一般的关系。决策认识程序除了应同时具有认识过程和决策过程的双重性特征、符合一般认识和决策科学的具体要求和基本规律以外，首先要符合决策认识本身的特殊规律。根据对决策认识内涵的界定和真实进程的认知，可以把决策认识过程划分为情报、建构、抉择、审查四个阶段，并把每个阶段分别规定为四个环节，由此构成决策认识程序的完整过程。

6. 决策认识主体

是指具有决断能力的组织领导者、参与决策制定的专家咨询人员以及社会各界人士和群众代表。它主要通过基于利益诉求之上的价值取向、情感情绪和直觉灵感等因素，对决策认识发生作用和产生影响。

7. 决策认识客体

是决策认识活动所指向的利益相关对象以及在决策认识方案实施过程中所影响到的社会利益集团、个人和事物，是能够对决策认识主体产生影响和进行制约的客观条件和客观因素。它具有客观性、能动性、多样性和属人性的特征。

8. 决策认识的情报阶段

是决策认识主体获取决策认识信息，探明决策认识情况，寻求决策认识条件的阶段，它是决策认识的起始阶段，可分为立意、获取、判定、洞察四个环节。

9. 立意

是指决策认识主体满怀对新的决策认识实践活动的目的、方法、手段、结果的知晓欲望，调动自己的全部注意力，集中地指向所要进行决策认识的问题。立意是决策认识的起点和前提条件。

10. 获取

是指决策认识主体针对决策认识问题对象，通过观察、调查、咨询、查阅等手段，搜集相关的各种信息而形成的感知。获取是情报阶段最关键的一步，也是形成正确决策认识的前提。

11. 判定

是指决策认识主体运用逻辑思维和辩证思维，对所获得的有关决策认识的各种信息，进行理性加工而形成的认识。正确的判定是进行科学决策认识的前提，错误的判定则往往把决策认识引向歧途。

12. 洞察

是指决策认识主体在对情况进行判定的基础上，对所要解决的问题进行全面的观察和分析，了解和熟悉问题的特征、性质、范围、程度和原因等内部情况和外部环境，为建构决策认识方案创造良好的条件。

13. 决策认识的建构阶段

是决策认识主体在观念中制定决策认识目标和方案，对未来运作状态统筹规划，建立理念模型的阶段，它是决策认识的进入阶段，可分为预设、拟定、筹划、构模四个环节。

14. 预设

是指决策认识主体在对自身环境透彻了解的基础上，根据对问题的洞察，预先设定决策认识所要达到的目标，使决策认识定向化，并通过预设目标实现对组织未来发展状态的期望和策划。

15. 拟定

是指决策认识主体在洞察问题、预设目标的基础上，根据实际情况和既定目标的要求，创造和拟定解决问题、实现目标的方案，并确定相应的决策认识方案的制订标准。

16. 筹划

是指决策认识主体在初步制定出决策认识目标和方案后，进一步将其置于动态的落实过程中加以思考，对运作状态做出计划和安排。决策认识主体综合运用多种科学方法进行筹划，能够对原定决策认识目标和方案获得全面的动态把握，为建立决策认识理念模型奠定基础。

17. 构模

是指决策认识主体以已有的目标、方案及其运筹情况组成的决策认识理念为基础，采用统计原理、数字公式、图表格式等量化技术和手段，进一步构建决策认识理念的数学模型。

18. 决策认识的抉择阶段

是决策认识主体在充分酝酿的基础上，从可以利用的多种决策认识理念模型中选择一个最为理想模型的阶段，它是决策认识的关键阶段，可分为交流、对比、重复、确立四个环节。

19. 交流

是指决策认识主体因与其他决策认识主体具有同一认识对象和目的，把自己制定的理念模型与其他理念模型进行交流，取长补短，拾遗补缺，使决策认识理念模型完善化。

20. 对比

是指决策认识主体把交流得来的理念模型与客观事物自身运行的规律以及决策认识主体的主观意愿相对比进行比较，发现它们的异同点，进一步分析决策认识方案的优劣和利弊，从中选择和寻找最优的决策认识理念模型。

21. 重复

是指决策认识主体在对各种决策认识理念模型进行对比之后，仍然不急于做出决定，而是留出时间反复思考，以求减少或避免决策认识错误和获得准确的决策认识成果。

22. 确立

是指决策认识主体经过充分酝酿，选择出最优的决策认识理念模型，并且依靠自己的意志力量对它做出肯定。确立是决策认识过程中的一个关键性环节。

23. 决策认识的审查阶段

是指决策认识主体在验前和验后对所选定的决策认识理念模型进行评审、验证、修正，从而确保决策认识成果质量的阶段，是决策认识的收尾阶段，它包括评析、试行、修补和跟踪四个环节。

24. 评析

是指决策认识主体对所确定的决策认识理念模型的正确性、可行性和可操作性进行专门的评价和分析，把审视的目光直接指向决策认识成果本身，以确保决策认识正确无误。

25. 试行

是指决策认识主体把经过验前评析的决策认识理念模型，进一步放到小范围内运行，检验评析结果是否与运行结果相符合，是对"评析"的进一步检验和证实。

26. 修补

是指决策认识主体根据对决策认识理念模型的评析和试行情况，对其进行基于逻辑规律之上的检验、修正、补充和校订，坚持其中正确的东西，修改其中错误的东西，弥补其中缺憾的东西。

27. 跟踪

是指决策认识主体在实施决策认识理念模型过程中，根据主观、客观条件发生的重大变化，对原定目标和方案进行根本性修正的过程。跟踪是修补的继续，但又不是简单的重复，如果主客观条件没有发生重大变化，跟踪环节则不复存在。

28. 决策认识主体的素质

是指决策认识主体在品德、修养、作风和知识、技能等方面，经过长期锻炼、学习、培养所达到和具有的一定水平。决策认识主体素质包括政治素质、思想素质、道德素质、文化素质等方面内容，而文化素质是决策认识主体其他素质的基础。

29. 直觉灵感

是人们在潜意识中根据积累的实践经验，突发性地产生感悟，突发性地把握事物本质的能力。直觉灵感在决策认识活动中主要起到发现和预见等创造性作用，产生意想不到的效果。

30. 决策体制

是指决策系统的组织结构状况，是根据组织自身所处的经济、政治、文化、社会以及生态自然环境的要求，按照法定和科学的程序，将决策体系中各层次和各部门在决策活动中的责权进行合理的划分，也就是决策权力在各决策主体之间进行分配所形成的权力格局和决策主体在决策过程中的活动程序。决策体制由决策信息系统、决策咨询系统、决策决断系统三部分组成。信息系统是基础，咨询系统是保证，决断系统是灵魂，三者有机结合构成决策体制的基本框架和主要内容。决策体制包括集权和分权两种形式。

31. SWOT 分析法

即态势分析法，是指将与研究对象密切相关的各种主要内部优势、劣势、机会和威胁等因素，通过调查——列举出来，并依照一定的次序按矩阵形式罗列起来，然后用系统分析的思想，把各种因素相互匹配起来加以分析和研究，从中得出一系列相应的结论，而结论通常带有一定的决策性质。

32. 影响决策认识的环境

是指能够对决策认识活动产生影响的各种环境因素。主要包括自然环境、经济环境、政治法律环境和社会文化环境。自然环境主要在物质基础方面对决策认识产生影响。经济环境主要是通过经济体制、经济结构、经济政策、经济手段等方式，对决策认识产生广泛而深远的影响。政治法律环境主要是通过政治体制、政党制度、方针政策、法律法规等形式，决定和规定决策认识的方向和要求。社会文化环境主要是通过意识形态、道德观念、宗教信仰、风俗习惯等方式，对决策认识产生潜移默化的影响。

33. 自然环境

是指环绕人们周围的各种自然因素的总和，如大气、水、植物、动物、土壤、岩石矿物、太阳辐射等。这些是人类赖以生存的物质基础。通常把这些因素划分为大气圈、水圈、生物圈、土壤圈、岩石圈等五个自然圈。人类是自然的产物，而人类的活动又影响着自然环境。自然环境主要在物质基础方面对决策认识产生影响。

34. 资源环境

泛指在一定技术、经济条件下存在于在自然界和人类社会中，能够影响人类发展并能为人类所利用，能给人类提供当前或未来福祉的诸如物质、能量等各种存在形式的总和。资源环境主要在物质基础方面对决策认识产生影响。

35. 社会文化环境

是指一个国家或地区的社会性质、人们共享的价值观、人口状况、教育程度、风俗习惯、宗教信仰等各个方面的具体状况和情况以及发展变化的趋势和方向。社会文化环境对决策认识产生潜移默化的影响。

36. 经济环境

是指一个国家或地区的社会经济制度、经济发展水平、产业结构、劳动力结构、物资资源状况、消费水平、消费结构及国际经济发展动态等水平状况及发展趋势。对决策认识产生影响的经济环境主要包括经济体制、经济结构、经济政策、经济手段等，如国家经济发展的总体状况、国家对经济部门的控制与干预程度、社会供求平衡状态、社会通货膨胀水平等。经济环境对决策认识产生广泛而深远的影响。

37. 政治法律环境

是指影响并制约一个国家或地区中人们行为的总的政治形式及立法和司法制度，包括政治体制、政党制度、方针政策、法律法规等。政治法律环境决定和规定着决策认识的方向和要求。

38. 博弈

是个体或组织在一定的客观条件支撑和制度规范约束下，一次或多次，同时或先后，在各自允许选择的行为或策略中进行选择并加以实施，最后从中取得各自相应的结果或收益的过程。博弈的核心是抉择，博弈的目的是谋求最大收益，博弈的手段是寻求战略均衡。决策认识的各种程序和各个环节，都不同程度地充满各种博弈。决策认识的过程就是博弈的过程。在决策认识过程中，由于信息的不完全性、假设的不可靠性、预测的不准确性、思维的界限性、实施者的差异性、实施过程的负责性、实施效果的多样性等各种因素广泛存在，导致决策认识主体在或此或彼的抉择中，始终处在一个动态的博弈过程之中。

39. 决策认识主体的心理认知

是指决策认识主体通过和利用注意、知觉、表象、记忆、思维和语言等认知方式，对相关决策认识所指向的对象进行感悟接受、分析判断、加工处理等高级心理过程。决策认识主体的心理认知分为两大类，第一类是普遍特性，主要包括制定决策认识的目标导向、人类大脑记忆系统的特点、大脑对信息认知加工的序列结构，它对所有类型的决策认识产生影响。第二类是个别特性和个性特征，主要包括认知需要、成就动机、自我概念、冒险倾向等，这类特性只能在某些类型的决策认识中表现出来。

40. 决策认识主体心理认知博弈

是指决策认识主体的心理认知过程本身就是一个博弈的过程。决策认识主体心理认知博弈有两个认知加工系统，具有"双加工"的特性。第一个系统是包括缄默思维、内隐认知、情绪智力、边缘通道加工等方面的自动心理认知加工，其性质是直觉的、联想的、整体的、自动的、粗略的，对认知努力相对较快、不做要求，是由决策认识主体的生物性、暴露性和个人经验而来，具有高度线索化、人格化和社会化的特性。第二个系统是包括外显思维、理性智力、中枢通道加工等方面的控制心理认知加工，其性质是分析的、归纳的、规则的、仔细的、可控的，对认知能力相对较慢、要求较高，是由文化和教育影响而来，具有线索化、非人格化、自我化特性。

41. 决策认识的信息认知博弈

是指在决策认识的信息认知过程中，由于各局中人获取信息的途径不同，信息具有不确定性，局中人具有共同知识这一假设往往不能满足，因而必然存在信息认知的博弈过程。决策认识信息认知博弈主要包括主体的不完全信息静态博弈和不确定信息静态博弈以及主客体之间不对称信息动态博弈三种情况。

42. 不完全信息静态博弈

是指决策认识主体将能够确定的信息和不能确定但能预测的信息，按照各自不同的属性和特征统一进行分类归纳和数值设定，分别用公式、函数、概率、集合等数学方式和手段进行测算和推断，以求得综合期望效用值最大化的方法和过程。

43. 不确定信息静态博弈

是指决策认识主体在不完全信息静态博弈的基础上，将不容易把握和确定的信念、理念作为整个博弈过程的重要内容，按照各自不同的属性和特征统一进行分类归纳和数值设定，并统一运用数学方式和手段予以测算和推断，以求得综合期望效用值最大化的方法和过程，是不完全信息静态博弈理论的进一步发展。

44. 不对称信息动态博弈

是指为了实现预期目标或获取最大效益，决策认识主体与客体之间在不能、也不可能完全占有对等信息和不能确定把握未来发展新生信息的状态下，进行的不均等、不对称、不稳定的动态博弈。

45. 抉择行为博弈

是指决策认识主体综合各种因素，运用各种手段，分析各种利弊，规避各种风险，实现均衡制约，确定最佳模型，达到期望效用最大化。决策认识抉择行为博弈遵循三项原则：一是效益最大化原则；二是规避风险原则；三是满意原则。

46. 最优原则

是指人们在制定组织发展目标时，总是企图从理论上论述在有限的人力、物力、财力和时间等资源条件下，通过自然选择，尤其是人为的技术手段，使系统达到最佳状态，发挥最大功能，亦即以最小代价获得最大效益或产出最大。

47. 满意原则

是指人们在制定组织发展目标时，主要是追求该组织系统的变化、发展，能够满足大多数人的意愿、利益，从而可以调动他们的积极性，化解人为的阻力，促成组织内部各项事务的顺利发展。

48. 合目的性

是指决策认识首先要符合决策认识主体的目标愿望，满足决策认识主体的利益诉求。合目的性主要关注的是动机和目的是否正当、是否合理的问题，是一个价值论的范畴。

49. 合规律性

是指决策认识活动必须遵循客观规律，按客观规律办事，否则就会受到惩罚。合规律性考察的是工具、手段和方法是否合理的问题，属于理性认知方面的范畴。

50. 客体的"属人"性

决策认识主体是矛盾的主要方面，处于主导地位，发挥主要作用，通过博弈赋予客体"属人"的特性，把客体由"自然存在物"变成"为我存在物"，对博弈结果产生决定性影响；决策认识客体是矛盾的次要方面，处于被动地位，只有和主体联系在一起，才能进入人类决策认识系统，但是可以对主体产生影响和制约。

51. 风险规避

是指决策认识主体应对风险的一种方法，是指决策认识主体通过适时观察认识方案执行过程中的环境变化，相应地改变原来的计划来消除风险或风险发生的条件，保护决策认识目标免受风险的影响。

52. 决策认识机制

是决策认识的各主体及主客体之间，就形成科学的决策认识而发生的所有制度性关系的总和。决策认识机制构建科学与否，直接决定了主体参与决策认识的积极性，关系到主体和客体之间分工与合作的效率，影响到决策认识实施的可行性与实效性。构建导向鲜明、规范有力、监督有效的决策认识机制，是防止决策认识失误，确保决策认识科学高效的根本保障。

53. 过程评判

就是对决策认识过程是否符合科学的决策认识程序进行评价和判断。在这一评判过程中，要坚持标准、严格程序，防止和避免程序缺失和异化，进而导致决策认识失误现象的发生。

54. 决策认识方案

是指各项实践活动展开之前，决策认识主体在充分调查、预测、分析并广泛听取各方面不同意见的基础上，预先设计出来的将来一定期限内所要实现的目标以及实现该目标的方法、步骤和措施。

55. 决策认识理念模型

是人们在决策认识的过程中为了更好地理解决策认识过程，思考决策认识产生的原因和带来的后果，预测未来的发展，不断总结出来的数学模型和观念框架。

主要参考文献

1.《马克思恩格斯选集》第 2 卷，人民出版社 1995 年版。

2.《马克思恩格斯选集》第 3 卷，人民出版社 1995 年版。

3. 马克思：《1844 年经济学哲学手稿》，人民出版社 1979 年版。

4. 恩格斯：《自然辩证法》，人民出版社 1971 年版。

5.［苏联］科普宁：《马克思主义认识论导论》，求实出版社 1982 年版。

6.［美］赫伯特·西蒙著，詹正茂译：《管理行为》，机械工业出版社 2004 年版。

7.［美］赫伯特·西蒙：《管理决策新科学》，中国社会科学出版社 1982 年版。

8.［美］杜拉克：《有效的管理者》，台湾庆文印制有限公司 1978 年版。

9.［美］萨缪尔森：《经济学》，商务印书馆 1979 年版。

10.［美］威尔逊著，熊希龄、吕德本译：《国会政体：美国政治研究》，商务印书馆 1986 年版。

11.［美］诺思：《经济史中的结构与变迁》，上海三联书店 1991 年版。

12.［美］拉里·A. 萨姆瓦、理查德·E. 波特著，陈南、龚光明译：《跨文化传通》，上海三联书店 1998 年版。

13.［美］弗兰克著，闾佳译：《牛奶可乐经济学：最妙趣横生的经济学课堂》，中国人民大学出版社 2008 年版。

14.［美］拿破仑·希尔著，李鹏编译：《思考的力量》，吉林人民出版社 2001 年版。

15.［古希腊］亚里士多德：《形而上学》，商务印书馆 1983 年版。

16. ［德］康德:《纯粹理性批判》,上海三联书店 1957 年版。

17. ［德］黑格尔:《法哲学原理》,商务印书馆 1961 年版。

18. ［德］黑格尔:《小逻辑》,商务印书馆 1961 年版。

19. ［英］卡尔·波普尔:《无穷的探索——思想自传》,福建人民出版社 1983 年版。

20. ［苏联］谢列·鲁宾斯坦:《存在和意识》,商务印书馆 1961 年版。

21. ［瑞士］让·皮亚杰:《发生认识论原理》,商务印书馆 1962 年版。

22. ［英］史蒂文·科恩、威廉·埃米克:《新有效公共管理者》,中国人民大学出版社 2001 年版。

23. ［澳］欧文·休斯:《公共管理导论》,中国人民大学出版社 2001 年版。

24. 金池主编:《论语新译》,人民日报出版社 2005 年版。

25. 鲁国尧、马智强:《孟子注评》,凤凰出版社 2006 年版。

26. 王焕镳:《〈墨子〉校释商兑》,中国社会科学出版社 1986 年版。

27. 周生春:《老子注评》,凤凰出版社 2007 年版。

28. 张采民、张石川注评:《庄子注评》,凤凰出版社 2007 年版。

29. 陈蒲清:《鬼谷子详解》,岳麓书社 2005 年版。

30. 《孙子兵法新注》,中华书局 1977 年版。

31. 孟艾芳主编:《中国古代著名决策案例》,山西人民出版社 2002 年版。

32. 柴华主编:《韩非子》,黑龙江人民出版社 2004 年版。

33. 郭兰芳:《大学浅解》,中国社会科学出版社 2003 年版。

34. （宋）黎靖德编:《朱子语类》第一至八册,中华书局 1986 年版。

35. ［英］赫胥黎著,严复译:《天演论》,北京理工大学出版社 2010 年版。

36. 孙中山著:《孙中山全集》第六卷,中华书局 1985 年版。

37. 《毛泽东文集》第七卷,人民出版社 1999 年版。

38. 《邓小平文选》第一卷,人民出版社 1994 年版。

39. 《邓小平文选》第二卷，人民出版社 1994 年版。

40. 《邓小平文选》第三卷，人民出版社 1993 年版。

41. 《陈云文选：一九五六——一九八五年》，人民出版社 1986 年版。

42. 中华人民共和国外交部、中共中央文献研究室编：《毛泽东外交文选》，中央文献出版社 1994 年版。

43. 曲星：《中国外交 50 年》，江苏人民出版社 2000 年版。

44. 中共中央文献研究室：《十六大以来重要文献选编》，中央文献出版社 2005 年版。

45. 夏甄陶：《认识论引论》，人民出版社 1986 年版。

46. 夏甄陶：《中国认识论思想史稿》上、下卷，中国人民大学出版社 1996 年版。

47. 何颖：《非理性及其价值研究》，中国社会科学出版社 2003 年版。

48. 刘李胜：《决策认识论导论》，山西经济出版社 1995 年版。

49. 蔡仪：《美学论文选》，商务印书馆 1991 年版。

50. 钱学森主编：《关于思维科学》，上海人民出版社 1986 年版。

51. 吴晓波：《大败局》，浙江人民出版社 2001 年版。

52. 中共中央文献研究室：《建国以来重要文献选编》第十一册，中央文献出版社 1995 年版。

53. 李锐：《大跃进亲历记》（下），南方出版社 1999 年版。

54. 薄一波：《若干重大事件与决策的回顾》下卷，中共中央党校出版社 1991 年版。

55. 门睿主编：《劳心者定律》，经济日报出版社 2005 年版。

56. 张郧等：《中国政府管理百科全书》，经济日报出版社 1992 年版。

57. 邓力群：《我为少奇同志说些话》，当代中国出版社 1998 年版。

58. 周树志：《公共政策学》，西北大学出版社 2000 年版。

59. 教军章等著：《公共行政组织论》，黑龙江人民出版社 2005 年版。

60. 鲍宗豪：《决策文化论》，上海三联书店 1997 年版。

61. 何海燕：《危机管理概论》，首都经济贸易大学出版社 2006 年版。

62. 刘洋：《"鬼谷子"情报决策论的现象解释学分析》，《东疆学刊》2005 年第 2 期。

63. 程兵：《略论个案侦查中的指挥——决策与运筹》，《湖北警官学院学报》2008 年第 1 期。

64. 杨奎松：《中国出兵朝鲜幕后》，《中国集体经济》2001 年第 1 期。

65. 冯文权：《追踪决策的一个范例》，《科学决策》1999 年第 4 期。

66. 黄为民：《企业高级管理人才决策失误的思想方法分析》，《人才开发》2000 年第 2 期。

67. 董晓菊：《瞒报面面观》，《检查风云》2008 年第 22 期。

68. 赖亦明：《"大跃进"失误的决策目标分析》，《江西社会科学》2000 年第 3 期。

69. 姜晓萍、范逢春：《地方政府建立行政决策专家咨询制度的探索与创新》，《中国行政管理》2005 年第 2 期。

70. 马国川：《论证可行性》，《百姓》2006 年第 1 期。

71. 雷翔：《城市规划决策程序的若干问题探讨》，《规划师》2001 年第 4 期。

72. 韩凌、赵联文：《不确定信息静态博弈》，《西南交通大学学报》2003 年第 3 期。

73. 刘霞：《风险决策：过程、心理与文化》，经济科学出版社 1998 年版。

74. 丁煌、定明捷：《"上有政策、下有对策"——案例分析与博弈启示》，《武汉大学学报》（哲社版）2004 年第 6 期。

75. 王新建：《拟订预选决策方案的逻辑程序、要求和方法》，《淮北职业技术学院学报》2007 年第 6 期。

76. 方琳：《试论现代公共政策的价值冲突》，《中国行政管理》1998 年第 12 期。

77. 江泽民：《高举邓小平理论伟大旗帜，把建设有中国特色社会主义事业全面推向二十一世纪》，《求是》1997 年第 18 期。

78. 李淑珍：《和谐世界理念的内涵、依据和意义》，《思想理论教育导刊》2007 年第 2 期。

79. 李卫兵：《中央一号文件的决策背景》，《决策与信息》2004 年第 3 期。

80. 陈劲松：《2004 年中国农村经济形势分析与 2005 年展望》，《中国农村经济》2005 年第 2 期。

81. 刘莉丽：《用 SWOT 方法剖析黑龙江省大豆生产》，《黑龙江粮食》2007 年第 1 期。

82. 戴清亮：《大跃进时期浮夸风探析》，《学术界》1996 年第 2 期。

83. 高其荣：《论大跃进"浮夸风"的表现形式和基本特点》，《云梦学刊》2002 年第 3 期。

84. 杨乃良：《"大跃进"发动的原因再探析》，《唐山师范学院学报》2002 年第 5 期。

85. 刘光溪、徐长春：《制度宜当与竞争优势——论构建金融国际博弈优势的战略选择》，《国际贸易》2008 年第 4 期。

86. 刘光溪：《构建金融国际博弈优势的战略选择》，《理论动态》2008 年第 23 期。

87. 周伟忠：《农民工与企业的劳资博弈研究》，《特区经济》2004 年第 4 期。

88. 牛踏秋：《刘邦与项羽：两位宿命论者的两重天地》，《百家讲坛》2008 年第 12 期。

89. 彭雅瑞、侯文华：《基于不确定性博弈分析的企业战略思维模式》，《管理评论》2003 年第 7 期。

90. 张锐：《雷曼兄弟破产的台前幕后》，《中国外资》2008 年第 10 期。

91. 张庆娜：《从 5·12 汶川大地震看政府信息公开》，《新闻知识》2008 年第 6 期。

92. 杨学文：《从汶川大地震看我国政府危机管理的六大特点》，《长江论坛》2008 年第 3 期。

93. 江泽民：《世代睦邻友好，共创美好未来》，《人民日报》1996 年 12 月 3 日。

94. 江泽民：《为建设公正合理的国际新秩序而共同努力》，《人民日报》1997 年 4 月 24 日。

95. 毛泽东：《自由是必然的认识和世界的改造》，《人民日报》1983 年 12 月 26 日。

96. 沈安：《政府决策失误，口蹄疫肆虐成灾》，《新华每日电讯》2001 年 7 月 18 日。

97. 刘荒：《政府"牛论"造"牛街""牛城"何时不吹牛?》，新华网 2002 年 1 月 31 日。

98. 姜业庆：《ST 猴王：11 个亿的"唐僧肉"》，新华网 2003 年 7 月 2 日。

99. 胡锦涛：《努力建设持久和平、共同繁荣的和谐世界——在联合国成立 60 周年首脑会议上的讲话》，《人民日报》2005 年 9 月 16 日。

100. 褚银：《论长征中几次重大抉择的实事求是思想》，人民网 2006 年 12 月 15 日。

101. 王颖：《康师傅水源之辩透析：互联网时代的企业危机公关》，中国新闻网 2008 年 8 月 13 日。

102. 孙杰：《康师傅就"优质水源"造成误解公开道歉并换瓶标》，人民网 2008 年 9 月 3 日。

103. 李洁：《中国与周边唱出共赢戏》，新华网 2008 年 9 月 3 日。

104. 刘华宾：《三鹿集团回应奶粉事件：产品质量经检测合格》，东方网 2008 年 9 月 11 日。

105. 一言：《康师傅"水源门"事件引发行业信任危机》，中国网 2008 年 9 月 11 日。

106. 《国务院常务会决定全面检查奶制品整顿奶制品行业》，《人民日报》2008 年 9 月 18 日。

107. 石巍：《河北就三鹿奶粉事件展开"问责风暴"》，《中国食品质量报》2008 年 9 月 18 日。

108.《切实搞好深入学习实践科学发展观活动，把贯彻落实科学发展观提高到新的水平》,《中国青年报》2008 年 9 月 20 日。

109. Klaczynski P. A. , "The Influence of Analytic and Heuristic Processing on Adolescent Easoning and Decision Making", *Child Development*, 2001, 72.

110. J. Buchanan, "A Contractarian Paradigm for Applying Economics Theory", *American Economics Review*, No. 5, 1975.

后 记

  本书是在我的硕士论文《决策认识理论研究》的基础上，进一步扩充、修改、丰富和完善内容后完成的，若从我的硕士论文的最初构思和选题算起，此书的成稿大概耗费了五年多的光阴。在参加工作十多年后，再次步入理论殿堂，我着实经过了很大的思想斗争，耗费了一番周章曲折，方能静下心来钻研点儿学问。

  硕士阶段的学习总要有一个相对明确的研究方向。尽管我自己的学术兴趣偏向于纯粹的形而上领域，但是毕竟生活在形而下的环境当中，作为一名政府公务员，我时刻提醒自己要尽职尽责做好每一项本职工作，要真正本着为人民服务的宗旨来进行自身的所有活动。我认识到学术研究，不仅要为当前的政府管理实践提供理念指导，而且要为管理活动的切实开展提供一些可供借鉴的方法。思前想后，总算确立了一个题目：决策认识论。选择决策认识，是因为我自己这些年的许多工作都与决策有关，从高层的决策制定到基层的决策执行，旁观了不少，也参与了不少。在参与实际决策认识的过程中，我发现和感受到了许多问题和困惑，而在钻研学问的进程中我发现在目前中国学术界关于决策理论和决策实践的专著林林总总、数不胜数，但是还没有从马克思主义认识论的视角来探讨决策认识问题的专著。因此，我就萌发了将属于管理学范畴的决策与属于哲学范畴的认识论结合起来，创建一门新型交叉学科——决策认识论的意念和冲动。当然一门学科的建立和完善往往需要付出一代甚至几代人的心血和努力，凭我个人的学识和能力只能为决策认识论这一新型理论的创立和继续发展做出一己微薄之力。同时，我认为中国未来的发展在很大程度上取决于创新的成败。为我国政府管理的决策创新做一些力所能及的理论准备，无论是作为一个学者，还是作为一名政府公务员，特别是作为一个共产党人都是义不容辞的责任。

虽然现在读者看到的已经是本书的第九次修改稿了，但是仍然有很多应该充分展开、应该详细论述的内容都没能切实做好，蜻蜓点水、浅尝辄止的现象依然存在。所以本书虽然出版了，但本书的修改工作并没有结束，决策认识理论研究工作更是刚刚开始。我希望在学界同人的帮助下，把没有做好的方面重新做好，把已经开始做还没有做完的接着做下去，为决策认识理论的完善和发展做出共同的努力和贡献。

需要特别提到的是，此书在编写过程中得到了中国社会科学院哲学学部委员、中国社会科学院哲学研究所所长、《哲学研究》杂志主编、《中国哲学年鉴》主编、中国社会科学院职称评定委员会评委、中国社会科学院研究生院博士生导师——李景源先生的大力支持和指导，并亲自为本书作序。在此，特别表示衷心的感谢！

本书是在我的硕士论文《决策认识理论研究》的基础上进一步修改和丰富完成的，我的研究生导师、黑龙江大学副校长、全国优秀教师、龙江学者、国务院津贴获得者何颖教授倾注了大量的心血，给了我许多积极的和具有创建性的建议。在此，特致以诚挚的感谢！

在本书的撰写过程中，还得到了黑龙江社会科学院哲学研究所副所长吕韫风研究员和哈尔滨工业大学教授、博士生导师惠晓峰、张庆普、王忠玉三位老师的大力支持和指导，我的爱人李利华以及身边的一些朋友、同事、同学陈阵、周海拴、穆军全也都提出了很好的意见和建议，并帮助做了大量的基础性工作。在此，一并表示十分的感谢！

责任编辑:吴焰东
封面设计:肖　辉

图书在版编目(CIP)数据

决策认识论/韩云平 著. -北京:人民出版社,2013.1
ISBN 978－7－01－011564－1

Ⅰ.①决… Ⅱ.①韩… Ⅲ.①决策学-研究 Ⅳ.①C934

中国版本图书馆 CIP 数据核字(2012)第 308666 号

决策认识论

JUECE RENSHI LUN

韩云平 著

人民出版社 出版发行
(100706 北京市东城区隆福寺街 99 号)

北京新魏印刷厂印刷　 新华书店经销

2013 年 1 月第 1 版　2013 年 1 月北京第 1 次印刷
开本:710 毫米×1000 毫米 1/16　印张:24.75
字数:390 千字　印数:0,001-2,000 册

ISBN 978－7－01－011564－1　定价:60.00 元

邮购地址 100706　北京市东城区隆福寺街 99 号
人民东方图书销售中心　电话 (010)65250042　65289539